॥ सर्वलोक हितं धर्मम् ॥

॥ श्री अग्र भागवत ॥

मूल संस्कृत श्लोकों सहित

प्रामाणिक-ग्रन्थः

व्यासदेव के परम शिष्य,
ऋषि जैमिनी की वाणी ।
दी 'बेदिल जी' ने जग को,
यह कथा परम कल्याणी ॥

अग्रविश्व ट्रस्ट
agraVishwa Trust®
इस कल्पतरु की छाया में, विश्रांति पाएगा जग सारा । आनन्दमयी उन्नत्त विश्व हो, यह पावन लक्ष्य हमारा ।
द्वारा प्रकाशित

॥ सर्वलोक हितं धर्मम् ॥

जैमिनीय जयभारत के भविष्यपर्व के अग्रोपाख्यानम् का

॥ श्री अग्र भागवत ॥

प्रामाणिक-ग्रन्थ:

यह परम पावन चरित जे जन, सुनहिं, गुनहिं या गावहिं।।
ते सब कृपा जगदम्ब की, अति सुगम भव पद पावहिं।।
आनन्दमय जग भोग कर, सकल कुसंशय नसावहिं।।
महालक्ष्मी कृपा कटाक्ष ते, शुभ गति, मति ते पावहिं।।

'अग्रभागवत' जे जन पढ़हिं, करि श्रृद्धा मन ध्यान ।
विजय, विवेक, विभूति नित, तिनहिं मिलत जग आन ।।

प्रणेता - युग ऋषि

श्री रामगोपाल अग्रवाल 'बेदिल

श्री अग्र भागवत

शोध, संपादन व ग्रन्थकार

ISBN-978-81-928567-0-4

मूल्य
₹ 450/-

अग्र संवत् - ५१४८
विक्रम संवत - २०८२
श्री महालक्ष्मी वरदान पर्व ई. २०२५

वितरक :

GYAN BOOKS PVT. LTD.

GYAN AVENUE 12 Pragati Market, Ashok Vihar, (Phase-2) Delhi-110052
Ph.: 011-47034999, Mob.- 9811692060
E-Mail:- books@gyanbooks.co

प्रकाशक :-

अग्रविश्व ट्रस्ट प्रकाशनिक कार्यालय-
GYAN AVENUE 12 Pragati Market, Ashok Vihar, (Phase-2) Delhi-110052
Ph.: 011-47034999, Mob.- 9811692060
E-Mail:- books@gyanbooks.com

Visit Us : www.agravishwa.com

मुद्रक:-
जी प्रिंट प्रोसेस, देहली-35

अग्रविश्व ट्रस्ट केन्द्रीय कार्यालय-
निर्मल भवन, मेन रोड, **आमगांव**
जिला-गोंदिया (महाराष्ट्र)-441902 भारत
Email : agravishwa@gmail.com
Mob.- 7588771122 / 9370793909

गुरू गोविंद दोनो खड़े,
काके लागूं पांय....

अग्रोपाख्यानम्' मूलग्रन्थ के दर्शन, बिरले ही भाग्यशाली कर पाए हैं।

'अग्रोपाख्यानम्' मूलग्रन्थ में श्लोक तत्कालीन लिपि में लिखें है।
ऋषिकृपा से श्री बेदिल जी ने ही श्लोको व मंत्रों की पुर्नचना की है।
इसीलिये मनीषियों, संतों व विद्वानों ने श्री बेदिल जी के इस अलौकिक कर्म की ऋषिरूप में वंदना की है।

युग को आज जो कुछ भी उपलब्ध है वह 'श्री अग्र भागवत' स्वरूप महर्षि श्री रामगोपाल जी 'बेदिल' के त्याग, तपस्या, ऋषिकृपा व अविचल श्रमसाधना का परिणाम है।

आपकी जानकारी हेतु संस्कृत भारती के राष्ट्रीय विद्वान, आन्ध्र प्रदेशाध्यक्ष अष्टावधानी श्री दौर्बल्यप्रभाकरशर्मा का संस्कृत भारती के राष्ट्रीय अधिवेशन में मेरठ में दिये गए वक्तव्य की प्रेस न्यूज संलग्न है।

भ्रमोंके भंवर से बाहर निकलिये, श्रद्धा से इस सत्कार्य में जुडिये,
विश्वास रखिये आपकी अविचल श्रमसाधना से प्रसन्न होकर मां जगदम्बा वैसी ही सिद्धि, समृद्धि आपको प्रदान करेगी, जैसी आदरणीय बेदिल जी को की है।

- प्रफुल अग्रवाल
कार्यालय प्रमुख,
अग्रविश्व ट्रस्ट

धर्म की संस्थापना वही कर सकता है जो बेदिल हो जाता है.

बेदिल जी ग्रंथ के दृष्टा ऋषि स्वरूप

—दोर्बलप्रभाकरशर्मा

गुरु, संत या ईश्वर की कृपा बिना मन को जीते ऐसे ही नहीं मिल जाती.

मैं तो कहता हूं कि धर्म की संस्थापना तो वही कर सकता है जो बेदिल हो जाता है.

'बेदिलजी आप तो इस के ग्रंथ के दृष्टा हैं, याने ऋषि हैं. ईश्वर के स्वरूप को, कोई पुण्यवान पुरुषश्रेष्ठ, उस जगनियंता की कृपा से ही तो जान पाता है. ऐसे ही ईश–अनुग्रह से, ही बेदिल जी को यह ग्रंथ उपलब्ध हुआ और उन परम शक्तियों की कृपा से ही महर्षि जैमिनी प्रणीत इस ग्रन्थ के श्लोकों तथा मंत्रों की पुर्नरचना एवं श्लोकार्थ, मंत्रार्थ संभव हुआ. महर्षियों की वरद् कृपा से सम्पन्न यह सकल कृत्य ऋषिवत् ही है. मंत्रों के सृष्टा एवं दृष्टा दोनो ही ऋषि होते हैं'. दृष्टव्य है – एतत् कवयः सूक्तम पश्यत् (ऐ. ब्रा. ३/१६) ऋषिर्दर्शनात् (निरुक्त. २/११) ऋषिणां मन्त्र दृष्टयो भवन्ति (उपनिषद्) द्रष्टं साम (पाणिनि अष्ट.)

मंत्र दृष्टा और मंत्रकार, मंत्रों के रचियता को नहीं प्रत्युत उन मंत्रों के सत्य और मार्मिक भावों को दर्शाने वाले श्रेष्ठी को कहा गया है और ये मंत्रदृष्टा ही ऋषिग्रन्थों के उद्धारक व प्रचारक होते हैं।

जिसप्रकार स्वर्णकार स्वर्ण का निर्माता नहीं होता, वह स्वर्ण को आभूषणों का आकार प्रदान करता है उसी प्रकार दृष्टा ऋषिप्रणीत मूल तत्व को सरलीकृत करके जन हितकारी स्वरूप में प्रस्तुतकर्ता को कहा जाता है. इस दृष्टि से बेदिल जी आप ।। अग्रोपाख्यानम्।। के दृष्टा ऋषि हैं एवं ।। श्री अग्र भागवत ।। के ग्रंथकार भी है.

इस अवसर पर शर्मा जी ने अपनी **शुभाशंसा** श्लोकों में अभिव्यक्त करते हुए उनका सस्वर गायन भी किया–

यदक्षरं पदं वाक्यं प्रमाणं प्रेरणं परम् ।
हितार्थम् अहितार्थानां हानं संस्कृति रक्षणम्।।

तदक्षरं पदं वाक्यं प्रमाणं प्रेरणं परम् ।
संस्कृतं भूषणं वाचां नमामो देवभाषणम्।।

अग्रसेनस्य चरितम् अवाङ्मानसगोचरम्।
पापापहं गुणाधानं पावनं गाङ्गतोयवत्।।

अग्रसेनस्य चरितम् सर्वमानव साधनम् ।
पठनीयं पाठनीयं सुप्रकाश्यात्मशोधनम्।।

अग्रसेनस्य चरितम् भूर्जपत्रोपपादितम् ।
रामगोपालसन्दृष्टं गुरुणा सुप्रसादितम्।।

बेदिलो रामगोपालः कृपालुगुरुलालितः ।
अग्रोपाख्यानसन्द्रष्टा साक्षी लोक हितादरः।।

श्रध्दालवः समायाताः
अत्रे मे आग्रसैनिकाः ।
भवन्तश्च भवत्यश्च
वन्द्या मे साम्प्रदायिकाः।।

वन्दनीय युगे युगे

यदक्षरं पदं वाक्यं प्रमाणं प्रेरणं परम् ।
हितार्थम् अहितार्थानां हानं संस्कृतिरक्षणम् ॥

तदक्षरं पदं वाक्यं प्रमाणं प्रेरणं परम् ।
संस्कृतं भूषणं वाचां नमामो देवभाषणम् ॥

जिसका एक – एक अक्षर, प्रत्येक पद तथा वाक्य प्रेरणा से परिपूर्ण होता है तथा सम्पूर्ण जगत के लिये कल्याणकारी, अहित का विनाशक व संस्कृति का संरक्षण करने वाला होता है ऐसे शाश्वत, प्रमाणिक व श्रेष्ठ प्रेरणापद शब्दों पदों व कथनों से युक्त मानव को सुसंस्कृत करने वाली इस देवगाथा ।।श्रीमद्अग्रभागवतम्।। को मैं सादर नमन करता हूं।

अग्रसेनस्य चरितम् अवाङ्मानसगोचरम् ।
पापापहं गुणाधानं पावनं गाङ्गतोयवत् ॥

श्री अग्रसेन जी का यह पावन चरित्र, शब्दातीत तथा मानस के लिये अगोचर (अज्ञेय) है, यह समस्त पापों का नाश करने वाला, दैवी संपदा से युक्त तथा गंगाजल की तरह पावन व पवित्र करने वाला है।

अग्रसेनस्य चरितं सर्वमानवसाधनम् ।
पठनीयं पाठनीयं सुप्रकाश्यात्मशोधनम् ॥

श्री अग्रसेन जी का यह चरित्र श्रेष्ठ मानवधर्म की साधना हेतु उत्तम साधन है, जिसके दिव्य प्रकाश से हर व्यक्ति अपना आत्मशोधन कर, दिव्यता को प्राप्त कर सकता है अतः श्री अग्रसेन का यह पावन चरित्र पठन–पाठन के योग्य है।

अग्रसेनस्य चरितं भूर्जपत्रोपपादितम् ।
रामगोपालसन्दृष्टं गुरुणा सुप्रसादितम् ॥

भुर्जपत्रों पर अंकित (प्राचीनतम) श्री अग्रसेन जी की चरित्र गाथा के दिव्य ज्ञान को, सद्गुरु की महत् कृपा से ऋषिस्वरुप (सन्दृष्टा) श्री रामगोपाल महोदय ने पुनः (तत्वों सहित) प्रकट किया है।

बेदिलो रामगोपालः कृपालुगुरुलालितः ।
अग्रोपाख्यानसन्द्रष्टा साक्षी लोकहितादरः ॥

परम कृपालु गुरु की अनन्तकृपा से पल्लवित 'बेदिल' उपनाम से विख्यात श्री रामगोपाल महोदय (महर्षि जैमिनी विरचित जयभारत ग्रन्थ के इस अंश) अग्रोपाख्यानम ग्रन्थ के दिव्य ज्ञान के साक्षी है तथा आदरपूर्वक लोकहित के लिये प्रकटकर्ता हैं।

श्रद्धालवः समायाताः अग्रसेनानुयायिनः ।
भवन्तश्च भवत्यश्च वन्द्या मे भूरिदायिनाः ॥

श्री अग्रसेन के आदर्शों का अनुसरण करनेवालों के लिये, यह दिव्य चरित्र सदा ही वन्दनीय रहा है। वन्दनीय है और वन्दनीय रहेगा। इस दिव्य प्रकाश को जगत में फैलाने वालों की भी मैं वन्दना करता हूं।

माँ महालक्ष्मी का कृपाप्रसाद

।। श्री अग्र भागवत ।।

प्रणेता

महर्षि श्री रामगोपाल 'बेदिल'

प्रकाशकीय

माँ महालक्ष्मी की महत् कृपा से, सदियों से विलुप्त, युगदृष्टा श्री अग्रसेन की लोक कल्याणकारी जीवनगाथा, 'श्री अग्रोपाख्यान' एक सिद्ध महर्षि के हस्ते, अत्यंत रहस्यमयी परिस्थितियों में, विगत ९ अगस्त १९९१ को, आदरणीय 'श्री बेदिल जी' को उपलब्ध हुआ।

बीजग्रंथ फूलों की पंखुरियों से भी हल्के और महीन भोजपत्रों का है, जिसपर गाथा तत्कालीन लिपि में 'अमिट' अक्षरों में अंकित है और लिपि पानी के सम्पर्क (जलाभिषेक) से उभरकर स्पष्ट व सुवाच्य हो जाती है।

इस महत् कृपाप्रसाद को जन जन में बांटने के लिए, सर्वप्रथम इसके संस्कृत की वर्तमान देवनागरी लिपि में लिपिकरण, की अत्यंत आवश्यकता थी। परमपूज्य नवयुग के महर्षि 'श्री बेदिल जी' ने ऋषि को प्रदत्त वचनों के अनुरूप 'कर्तव्यभाव से' स्वयं को इस महायज्ञ की वेदी बना, अपने तन-मन-धन और जीवन की आहूति देकर इस महायज्ञ को सफल किया।

आदरणीय 'श्री बेदिलजी' के सर्वस्व समर्पित सतत् २० वर्षों के तपपूर्ण श्रमसाध्य भागीरथी प्रयत्नों से, जनकल्याण हेतु, परम सौभाग्य से यह सुधासरिता - ।। श्रीमद् अग्रभागवतम् ।। स्वरूप आज प्रवाहित हो रही है। शीघ्र ही इस ग्रंथ के हिन्दी, अंग्रेजी, बंगाली, गुजराती, कन्नड़, कोकणी, मराठी, उड़िया, पंजाबी, तमिल, तेलगु व उर्दू के साथ ही दृष्टि-बाधितों के लिये ब्रेल लिपि के संस्करणों के प्रकाशन की हमारी व्यापक तैयारी है तथा अन्य भाषाओं में अधिकृत अनुवाद की हमारी योजना है।

यह दिव्य व पावन कृति मानवमात्र के आनन्दमय जीवन का आधार बने। यही हमारा परम लक्ष्य है।

- 'अग्रविश्व ट्रस्ट'

ब्रह्मप्रकाश गर्ग

राष्ट्रीय महासचिव

॥ सर्वलोक हितं धर्मम् ॥

सुख, समृध्दि, शांति व ऐश्वर्य मयी विश्व के नवनिर्माण के आधारस्तंभ

भगवान श्री अग्रसेन जी व मातामह माधवी देवी

ग्रन्थ महिमा

ऋषयः ऊचुः

महालक्ष्मीवर इव ग्रन्थो मान्येतिहासकः ।
तं कश्चित् पुण्ययोगेन प्राप्नोति पुरुषोत्तमः ॥

ऋषिगण कहते हैं - महालक्ष्मी के वरदान से समन्वित होने के कारण स्वरूप, श्री अग्रसेन का यह उपाख्यान (पुरुषार्थ गाथा) सभी आख्यानों में अत्यंत सम्मानीय, श्रेयप्रदाता और मंगलकारी है। जिसे कोई पुरुषश्रेष्ठ पुण्यों के योग से ही प्राप्त करता है।

अग्राख्यानं भवेद्यत्र तत्र श्रीः सवसुः स्थिरा ।
कृत्वाभिषेकमेतस्य ततः पापैः प्रमुच्यते ॥

ऋषिगण कहते हैं - श्री अग्रसेन जी की यह पावन पुरुषार्थ गाथा जहां रहती है, वहां श्री महालक्ष्मी सुस्थिर होकर विराजमान रहती हैं। अर्थात स्थाई निवास करती हैं। इसका विधिवत अभिषेक करने वाले, सभी पापों से विमुक्त हो जाते हैं।

ग्रन्थदर्शनयोगोऽयं सर्वलक्ष्मीफलप्रदः ।
दुःखानि चास्य नश्यन्ति सौख्यं सर्वत्र विन्दति ॥

ऋषिगणों ने कहा - श्री अग्रसेन जी की इस पुरुषार्थ गाथा का सौभाग्य से दर्शन प्राप्त होना, महालक्ष्मी के, अर्थ, धर्म, काम तथा मोक्ष सभी फलों का प्रदायक है। इसके दर्शन कर लेने वालों के, सभी दुखों का विनाश हो जाता है, और सर्वत्र सुखादि की प्रतीति होती है।

दर्शनेनालमस्यात्र ह्यभिषेकेण किम्पुनः ।
विलयं यान्ति पापानि हिमवद् भास्करोदये ॥

ऋषिगणों ने कहा - इस पुरुषार्थ गाथा के दर्शन मात्र से, सभी पापों का इसप्रकार अन्त हो जाता है, जैसे सूर्य के उदित होने से बर्फ पिघल जाती है। फिर जलाभिषेक के महत्व की तो बात ही क्या ? अर्थात अनन्त महातम है।

॥ श्री अग्र भागवत ॥

महर्षि जैमिनी प्रणीत 'जैमिनी जयभारत' के भविष्यपर्व के अन्तर्गत अग्रउपाख्यानम्

प्रशस्याङ्गोपाङ्गयुक्तकल्पवृक्षस्वरूपिणे ।
महासिद्धियुत श्रीमदग्रोपाख्यान ते नमः ॥

श्री अग्रसेन जी के आदर्श जीवन चरित्र के, सभी उत्तमोत्तम अंगों तथा उपांगों से युक्त, कल्पवृक्ष के समान, आठों सिद्धियों से संयुक्त, श्री अग्रसेन जी के इस आख्यान (पुरुषार्थ गाथा) को, नमन करते हुए, हम इस पावन ग्रंथ को बारम्बार प्रणाम करते हैं।

– ऋषि प्रणीत वंदन

श्री अग्रभागवत ॥२६॥१९॥

वंदन

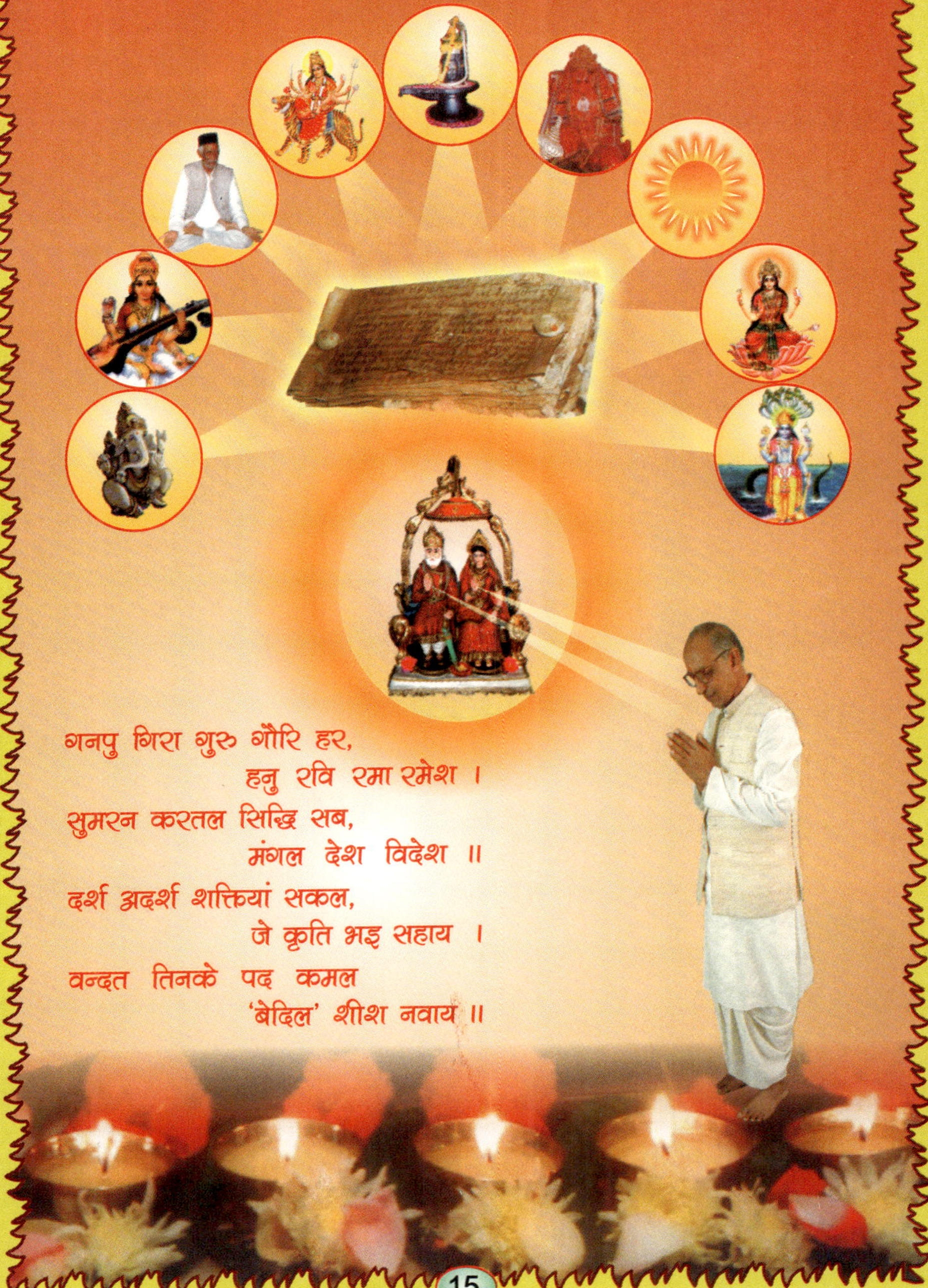

गनपु गिरा गुरु गौरि हर,
हनु रवि रमा रमेश ।
सुमरन करतल सिद्धि सब,
मंगल देश विदेश ॥
दर्श अदर्श शक्तियां सकल,
जे कृति भइ सहाय ।
वन्दत तिनके पद कमल
'बेदिल' शीश नवाय ॥

महालक्ष्मी स्तवन

ॐ नमस्तेऽस्तु महामाये श्रीपीठे सुरपूजिते।
शङ्खचक्रगदाहस्ते महालक्ष्मि नमोऽस्तु ते॥

हे माते ! आप ओमकार स्वरूपा, श्रीपीठ पर विराजने वाली, देवताओं द्वारा नित्य पूजिता, हे महामाये! मैं आपको नमस्कार करता हूं। अपने वरद् हस्तों में शंख, चक्र तथा गदा धारण करने वाली, हे महालक्ष्मी देवी ! आपको नमस्कार है।

नमस्ते गरुडारूढे कोलासुरभयङ्करि।
सर्वपापहरे देवि महालक्ष्मि नमोऽस्तु ते॥

गरुढ़ पर आरूढ़ होकर, कोलासुर को भयभीत कर देने वाली, तथा प्रसन्न होने पर, समस्त पापों को हर लेने वाली, हे महालक्ष्मी मां! मैं आपको नमस्कार करता हूं। आपको नमस्कार है।

सिद्धिबुद्धिप्रदे देवि भुक्तिमुक्तिप्रदायिनि।
मन्त्रपूते सदा देवि महालक्ष्मि नमोऽस्तु ते॥

हे जगन्माते! आप मंत्रों सी, निरंतर पवित्र हैं, आप सभी अष्ट सिद्धियों, निर्मल बुद्धि, जगत के सर्व ऐश्वर्य, भोग तथा परमपद - मोक्ष, की प्रदाता हैं, हे महालक्ष्मी देवी ! आपको नमस्कार है।

सर्वज्ञे सर्ववरदे सर्वदुष्टनिवारिणि।
सर्वसिद्धिप्रदे देवि महालक्ष्मि नमोऽस्तु ते॥

हे महालक्ष्मी देवी ! आप सर्वज्ञ हैं ! आप ही अर्थ-धर्म-काम-मोक्ष आदि समस्त ऐष्णाओं की प्रदाता हैं, आप सभी दुष्टों तथा दुष्ट प्रकृतियों से, जगत को मुक्त कराने वाली हैं । सर्व सिद्धियों की प्रदायक, हे देवी महालक्ष्मी ! मैं आपको नमस्कार करता हूं ।

आद्यन्तरहिते देवि आदिशक्ते महेश्वरि।
योगज्ञे योगसम्भूते महालक्ष्मि नमोऽस्तु ते॥

हे आद्यशक्ति महेश्वरी ! आप योग से प्रकट हुई हैं तथा योग से परिपूर्ण हैं। आदि व अंत से रहित, हे देवी महालक्ष्मी ! मैं आपको नमस्कार करता हूं।

स्थूले सूक्ष्मे महारौद्रे महाशक्ते महोदरे।
महापापहरे देवि महालक्ष्मि नमोऽस्तु ते॥

हे माते ! आप स्थूल, सूक्ष्म तथा महारौद्र सभी रूपों में विद्यमान हैं। आप ही महाशक्ति हैं, महोधरा हैं, बड़े से बड़े पापों का नाश करने वाली, हे महालक्ष्मी देवी ! आपको नमस्कार है।

पद्मासनस्थिते देवि परब्रह्म स्वरूपिणि।
परमेशि जगन्मातः महालक्ष्मि नमोऽस्तु ते॥

हे देवी आप पद्मासन पर विराजमान हैं, आप ही परम ब्रह्म स्वरूपा हैं, आप ही परम ईश्वरी हैं। हे जगन्माते महालक्ष्मी ! मैं आपको नमस्कार करता हूं।

स्वर्णाम्बरधरे देवि नानालङ्कारभूषिते।
जगत्स्थिते जगन्मातः महालक्ष्मि नमोऽस्तु ते॥

हे जगन्माते! आप स्वर्णिम वस्त्रों को धारण करने वाली, नाना अलंकारों से सुशोभित हैं, यह सारा चर-अचर जगत आपमें ही स्थित है, हे महालक्ष्मी देवी ! मैं आपकी वंदना करता हूं। आपको बारंबार नमस्कार है।

सर्वसिद्धिप्रदायनी आद्य महालक्ष्मी

ॐ नमस्तेऽस्तु महामाये श्रीपीठे सुरपूजिते ।
शंख चक्र गदा हस्ते महालक्ष्मी नमोस्तुते ॥

ऋषिवंदन

हे ऋषिवर ! हे परमपूज्य ! हे परम ज्ञान के दाता ।
नमन तुम्हें करते हरि हर, सुर मानव और विधाता ।।

शरण तुम्हारी आकर ही, प्रभु ने पाई प्रभुताई,
मंत्र ऋचाएं सूत्र संहिता, दी तुमने ही सुखदाई.
तुम वेदों के दृष्टा तुमने, परम ज्ञान विस्तारा.
ले ले अवतार हरि आए, शरण तुम्हारी बारम्बारा.

जिसपर कृपा आपकी ऋषिवर ! परमसिद्धि वह पाता ।
हे ऋषिवर ! हे परमपूज्य ! हे परम ज्ञान के दाता ।।

कश्यप अत्री भारद्वाज मुनि, विश्वामित्र महर्षी.
वशिष्ट जमदाग्नि मुनीगौतम, पा धरती ये हर्षी.
केवल्यप्रदायक वाल्मीकि, जगहित चिंतक वेदव्यास.
परमभक्तशुकदेव महामुनि, ऋषिजैमिनी दिव्यप्रकाश.

'बेदिल' नमित चराचर गाए, ऋषियों की नित गाथा ।
हे ऋषिवर ! हे परमपूज्य ! हे परम ज्ञान के दाता ।।

हे ऋषिवर मैने पाया है, तुमसे ही ये परमप्रकाश.
सत्य ज्ञान सहज भक्ति, दिव्य चेतना दृढ़विश्वास.
तव पावन चरणों की रज में, प्रभसे प्रभुवर प्रभुताई,
सौभाग्य जगा मेरा गुरुवर, जो कृपा आपकी पाई.

मैं हुआ प्रकाशित जैसे चन्दा, सूरज से उजियाता ।
हे ऋषिवर ! हे परमपूज्य ! हे परम ज्ञान के दाता ।।

नमन तुम्हें करते हरि हर,
सुर मानव और विधाता ।।

प्रथम पूज्य श्री गुरुवर

परमपूज्य युग महर्षि श्री रामगोपाल अग्रवाल 'बेदिल'

जिनके त्याग व तपस्या का फल है - 'श्री अग्र भागवत'

सर्व सिध्दिप्रद श्री यंत्र

ॐ नमस्तेऽस्तु महामाये श्रीपीठे सुरपूजिते /
शंख चक्र गदा हस्ते महालक्ष्मी नमोऽस्तुते //

दीनानामहमेवाग्र्यो दयालूनां त्वमग्रणीः ।
दयनीयो मदन्योऽस्ति तव कोऽत्र जगत्त्रये ॥

ध्यानमूलं गरोर्मूर्तिः पूजामूलं गुरोःपदम् ।
मन्त्रमूलं गुरोर्वाक्यम् मोक्षमूलं गुरोः कृपा ।।

सत्य कहूं ...

जगन्माता महालक्ष्मी ने मुझ पर अनन्त कृपा करके मुझे स्वप्न में अपने दिव्य दर्शन व निर्देशन देकर मुझे उपकृत किया। माँ भगवती के निर्देशानुसार मैं समित्र ब्रम्हकुण्ड पहुंचा। दैवयोग से संवत २०४८ श्रावण मास के कृष्ण पक्ष की १४ तिथि को अरुणाचल प्रदेश के ब्रम्हसर के किनारे एक सिद्धऋषि द्वारा महर्षि जैमिनीकृत जयभारत ग्रंथ के भविष्यपर्व का सर्वथा अनुपलब्ध यह अतिदिव्य व अद्‌भुत ग्रंथ अग्रोपाख्यानम् मुझे प्रदान किया गया।

मैं न तो कोई वेदविज्ञ ब्राम्हण हूं, न ही संस्कृत का ज्ञानी विज्ञानी। न ही किसी भी भाषा का विशारद हूं, न ही ग्रंथ के अभिप्राय को सिद्ध करना सुगम कार्य। इस महत् ग्रंथ का कर्ता व दृष्टा ऋषि भी दृश्यमान नहीं। ऐसी परिस्थिती में यह दुष्कर कार्य संभव कैसे होगा? मुझे इसका भी किंचित ज्ञान न था। ऋषियों के आव्हान आदि की विधियों से अनभिज्ञ मैं, कार्य के स्वरुप का निर्धारण व उसकी रुपरेखा बनाने मे सर्वथा अक्षम।

तदपि, जैसे धृतराष्ट्र को महाभारत की युध्द कथा सुनने के लिये, एक रथ हांकने वाले सारथी संजय को महर्षि वेदव्यास जी ने दिव्यदृष्टी प्रदान कर दी थी, और वह संजय महाभारत का साक्षत दृष्टा व वक्ता हो गया, उसीप्रकार, दैवयोग से महर्षि जैमिनी प्रणीत अग्रोपाख्यानाम् का यह ।। श्रीमद् अग्रभागवतम् ।। स्वरुप मेरे द्वारा ऋषि के कृपाप्रसाद के रुप में ही संभव हो गया है।

इस अद्भुत ग्रंथ के अदृष्य अक्षर कैसे दिखे? मैं उन्हे कैसे समझ सका? श्लोकों का किस तरह गठन हुआ? यह सब मैं स्वयं नहीं जानता। क्योंकि मैं इस कार्य के कदापि योग्य नहीं। तदपि ईशकृपा से ही मैं इस ग्रंथ की पुनर्रचना कर सका। ग्रंथ के गूढ़ अभिप्रायों को समझ सका, उसका हिन्दी अनुवाद जिसकी विद्वानों ने भूरी भूरी प्रशंसा की, यह मेरी योग्यता नहीं, अपितु केवल जगदम्बा की महत् कृपा का परिणाम और मेरा परम सौभाग्य है।

श्रीमद् अग्रभागवतम् रुपी कल्पवृक्ष की छाया में, त्रिविध तापों से संतप्त व अशांत, यह विश्व विश्रांति प्राप्त करे, यही माँ महालक्ष्मी के श्रीचरणों में प्रार्थना है। और... सकल सृष्टि शाश्वत, सुंदर व आनन्दमय हो यही कामना है।

अकिचंन

– रामगोपाल बेदिल

आमगांव
जिला- गोंदिया
(महाराष्ट्र) 441902
भारत

गुरु गोविंद दोनो खड़े,
काके लागूं पांय....

"आदरणीय बेदिलजी हमारे समाज के लिये वैसे ही हैं जैसे भगवान राम के लिये मुनी वशिष्ठ"

– श्री बनारसीदास जी गुप्त

"बेदिलजी ने समाज के लिये वही किया, जो तुलसीदासजी ने किया"

– श्री रामेश्वरदास जी गुप्त

"भाई बेदिलजी की कृपा से हमें हमारा सच्चा इतिहास मिल गया, इसके लिये समाज सदा आपका ऋणी रहेगा"

– डा. स्वराज्यमणी अग्रवाल

"बेदिलजी तो ईश के शीश पर विराजित चंदन के तिलक की तरह है"

– डा. हरीश नवल
ज्ञानपीठ अवार्डी

ऋषियों के महाकृपाप्रसाद को नवयुग के ऋषिरूप बेदिल जी ने इस युग को प्रदान कर, मानवता पर जो उपकार किया है, वह वंदनीय है।

– डा. रूड़बर्गन
जर्मनी

इन भोजपत्रों पर श्री अग्रसेन की पावन गाथा तत्कालीन लिपि में, अमिट अक्षरों में अंकित है.

- श्रीमद् अग्रभागवत विश्व में किसी आठवें आश्चर्य की तरह अद्भुत व अलौकिक है. विश्व में अद्वितीय यह दिव्यग्रन्थ भोजपत्रों पर अंकित है।
- सर्वथा अन्यत्र अनुपलब्ध इस ग्रन्थ में 1400 से अधिक श्लोकों में, श्री अग्रसेन जी की दिव्य गाथा उपलब्ध है. 216 पन्नों के इस ग्रन्थ का कुल वजन मात्र 49 ग्राम है.
- फूलों की पंखुरियों से भी हल्के और महीन भोजपत्रों पर गाथा तत्कालीन संस्कृत में अमिट व अदृश्ट अक्षरों में अंकित है और पानी में पत्र गीले (जलाभिषेक) किये जाने पर, अदृष्य अक्षर उभरकर स्पष्ट व सुवाच्य हो जाते हैं।

सदियों से विलुप्त, युगदृष्टा श्री अग्रसेन की यह लोककल्याणकारी जीवनगाथा, एक सिद्ध महर्षि के हस्ते, अत्यंत रहस्यमयी परिस्थितियों में, 9 अगस्त 1991 को, 'श्री बेदिलजी' के नाम से विख्यात आदरणीय श्री रामगोपाल जी अग्रवाल को उपलब्ध हुई।

आदरणीय श्री रामगोपालजी अग्रवाल 'बेदिल' के सर्वस्व समर्पित सतत् २० वर्षों के तप पूर्ण श्रमसाध्य भागीरथी प्रयत्नों से,

जन कल्याण हेतु, जगत के सौभाग्य से यह ग्रन्थ

।। श्रीमद् अग्रभागवतम् ।।

संस्कृत, हिन्दी, अंग्रेजी, बंगाली, गुजराती, कन्नड़, कोंकणी, मराठी, उड़िया, पंजाबी, तमिल, तेलगु एवं उर्दू में अनूदित हो चुकी है तथा (दृष्टिबाधितों के लिये) ब्रेल लिपि में पूर्णता की ओर है।

इस महान ग्रन्थ के विषय में विश्व के विशिष्ठ विद्वानों, मनीषियों, संस्कृत भारती, संस्कृत विश्वविद्यालयों के कुलपतियों, शंकराचार्यों, अग्रवाल समाज के वरिष्ठ समाजसेवियों एवं विद्वानों के साथ ही गिनीज वर्ल्ड रिकार्ड की टीम ने नतमस्तक हो, इसकी व्यापक प्रशस्ति की है।

विद्वत्जनों के अनुसार -

।। श्रीमद् अग्रभागवतम् ।। भगवत स्वरूप श्री अग्रसेन जी की अजर - अमर तथा अविनाशी, वाङ्गमय स्वरूप आत्मा है, जो कि उनके गुण, कर्म, प्रभाव तथा आदर्शो की साक्षी है एवं त्रिविधि तापों व पापों की विनाशक है.

भारतीय विश्वविद्यालय संघ (नई दिल्ली)
Association of Indian Universities (New Delhi)

डॉ. पंकज चांदे
अध्यक्ष
Dr. Pankaj Chande
President

Nagpur : (O) Telefax : (0712) 2560992
Tel. : (0712) 2542059
Ramtek : (O) Telefax : (07114) 255549
E-mail: pankaj.chande@gmail.com

अभिमत

किसी भी लोकप्रसिद्ध संप्रदाय की आरम्भकथा व उसके मूलपुरुष के विषय में जानना सभी के लिये महत् कौतूहल का विषय होता है। आज श्री श्री अग्रसेन के विषय में जानने की अनेकों की सहज इच्छा है। विष्णुपुराण, मत्स्यपुराण व अन्य महापुराणों में गुप्तराजवंश व अनेक शासक वंशों के विषय में अनेकों जानकारियां उपलब्ध हैं। किन्तु श्रीअग्रसेन महाराज का प्रामाणिक व विस्तृत जीवन चरित्र कहां उपलब्ध होगा इसकी दीर्घकाल से अनेकों के मन में जिज्ञासा थी।

सौभाग्य से श्रीमन् रामगोपाल बेदिल महोदय को "श्रीमद् अग्रभागवतम्" के संस्कृत मूलग्रन्थ की प्रामाणिक प्रति ग्रन्थरुप में उपलब्ध हुई। अरुणाचल प्रदेश में स्थित ब्रह्मकुण्ड के समीप किसी महापुरुष द्वारा श्रीयुत बेदिल महोदय को प्रदत्त यह "श्रीमद् अग्रभागवतम्" पुराणशैली की संहिता है। इस ग्रन्थ के प्रकाश में यह ज्ञात होता है कि सूर्यवंश के वल्लभसेन महाराज तथा वैदर्भी नाम्नी उनकी रानी के पुत्र रूप में श्री अग्रसेन का जन्म हुआ। सत्ताइस अध्यायों में वर्णित यह अतिशय मनोहारी आख्यान, अनेकों उपदेशप्रद कथावृत्तों से समन्वित है।

जिसप्रकार महापुरुषों के जीवनचरित्र के विषय में कोई न कोई अलौकिक घटनाएं हमें दिखाई देती हैं, उसीप्रकार श्रीमन् अग्रसेन महाराज के जीवनचरित्र के विषय में भी अनेकों अलौकिक घटनाएं इस ग्रन्थ में वर्णित हैं। ऐसा प्रतीत होता है कि धर्मप्रबोधन के लिये ही श्री श्री अग्रसेन का जन्म हुआ।

इस ग्रन्थ के विषय में श्री बेदिल महोदय के जीवन में भी एक अलौकिक घटना घटित हुई। उन्हे सिद्धपुरुष द्वारा प्रदत्त यह ग्रन्थ अदृश्याक्षरों का है। ग्रन्थ प्राप्ति के उपरांत जब आनन्द के अतिरेक में उनके नेत्रों से अश्रु भुर्जपत्र के ऊपर गिरे, तब अकस्मात् ही लुप्त अक्षर प्रकट हो गये। तदनन्तरं भुर्जपत्र का प्रत्येक पत्र जल में भिगा भिगाकर ग्रन्थ का यह सम्पूर्ण स्वरुप श्री बेदिल महोदय द्वारा उद्‌घाटित किया गया। यह सर्वविदित है कि आज भी ग्रन्थ के अदृश्य अक्षर भुर्जपत्र के जल के सम्पर्क में आने पर स्पष्ट दिखाई देते हैं।

जिसप्रकार अन्य आख्यानों के पठन से सर्वविध उन्नति कही गई है, उसीप्रकार इस ग्रन्थ के पठन पाठन करने वालों को सकल फलप्राप्ति होगी ऐसा इस ग्रन्थ में स्पष्ट उल्लेख है। इसप्रकार श्रीमन् अग्रसेन महाराज के जीवनचरित्र के महत् ग्रन्थ कासफल संपादन कर इसे प्रकाश में लाकर, एक ऐतिहासिक योगदान करनेवाले श्रीमन् बेदिल महोदय का मैं हृदय से अभिनन्दन करता हूं।

इस ग्रन्थ के प्रकाश में आने से श्री श्री अग्रसेन महाराज का प्रमाणिक व ऐतिहासिक महत्व प्रतिस्थापित होगा, ऐसा मेरा विश्वास है।

डॉ पंकज चांदे

अध्यक्ष, भारतीय विश्वविद्यालय संघ (नई दिल्ली)
कुलपति, कविकुलगुरु कालीदास संस्कृत विश्वविद्यालय

॥ ॐ ॥ पञ्जीयन क्र. ई २२७१ (ना)

संस्कृतभारती (विदर्भप्रान्तः)

कार्यालयः - प्रथम-अट्टः (एफ-१), 'शकुन्तलाभवनम्', चुनाभट्टीमार्गः, नागपुरम् - १५.

संपर्कः - ९४२१३९४६८०, ९४२२८०३१०३ • अणुसङ्केतः - samskritabharatividarbha@gmail.com

आमुखः

महर्षि जैमिनीकृत "जयभारत" ग्रंथ के भविष्यपर्व के अन्तर्गत अग्रोपाख्यान नामक अद्‌भुत मूलग्रंथ द्वारा महाराजा श्री अग्रसेन के दिव्य– चरित्र का, आनन्दमय जीवन विषयक यह अद्‌भुत ज्ञान दृष्टी पथ पर आया है।

यह उपाख्यान 27 सर्गों में विभक्त है। उदय, ज्ञान, पुरुषार्थ, संघर्ष आदि से प्रारंभ हो अंत में संकल्प, आनन्द, आलोक आदि, मानो ब्रम्हाण्ड (अवकाश) में स्थित 27 नक्षत्र हों। मानव मात्र के जन्म से महानिर्वाण पर्यन्त जीवन यात्रा के इन सोपानों को, यदि श्रद्धापूर्वक अंगीकार किया जाए तो व्यक्ति "अर्चिरामार्ग" मोक्ष सिद्धि के परम लक्ष्य को निश्चित ही प्राप्त कर सकता है। इसमे किंचित भी संदेह नहीं।

वर्तमान–मानव–समाज में अदूरदृष्टी, स्वार्थलिप्सा, अन्धानुकरण आदि दुर्गुणों के प्रादुर्भाव हो जाने से, व्यापक विचार करने की सामाजिक क्षमता क्षीण हो गई है।

आज संस्कारहीन हो रहे समाज में, श्रद्धा, उद्योगशीलता, निर्भयता, सात्विकता, ज्ञान, दान, यज्ञ, तप, दम, स्वाध्याय, अहिंसा, शांति, दयादि दैवीगुण–सम्पदा युक्त, जीवनमूल्यों की पुनर्प्रतिस्थापना अत्यन्त आवश्यक है।

तद्‌हेतु श्री अग्रसेन महाराज के इस जीवन चरित्र का स्वाध्याय ही एकमेव उत्तम उपाय है और यही समय की नितांत आवश्यकता भी है।

जिसप्रकार जब मानव शरीर व्याधिग्रस्त हो जाता है तब स्वास्थ के रक्षण तथा संवर्धन हेतु वैद्यगण चिकित्सा शास्त्र के अनुसार "अ", "ब", "क", "ड" आदि इन जीवनसत्वों की आवश्यकता होती है। चिकित्सक तद्हेतु आवश्यक उपाय योजना करते है। उसीप्रकार जब समाज, उपरोक्त दुर्गुणों में लिप्त हो व्याधिग्रस्त हो जाता है, उस समय निर्भयता, उद्योग, ज्ञान, दान, तप, यज्ञादि सात्विक ओजगुण युक्त जीवनतत्वों की प्रतिष्ठा करना अत्यन्त आवश्यक हो जाता है।

इन सद्‌गुणों की प्रतिस्थापना हेतु श्री अग्रसेन महाराज के इस पावन चरित्र का पठन व अभ्यास अत्यन्त आवश्यक है। लोक कल्याण हेतु इस प्रकार का आदर्श दुर्लभ चरित्र ग्रंथ जगत के दृष्टि पटल पर लाने वाले, इस महत्‌कार्य में निरंतर अग्रसर अनुज श्री रामगोपाल जी बेदिल का शत शत अभिनन्दन।

इति शम्

– डॉ. रामकृष्ण पुजारी

अध्यक्ष, संस्कृत भारती

विदर्भ प्रान्तः

फणीन्द्रनगरम् (नागपुरम्)

संस्कृत भारती

पूर्व आन्ध्र प्रदेश

– दोर्बलप्रभाकरशर्मा

(शतावधानी)

अध्यक्ष, पूर्व आन्ध्र प्रदेश,

राष्ट्रीय कार्यकारिणी सदस्य,

प्राक्कथन

श्री बेदिल के उपनाम से विख्यात श्रीमान रामगोपाल जी को भगवती महालक्ष्मी ने स्वप्न में दर्शन देकर ब्रम्हकंण्ड पहुचने को प्रेरित किया। निर्देशानुसार वे समित्र वहां पहुंचे। अरुणाचल प्रदेश स्थित ब्रम्हसर के निकट एक अलौकिक सिद्धपुरुष ने भुर्जपत्र पर अंकित महर्षि जैमिनी विरचित 'जयभारत' ग्रंथ के भविष्यपर्व के अन्तर्गत यह अग्रोपाख्यानम् नामक अदभुत अलौकिक ग्रंथ उन्हे प्रदान किया।

श्री रामगोपाल जी ने जब सिद्धपुरुष द्वारा प्रदत्त इस ग्रंथ को खेलकर देखा तो उसमें सभी पत्र कोरे प्रतीत होते। निरक्षर भुर्जपत्रों के इस ग्रंथ का क्या किया जाए? यह उन्हे कुछ भी समझ नहीं आता था। अन्तोगत्वा इस ऋषि–प्रसाद की उपयोगिता से अनभिज्ञ होने के कारण श्री बेदिल निराश हो भाव विहल हो उठे।

देवकृपा से उन के आनन्दाश्रु के स्वेदकण ग्रंथ के एक पत्र पर जा पड़े जिससे उन्हे कुछ अक्षर दिखाई दिये। प्राप्त प्रेरणा से अभिभूत हो उनने पत्र पर थोड़ा सा जल सिंचित किया और उस पर अंकित अक्षर, वाक्य, श्लोक स्पष्ट दिखने लगे।

श्री बेदिल महोदय ने शनैः शनैः एक एक पत्र जल में डुबा डुबाकर उभरने वाले उन अक्षरों को यथाक्रम लिखा, उन्हे श्लोकों के स्वरुप में आबद्ध किया। लगभग उन्नीस वर्षों की कठोर तपस्या का फल है – श्री अग्रसेन महाराज के आदर्श चरित्र की यह अनुपम गाथा "श्रीमद् अग्रभागवतम्"।

जल आद्रता से रहित होने पर इस अद्भुत ग्रंथ के अक्षर नहीं दिखाई देते और अधिक आद्रता ग्रंथ सह नहीं सकता। साथ ही ग्रंथ के छिन्न भिन्न हो जाने का भय भी था। तथापि इन महानुभाव के द्वारा न जाने इस ग्रंथ को कैसे अभिषिक्त कर, किस प्रकार अक्षरों का ज्ञान कर, कैसे यह महत्वपूर्ण कार्य सम्पन्न किया गया।

तथापि इस ग्रंथ के अभिषेक करने पर अभिषिक्त पावन जल अमृत जल की तरह हो जाता है जो कि विभिन्न आपदाओं व असाध्य रोगों से पीड़ितों की व्याधि निवारण हेतु अमृतसंजिवनी है। इस ग्रंथ इस अनुपम महिमा को अनेकों ने अनुभूत किया है।

महाभाग्याशाली श्री रामगोपालजी बेदिल ने ऋषि प्रदत्त मूलग्रंथ का जिस प्रकार वाचन किया, उसी प्रकार उसका मुद्रण किया है।

महामहिमाशाली इस ग्रंथ में प्रेरणासाद अनेको कथांए व सुक्तियां विद्यमान हैं। जो किसी एक वर्ग के लिये ही नहीं अपितु सभी व्यक्तियों के लिये जीवनोपयोगी है। अखिल भारत व सकल विश्व के लिये यह ग्रंथ निश्चित ही परम उपकारी होगा।

जैसे भुर्जपत्रमयी यह मूलग्रंथ श्रीः अमृता महालक्ष्मी सहित माता सरस्वती की अनन्त कृपा के प्रसाद स्वरुप प्राप्त हुआ है, वैसे ही यह जगत कल्याणकारी होगा। ऐसा मुझे पूर्ण विश्वास है।

– दोर्बलप्रभाकरशर्मा
(शतावधानी)

अध्यक्ष, पूर्व आन्ध्र प्रदेशस्य
राष्ट्रीय कार्यकारिणी सदस्य,
संस्कृत भारती

॥ श्री अग्र भागवत ॥

श्री अग्र भागवत अध्याय

।। भागवत ।।

मानव जीवन का लक्ष्य है – पूर्णता को प्राप्त करना, सत्, चित, आनन्दमय होना। मानव ईश्वर का अंश है, तथापि पथभ्रांत मानव अपने सच्चिदानन्द स्वरूप को भूलकर, क्लांत–अशांत जीवन जी रहा है।

भाग्य जब जागते हैं, तो मानव को कोई सतगुरु अवश्य मिलते हैं, जो उसे ईश्वर के स्वरुप का ज्ञान करा देते हैं। वह ज्ञान– जो अपने (ईश्वर) स्वरुप से विभक्त (दूर हुए) जन को, भक्त (जुड़ा हुआ) बना दे, वही है – 'भागवत'। भगवान का वाङ्मय स्वरुप है – भागवत। भगवान का यशोगान है – भागवत। भगवान के अद्भूत कर्मो के चिन्तन स्वरूप है – भागवत। भगवान के लौकिक कर्मों का आचरण है – भागवत।

परीक्षित के भाग्य जगे ! जो उसे श्रृंगी ऋृषि का श्राप मिला । जिस परीक्षित ने माता उत्तरा के गर्भ में ही, भगवान श्री कृष्ण के दर्शन व संरक्षण पा लिये थे, वही परीक्षित लोक विनियोजन में अपने स्वरूप को स्थापित नहीं रख पाये। तभी तो उन्हे, उनके तथा जगत के कल्याण हेतु ही श्रृंगी ऋृषि का श्राप मिला। तभी तो मिल पाया उन्हें, श्री शुकदेव जी की अनन्तकृपा स्वरूप 'श्रीमद् भागवत' रूपी – मुक्ति का वरदान। सत्य है – <u>श्रृद्धापूर्ण समर्पण श्राप को भी वरदान में बदल देता है।</u>

भागवत वस्तुतः अपने भगवत स्वरूप को प्राप्त करने का प्रमाणिक पथ है। भगवान के सायुज्य का आधार है। भागवत के दो पथ हैं – एक लौकिक और दूसरा पारलौकिक।

लौकिक आदर्श–भगवान श्री राम के, भगवान श्री अग्रसेन के, आचरेय हैं। उनके कर्मों की गाथा के प्रत्येक प्रसंग, हमें मानव जीवन के उच्चतम आदर्शों का साक्षात्कार करवाते हैं। उन मानवीय पथ पर, चलने को अभिप्रेरित करते हैं।

महामानव श्री अग्रसेन जी का सम्पूर्ण चरि़त्र – देश, धर्म व काल की सीमाओं से परे, सारे मानव मात्र के लिये, संजीवनी की तरह, सदैव प्रेरणास्पद, प्रासंगिक, व अनुकरणीय है, साथ ही लौकिक व पारलौकिक साधना का उत्तमोत्तम मार्ग है।

।। भागवत ।।

दूसरा पथ है – पारलौकिक सिद्धि का। जिसमें भगवान के स्वरुप का, गुणों का, अद्‌भुत कर्मों का चिंतन व गुणानुवाद करने मात्र से, परमानंद की अनुभूति होती है। भगवत धर्म का – चिंतन, गुणानुवाद किया जाना चाहिये, अनुकरण नहीं । भगवान श्रीकृष्ण का, भगवान शिव का, आचरण अलौकिक है, जिसके चिन्तन मात्र से, परमानंद की प्रतीति और समर्पण से सच्चिदानंद की सायुज्जता, अनुभव की जा सकती है।

भागवत धर्म भगवान की लीलाएं हैं, आचरेय नहीं। भगवान शिव ने विष पान किया। भगवान श्रीकृष्ण ने जो आत्म–परमात्म ऐकाकार की लीलांए की, उनका चिंतन ही, सच्चिदानंद की सायुज्जता प्रदान करवा सकता है, यदि हृदय में – सर्वस्व समर्पण का भाव हो तो।

श्रीमद् भागवत की परम पुण्यदायिनी कथा श्री व्यास देव के पुत्र श्री शुकदेव जी द्वारा, आसन्नमरणा महाराजा परीक्षित को, मुक्ति का मार्ग प्रशस्त करने हेतु सुनाई गई। परिणाम स्वरूप – महाराज परीक्षित ने मृत्यु पर विजय (अभयता) प्राप्त कर परम मोक्ष पाया।

श्रीमद् अग्रभागवतम् (श्री अग्रोपाख्यानम्) की कथा, मरण को उद्यत, दिग्भ्रांत, अशांत परीक्षितपुत्र महाराजा जनमेजय को, लोकधर्म साधना का मार्ग प्रशस्त करने की अभिप्रेरणा हेतु – भगवान वेद व्यास के प्रधान शिष्य महर्षि जैमिनी जी द्वारा, सुनाई गई। परिणाम स्वरूप – अशांत जनमेजय ने परम शांति अर्जित कर, मानव धर्म धारण कर – लोककीर्ति तथा परम मोक्ष दोनों ही प्राप्त किये।

दैवकृपा से, जगत के भाग्य जागे। इसीलिये सदियों से विलुप्त, विश्व के लिए आचरेय मानवधर्म की मार्गदर्शक 'श्रीमद् अग्रभागवतम्' आज उपलब्ध है। माँ महालक्ष्मी की कृपा से समन्वित, भागवत स्वरूप इस परम पूज्य ग्रन्थ को बारम्बार सादर प्रणाम करते हुए, यह पुनीत धरोहर, हम सहर्ष लोक हस्तार्पित करते हैं।

यह शुभकारी कथा जगत में सबके लिये कल्याणकारी हो।

पूर्वप्रसंग

महाभारत युध्द की समाप्ति के उपरांत धर्मराज युधिष्ठिर ने राज्य संभाला। महाराज युधिष्ठिर के भाइयों एवं महारानी द्रोपदी सहित स्वर्गारोहण के उपरांत अभिमन्यु पुत्र– परीक्षित इस पृथ्वी पर राज्य करने लगे। यहां पृथ्वी पर राज्य करने का अर्थ सम्राट होना था। उसकाल में भारत मे छोटे– छोटे 536 राज्य थे जिन्हे गणराज्य कहा जाता था। प्रत्येक गणराज्य के अपने–अपने नियम, अपनी रीति रिवाज तथा अपनी अपनी प्रथक विशेषताएं होती थी। अनेकों भूभाग, ऋृषि भूमि एवं तपोवनों की स्वतंत्र सत्ता थी। सम्राट सहिष्णुता का पर्यायी होता था। अतः प्रत्येक गणराज्य अपने 'स्वधर्म' पर स्थापित थे।

द्वापर की समाप्ति व कलियुग के आगमन का संक्रमण काल था वह। महाराज परीक्षित धर्मानुकूल शासन करते थे। अतः उनमें कालपुरुष का प्रवेश नहीं हो सका। कलि ने विचार किया 'राजा कुछ पाप करे तो प्रवेश का मार्ग खुले। अन्तोगत्वा, दण्ड का भागी बनकर कलि महाराजा की शरण में आया, और उसने महाराज परीक्षित के चरण पकड़ लिए। उसके स्पर्श मात्र से परीक्षित की बुद्धि भ्रष्ट हो गई। कलि ने राजा से रहने के स्थान मांगे। राजा ने उसे जिन चार स्थानों में रहने की अनुमति दी वे थे – द्यूत, मदिरा, नारीसंग, और हिंसा। कलि इन चार स्थलों में अपने क्रमशः असत्य, मद, आसक्ति व निर्दयता रूपों से रहने लगा।

महाराजा परीक्षित प्रज्ञावान थे, धर्मज्ञ थे, दयालु थे, प्रजा वत्सल थे। कलि और काल के प्रभाव ने धर्मज्ञ, महाप्राज्ञ महाराज परीक्षित की भी मति फेर दी। जिसके प्रभाववश उनने अनायास, पांड़वो द्वारा युद्ध में विजित दुष्ट जरासंध का मुकुट अपने माथे धारण कर लिया। और इसप्रकार... कलि से सम्राट परीक्षित छले गये। धर्मज्ञ परीक्षित के मन अनायास शिकार का शौक उत्पन्न हो गया और वे, शिकार के लिए वन में जा पंहुचे। गहन वन में उनके बाणों से बींधा गया 'मृग' सहज ही महाराज परिक्षित के हाथ न आया, वे सारा दिन उस मृग के पीछे भागते भागते अन्तोगत्वा थककर चूर हो गए। भूख व प्यास से व्याकुल हो गए।

ऐसी अवस्था में वे उर्ध्वरेता ऋृषि शमीक के आश्रम में आ पहुंचे। महर्षि शमीक समाधि में लीन थे। मौनव्रती तपरत मुनि शमीक से, भूखे प्यासे, थकेहारे राजा परीक्षित ने अपने शिकार के विषय मे जानकारी चाही। प्रत्युत्तर न मिलने पर कलि के प्रभाव वश अपने राजमद से कुपित राजा ने वहां एक ओर पड़े मृत सर्प को अपने बाण की फाल से उठाकर ऋृषि शमीक के गले मे डाल दिया।

महर्षि शमीक के पुत्र महातपस्वी श्रृंगी ऋृषि को जब यह कृतांत ज्ञात हुआ, तो उन्होने कुपित होकर अकर्म के उस कर्ता महाराजा परीक्षित को सात दिन में तक्षकनाग द्वारा विष दंशित करने का, श्राप दे दिया।

महाराज परीक्षित ने जैसे ही अपने माथे से मुकुट उतारा, उन्हे तत्काल अपनी भयंकर भूल का भान हो गया। 'हा ! मुझसे घोर पाप हुआ है' यह निश्चय करते ही राजा परीक्षित प्राश्चित्य व्रत धारण कर, मुक्ति के अनुसंधान का विचार कर वे जगत तारिणी माँ गंगा के तट पर जा पहुंचे।

परमपिता परमात्मा ने शुकदेव जी को प्रेरित किया और भगवान शिव के अवतार शुकदेव जी, न केवल परीक्षित, अपितु सर्वलोक कल्याण के लिए स्वयं ही वहां पधारे। परिक्षित ने उनके श्रीचरणों में साष्टांग प्रणाम कर उन्हे अपना 'पाप' कह सुनाया। तब परम कृपालु श्री शुकदेव जी ने आसन्नमरणा परीक्षित को "श्रीमद् भागवत" हृदयांगम करा उन्हे मुक्ति का परम मार्ग प्रदान कर दिया। इस अनन्तकृपा से राजर्षि परीक्षित निर्लिप्त और निर्भय हो गए।

सातवें दिन ऋृषि श्राप के वशीभूत हो, जब तक्षक ने महाराजा परीक्षित का डंसा, तो उनका शरीर निश्चल हो गया, और आत्मा परमात्मा में विलीन हो गई।

तत् पश्चात् परीक्षितपुत्र जनमेजय को सम्राट पद पर अभिषिक्त किया गया। धर्मज्ञ, प्रजावत्सल महाराज जनमेजय की पतिव्रता धर्मपत्नी महारानी 'वपुष्टमा' ने दो पुत्रों को जन्म दिया। एक थे चंद्रपीड़ और दूसरे सूर्यापीड़। जब तक्षक नाग के विरुद्ध ऋृषि उतंक से महाराज जनमेजय को अपने पिता की मृत्यु के संदर्भ मे ज्ञात हुआ तो – उन्होने अपने मंत्रियो से इसकी पुष्टि की, फिर तो वे विचलित हो गए और......

बदले की भावना ने धर्मज्ञ जनमेजय को नागसत्र यज्ञ के लिये प्रेरित किया। वे इस यज्ञ के माध्यम से, तक्षक सहित संपूर्ण नागवंश को जलाकर भस्म कर देना चाहते थे। सर्प यज्ञ प्रारंभ हुआ। मंत्रो के बल से लाखों करोड़ों सर्प विवश होकर नष्ट हो गए।

एक ओर मंत्रो की ध्वनि उठती थी, तो दूसरी ओर विनिष्ट होते नागों का क्रन्दन। यह ज्ञात होते ही तक्षक भागकर, सुरक्षा हेतु देवराज के इन्द्रलोक में जा छिपा और यहां नाग निरंतर यज्ञ की आग मे आहूति बनते जा रहे थे।

यह देख, नागराज वासुकी अत्यंत चिन्तित हुए। उन्होंने अपनी बहन से याचना की कि भांजे 'आस्तिक' को इस यज्ञ को बंद करवाने के लिये प्रेरित करें।

अन्तोगत्वा, ऋृषि आस्तिक जो बालक होकर भी वृद्धों द्वारा भी पूज्य थे, ने उन्हे आश्वस्त करते हुए कहा – 'हे नाग प्रवर! आप संताप न करें। सर्पयज्ञ की धधकती इस भीषण ज्वाला के भय से, मैं तुम्हे मुक्त करुंगा।' यह कहकर आस्तिक ऋृषि यज्ञ मंडप मे पहुंचे और अपने वचनों व युक्ति से, समस्त नागवंश को इस भीषणतम संकट से उन्हे विमुक्त करा दिया।

तदनंतर, महाराजा जनमेजय अश्वमेघ यज्ञ करने हेतु दृढ़ निश्चय कर बैठे। यह ज्ञात होते ही, सर्वज्ञ महर्षि व्यास स्वयं जनमेजय को समझाने राजभवन पहुंचे। बहुत समझाया व्यास जी ने कि राजसूय यज्ञ मत करो। यही यज्ञ पहले भी महाभारत के रूप में विनाश का कारण बना।

किन्तु, जब अहंकार प्रबल हो जाता है, तो हितैषी कितनी ही हितकारी बात कहे जहर जैसी लगती है। धर्मज्ञ जनमेजय में अपने धर्मज्ञ होने का अहंकार जो समा गया था। व्यास जी को भी खोटी – खरी सुनाकर वापिस भेज दिया और अन्तोगत्वा महाराजा जनमेजय ने विधि पूर्वक अश्वमेघ यज्ञ की दीक्षा ले ही ली।

यज्ञ मे अश्व की बली दी गई। अश्वमेघ के विधानानुसार उस क्षत–विक्षत अश्व के निकट महारानी 'वपुष्टमा' ने शयन किया। जनमेजय मे उत्पन्न अहंकार का छिद्र पाकर इन्द्र ने छल किया। जिसके कारण महाराजा जनमेजय को ऐसा प्रतीत होने लगा कि मानो अश्व

पुनर्जिवित हो गया हो और और सर्वांगसुंदरी महारानी वपुष्टमा के साथ संयुक्त हो गया।

इस भ्रम से भ्रमित राजा विचलित हो गए। उन्होने अधर्यु से पूछा–यह कैसा ? अश्व तो मरा ही नहीं ? अधर्यु ने कहा – 'राजन् यह इन्द्र का छल है वह अश्व में आविष्ट हुआ और उसने रानी का भोग किया है।

यह सुनते ही महाराज जनमेजय कुपित हो उठे। उन्होने इन्द्र को शाप दे दिया। ऋृत्विजों को अपमानित कर राज्य से निकाल दिया और पतिव्रता पत्नी रानी वपुष्टमा को कुलटा घोषित कर मसले हुए फूल की माला की तरह, उन्हे ठोकर मारकर भगा दिया।

अन्तोगत्वा दुखियारी महारानी वपुष्टमा कुरूवंश के संरक्षक - महर्षि वेदव्यास जी के आश्रम में पहुंची। व्यासदेव ने उसे सांत्वना दी। सम्राट जनमेजय व्यासदेव की सीख तो पहले ही अनसुनी कर चुके थे। अतः व्यासजी ने अपने प्रधान शिष्य जैमिनीजी को बुंलवाया और उन्हे जनमेजय को उचित मार्गदर्शन करने के लिये प्रेरित किया। क्योंकि क्रोधित मन कभी भी अपनों की सलाह सहज नहीं मानता।

और तब..... व्यासदेव के नेतृत्व में महर्षि जैमिनी, क्लान्त, अशांत तथा मरण को उद्यत महाराजा जनमेजय को मार्गदर्शन हेतु

सञ्चिन्त्य घोरमत्यन्तं शान्तिं न प्राप्नुते क्षणम् ।
चिन्ताशोकपरीतात्मा मन्युना जनमेजयः ॥ ९ ॥

कुरुकुल भूषण जनमेजय, अपने बीते हुए भयंकर अतीत का स्मरण करके क्षण भर भी शांति नहीं पाते थे उनका मन चिन्ता और शोक में डूबा हुआ था।

तत् सामर्षं शोचमानं क्रुद्धं पारीक्षितं नृपम् ।
व्यासशिष्यो वेदवित् स वचः प्रोवाच जैमिनिः ॥ १० ॥

तब इस प्रकार अमर्ष से भरे हुए, चिन्ता से क्रुद्ध, परिक्षित कुमार राजा जनमेजय से महर्षि व्यास के परम शिष्य, वेदज्ञ , महर्षि जैमिनी ने यह बात कही –

॥ श्री अग्र भागवत ॥

प्रथम अध्याय

उदय

जैमिनिरुवाच

नारायणं नमस्कृत्य नरं चैव नरोत्तमम्।
देवीं सरस्वतीं व्यासं ततो जयमुदीरयेत्॥ १॥

मैं अन्तर्यामी नारायण भगवान श्रीहरि को, श्रेष्ठ प्रतिभापुरुष जिनका प्रेरणास्पद जीवन मानवमात्र का पथ प्रदर्शक है, ऐसे नरोत्तम श्री अग्रसेन को, तथा प्रभुनारायण की लीला कथाओं, एवं महामानवों की कर्म कथाओं के तत्वज्ञान को प्रकट करने वाली देवी सरस्वती को, महर्षि व्यास को तथा उनके प्रधान शिष्य जयभारत ग्रंथ के प्रणेता, महर्षि जैमिनी को नमस्कार करके मानव मात्र को सांसारिक माया पर विजय प्रदान कराने वाली, ऐतिहासिक गाथाओं का पठन – पाठन करता हूं।

शौनकस्तु महाभागः नैमिशे स कुलाधिपः।
अपृच्छदुग्रश्रवसं सर्वशास्त्रविशारदः॥२॥

संत समागम के केंद्रस्थल – नैमिष्यारण्य में धर्मात्मा एवं कुलपति जिज्ञासु वृत्ती के शौनिक जी ने, लोमहर्षण सूतजी के पुत्र, जो सर्व शास्त्रों के विशेषज्ञ थे, उनसे सादर पूछा –

॥ शौनक उवाच ॥

भारतानां कीर्तितं मे सूताख्यानं महत् त्वया।
इक्ष्वाकूणां च सर्वेषां पार्थिवानां तथैव च॥ ३॥

शौनिक जी ने कहा – हे सूतनन्दन ! आपने हमें भरतवंश के चंद्रवंशी राजाओं तथा उसी प्रकार सूर्यकुल के इक्ष्वाकुवंश के श्रेष्ठ राजाओं के विशद कथावृत्तयुक्त आख्यान सुनाए हैं।

अत्यद्भुतानि कर्माणि विचित्राश्च कथास्शुभाः।
कथितं भवता पुण्यं पुराणं श्लक्ष्णया गिरा॥ ४॥

महर्षे ! आपने अतिविचित्र कथा प्रसंगो तथा अद्भुत चमत्कारों से परिपूर्ण कर्मों की प्राचीन, तथा पुण्यप्रद कथाओं का अपनी मृदु वाणी से वर्णन किया है।

अग्रस्य कर्मावदातं विस्तरेणैव मे वद।
कृपया परया लोमहर्षणस्तेऽब्रवीद्यथा॥ ५॥

इसप्रकार, सूतनन्दन की प्रशस्ति करने के उपरांत, महाप्राज्ञ शौनिकजी ने, लोमहर्षण सूत के पुत्र, उग्रश्रवा जी से सादर निवेदन किया कि – आप कृपया हमें महाराजा श्री अग्रसेन के अद्भुत व लोककल्याणकारी कर्मों की कथा विस्तार पूर्वक सुनाइये –

सौतिरुवाच

व्यासशिष्योऽवदद्यन्मे जैमिनिः सम्प्रविस्तरम्।
तत् तेऽहं सम्प्रवक्ष्यामि ह्याग्रेयं कीर्तिवर्धनम्॥ ६॥

सूतनन्दन ने कहा – हे शौनिक जी ! व्यासजी के वेदवेत्ता परमशिष्य महर्षि जैमिनी जी ने, अशांत जनमेजय से, जिस प्रकार विस्तृत किया था, उन्ही के बतलाये अनुसार, मैं कथा आरंभ करता हूं। यह कथा श्री अग्रसेन जी की कीर्ति का विस्तार करने वाली है।

क्षुद्रास्ते सन्ति शतशः नृपाः स्वभरणोद्यताः।
स्वार्थो यस्य परार्थः स पुमानेकोऽग्रसेनकः॥ ७॥

सदा स्वयं के ही भरण, पोषण तथा रक्षण मे प्रयत्नशील, क्षुद्रवृत्ति वालेराजा तो सैकड़ों हैं, किन्तु परहित को ही, स्वहित मानने वाला यदि कोई है, तो वे हैं एकमेव – श्री अग्रसेन ही हैं।

शृणुष्वैकमना विद्वन् इतिहासं पुरातनम्।
कथितानि महाबाहो नान्तः शक्यो हि कर्मणाम्॥८॥

हे महात्मन ! इस प्राचीन इतिहास को एकाग्रचित्त होकर सुनिये। हे महाबाहो, श्री अग्रसेन की कर्मों कथा विस्तार पूर्वक कहना संभव नहीं अर्थात अत्यंत विशद है।

सञ्चिन्त्य घोरमत्यन्तं शान्तिं न प्राप्नुते क्षणम्
चिन्ताशोकपरीतात्मा मन्युना जनमेजयः॥ ९॥

सूत जी कहते हैं – कुरुकुल भूषण जनमेजय, अपने बीते हुए भयंकर अतीत का स्मरण करके क्षण भर भी शांति नहीं पाते थे उनका मन चिन्ता और शोक में डूबा हुआ था।

तत् सामर्षं शोचमानं क्रुद्धं पारीक्षितं नृपम्।
व्यासशिष्यो वेदवित् स वचः प्रोवाच जैमिनिः॥ १०॥

तब इस प्रकार अमर्ष से भरे हुए, चिन्ता से क्रुद्ध, परिक्षित कुमार राजा जनमेजय से महर्षि व्यास के परम शिष्य, वेदज्ञ , महर्षि जैमिनी ने यह बात कही –

जैमिनिरुवाच

अमर्षेण यातनेयं पन्नगानां त्वया कृता ।
न क्वापि वैरं क्रोधेन जनमेजय शाम्यति ॥ ११ ॥

जैमिनी जी ने कहा – हे महाराजा जनमेजय ! आपने अमर्ष पूर्वक नागों से अपने बैर का बदला चुका लिया, किन्तु हे राजन ! क्रोध करने से बैर की अग्नि कभी शांत नहीं होती।

यज्ञे विवरमासाद्य विघ्न इन्द्रेण यः कृतः ।
तेनामर्षादन्वशासीः शशाप्थ त्वं पुरन्दरम् ॥ १२ ॥

हे जनमेजय ! यज्ञ मे कोई छिद्र पाकर इन्द्र ने तुम्हारे लिये जिस प्रकार विघ्न उपस्थित किया था, जो कि तुम्हारा केवल भ्रम था, जिससे अमर्ष के वशीभूत होकर आपने इन्द्र को श्राप देकर उन्हे भ्रष्ट कर दिया।

कथं वृद्धं यशो राजन् परित्यक्ता वपुष्टमा ।
ऋत्विजस्तत्यजुः कोपं कथं ते जातमन्यवः ॥ १३ ॥

हे धर्मज्ञ राजन ! इस तरह कुपित होकर, आपके द्वारा रानी वपुष्टमा का परित्याग कर देने से तथा क्रोध के वशीभूत आपके द्वारा ऋृत्विजों तथा द्विजों को अपमानित किये जाने से, आपका यश किस प्रकार बढ़ गया ? अर्थात् कम ही हुआ है।

अथ ते गुरवः शप्ताः कस्य रोषेण वर्धिताः ।
अनाचारः कथं शक्रो नप्तुर्दारानतिक्रमेत् ॥ १४ ॥

हे धर्मज्ञ जनमेजय ! आपने रोष उत्पन्न होने के कारण, यह कैसा अनर्थ किया ? आपने यह कैसा अनीति पूर्ण व्यवहार किया ? अपने ही गुरुजनों – अर्जुन के जनक आपके प्रपितामह इन्द्र को तथा जिन्होंने यज्ञ कराए, उन ऋृत्विजों को तुमने शाप दे दिया। तुमने विचार भी नहीं किया कि इन्द्र भला प्रपोत्र वधु के साथ बलात्कार कैसे कर सकते हैं ? कदापि नहीं कर सकते ।

कथं च गुरुमात्मानं वासवं वा वपुष्टमाम्।
दोषेणाशङ्क्य धर्मस्ते लङ्घितो दुरतिक्रमः ॥ १५ ॥

हे जनमेजय ! आप तो धर्म को जानने वाले– धर्मज्ञ हो, आपके द्वारा इस प्रकार इन्द्र के प्रति निर्मूल शंका ग्रस्त होकर, बिना यह विचार किये कि इन्द्र आपके प्रपितामह हैं, उन्हे श्राप देना । उन यज्ञ कराने वाले ऋत्विजों का क्या दोष था ? अपने उन गुरुजनों को आपके द्वारा अपमानित कर प्रताड़ित किया जाना एवं पतिव्रता रानी वपुष्टमा के प्रति भ्रम के वशीभूत हो, शंकाग्रस्त होकर धर्मपारायण पत्नी का तिरस्कार कर उसे घर से निकाल देना, ऐसे सर्वथा दुर्लक्षणीय दोष पूर्ण कृत्य आपके द्वारा किस लिये किए गए ?

दुस्तरं प्रतिकूलं हि प्रतिस्रोत इवाम्भसः ।
कर्म दैवं वाऽन्यकृतं धृतिकेण विहन्यते ॥ १६ ॥

हे महाप्राज्ञ जनमेजय ! जैसे– जल के प्रवाह के प्रतिकूल तैरना कठिन होताहै, यह सच है कि उसी प्रकार देवकृत भाग्य से पार पाना कठिन अवश्य है। तथापि धीरमना पुरुष देवों द्वारा विघ्न उपस्थित किये जाने पर भी, धैर्य का कदापि परित्याग नहीं करते अपितु धैर्य धारण करके ही उन बाधाओं पर विजय प्राप्त की जा सकती है, बाधाओं से मुक्ति पाई जा सकती है।

जनमेजय तद् विद्धि क्रोधस्य परिवर्जनम्।
धर्मस्यायतनं श्रेष्ठं स्वर्गस्य च सुखस्य च ॥ १७ ॥

इसलिए हे जनमेजय ! तुम्हे यह विदित होना ही चाहिये कि "क्रोध का परित्याग ही महान धर्म है " तथा क्रोध का मार्जन ही स्वर्ग तथा सुख का सर्वोत्तम आधार है।

तस्मात् स त्वं कुरुश्रेष्ठ मा शुचो जनमेजय।
त्वद्विधा हि महात्मानो न शोचन्ति परन्तप॥ १८॥

अतः हे कुरुश्रेष्ठ ! जनमेजय ! तुम अब शोक न करो। क्यों कि – हे परंतप ! तुम्हारे जैसे महात्मा पुरुष कभी शोक नहीं करते।

शिष्टैराचरितो धर्मः पाल्यो नान्यः स्वरिच्छताम्।
नौः सैव सागरस्येव वणिजः पारमिच्छतः॥ १९॥

हे जनमेजय ! जैसे समुद्र के पार जाने की इच्छा वाले वणिक के लिये, जहाज की आवश्यकता होती है, उसके लिये जहाज ही एकमेव आश्रय होता है, उसी तरह स्वर्ग की कामना करने वालों के लिये, शिष्ट पुरुषों द्वारा आचरित धर्म का आचरण ही जहाज है, दूसरा अन्य कोई आधार नहीं।

शृणुष्वैकमना राजन् इतिहासं सुपुण्यदम्।
कथितान्यग्रसेनस्य नान्तं गच्छन्ति कर्मणाम्॥ २०॥

अतः हे महात्मन ! जनमेजय ! तुम्हे अग्रसेन के परम पुण्यप्रदायी इतिहास को एकाग्रचित्त होकर सुनना चाहिये। महाराजा श्री अग्रसेन के कर्मों की कथा, विस्तार से कहना संभव नही है। क्यों कि – श्री अग्रसेन के पावन कर्मों की अत्यंत विशद है।

अत्यद्भुतानि कर्माणि विचित्राश्च कथास्तथा।
अतिदिव्यं कृतं कर्म ह्यग्रसेनेन सद् हितम्॥ २१॥

हे राजन ! श्री अग्रसेन जी ने, अनेकों अतिदिव्य चारों –पुरुषार्थ से परिपूर्ण, कर्म किए हैं। उनके उन अद्भुत कार्यों के विचित्र कथा प्रसंग, मानव लोक के लिये अत्यंत हितकारी व परम कल्याणकारी हैं।

अत्र ते वर्णयिष्यामि यदि शुश्रूषसेऽनघ ।
त्वत्तो महत्तरो राजा स आसीत् जनमेजय ॥ २२ ॥

हे अनघ ! उन (श्री अग्रसेन जी) के विषय में, आप यदि सुनना चाहें तो ही मैं उस (गूढ़) विषय में तुम्हे बताउंगा। हे जनमेजय ! मैं तुम्हे ऐसे श्रेष्ठ व्यक्ति (श्री अग्रसेन) का परिचय दूंगा जो इस पृथ्वी पर अभी जो राजा हैं, उनमें श्री अग्रसेन अत्यन्त श्रेष्ठ व महानतम राजा हैं।

जनमेजय उवाच

कथयस्व महत् तस्य कर्म धर्मेप्सवेऽथ मे ।
अग्रसेनस्यावदातं विस्तारेणैव मे वद ॥ २३ ॥

सम्राट जनमेजय ने कहा – हे महामुने ! ऐसे महान राजा श्री अग्रसेन जी के पुण्य कर्मों की कथा, मुझ धर्मच्युत की, धर्म प्राप्ति की इच्छा को दृष्टिगत रखते हुए अवश्य कहिये। मैं आपसे सादर निवेदन करता हूं कि मुझ जिज्ञासु को श्री अग्रसेन जी के पुरुषार्थ की कथा विस्तार पूर्वक सुनाइयेगा।

जैमिनिरुवाच

इक्ष्वाकुकुलजानां हि शुद्धानां वंश आदितः ।
न शक्यते विस्तरेण वक्तुमेकेन वत्सरैः ॥ २४ ॥

जैमिनी जी ने कहा – हे महाप्राज्ञ जनमेजय ! आप तो जानते ही हैं इक्ष्वाकुकुल आदिवंश के रूप मे विख्यात है, जो कि परम विशुध्द एवं सात्विक वंश माना गया है। इस वंश के किसी एक का भी विस्तार से वर्णन वर्षों मे भी संभव नहीं है। (**ज्ञातव्य है कि इक्ष्छवाकुकुल में अनेकों पुण्यकर्मा महापुरुष हुए हैं, जिनके प्रेरणास्पद जीवन की कथाओं का, प्रथक प्रथक अनेकों आख्यानों, उपाख्यानों तथा पुराणों मे विस्तार पूर्वक विश्लेषण उपलब्ध हैं।**)

कीर्तिमन्तो हि मान्धाता दिलीपोऽथ भगीरथः।
रघुः कुकुत्स्थः सगरो मरुत्तो नृप राघवः॥ २५॥

महाराजा इक्ष्वाकु के इसी कुल में महाराजा माधान्ता, महाराजा दिलीप, भगीरथ, कुकुत्स्य, महाराजा मरूत्त, महाराजा रघु, भगवान श्री राम आदि अनेकों कीर्तिवन्त राजा हुए हैं। (**जिनकी कथाएं जन जन मे पुण्य – स्मरण स्वरूप विद्यमान हैं।**)

बभुवुस्त्वग्निवर्णस्य सुताः पञ्च सुरोपमाः।
तेषां वंशस्त्रिधा भूतः सूर्याणां कुलवर्धनः॥ २६॥

इसी सूर्यकुल में महाराजा अग्निवर्ण के, दैवपुत्रों के सदृश्य पांच पुत्र हुए, जिनमें से तीन पुत्रों ने अपने वंश का विस्तार किया। तथा वे सूर्यकुल की कुल कीर्ति बढ़ाने वाले हुए।

विश्वसाहः प्रसेनजिद् येनाऽजेयपुरं कृतम्।
तस्य पुत्रो बृहत्सेनो राजा वीरः प्रतापवान्॥ २७॥

महाराजा विश्वसाह के पुत्र प्रसेनजित हुए, जिन्होंने एक अजेय पुरी का निर्माण करवाया। प्रसेनजित के प्रतापी पुत्र वृहत्सेन हुए।

वज्रनाभकुले जज्ञे मरोः पुत्रो बृहद्वलः।
तथा वल्लभसेनश्च बृहत्सेनकुलोद्भवः॥ २८॥

वज्रनाभ के कुल में, जिस प्रकार महाराजा मरु के पुत्र बृहद्वल हुए। उसी प्रकार वृहत्सेन के कुल मे राजा वल्ल्भसेन उत्पन्न हुए।

वल्लभः सूर्यकुलजः प्रतापपुरनायकः।
तत्पुरं राजधान्यासीद् ग्रामाणामेकविंशतेः॥ २९॥

सूर्यकुल में उद्भूत महाराज श्री वल्लभसेन प्रतापपुर के राजा (नायक) थे। प्रतापपुर उन्नीस गांवो का वह देश था, जिस पर राजा श्री वल्ल्भसेन उस समय राज्य करते थे।

प्राकारालङ्कृता सम्यक् शातकौम्भविराजिता।
सा पुरी त्रिदिशानद्या संवृताऽन्यदुरासदा॥ ३०॥

प्रतापपुर नामक वह पुरी, ऊंचे टीलों पर बने हुए सुन्दर प्राकारों, (परकोटों) से अलंकृत सूर्य की प्रभा के समान प्रतीत होती थी, जो कि तीन दिशाओं में नदी से आवृत थी (तीन ओर से नदी ने घेर रखा था) जिसे लांघना अत्यंत कठिन था, अतः वह दूसरों के लिये दुर्गम थी।

मेधावी वल्लभो राज्यं चकाराधिवसन् पुरीम्।
तस्य भार्या तु वैदर्भी नाम्ना भगवती श्रुता॥ ३१॥

मेधावी राजा वल्लभसेन, अपने राज्य प्रतापपुर की प्रजा का विधिवत पालन करते थे। उनकी धर्मपत्नी विदर्भकन्या 'भगवती' के नाम से विख्यात थीं।

भगवत्यां वल्लभेन प्राप्तो वंशकरः सुतः।
मनुष्याग्र्यस्य यस्यासीत् कान्तिश्चन्द्रमसो यथा॥ ३२॥

राजा वल्लभसेन से महारानी भगवती को, चंद्रमा के समान कांतिवान, मनुष्यों मे अग्रगण्य, एक वंशकर (अपनी विशिष्टताओं से युक्त, शास्त्रानुकूल वंश व्यवस्था की संरचना करने वाला – जिसके नाम से वंशजों को जाना जाए, ऐसा) पुत्र उत्पन्न हुआ।

मासेऽश्वयुज्याद्यपक्षे शुक्ले चाद्यदिने शुभे।
आदित्यवासरे चैन्द्रे काले जातः स भाग्यवान्॥ ३३॥

आश्विन मास के शुक्ल पक्ष की प्रथमा तिथि को, रविवार के शुभ दिन, महेन्द्र (श्रेष्ठकाल) समय के शुभ मुहुर्त में, इस अत्यंत भाग्यशाली बालक ने जन्म लिया।

हस्तेऽर्केन्दू गुरुः पुष्ये तदाऽऽसन् भोगकारकाः ।
स्वात्यां बुधोऽनुराधायां कुजः शुक्रश्च रौहिणः॥ ३४ ॥

जन्म काल के समय हस्त नक्षत्र था, तदानुरुप – कन्या लग्न। जिस पर सूर्य व चंद्र विराजमान हैं। गुरु पुष्यनक्षत्र का भोग कर रहे हैं, बुध स्वाती नक्षत्र में, मंगल अनुराधा तथा शुक्र रोहिणी नक्षत्र में, विराजमान हैं।

स्वात्यां भानुसुतश्चासीत् शोभते स्म फणी मृगे ।
रविरात्मा च शीतांशुरिष्टे बन्धं व्यपोहयन्॥ ३५॥

जब श्री अग्रसेन ने, गर्भ के बंधन से मोक्ष पाकर, धरा पर जन्म लिया, तब सूर्यपुत्र शनी स्वाति नक्षत्र पर, और राहू की सर्पाकार छवि ने मानो मृग (मृगशिरा नक्षत्र) को जकड़ लिया हो।

महाजनाश्च सर्वे वै जाता दर्शनलालसाः।
एतैः परिवृतो राजा स मुनिः प्राप्तवान् स्वयम्॥ ३६॥

उस बालक के दर्शन की लालसा से, श्रेष्ठीजन तथा जन समुदाय वहां आ पहुंचा। इन सबसे घिरे हुए स्वयं महाराज वल्लभसेन महामुनि के साथ वहां आ पहुंचे।

धन्यां स्तुवन्तो जननीं वन्दिनः सूतमागधाः।
चक्रुर्नानाविधाश्चेष्टाः सर्वलोकाश्च हर्षिताः ॥३७॥

उस नवजात बालक तथा जन्मदात्री विदर्भसुता महारानी 'भगवती' की, बंदी, सूत तथा मागधगण स्तुति–प्रशंसा कर रहे थे। उस समय सभी लोग, हर्षित होकर तरह–तरह की चेष्टाएं करने लगे।

तं दृष्ट्वा ऋषयोऽभ्यूचुः यशस्त्वं प्राप्स्यसे महद् ।
श्रीमान् जैत्रो दानशीलः क्षमाशीलो नरेश्वरः ॥ ३८ ॥

उस बालक को देखकर ऋृषिगणों ने कहा – यह बालक निश्चित ही महान यश को प्राप्त करेगा। श्री महालक्ष्मी जी की कृपा से संपन्न होकर यह बालक, दानशील तथा क्षमाशील, मानव श्रेष्ठ तथा कीर्तिवान राजा होगा।

धर्मज्ञश्च कृतज्ञश्च दयावान् सत्यसङ्गरः ।
मान्यो मानयिता चेति स्माशीर्वादं प्रयुञ्जते ॥ ३९ ॥

साथ ही साथ ये धर्मज्ञ, कृतज्ञ, दयावान तथा सत्य का अनुचरण करने वाला, श्रेष्ठ पुरुषों का मान करने वाला एवं माननीय पुरुष होगा। ऋृषि गणों ने इस प्रकार आशीर्वचन कहे।

गोधनानि च रत्नानि ददौ स ब्राह्मणान् मुनिः ।
उत्सवश्च महानासीत् सूतमागधवन्दिनाम् ॥ ४० ॥

पुत्र जन्म के उत्सव के उस अवसर पर राजा वल्लभसेन ने प्रसन्न होकर मुनियों–महात्माओं, ब्राह्मणों को, गोधन तथा रत्न आदि से अलंकृत किया तथा सूत, मागध, वंदीजनों को यथा योग्य उचित पुरस्कार दिये।

अन्ये सर्वे जनाः प्राप्ताः लाभकौतुकवीक्षया ।
तेभ्यो रत्नानि वासांसि काञ्चनं प्रददौ बहु ॥ ४१ ॥

अन्य समस्त जन समुदाय जो दर्शन लाभ तथा कौतुक देखने की इच्छा से वहां उपस्थित थे, राजा वल्लभसेन ने उन्हें, बहुत से रत्न, वस्त्र तथा स्वर्ण आदि भेंट किये ।

अनुक्रमाद् वल्लभोऽपि विनयाढ्यैर्वचोऽमृतैः।
सुहृत्सम्बधिनः सर्वांस्तोषयामास मानदः॥ ४२॥

तदनंतर, महाराज श्री वल्लभसेन ने, यथाक्रम अपने संपूर्ण सुहृदयों तथा संबंधियों को, हृदय से– विनय पूर्वक एवं अमृत तुल्य, मधुर वचनों से, परितुष्ट किया।

अतीत्यैकादशाहं तु नामकर्म तदाऽभवत् ।
अग्रसेनः इति प्रीतः पुरोधा नाम चाकरोत्॥ ४३॥

जन्म से ग्यारह दिन बीत जाने पर, उस बालक का नामाकरण संस्कार किया गया, तब पुरोहित ने, परम प्रसन्नता से उस बालक का 'अग्रसेन' यह नाम निश्चित किया (जो कि लग्न से भिन्न था)।

श्रुतेऽथ शस्त्रे शास्त्रे च परेषां जीवने तथा।
चक्रे धातोरर्थयोगाद् अग्रनाम्नाऽऽत्मसम्भवम्॥ ४४॥

उन्होंने यह विचार करके उस बालक का नाम ' अग्र ' रखा कि – यह, जीवन मे संपूर्ण शस्त्रों एवं शास्त्रों से आगे चला जाएगा। अग्रगामी आगे जाने के इस अर्थ को सिध्द करने वाले स्वरुप को दृष्टिगत रखते हुए "अग्र" नाम ही संभव (सार्थक) है।

प्राप्तो वृद्धिं यथा बालचन्द्रोऽसौ तु दिने दिने।
तथा पितुः प्रयत्नात्स समग्रश्रीरजायत ॥ ४५॥

जिस प्रकार 'बालचंद्र ' (शुक्ल पक्ष की प्रतिपदा का चंद्रमा) प्रतिदिन बढ़ता ही रहता है, उसी प्रकार बालक अग्रसेन भी, ऐश्वर्यवान पिता की देख–रेख में, क्रमशः निरंतर वृध्दि को प्राप्त होने लगे (बढ़ने लगे)।

जैमिनिरुवाच

जन्मेदम् अग्रसेनस्य चेक्ष्वाकोः वंशवर्धनम्।
यः श्रावयेद् पर्वकाले धन्यकीर्तिर्भवेन्नरः ॥ ४६ ॥

इस प्रकार इक्ष्वाकु वंश की, यह कीर्ति कथा , तथा श्री अग्रसेन के जन्म का यह वृतांत जो विशेष पर्वों पर सुनता है, वह भाग्यशाली पुरुष, परम कीर्ति को प्राप्त करता है।

॥ इति जैमिनीये जयभारते भविष्यपर्वणि अग्रोपाख्यानस्य
यद्विरचितम् श्रीमदग्रभागवते प्रथमोऽध्यायः ॥
॥ शुभं भवतु कल्याणम् ॥

महर्षि जैमिनी विरचित जयभारत के भविष्यपर्व के अग्रोपाख्यानम् के
श्रीमद् अग्रभागवतम् स्वरूप का प्रथम अध्याय पूर्ण हुआ ।
यह शुभकारी आख्यान सबके लिये कल्याणकारी हो ।

॥ श्री अग्र भागवत ॥

द्वितीय अध्याय

ज्ञान

जैमिनिरुवाच

वर्षेषु राजा यातेषु ह्युत्सवं समचीकरत्।
ब्राह्मणान् स्नातकान् वेदविदुषः पर्यपूजयत्॥ १॥

जैमिनी जी कहते हैं– तदनंतर, वर्ष बीत जाने पर राजा वल्लभसेन ने पुत्र के जन्म उत्सव का आयोजन किया। जिसमें सभी आमंत्रितों, आगतों, वेदवेत्ताओं, स्नातकों तथा ब्राह्मणों का पूजन किया।

गणका अब्रुवन् हृष्टा हे वल्लभ तवार्भकः।
अयं बहुश्रवा भक्तस्तत्त्वज्ञानविशारदः॥ २॥

इस अवसर पर, ज्योतिषियों ने हर्षित होकर कहा– " हे राजेन्द्र वल्लभसेन ! आपका यह शोभा युक्त बालक – अनेकों शास्त्रों का श्रवण करने वाला, ईश्वर भक्त तथा तत्वज्ञान का विशेषज्ञ होगा "।

सत्यं शीलञ्च तेजश्च सममस्य न केन चित् ।
इति विप्रवचः श्रुत्वा परं हर्षमवाप सः॥ ३॥

इस लोक में, इसके समान सत्यवान, शीलवान तथा तेजस्वी और कोई दूसरा नहीं होगा। विप्रगणों के इस प्रकार (श्रेयस) वचनों को सुनकर, महात्मन वल्लभसेन को अत्यंत हर्ष हुआ।

क्रमशः उत्तरोत्तर वृद्धि को प्राप्त होते हुए बालक अग्रसेन ने किशोर अवस्था को प्राप्त किया तदनंतर –

ताण्ड्यस्यर्षेराश्रमन्तु गतोऽग्रो बहुलाः समाः।
अवसत् सुचिरं तत्र गुरुशुश्रूषणे रतः॥ ४॥

महर्षि ताण्ड्य के आश्रम में रहकर, श्री अग्रसेन ने गुरु की सेवा में निरंतर संलग्न रहकर, दीर्घकाल तक गुरुकुल मे ज्ञान अर्जित किया।

अग्रसेनो राजपुत्रो ब्रह्मचारी श्रुतिप्रियः।
इष्वस्त्रहेतोर्न्यवसत् तस्मिन् मालववासिनि॥ ५॥

मालव निवासी महर्षि ताण्ड्य के आश्रम में उन दिनों, श्री अग्रसेन के साथ ही अन्य राजपुत्र, ऋषिपुत्र तथा अन्य ब्रह्मचारी बालक विद्यार्जन करते थे।

अधिजग्मुर्यथा वेदांस्तापसा मुनिबालकाः।
अधीतवान् तथा वेदं स ताण्ड्यमुनिनोदितम्॥ ६॥

जिस प्रकार, अन्य मुनिकुमार तपस्या पूर्वक वेदों का ज्ञान प्राप्त करते हैं, उसी प्रकार श्री अग्रसेन भी, ताण्ड्य मुनि के पास आकर उनके श्रीमुख से, प्रस्फुटित मधुरवाणी में सभी अंगो सहित वेदों का अध्ययन करने लगे।

ते साक्षात्कृतधर्माणः प्राददुर्गुरवः कलाः।
बभुवाग्रोऽचिरेणैव वेदाङ्गेषु विशारदः॥ ७॥

अपने तपोबल से वेदों का साक्षातकार कर, दृष्टा ऋृषि ताण्ड्य व्दारा प्रदत्त ज्ञानमयी उपदेशों से, अत्यल्प समय में ही, श्री अग्रसेन वेदशास्त्र के सभी (6) अंगो(निरुक्त, ज्योतिष, व्याकरण, कल्प, शिक्षा, छंद) में प्रवीण हो गए।

विनयेनान्वितो ह्यग्रः शुश्रुषूर्निरहंङ्कृतिः।
तथा ताण्ड्योऽपि विधिवत् विद्यास्ताः प्रददौ समाः॥ ८॥

श्री अग्रसेन विनय पूर्वक गुरु की सेवा में, तत्पर रहते थे। अहंकार तो उन्हे दूर से भी छू भी नहीं पाता था। महर्षि ताण्ड्य ने उन्हे, विधिवत विशुध्द विद्याएं प्रदान की।

अग्रसेनः परं यत्नमातिष्ठद् गुरुपूजने।
शास्त्रे च परमं योगं, प्रियस्ताण्ड्यस्य चाभवत् ॥ ९॥

श्री अग्रसेन अपने गुरु की सेवा–पूजा उत्तम प्रकार से, यत्न पूर्वक करते थे। शास्त्रों का अध्ययन –मनन पूर्ण मनोयोग तथा लगन से करते थे, इसलिये वे अपने गुरु मुनि ताण्ड्य के अत्यंत प्रिय हो गए ।

स च श्रुतिधरो वीरो यथावत् समुपेयिवान्।
चतुष्पादं धनुर्वेदं शस्त्रग्रामं ससङ्ग्रहम्॥ १०॥

श्री अग्रसेन, वीर तथा श्रुतिधर (किसी भी बात को एक बार सुनकर ही ग्रहण कर लेने वाले) थे, अतः उन्होंने दीक्षा, संग्रह, सिद्धी और प्रयोग इन चारों पादों से युक्त, धनुर्वेद की तथा रहस्य सहित शस्त्र समूहों की, यथावत रूप से शिक्षा प्राप्त की ।

परिधावसिचर्यायां तोमरप्रासशक्तिषु।
ऋषिः सङ्कीर्णयुद्धे च शिक्षयामास तं धिया॥ ११॥

ॠषि ने सभी शिष्यों को परघि, तलवार चलाने तथा तोमर, प्रास और शक्तियों के प्रयोग की कला तथा एक साथ अनेक अस्त्रों के प्रयोग करने की विद्या, साथ ही अकेले ही अनेक शत्रुओं से युद्ध करने की कला सिखलाई।

भ्रान्तमुदभ्रान्तमाविद्धमालुप्तं लुप्तमुत्प्लुतम्।
इत्यग्रसेनो निष्णातश्चासिचर्यासु सोऽग्रणीः ॥ १२ ॥

श्रीअग्रसेन शीघ्र ही तलवार के भ्रांत, उदभ्रांत, आबिद्ध, आलुप्त, विलुप्त और प्लुप्त आदि सभी बत्तीस प्रकार के पैंतरो में, निष्णांत हो गए ।

परया श्रद्धयोपेतो योगेन परमेण च।
विमोक्षादानसन्धाने लघुत्वं परमाप सः ॥ १३ ॥

आचार्य के प्रति उत्तम श्रृद्धा रखकर श्रीअग्रसेन ने उत्तम तथा सतत अभ्यास के बल से, बाणों को छोड़ने, लौटाने तथा संधान करने में, अत्यंत तीव्रता प्राप्तकर ली थी। (तलवार को चलाने के 32 हाथ गिनाए गए है– 1. भ्रांत 2. उदभ्रांत 3. आविद्ध 4. आलुप्त 5. विलुप्त 6. प्लुप्त 7. सृत 8. संचान्त 9. समुदीर्ण 10. निग्रह 11. प्रग्रह 12. पदावकर्षण 13. संघान आदि)

चिन्तयित्वाऽस्य मेधां तां प्रादादस्त्राणि सद्गुरुः।
सप्रयोगरहस्यानि दातुमेषोऽर्हतीति च ॥ १४ ॥

श्री अग्रसेन की अलौकिक बुद्धि देखकर, महातपस्वी ताण्ड्य मुनि ने उन्हे, संहार विधि सहित सम्पूर्ण अस्त्र–शस्त्रों के रहस्य व उनके प्रयोग का उत्तम ज्ञान प्रदान किया।

आचार्यस्योपदेशेषु सर्वेष्वग्रोऽग्रणीरभूत्।
बभूव श्रेष्ठ एकोऽग्रः सुष्ठु सौष्ठवपूरितः ॥ १५ ॥

आचार्य का सभी शिष्य कुमारों को सदैव एक समान ही उपदेश प्राप्त होता था, तथापि श्री अग्रसेन अपनी विशिष्ट प्रतिभा के कारण, उन सभी सहपाठियों मे श्रेष्ठ हो गए।

बुद्धियोगे बलोत्साहे सर्वशास्त्रेषु निष्ठितः।
ज्ञाने गुर्वनुरागे च विशिष्टोऽग्रो बभूव ह ॥ १६ ॥

बुद्धि तथा मन की एकाग्रता, बल और उत्साह के कारण वे, शीघ्र ही समस्त शास्त्रों मे प्रवीण हो गए। ज्ञान की जिज्ञासा तथा गुरु के प्रति अनुराग में भी, श्री अग्रसेन का स्थान सबसे आगे था।

पूर्णे चतुर्दशे वर्षे तु अग्रसेनस्य धीमतः।
तदा सम्प्रेषयामास चोत्त्वा स्वस्ति तपोधनः॥ १७ ॥

जिस दिन, बुद्धिमान–श्री अग्रसेन का, चौदहवां वर्ष पूर्ण हुआ, तब आश्रम के तपस्वियों तथा सहपाठी कुमारों ने श्री अग्रसेन का वर्धापन दिवस मनाने हेतु स्वस्ति वाचन प्रारंभ किया।

तदाश्रमे ऋषेः कन्यां तापसीवेषधारिणीम्।
दृष्ट्वैकान्ते रतीन्द्राख्यः कामस्य वशमीयिवान्॥ १८ ॥

उसी आश्रम के वन में तपस्वियों का वेश धारण की हुई ऋृषिकन्या, विचरण कर रही थी । आश्रम की ओर आते हुए एक राजा ने उस ऋृषिकन्या को देखा तो, वह उस तपस्विनी कन्या के सौंदर्य को देखकर काम के वशीभूत हो गया।

तामेवं श्लक्ष्णया वाचा लुब्धको मृदुपूर्वया।
सान्त्वयामास कामार्तस्तदबुध्यत कामिनी॥ १९ ॥

तब वह नृप, उस कन्या के समीप जाकर, अपनी मधुर एवं कोमल वाणी से उसे अपने अनुकूल बनाने के लिये, भांति–भांति के प्रलोभन देने लगा। वह उस समय काम वेदना से पीडित हो रहा था, उसकी यह दशा तथा उसके दूषित मनोभावों को वह कमनीय ऋृषिकन्या समझ गई।

शुभा तस्मादपाक्रम्य देशात् हृदयकम्पना ।
तीव्ररोषसमाविष्टा प्रजज्वालेव मन्युना ॥ २० ॥

उस तपस्विनी कन्या 'शुभा' का हृदय भय से कांपने लगा, वह उस स्थान से दूर हट गई तथा तीव्र क्रोध के कारण मानो उसके नयनों में रोषाग्नि प्रज्वलित हो उठी हो।

स तु पापमतिः क्षुद्रः प्रधर्षयितुमातुरः ।
दुर्धर्षां तर्कयामास दीप्तामग्निशिखामिव ॥ २१ ॥

यद्यपि वह नीच पापात्मा राजा उस पर बलात्कार करने को आकुल हो उठा, तथापि अग्नि शिखा की भांति उद्दीप्त हो रही उस ऋषि कन्या का, स्पर्श करना भी उसे अत्यंत दुष्कर प्रतीत हुआ।

शुभा उवाच

नैवं कार्यं त्वया राजन् न्यायवित्त्वं न बुध्यसे ।
किं कुले त्वं समुत्पन्नो न धर्मं त्वमवेक्षसे ॥ २२ ॥

शुभा ने कहा – हे राजन ! आप तो राजा हैं। कृपया आप ऐसे पापपूर्ण कृत्य की ओर प्रवृत्त न हों ! ऐसा पाप पूर्ण कृत्य न करें ! क्या यह कुकृत्य न्याय संगत है ? क्या आपको पाप–पुण्य, न्याय – अन्याय का ज्ञान नहीं है ? किस कुल मे पैदा हुए हैं आप ? यह कुल लज्जाजनक कृत्य की ओर प्रवृत्त होते क्या आपको अपनी कुलमर्यादा भी ज्ञात नहीं ? जो इस प्रकार आपकी दृष्टि धर्म पथ से हट गई है।

जैमिनिरुवाच

प्रोवाच सा मा स्पृशेति भीता च प्रचुकोश सा।
हा हा रक्ष च रक्षेति मुहुश्चेतश्च धावति ॥ २३ ॥

जैमिनी जी कहते हैं– "खबरदार ! मेरे शरीर को स्पर्श ना करना " इसप्रकार फटकारती हुई वह ऋृषिकन्या अंतरमन में भयभीत हुई डरकर "हाय ! रक्षा करो! रक्षा करो!!" इस प्रकार चिल्लाते हुए इधर उधर दौड़ने लगी।

जग्राह तामुत्तरवस्त्रदेशे
रतीन्द्रनामा च तदा कुबुद्धिः।
प्रगृह्यमाणां च विकृष्यमाणाम्
आरोप्य चासौ रथमारुरोह ॥ २४ ॥

तभी आगे बढ़कर, उस कामलोलुप राजा रतीन्द्र ने, मुनि कुमारी शुभा के उत्तरीय (ओढ़नी) का छोर पकड़ लिया और उस कन्या को पकड़ कर खींचा तथा रथ पर बलात् बैठा लिया।

आक्रन्दमानां संश्रुत्य जवेनाभिससार सः।
आश्रमस्य च सर्वेऽपि कुमारास्तत्र चागताः ॥ २५ ॥

तब उस ऋृषिकन्या का आत्मरक्षा का करुण निवेदन सुनते ही आश्रम के सभी कुमार, जो कि स्वस्ति वाचन मे न्यस्त थे, बड़े ही वेग से तत्काल वहां आ पहुंचे।

स रतीन्द्रस्तु सम्प्रेक्ष्य कुमारानुद्यतांस्तदा।
प्राधावच्च रथात् तूर्णम् जीवितेप्सुः सुदुःखितः ॥ २६ ॥

श्री अग्रसेन सहित गुरुकुल के कुमारों के वहां पहुचने पर, उन्हे अपने वध के लिये उद्यत देखकर, वह राजा रतीन्द्र अत्यंत भय से दुखी होकर अपना रथ छोड़कर, प्राण बचाने की तीव्र इच्छा से भागने लगा।

तम् अग्रसेनो धावन्तमवतीर्य रथाद् तदा।
अभिद्रुत्य निजग्राह केशपाशे ह्यमर्षणः ॥ २७ ॥

तब उसे भागता हुआ देखकर, अमर्ष से भरे हुए कुमार अग्रसेन भी, सहसा उसके पीछे दौड़े और बड़े वेग से दौडते हुए, उछल कर उन्होंने उस पापाचारी राजा रतीन्द्र के केश पकड़ लिये।

शिरो गृहीत्वा राजानं ताडयामास चैव ह।
पदा मूर्ध्नि कुमारास्ते प्रहारैः पर्यपीडयन् ॥ २८ ॥

फिर उन्होंने, राजा रतीन्द्र का सिर पकड़ कर उसे कई थप्पड़ मारे, तथा आश्रम के अन्य कुमारों ने भी उस कामाचारी के मस्तक पर लात मारी और पद प्रहार तथा घूंसो की मार से उसे पीड़ित करने लगे।

अचिन्तयन् सरोषं ते नायं जीवितुमर्हति।
कन्यायास्तदनहार्याः परिक्लेष्टा नराधमः ॥ २९ ॥

तब, रोष मे भरे आश्रमवासी सभी कुमारों के विचार से, ऐसे नराधम को जीवित नहीं रहना चाहिए, अतः वे उसे मार डालने को उद्यत थे, क्योंकि उस राजा रतीन्द्र ने, क्लेश पाने के अयोग्य उस ऋृषि कन्या को व्यर्थ ही, कष्ट पहुंचाया है।

मा वधिष्टेति सोऽग्रस्तं दयावान् प्रत्यभाषत ।
पङ्केन मलिनं चक्रे तदा तस्याननञ्च सः ॥ ३० ॥

उस समय दयालु अग्रसेन ने उन साथियों से कहा – भाईयों इसे जान से मत मारो', यह कहते हुए उस अन्यायी राजा के मुख पर कीचड़ मलकर, उसका मुख मलीन करके उसका मुंह काला कर दिया।

(अहिंसाव्रती श्री अग्रसेन की किशोरावस्था मे भी अनाचारी को मृत्युदंड देने की बनिस्बत अनाचार का प्रतिरोध करने की भावना, इस प्रकरण में स्पष्ट परिलक्षित होती है।)

ततो विचेष्टमानन्तं बुध्द्वा सोऽग्रः प्रभाकरः ।
रथमारोपयामास विसञ्ज्ञं पांसुगुण्ठितम् ॥ ३१ ॥

तदनंतर, जब वह पापकर्मा राजा उठने की चेष्टा करने लगा तब प्रभावान अग्रसेन ने उसे बांधकर रथ मे डाल दिया। वह पापकर्मा, कुमारों द्वारा पीटे जाने के कारण तथा धूल से लथपथ होकर, अचेत सा हो गया था।

अभ्येत्याश्रममाराध्यमभ्यागच्छन्मुनीश्वरम् ।

अनाचारी राजा रतीन्द्र को उन कुमारों ने, रथ मे डालकर, आश्रम में विराजित महामुनि ताण्ड्य के समक्ष उपस्थित किया।

ताण्ड्य उवाच

मुञ्चैनमधमाचारमदासो गच्छतु द्रुतम् ॥ ३२ ॥

महर्षि ताण्ड्य ने कहा – ' इस पापाचारी को छोड़ दो वत्स' और फिर महर्षि ने उस पापकर्मा राजा रतीन्द्र से कहा –' जा ! नराधम जा ! तुझे धिक्कार है! धिक्कार है !'

क्षुद्राधम धिगस्तु त्वां मैव कार्षीः पुनः क्वचित् ।

'जा नीच अधम पुरुष ! अब तू जा सकता है, ध्यान रहे ! फिर कभी किसी के भी साथ, ऐसा कुकृत्य नहीं करना।'

जैमिनिरुवाच

एवमुक्तो रतीन्द्रस्तु सव्रीडोऽवाङ्मुखो ययौ ॥ ३३ ॥

जैमिनी जी कहते हैं – महर्षि ताण्ड्य के इसप्रकार कहकर, केवल वाक्दण्ड दिये जाने पर, वह अशुभ कृत्य की ओर उन्मुख राजा रतीन्द्र लज्जा से मुंह नीचा किए, गर्दन झुकाए वहां से चला गया।

यतः सम्प्राप्तविद्यास्ते तान् दृष्ट्वा मुनिसत्तमः।
ततोऽग्रसेनं स ऋषिः स्मयमानोऽभ्यभाषत ॥ ३४ ॥

जब, मुनि श्रेष्ठ महर्षि ताण्ड्य ने देखा कि, कुमार अग्रसेन सभी विद्याओं को अर्जित कर चुके, तब एक दिन, महर्षि ने प्रसन्नता से मुस्कुराते हुए, श्री अग्रसेन से कहा –

ऋषिरुवाच

कामक्रोधौ वशीकुर्याद् दम्भं लोभमनार्जवम्।
पञ्चैतान्यपवित्राणि शिष्टाचारेषु सर्वदा ॥ ३५ ॥

महर्षि ताण्डय ने कहा – वत्स ! अग्रसेन काम, क्रोध, लोभ, दम्भ औरकुटिलता को वश मे करके, धर्मपूर्ण आचरण करना ही, शिष्ट पुरुषों के आचार व्यवहार में सदैव देखा गया है।

गुरुशुश्रूषणं सत्यमक्रोधो दानमेव च।
एवं चतुष्टयं सेव्यं शिष्टाचारेषु नित्यदा ॥ ३६ ॥

मनस्वी पुत्रों ! जो व्यक्ति शिष्टाचार से संपन्न होते हैं, उनमें – गुरु की सेवा, सत्य भाषण, क्रोध का अभाव (क्षमाशीलता) तथा दान, ये चार सदगुण सदैव विद्यमान रहते हैं।

अधर्मो धर्मरूपेण लोके सर्वत्र विद्यते।
धर्मात्मा प्राप्तसन्तुष्टिरिह प्रेत्य च नन्दति ॥ ३७ ॥

वत्स ! इस संसार में धर्म की आड़ में, कितने ही अधर्म चल रहे हैं, किन्तु, वस्तुतः जो पुरुष अपने धर्माचरण से मानव लोक को संतुष्ट करते हैं, वे निश्चित ही, इस लोक तथा परलोक मे भी आनन्दित होते हैं।

गतिमिष्टां तपो ज्ञानं मेधां त्वं परमां गतः।
प्रीतौ स्वो वत्स सततं दमेनावां च पूजया ॥ ३८ ॥

वत्स ! तुमने उत्तम गति, तप, ज्ञान और श्रेष्ठ बुद्धि, प्राप्त की है। हे वत्स ! तुम सभी के द्वारा की गई, निरंतर सेवा–पूजा से हम अत्यन्त संतुष्ट हैं।

मनसा कर्मणा वाचा शुश्रूषासु प्रपूजितौ।
प्रीतौ स्वस्तव शौचेन धर्मस्त्वामभिरक्षतु ॥ ३९ ॥

तुमने मन, वाणी, कर्म तथा सेवा से, हमारा पूजन सत्कार किया है। तुम्हारे शुद्धआचार, व्यवहार, विचार तथा सेवा से हम अत्यन्त प्रसन्न हैं। धर्म तुम्हारी सब ओर से, सदैव रक्षा करे।

मातापित्रोः सकाशं हि गत्वा कुरु सुपूजनम्।
अतः परमयं धर्मस्तवास्त्यस्मान्न किञ्चन ॥ ४० ॥

हे वत्स ! तुम लोग, सभी शस्त्रों तथा शास्त्रों में दक्ष हो चुके हो। अतः अब तुम्हे, अपने माता–पिता के पास जाकर उनकी नित्य सेवा पूजा करना चाहिए। मुझे माता–पिता की सेवा से बढ़कर और कोई धर्मिक कृत्य है, ऐसा नहीं दिखाई देता।

जैमिनिरुवाच

आशीर्भिर्भरितोऽग्रस्तं कृताञ्जलिरुपस्थितः।
प्रदक्षिणमथो कृत्वा मनीषी प्रस्थितस्ततः॥ ४१॥

जैमिनी जी कहते हैं – महर्षि ताण्ड्य के इस प्रकार आशीर्वचन तथा निर्देशों को, नतमस्तक श्री अग्रसेन ने, हाथ जोड़कर ग्रहण किया, तदनंतर उनने महर्षि ताण्ड्य की, परिक्रमा कर, वहां मालववासी महर्षि ताण्ड्य के आश्रम से प्रस्थान किया।

सम्पूर्णशिक्षोऽग्रसेनः पितृणामावसद् वशे।
धृतिस्थैर्यसहिष्णुत्वादानृशंस्यात् तथार्जवात्॥ ४२॥

भृत्यानामनुकम्पायास्तथैव स्थिरसौहृदात्।
पितुरन्तर्दधे कीर्तिः शीलवृत्तसमाधिभिः ॥ ४३॥

शिक्षा पूर्ण होने पर, श्री अग्रसेन पिता के अनुकूल रहने लगे तथा उन्होंने अपने धृति, स्थिर बुद्धि, सहिष्णुता, दयालुता, सरलता तथा अविचल सौहाद्र आदि सदगुणों का पालन करते हुए, प्रजा को योग्य अनुग्रह प्रदान करते हुए, अपने पिता राजा वल्लभसेन की कीर्ति को भी अपने गुणों से ढंक दिया ।

(अर्थात् महाराजा वल्लभसेन के गुणों की कीर्ति का गान करने वाले भी अब युवा श्री अग्रसेन के गुणों का गान करने लगे।)

॥ इति जैमिनीये जयभारते भविष्यपर्वणि अग्रोपाख्यानस्य
यद्विरचितम् श्रीमदग्रभागवते द्वितीयोऽध्यायः॥
॥ शुभं भवतु कल्याणम् ॥

महर्षि जैमिनी विरचित जयभारत के भविष्यपर्व के अग्रोपाख्यानम् के श्रीमद् अग्रभागवतम् स्वरूप का द्वितीय अध्याय पूर्ण हुआ ।
यह शुभकारी आख्यान सबके लिये कल्याणकारी हो ।

॥ श्री अग्र भागवत ॥

तृतीय अध्याय

पुरुषार्थ

जैमिनिरुवाच

पाण्डवस्यैकदा दूतः प्रतापपुरमेयिवान्।
अब्रवीत् प्राञ्जलिर्वाक्यं महाप्राज्ञो नराधिपम्॥ १॥

जैमिनी जी कहते हैं – हे धर्मज्ञ जनमेजय ! तदनंतर एक दिन, पाण्डवों के दूत ने प्रतापपुर के राजमहल में प्रवेश किया, और महाराज वल्लभसेन से हाथ जोड़कर इस प्रकार निवेदन किया –

दूत उवाच

कुरुसिंहः पाण्डवानां मत्स्यपाञ्चालसंयुतः।
संप्रेषयामास स मां त्वां युद्धाय नियोजयन्॥ २॥

पांडवदूत ने कहा – हे महीपते ! कुरुकुलसिंह पाण्डुपुत्र – पाण्डव, मत्स नरेश विराट तथा पांचाल नरेश द्रुपद के द्वारा संदेश देकर, मुझे आपके यहां भेजा गया है। मैं युद्ध में, आपको अपनी सेना सहित सम्मलित होने के लिए, निमंत्रण देने आया हूं।

स भवान् कृतबुद्धीनां कुले शिष्टोऽसि जन्मना ।
विदितं चापि ते सर्वम् यथावृत्तः स कौरवः ॥ ३ ॥

भवान् ! आप सिद्धांत वेत्ता हैं । आपका कुल भी श्रेष्ठ है। दुर्योधन का आचार विचार तथा उसके सभी कृत्यों का यथावृत्त आपको, सभी कुछ अच्छी तरह से ज्ञात हैं।

पाण्डवाश्च यथावृत्ताः कुन्तीपुत्रो युधिष्ठिरः ।
धृतराष्ट्रस्य कौटिल्याद् वञ्चिताः पाण्डवाः परैः ॥४ ॥

हे महामना ! कुन्तीपुत्र पाण्डुनन्दन युधिष्ठिर तथा अन्य पाण्डवों का आचार विचार भी आपसे छिपा नहीं है, आप तो जानते ही हैं, कि धृतराष्ट्र की जानकारी में ही, कौरवों ने पांडवों को किस प्रकार ठगा है।

समाहूय क्षत्रधर्मो धर्मजो विजितः परैः ।
वनवासाद् निवृत्तस्तु प्राप्तः पैतामहं पदम् ॥ ५ ॥

क्षत्रिय धर्म मे सदैव रत रहनेवाले, राजा युधिष्ठर को बुलाकर, जिसप्रकार छलपूर्वक कपट से, उन्हें पराजित किया गया था, वह भी आपको सब ज्ञात ही है, अब वनवास की अवधि पूर्ण करके पाण्डव बंधनमुक्त होकर, पूर्वजों, पितामहों के राज्य को पाने के न्यायतः सर्वथा अधिकारी हो गए।

अनुनीता हि भीष्मेण विदुरेण कृपेण च ।
वसु प्रदातुं पाण्डूनां न व्यवस्यन्ति कौरवाः ॥ ६ ॥

किन्तु, भीष्म पितामह, विदुरजी तथा श्री कृष्ण के भी, बहुत समझाने एवं अनुनय विनय करने पर भी, पाण्डवों को उनके पूर्वजों द्वारा अर्जित राज्य देने के समस्त प्रस्तावों को, वे नकार चुके हैं।

धृतराष्ट्रस्य यः कामस्तं सर्वे नाशयामहे ।
अथ पाण्डुसुतो राज्यं लभतां हि युधिष्ठिरः ॥ ७ ॥

अतः अब – युद्धभूमि में, उन अन्यायी कौरवों का नाश करके, पाण्डवों को राज्याभिषिक्त कर, धर्मराज युधिष्ठर की, मनोभिलाषा आप लोग सिद्ध कीजियेगा।

वल्लभसेन उवाच

यथैव पाण्डवाः सर्वे पराक्रान्ता जिगीषवः ।
तथैव हि वयं तेषां त्यक्तात्मानो जये धृताः ॥ ८ ॥

पाण्डव दूत को आश्वस्त करते हुए, महाराज वल्लभसेन ने कहा – हे दूत श्रेष्ठ ! जैसे समस्त पाण्डव, पराक्रमी और विजय के अभिलाषी हैं। (अपने पिताश्री वृहत्सेन की महाराज पाण्डु से मित्रता को स्मृत करते हुए) उसी प्रकार हम सब लोग भी, उनकी विजय के लिए कटिबध्द हैं, तथा इसके लिए अपने प्राण तक न्योछावर करने के लिए तैयार हैं।

आददानस्य शस्त्रं हि क्षत्रधर्ममुपेयुषः ।
बीजवद् वपतो बाणान् स्थातारः समरे परे ॥ ९ ॥

जो अस्त्र शस्त्र धारण करके, क्षत्रिय धर्म की रक्षा करना चाहते हैं, वे सभी योद्धा इस धर्म युद्ध में, बीज की भांति बाणों को बोते हुए, पाण्डव पक्ष की ओर से अवश्य ही खड़े होंगे।

जैमिनिरुवाच

प्रहृष्टवदनो भूत्वा दूत आश्वस्तसत्वरः ।
नमस्कृत्य महाराजं निर्ययौ स पुराद् बहिः ॥ १० ॥

जैमिनीजी कहते हैं – इसप्रकार महाराजा वल्लभसेन के आश्वास्ति पूर्ण वचनों को सुनकर, वह दूत अत्यन्त हर्षित हुआ और महाराज वल्लभसेन को नमस्कार करके, विदा लेकर वह प्रतापपुर से बाहर चला गया।

तयोरेतत् शुभं वाक्यम् अग्रसेनो निशम्य तु।
महता चैव हर्षेण प्रत्युवाच मनोगतम् ॥ ११ ॥

तब, उन दोनों, दूत तथा नृप के इस प्रकार वार्तालाप व शुभवचनों का मनन करके, युवराज अग्रसेन ने अपने स्वयं के महत्वपूर्ण मनोगत को सहर्ष व्यक्त करते हुए कहा –

अग्रसेन उवाच

युद्धमेकायनं शूरः स्वर्गद्वारोपमं भजेत् ।
हतक्लीबमना भूत्वा मुच्यते पापजीवनात् ॥ १२ ॥

श्री अग्रसेन जी ने कहा – सभासदों ! शूरवीर पुरुष, धर्म तथा न्याय के लिए युद्ध को – स्वर्ग प्राप्ति का एकमात्र उत्तम मार्ग मानते हैं । युद्ध से भयभीत होकर, विरत होनेवाले हताश व्यक्तियों को कायरतापूर्ण जीवन जीने के बदले, ऐसे पाप पूर्ण जीवन को त्याग देना चाहिए।

यो वै कश्चिदिहोत्पन्नः क्षत्रियः क्षात्रकर्मवित्।
न युध्येद् भयतोऽकीर्तेः किं भोगैर्जीवितेन किम् ? ॥

इस जगत में जो भी क्षत्रिय रूप मे जन्मा है या क्षत्रिय धर्म को कर्म रुप में धारण करनेवाला है, वह जीवन मृत्यु के भय से, यदि युद्ध नहीं करता, तो ऐसे अपना स्वयं का अपयश करवाने वाले उस व्यक्ति को, भला कौन सा भोग अथवा अपने जीवन में, भला कौन सा सुख प्राप्त होगा ?

शूरः सञ्चिन्तयेदेवं श्रेष्ठः कालोऽयमागतः।
अस्मिंश्चेदागते काले कार्यमन्यद् न विद्यते ॥ १४ ॥

हे शूरवीरों ! विचार कीजिये चिन्तन कीजिये, कि पराक्रम कर दिखाने का यह श्रेष्ठ समय प्राप्त हुआ है। ऐसे समय ऐसा कौन वीर होगा ? जो अपने कर्तव्य का पालन नही करेगा ?

अवश्यं च मया कार्यं पूर्वेषां चरितं महत् ।
करिष्यामि तथा कर्म यथा नान्यत् करोम्यहम् ॥ १५ ॥

इस धर्म युद्ध में, मैं अपने पूर्वजों, सूर्यवंश के पराक्रमी राजाओं का अनुसरण करते हुए, अवश्य ही ऐसा पराक्रम दिखाऊंगा, जिसे और कोई दूसरा नहीं कर पायेगा।

महाराज उवाच
धन्योऽसि वीर भद्रं ते रुचिरं तव भाषितम् ।
धार्मिकं षोडशप्रायं त्वां युद्धे योजये कथम् ? ॥ १६ ॥

महाराज वल्लभसेन ने कहा – वीर वत्स ! अग्रसेन ! तुम्हारा कल्याण हो ! तुम धन्य हो, यद्यपि तुमने बहुत ही प्रिय तथा सुंदर बात कही है । किन्तु, तुम अभी केवल सोलह वर्ष के बालक हो। धर्मानुकूल मैं तुम्हे अभी इस अल्पावस्था में युद्ध में भला कैसे नियोजित कर सकता हूं ? (**अर्थात तुम्हारी बाल सुलभ अवस्था को दृष्टिगत रखते हुए तुम्हे युद्ध भूमि मे पराक्रम प्रदर्शित करने हेतु न्यस्त करना, न न्याय संगत है, न धर्म के अनुकूल ही।**)

यावद् युद्धे विजित्याऽहं पुनरायामि सत्वरम् ।
त्वया तु युवराजेन राज्यं धार्यं प्रयत्नतः ॥ १७ ॥

वत्स अग्रसेन ! जब तक मैं युद्ध में विजयी होकर, शीघ्र ही लौट आऊं, तब तक, तुम मेरी अनुपस्थिति में मेरे पीछे से युवराज की तरह राज्य का प्रयत्नपूर्ण धारण कर उसका पालन पोषण करो ।

श्रुत्वा पितुस्तद् वचनम् अग्रसेनोऽब्रवीत् पुनः ।

जैमिनी जी कहते हैं –तब, पिताश्री वल्लभसेन के उन वचनों को सुनकर, अग्रसेन जी ने इस प्रकार कहा –

अग्रसेन उवाच

महाऽयशो विकुर्वीत यशस्वी लोकविश्रुतः ॥ १८ ॥

अधुर्यवच्च वोढव्ये मन्ये मे मरणं हि तत् ।
भवान् तात द्वितीयं मां सहायं नय मा चिरम् ॥ १९ ॥

भवान! पिताश्री ! हमारा सूर्यवंश यशस्वी तथा लोक विख्यात है। यदि मेरे जैसा वीर युवक समय पर, पराक्रम का प्रदर्शन न करे ? अपितु, भार ढोने के समय, बिना नथे हुए बैल के समान बैठा रहे, मेरे मत में, यह तो– मरण के सदृश्य है। अतः आप योद्धा के रुप में न सही, पिताश्री ! मुझे अपने द्वितीय सहायक के रुप में ही, अवश्य ले चलिए । अब इस कार्य में विलम्ब योग्य नहीं।

जैमिनिरुवाच

वल्लभस्तद् वचः श्रुत्वा समालिङ्ग्यात्मजं जगौ ।
ध्रुवस्ते विजयस्तात भविष्यति न संशयः ॥ २० ॥

जैमिनी जी कहते हैं – महाराजा वल्ल्भसेन, पुत्र के इस प्रकार, मन को प्रिय लगने वाले वचनों को सुनकर, गद्गद् होकर उसे अपने सीने से लगा कर कहने लगे – पुत्र ! अब तो विजय सुनिश्चित है, साथ ही महान यश की भी प्राप्ति होगी, इसमें कदापि संशय नहीं।

अग्रसेनस्ततो लब्ध्वा पित्रनुज्ञां सुभाषितम् ।
नमस्कृत्य च तं प्रायात् प्रष्टुं नन्तुञ्च मातरम् ॥ २१ ॥

तब, श्री अग्रसेन अपने पिता के शुभ आशीष वचनों को प्राप्त कर, उन्हे प्रणाम करके वहां राज्यसभा से, अपनी माता के पास उनकी आज्ञा लेने गए तथा माता के श्रीचरणों में अभिवादन किया ।

ततोऽग्रं तं परिष्वज्य वैदर्भी वाक्यमब्रवीत् ।

विदर्भसुता महारानी भगवती ने श्री अग्रसेन को हृदय से लगा कर कहा –

वैदर्भी उवाच

सत्यधर्माभिरक्षार्थं पुत्र गच्छ ममाज्ञया ॥ २२ ॥

सत्यार्थे धर्मकमार्थे त्वयाऽस्म्यग्र सपुत्रका ।
युद्धेऽत्र विजयं लब्ध्वा समायाह्यव सद्व्रतम् ॥ २३ ॥

माता वैदर्भी ने कहा – हे पुत्र ! तुम वीर हो ! धर्म की रक्षा हित, तुम इस युद्ध में, अवश्य जाओ, यह मेरा आदेश है। (माता विदर्भ नंदिनी ने श्री अग्रसेन की भावना को जानते हुए ही यह बात कही) वत्स अग्रसेन मैं जानती हूं कि सत्य की विजय हेतु, धर्म की स्थापना के लिए, क्षत्रियों के लिए नियत कर्म करने के लिए ही, तुम इस महायुद्ध में सम्मिलित होने जा रहे हो । किन्तु ध्यान रहे युद्ध के प्रांगण में सदाचार का पालन अवश्य करना।

माता वैदर्भी का यहां स्पष्ट निर्देश है, जो [EVERY THING IS FAIR IN LOVE & WAR] जैसी भावना को नकारती है व नीतिगत युद्ध की प्रेरणा प्रदान करती है। 'विजयं लब्ध्वा समायाह्यव' जाओ ! विजय प्राप्त लौटना यही शुभकामना है।

जैमिनिरुवाच

ततोऽग्रसेनो वीक्ष्याम्बां नमस्कृत्य पुनःपुनः ।
आरुरोह रथं दिव्यं प्रययौ सैन्यसंवृतः ॥ २४ ॥

जैमिनी जी कहते हैं – तदनंतर, श्री अग्रसेन ने माता के दर्शन करके उन्हे बारंबार प्रणाम किया और फिर वे अपने दिव्य रथ पर, आरूढ़ होकर, सेना के साथ प्रस्थित हुए।

कुरुक्षेत्रे समासाद्य तां हिरण्यवतीं नदीम् ।
कारयामास शिबिरं नृपाणां यत्र केशवः ॥ २५ ॥

कुरुक्षेत्र में, वहां विशुद्ध जल से युक्त पुण्य नदी हिरण्यवती के किनारे, भगवान श्रीकृष्ण ने, राजाओं के ठहरने लिए शिविरों का निमार्ण करवाया था।

निविष्टान् पाण्डवांस्तत्र नरेन्द्रैश्च समन्वितान्।
ददर्शाग्रो यथादेशं वासुदेवेन पालितान् ॥ २६ ॥

पाण्डवों ने विभिन्न राज्यों से, युद्ध में भाग लेने आए हुए, सभी राजाओं के साथ सेनाओं सहित श्री कृष्ण द्वारा संरक्षित, हिरण्यवती के किनारे, उस स्थल पर पहुंचकर, वहां पड़ाव डाल दिया।

ततस्ते धृतसंकल्पा युद्धाय तु समे नृपाः।
आज्ञापिते संयुगे तु समहृष्यंश्च सैनिकाः ॥ २७ ॥

तदनंतर, सभी राजाओं सहित, पाण्डवों ने युद्ध के लिए, दृढ़ संकल्प लिया। युद्ध के लिए तैयार रहने की आज्ञा मिलते ही समस्त योद्धा हर्ष से खिल उठे।

धृष्टद्युम्नो भीमदुर्गां सागरस्तिमितां वशाम्।
तदा निर्यापयामास चतुर्विधबलां चमूम् ॥२८ ॥

पाण्डवों की वह सेना, सेनापति धृष्टधुम्न के आधीन, प्रशान्त एवं स्थिर समुद्र के समान जान पड़ती थी। वह (पैदल, हाथी, रथ एवं अश्वसमूह युक्त) चतुरंगिणी सेना, अत्यन्त भयंकर तथा अविचल थी।

यथाबलं यथोत्साहं रथिनः समुपादिशत्।
विभज्य विधिवद् योधांस्तान् पृथक् संयुगे स हि ॥ २९ ॥

उन्होंने, जिस योद्धा का जैसा बल था, जैसा उत्साह था, उसके अनुकूल (यथायोग्य) योद्धाओं का विधिवत, पृथक पृथक टुकड़ियों में तथा समूहों (यूथों)में विभाजन किया और अपने रथियों को अपने अपने पूर्व निर्धारित प्रतिपक्षियों के साथ युद्ध करने का निर्देश दिया।

वज्रं व्यूह्य स्म तिष्ठन्ति पाण्डवाः अभिवाहिनीम् ।
सोऽजेयो मानुषे लोके पाण्डवैरभिरक्षितः ॥ ३० ॥

पाण्डव पक्ष की सेना, वज्र नामक व्यूह की रचना करके, दुर्योधन की सेना का प्रतिकार करने के लिए, तैयार खड़ी थी। पाण्डवों द्वारा सुरक्षित वह व्यूह मानव लोक में सर्वथा अजेय था।

वादित्रशब्दस्तुमुलः शङ्खभेरीविमिश्रितः ।
शूराणां कुञ्जराणां च नदतां गर्जतामभूत् ॥ ३१ ॥

तब, शंख और भेरी आदि रणवाद्यों का सम्मिलित नाद, गर्जन तर्जन करने वाले शूरवीरों के सिंहनाद और चिंघाड़ते हुए हाथियों का नाद, मिलकर भयंकर प्रतीत हो रहा था।

सेनयोरुभयोर्मध्ये विषण्णोऽभूत्तदाऽर्जुनः ।
विसृज्य सशरं चापं शोकसंविग्नमानसः ॥ ३२ ॥

वहां दोनों सेनाओं के मध्य स्थित अर्जुन का मन (स्वजनों का वध परिलक्षित कर) मोहवश विषाद से भर गया और उस शोक से उद्विग्न मन वाले अर्जुन ने, तब बाणों के तूणीर सहित धनुष को त्याग दिया।

भारतामृतसर्वस्वगीताया मथितामृतम् ।
सारमुद्धृत्य कृष्णेन ह्यर्जुनस्य मुखे हुतम् ॥ ३३ ॥

तब मोह विषाद वश अर्जुन का युद्ध कर्म से विरत होना देखकर, भगवान श्री कृष्ण ने भारत की अमृत राशि के सर्वस्व सारभूतों, वेदादि के समस्त दिव्यज्ञान को मथकर, उसके नवनीत समान सारतत्व को गीता के ज्ञान स्वरुप निकाल कर अर्जुन के मुख में डाल दिया । (कानों के द्वारा मन बुद्धि तथा वचनों में, जो कि कर्म के कारक है ।) जिससे अर्जुन का मोह नष्ट हो गया।

'मुख = ज्ञातव्य है कि वेदों में भी मानव शरीर को चार भागों में ही विभाजित किया गया है। मुख, कर, उदर, पग। मुख का अर्थ है = ब्रम्ह। ब्रम्हरंध्र मे स्थापित करना, यहां आशय है – परम ज्ञान को चेतना केन्द्र ब्रम्ह में ही स्थापना करना चाहिए। कर = कर्म, उदर = पोषण, पग = गति (इसी आधार पर चतुवर्ण की व्यवस्था की गई है। वस्तुतः ब्रम्ह (मुख) में स्थापित ज्ञान ही कर्म के लिए प्रेरित करता है और पग को गतिशील करता है।

पुनर्धनंञ्जयं दृष्ट्वा ततो गाण्डीवधारिणम् ।
पुनरेव महानन्दमन्वभूवन् महारथाः ॥ ३४ ॥

तदनंतर, अर्जन को पुनः गाण्डीव धनुष को धारण किए हुए, देखकर– पाण्डव पक्ष के महारथियों ने हर्षित हो, वहां कुरुक्षेत्र में, पुनः बहुत ही जोरों से सिंहनाद किया।

ततो युद्धं सुदुर्मर्षं व्याकुलं समपद्यत ।
शूराणां समरो जातः समासाद्येतरेतरम् ॥ ३५ ॥

कुछ ही देर में उस रणक्षेत्र के भीतर (पांडव पक्ष के) शूरवीरों तथा सैनिकों की, (कौरव पक्ष के) वीरों से मुठभेड़, होने लगी और तब अत्यन्त भीषण एवं घमासान युद्ध होने लगा।

मुहूर्तमासीदुन्मुत्तं युद्धं मधुरदर्शनम् ।
निर्मर्यादं प्रवृत्तं तत् न प्रज्ञातं च किञ्चन ॥ ३६ ॥

दो ही पल में, मनोरंजक दिखनेवाला वह युद्ध, उन्मत्त की भांति, विकट हो गया । कुछ भी किसी को सूझ नहीं रहा था। (युद्ध की) स्थिति मर्यादा शून्य हो गयी थी । (जिसका जिससे युद्ध नियत था, वह पूर्व निर्धारित प्रतिस्पर्धी की जगह जिसके सम्मुख जो आया, वह उसी से भिड़ गया।

अनयन् परलोकाय शरैः सन्नतपर्वभिः ।
शस्त्रास्त्रैर्विविधैर्घोरैः परान् शूरा महारथाः ॥ ३७ ॥

उस युद्वस्थल में, जहां तहां सभी योद्धा झुकी हुई गांठवाले, नाना प्रकार के भयंकर बाणों द्वारा, मार कर अपने विपक्षी योद्धाओं को, परलोक का अतिथि बनाने लगे।

रथास्तु रथिभिर्हीना हतसारथयस्तथा ।
विप्रद्रुताश्वाः समरे दिक्षु जग्मुः समन्ततः ॥ ३८ ॥

युद्ध क्षेत्र में, कितने ही रथ, रथियों और सारथियों से रहित हो भागते हुए घोड़ों के साथ, सम्पूर्ण दिशाओं मे चक्कर काट रहे थे।

चर्मभिश्चामरैश्चित्रैः पताकाभिरदृश्यत ।
छत्रैः सितैर्हैमदण्डैर्विकीर्णैश्च समन्ततः ॥ ३९ ॥

वहां ढालें, विचित्र चंवर, पताकांए, छत्र, चांदी तथा स्वर्ण दण्डों से आभूषित चामरें, सभी ओर बिखरी पड़ी दिखाई देती हैं।

विशीर्णकेशा धावन्तो दृश्यन्ते स्म दिशो दश ।
नवमेघप्रतीकाशा जलदोपमनिस्वनाः ॥ ४० ॥

युद्धस्थल में – वहां चारों ओर बिखरे पड़े तथा रथियों की ढालों, छत्र चंवर आदि इन्ही के ऊपर से चिंघाड़ते हुए हाथी, दशों दिशाओं में दौड़ते हुए ऐसे प्रतीत हो रहे थे, मानो नूतन मेघों की घटाएं भयंकर गर्जना करती हुई, दशोंदिशाओं को व्याप्त कर रही हों।

तस्मिन् रोद्रे तथा युद्धे वर्तमाने महाभये ।
प्रावर्तत नदी घोरा शोणितान्त्रतरङ्गिणी ॥ ४१ ॥

इस प्रकार, मानो– महाभय को उत्पन्न करनेवाले इस भयंकर युद्ध से आंत व मांस की तरंगो से युक्त, खून की नदी बहने लगी।

अस्थिसङ्घातसम्बाधा केशशैवलशाद्वला ।
रथह्रदा शरावर्ता हयमीना दुरासदा ॥ ४२ ॥

उसमें हड्डियों के समूह, शिलाखंड के रुप में विद्यमान हो गए। योद्धाओं क` केश ही सेवार और घास के समान प्रतीत हो रहे हैं, बाणों से आवृत बिखरे हुए रथ, भवंर के समान और घोड़े ही उस दुर्गम नदी में मानो मत्स्य हों।

शीर्षोपलसमाकीर्णा हस्तिग्राहसमाकुला ।
कवचोष्णीषफेनौघा धनुर्वेगासिकच्छपा ॥ ४३ ॥

वहां कटे मस्तक पत्थरों के टुकड़ों के समान बिखरे पड़े हैं, हाथी ही उसमें विशाल ग्रह के समान प्रतीत हो रहे हैं, कवच, पगडियां, मुकुट आदि फेन राशि के समान, धनुष ही उसका वेग युक्त प्रवाह और खड्ग ही वहां जैसे कच्छप के समान, प्रतीत होते हैं।

पताकाध्वजवृक्षाढ्या मर्त्यकूलापहारिणी ।
क्रव्यादहंससंकीर्णा यमराष्ट्रविवर्धनी ॥ ४४ ॥

वहां मनुष्यों की लाशें ही उस रक्तसरिता की कगार हैं, पताकांए एवं ध्वज नदी किनारे के वृक्ष (तटवृक्ष) के समान जान पड़ती हैं, जिन्हे वह अपने वेग से तोड़– तोड़ कर बहा रही है । मासांहारी पक्षी, उसके आसपास हंसो के समान विचर रहे हैं और वह खून की नदी यम की सत्ता को बढ़ा रही है।

नवाहानि तु संग्रामः सुमहाँल्लोमहर्षणः।
लोकक्षयकरो रौद्रो भीष्मस्य सह पाण्डवैः ॥ ४५ ॥

नौं दिनों तक, इसीप्रकार निरंतर विनाशकारी तथा महारोमांचकारी संग्राम सतत चलता रहा। तब (दशवें दिन) भीष्म पितामह का पांडवों के साथ, लोकविनाशक भयंकर युद्ध होने लगा।

व्यथयन्निशितैर्बाणै गाङ्गेयोऽरीन् ममर्द सः।
धृष्टद्युम्नः शिखण्डी च विराटो संकुलास्तदा ॥ ४६ ॥

जब गंगापुत्र भीष्म ने, व्याकुल कर देने वाले, हजारों तीक्ष्ण बाणों की वर्षा करके, पाण्डव सैन्य को मथ डाला, तब वहां धृष्टघुम्न, शिखण्डी और विराट अपने योद्धाओं के संकुल सहित, वहां आ डटे।

भीष्ममासाद्य समरे शरैर्जघ्नुर्महारथाः।
वल्लभोऽपि ततो विद्धो भीष्मेणामित्रकर्शनः ॥ ४७ ॥

तब, इस महायुद्ध में भीष्म के समीप पहुंचे, पाण्डव पक्ष के महारथी योद्धाओं ने उन्हे अपने बाणों से घायल करना आरम्भ किया। तभी, शत्रुसूदन भीष्म के बाणों से बिंधकर महाराजा श्री वल्लभसेन घायल हो गए।

सोऽतिविद्धो वल्लभस्तु शोणितौघपरिप्लुतः।
वसन्ते पुष्पशबलो रक्ताशोक इवाबभौ ॥ ४८ ॥

इस प्रकार, भीष्मपितामह के तीक्ष्ण सायकों से बिंधकर, युद्ध में घायल हुए – श्री वल्लभसेन अपने ही रक्त के प्रवाह से रक्तस्नात हो गए और वसंत ऋृतु में टेसू के फूलों से लदे हुए, रक्तशोक की भांति, वीरों की शोभा पाने लगे।

धृष्टद्युम्नस्तु समरे क्रोधेनाग्निरिवाज्वलत्।
शिखण्डी तं च विव्याध भरतानां पितामहम्॥ ४९॥

तब – रणक्षेत्र में धृष्टद्युम्न, क्रोध से, प्रदीप्त अग्नि की भांति, जल उठे और शिखंडी ने भरतवंशियों (कौरव पाण्डवों) के पितामह भीष्म को शरों (बाणों) से बींध डाला।

ततो वल्लभपुत्रेण पितुर्वधममृष्यता।
सन्दधे निशितो बाणो गिरीणामपि दारणः ॥ ५० ॥

इसके उपरांत, राजा वल्लभसेन के पुत्र, कुमार अग्रसेन ने, अपने पिता के (असह्य) वध को न सह सकने के कारण, अमर्ष में भरकर अपने तीक्ष्ण बाणों से युद्धभूमि में दारुण स्वरुप उत्पन्न कर दिया ।

अग्रसेनः स सङ्क्रुद्धः प्रेषयामास सायकान् ।
यमदण्डोपमान् घोरान् ज्वलिताशीविषोपमान् ॥ ५१ ॥

समरांगण में पितृशोक में व्याकुल तथा कुपित श्री अग्रसेन ने, यमदंड के समान घोर तथा प्रज्वलित मुखवाले विषधर सर्पों के समान, भयंकर बाणों की तीव्र वर्षा की।

सारथीन् रथिनस्तूर्णं ह्यश्वांश्चैव ससादिनः।
गजारोहांश्च सगजान् दारयामास वाल्लभिः॥ ५२॥

महाराज वल्लभसुत श्री अग्रसेन ने रथों सहित – रथियों, घोड़ों सहित सवारों और हाथियों सहित गजरोहियों को तुरंत ही, विदीर्ण कर डाला।

तस्य तत् कुर्वतः कर्म महत् सङ्ख्ये महीभृतः ।
पूजयाञ्चक्रिरे हृष्टाः प्रशशंसुश्च वाल्लभिम् ॥ ५३ ॥

तब – कुमार श्री अग्रसेन को, महासमर में ऐसा महान पराक्रम पूर्ण कृत्य करते हुए, देखकर, उनके पुरुषार्थ पूर्ण कर्म की सभी राजाओं ने प्रसन्न होकर भूरि भूरि प्रशंसा की।

शराश्च निशिताः पीता निश्चरन्ति स्म संयुगे ।
वनात् फुल्लद्रुमाद् मन्दं भ्रमराणामिव व्रजाः ॥ ५४ ॥

युद्धभूमि में श्री अग्रसेन के तीक्ष्ण चमचमाते हुए बाण, इस प्रकार छूटते थे, मानो विकसित वृक्षावलियों से भरे हुए वनप्रदेश से मदोन्मत्त भ्रमरों के समूह निकल रहे हों।

मोहयित्वा कृपं द्रोणं द्रौणिं च स बृहद्बलम् ।
सैन्धवं च महेष्वासो व्यचरल्लघु सुष्ठु च ॥ ५५ ॥

वहां धनुर्वेद विशारद कुमार श्री अग्रसेन – अपने रण कौशल से, कृपाचार्य, द्रोणाचार्य, अश्वथामा, बृहद्बल और सिंधुराज जयद्रथ आदि सबको मोहित करके सुन्दर और शीघ्रगति से चारों ओर विचरण कर रहे थे।

हतपुत्रा हतबला निहिता स्वर्गमावसन् ।
अहान्यष्टादशाऽथासीद्युद्धं तद् लोमहर्षणम् ॥ ५६ ॥

इस प्रकार – अठारह दिनों तक चले, इस महायुद्ध में, दोनों पक्षों के असंख्य वीर, राजपुत्र, मित्र और योद्धा वीर गति को प्राप्त कर, स्वर्ग में जा बसे हैं। जिनकी कथाएं रोंगटे खड़े कर देने वाली हैं।

सुदुःखितं त्वग्रसेनं विलपन्तं महामनाः ।
दृष्ट्वैतं तत्र गोविन्दो दुःखितो वाक्यमब्रवीत् ॥ ५७ ॥

तब युद्ध के समाप्त हो जाने पर कुमार श्री अग्रसेन को, पितृशोक से अत्यन्त दुखी हो, विलाप करते देखकर, भगवान श्री कृष्ण ने अत्यन्त दुख प्रकट करते हुए तथा उन्हे सांत्वना देते हुए इस प्रकार कहा –

केशव उवाच

धर्मयुद्धे स च त्यक्त्वा देहं वीरगतिं गतः ।
सन्तापं त्यज दुर्धर्षं मा च शोके मनः कृथाः ॥ ५८ ॥

भगवान श्री कृष्ण ने श्री अग्रसेन जी से कहा – हे वत्स अग्र ! आपके पिताश्री ने, धर्म युद्ध में अपनी देह का परित्याग कर, महान वीरगति को प्राप्त किया है अतः हे परमवीर ! तुम्हे संताप का परित्याग कर, मन को शोक रहित तथा अविचल करना चाहिये।

संयोगा विप्रयोगान्ताः मरणान्तं च जीवितम् ।
न स शोच्यः पिता वत्स स्वर्गतः सुकृती स हि ॥ ५९ ॥

वत्स ! संयोग का अन्त ही वियोग है और जीवन का अन्त–मरण। तुम्हारे पिताश्री सत्पुरुषों से सम्मानित हुए। अंततः स्वर्गवासी होने पर भी, वे कदापि शोक करने के योग्य नहीं, अतः हे वत्स ! शोक का परित्याग करो।

जैमिनिरुवाच

एतच्छ्रुत्वा तु कृष्णस्य वचस्तद् वल्लभात्मजः ।
विहाय शोकं दीनात्मा ददौ श्राद्धमनुत्तमम् ॥ ६० ॥

जैमिनी जी कहते हैं – इस प्रकार, श्री कृष्ण के मन संताप हारी वचनों को सुनकर, धीरमना – वल्ल्भसुत ने शोक का परिहार कर, दीनात्मा श्री अग्रसेन ने पिता के लिये, श्राद्ध विषयक परमोत्तम कर्म किये तथा दान आदि दिये।

इष्टं जिहीर्षतः शत्रोः पुरुषस्य बुभूषतः ।
इदमुद्धर्षणं भीमं तेजोवर्धनमुत्तमम् ॥ ६१ ॥

जैमिनी जी कहते हैं –जो पुरुष अपनी उन्नति चाहता है और शत्रु केहाथों से अपनी अभीष्ट संपत्ती छीन लाना चाहता है, उन वीरों के लिए यह उत्तम उपाख्यान अत्यन्त उत्साह वर्धक और कायरों के लिए भयंकर है।

जयो नामेतिहासोऽयं श्रोतव्यो विजिगीषुणा ।
महीं विजयते क्षिप्रं तथारींश्च स बाधते ॥ ६२ ॥

जय नामक यह परम इतिहास है, विजय की इच्छा रखने वाले, पुरुषों को इसका श्रवण करना ही चाहिए। इसे सुनकर युद्ध में जाने वाला, शीघ्र ही शत्रुओं को रौंदकर, सारे जगत पर विजय प्राप्त करता है ।

इदं पुंसवने चैव वीराणां जननाय वा ।
अभीक्ष्णं गर्भिणी श्रुत्वा ध्रुवं वीरं प्रसूयते ॥ ६३ ॥

यह आख्यान पुत्र की प्राप्ति कराने वाला तथा साधारण पुरुषों में भी पुरुषार्थ पैदा करने वाला है। यदि गर्भवती महिला इसे बार–बार सुने, तो वह श्री अग्रसेन जी के समान ही, निश्चित ही वीर को पुत्र को जन्म देती है ।

॥ इति जैमिनीये जयभारते भविष्यपर्वणि अग्रोपाख्यानस्य
यद्बिरचितम् श्रीमदग्रभागवते तृतीयोऽध्यायः ॥
॥ शुभं भवतु कल्याणम् ॥

महर्षि जैमिनी विरचित जयभारत के भविष्यपर्व के अग्रोपाख्यानम् के
श्रीमद् अग्रभागवतम् स्वरूप का तृतीय अध्याय पूर्ण हुआ ।
यह शुभकारी आख्यान सबके लिये कल्याणकारी हो ।

॥ श्री अग्र भागवत ॥

चतुर्थ अध्याय

संतोष

जैमिनिरुवाच

पारीक्षितायं विदितो यथावृत्तः कुरुक्षयः ।
हृदये शल्यभूतोऽसौ मानवानां युगे युगे ॥ १ ॥

जैमिनी जी कहते हैं – हे परीक्षित नन्दन जनमेजय ! आपको यह अच्छी तरह से ज्ञात ही है कि कुरुवंश का क्षय (विनाश) किस प्रकार हुआ, जो कि मानव लोक में, हर युग में, मानव मात्र के हृदय में, कांटे के समान टीस पैदा करता रहेगा।

सर्वे शस्त्रभृतां लोकान् गतास्तेऽरिमुखा हताः ।
वर्तमानैस्तु विहितं पुण्यं कर्तव्यमद्य हि ॥ २ ॥

हे महाप्राज्ञ जनमेजय ! जो वीर उस महायुद्ध में मारे गए, वे सब चाहे वे पुण्य कर्मा रहे हों या पापाचारी, शस्त्रधारियों के पुण्य लोक मे चले गए, अब तो – वर्तमान में जो हैं, उनके हित हेतु पुनः पुण्य कर्म करना होगा।

युधिष्ठिरस्तदा प्राज्ञः सर्वधर्मभृतां वरः ।
राज्ञां तानि शरीराणि दाहयामास शास्त्रतः ॥ ३ ॥

जैमिनी जी कहते हैं – हे जनमेजय ! उस महायुद्ध में भीषण संग्राम के पश्चात्, सभी धर्मात्मा राजाओं मे श्रेष्ठ तथा बुद्धिमान धर्मराज युधिष्ठिर ने, युद्ध में वीरगति को प्राप्त, सभी राजाओं के शरीरों का, शास्त्र विधि से दाह संस्कार किया और करवाया।

निवृत्ते तु क्रतौ तस्मिन् महायुद्धे समागतम् ।
युधिष्ठिरं क्षत्रजातमुपगम्येदमब्रवीत् ॥ ४ ॥

तदनंतर उस महायुद्ध के लिए आए हुए, शेष राजा युद्ध से निवृत्त होने के उपरांत, महात्मा युधिष्ठिर के पास गए और क्षत्रप राजाओं का वह समुदाय उनके पास पहुंचकर उनसे इस प्रकार कहने लगा –

समापयामास भवान् महासमरसत्क्रतुम् ।
ररक्ष भगवान् शौरिः शाङ्र्गचक्रगदाधरः ॥ ५ ॥

हे धर्मराज ! वह महायुद्ध, जो शंख, चक्र और गदा धारण करने वाले भगवान विष्णु के स्वरुप – श्री कृष्ण द्वारा आरंभ से लेकर अंत तक संरक्षित रहा उस महायुद्ध का अब विधिवत समापन हो चुका

आपृच्छामो गमिष्यामस्तदनुज्ञातुमर्हसि ।
श्रुत्वा तु वचनं राज्ञां धर्मराजो युधिष्ठिरः ॥ ६ ॥

अतएव, हम लोग आपकी अनुमति चाहते हैं । अब हम अपने – अपने राष्ट्रों में जाएं। कृपया आप हमें आज्ञा दें। राजाओं तथा राजपुत्रों के इस प्रकार वचनों को सुनकर, धर्मराज युधिष्ठिर ने कहा –

युधिष्ठिर उवाच

भवद्भिर्दर्शिता प्रीतिर्दर्शितं सौहृदं परम् ।
पुरुषार्थस्साधितश्च राजानः केशवेन हि ॥ ७ ॥

महाराज युधिष्ठिर ने कहा – हे राजन ! (राजाओं ! राज पुत्रों !) आप सबने इस धर्मयुद्ध में भगवान श्री कृष्ण के साथ पुरुषार्थ पूर्ण उद्योग किया है। और ऐसा करके आपने धर्म के प्रति, महान प्रेम तथा हमारे प्रति सौहाद्र का परिचय दिया है।

राजानः सर्व एवैते प्रीत्यास्मान् समुपागताः ।
यथार्हं प्रस्थिताः पूज्याः इति भ्रातॄनुवाच सः ॥ ८ ॥

तद् उपरांत, महात्मा युधिष्ठर ने, अपने सभी भाइयों को संबोधित करते हुए कहा – ये सभी राजा गण हम पर इनका अथाह प्रेम होने के कारण ही पधारे थे, अब ये सभी जाने को उद्यत हैं, इनका यथायोग्य सम्मान करके ही इन्हें विदा करें।

कालोऽप्यतीतः सुमहान् गमनं रोचते हि मे ।
अनुव्रजत भद्रं वो विषयान्तं नृपोत्तमान् ॥ ९ ॥

महात्मा युधिष्ठिर ने पुनः राजाओं की ओर उन्मुख होकर उनसे कहा – राजन ! आप लोगों का बहुत समय व्यतीत हो चुका है, अतः आप लोगों का स्वराष्ट्र लौटना सर्वथा उचित है। तदुपरांत पुनः अनुजों को आदेश दिया कि – 'तुम लोग अपने राज्य की सीमाओं तक, इन नृपों को ससम्मान पहुंचा आओ।'

विसृज्य त्रिशतं पृथ्वीपतीनन्यान् महारथः ।
प्रशंसन् प्रागग्रसेनं प्रसन्नात्माऽब्रवीद् वचः ॥ १० ॥

जैमिनी जी कहते हैं – इसप्रकार तीन सौ राजाओं तथा राजपुत्रों को विदा करके प्रसन्न चित्त होकर महाराजा युधिष्ठिर, कुमार अग्रसेन की प्रशंसा करते हुए, इस प्रकार बोले –

धर्मराज उवाच

कुमारस्याग्रसेनस्य युद्धेऽपश्यं महद्बलम् ।
पितुर्वधेन सन्तप्तोऽप्यहंश्च शतशोऽप्यरीन् ॥ ११ ॥

महाराजा युधिष्ठिर ने कहा – मैंने युद्धभूमि में, कुमार अग्रसेन के महाबल को देखा है (महाबल = युद्धकला युक्तशक्ति एवं धर्मबल से युक्त दयालुता) जब पिता के वध का संताप हृदय में गहन रोष पैदा कर रखा होगा, तब भी सैकड़ों निशस्त्रों एवं दया–याचकों को युद्धस्थल में जीवनदान देनेवाला, यह अग्रसेन वास्तव में धर्मवीर है।

कृपाविष्टेन मनसा युद्धक्षेत्रगतोऽप्यसौ ।
अग्रसेनस्त्वयं धन्यो येनात्मविजयः कृतः ॥ १२ ॥

महाराजा युधिष्ठिर ने कहा – जिस वीर पुरुष के हृदय में युद्धक्षेत्र में जाने के बाद भी, करुणा विद्यमान रहे , ऐसा वीर – वत्स अग्रसेन धन्य है । धन्य है वह – अग्रसेन जिसने मेरी आत्मा पर विजय प्राप्त कर ली है।

जैमिनिरुवाच

ततोऽग्रसेनस्तान् सर्वान् नमस्कृत्य जनार्दनम् ।
प्रोवाच वचनं तत्र धर्मराजं महामतिम् ॥ १३ ॥

जैमिनी जी कहते हैं – तब अग्रसेन ने भगवान श्री कृष्ण को प्रणाम करके वहां उपस्थित सभी गुरुजनों (अपने से ज्येष्ठ एवं श्रेष्ठ) तथा महाप्राज्ञ धर्मराज युधिष्ठिर से, इस प्रकार कहा–

अग्रसेन उवाच

भवतां प्रीतिरव्यग्रा तेजसा वोऽभिरक्षितः ।
धर्मश्च नियतो नित्यः सत्यं च भवतां धनम् ॥ १४ ॥

श्री अग्रसेन ने कहा – हे ! महाभाग ! महात्मनों ! मेरे ऊपर आप लोगों का जो अतीव प्रेम है, उसके कारण ही आपको मुझमें गुण परिलक्षित हो रहे हैं। आप लोगों में सत्य और धर्म निरंतर निवास करता है – मैं तो उसी तेज से सदैव परिरक्षित रहा।

यथाऽस्माकं पिता पूज्यः तथा त्वं हि नराधिप ।
वृद्धो मान्यश्च सततं प्राप्यो दैवात् महामनाः ॥ १५ ॥

हे नर श्रेष्ठ ! हमारे लिए, जैसे पिताश्री थे, वैसे ही आप मेरे वरिष्ठ और माननीय हैं। बड़े भाग्य से ही, आप जैसे महा मनस्वियों का साथ, मुझे प्राप्त हुआ है।

जैमिनिरुवाच

तमुवाच स धर्मात्मा यथा भीमादयो मम ।
तथा त्वमस्यग्रसेन नात्र कार्या विचारणा ॥ १६ ॥

जैमिनी जी कहते हैं – तत्पश्चात् धर्मात्मां महाराज युधिष्ठिर ने श्री अग्रसेन से कहा – वत्स ! जैसे मेरे लिए भीमसेन आदि हैं, उसी तरह – तुम भी हो, इस विषय में तुम्हे काई अन्यथा विचार नहीं करना चाहिए।

अग्रसेनोऽच्युतं कृष्णमनन्तं प्रणतोऽब्रवीत् ।
प्रहृष्टवदनो भूत्वा धर्मपुत्रस्य शृण्वतः ॥ १७ ॥

यह सुनकर, श्री अग्रसेन का मुख प्रसन्नता खिल उठा। वे, धर्मपुत्र युधिष्ठिर के स्नेह युक्त वचन सुनते सुनते ही, अपनी महिमा से कभी च्युत न होने वाले अनन्त प्रभु श्री कृष्ण का अभिवादन करते हुए बोले –

अग्रसेन उवाच

धन्योऽस्मि सत्यमेवाऽहं प्राप्तः कृष्णमहाधनम् ।
अतस्तेऽहं हृषीकेश न मुञ्चामि पदाम्बुजम् ॥ १८ ॥

श्री अग्रसेन ने कहा – यह सत्य है – कि , मैं धन्य हूं ! जिसने महाप्रभु श्री कृष्ण का इस प्रकार सानिध्य पाया, इतना कहकर, श्री अग्रसेनजी ने भगवान श्रीकृष्ण से कहा – हृषीकेश ! अब मैं आपके चरण कमलों का आश्रय कभी नहीं छोडूंगा।

जैमिनिरुवाच

निर्ययावग्रसेनोऽथ हरिं प्रण्यपतत् तथा ।
नमस्कृतः समुत्थाप्य समालिङ्ग्य स तं स्थितः ॥ १९ ॥

जैमिनी जी कहते हैं – इस प्रकार कहते हुए, श्री अग्रसेन ज्यों ही, प्रभु श्रीकृष्ण के पास पहुंचे, उनके चरणों में अभिवादन करने को उद्यत हुए, त्यों ही उन्होंने, वंदनार्थ झुके हुए श्री अग्रसेन को उठाकर सीने से लगा लिया।

केशव उवाच

दिष्ट्या त्वम् अग्रसेनाद्य स्वराज्येऽसि प्रतिष्ठितः।
भूमिः कीर्तिर्यशो लक्ष्मीः शीलं त्वामनुयान्तु च ॥ २० ॥

भगवान श्री कृष्ण ने कहा – हे ! सौभाग्यशाली अग्रसेन ! तुम अपने राज्य पर प्रतिष्ठित हो। भूमि, कीर्ति, यश तथा लक्ष्मी, सत्य पर आश्रित सदाचारियों का ही सदैव अनुसरण करती है।

जैमिनिरुवाच

तच्छ्रुत्वा वासुदेवस्य वचो हर्षपरायणः।
प्रणम्य शिरसा पादौ नमस्कृत्य पुनः पुनः ॥ २१ ॥

जैमिनी जी कहते हैं – जनमेजय ! भगवान वासुदेव श्री कृष्ण के, आशीष युक्त वचनों को सुनकर, कुमार श्री अग्रसेन उनके चरणों में शीश नवाकर बारम्बार उन्हे नमस्कार करने लगे।

युधिष्ठिरमुवाचेदम् अग्रसेनः प्रतापवान्।
आपृच्छे त्वां गमिष्यामि प्रतापपुरमित्युत ॥ २२ ॥

तदनंतर, प्रतापी अग्रसेन ने महाराजा युधिष्ठिर से कहा – हे भवान ! अब मैं आपसे प्रतापपुर जाने की आज्ञा चाहता हूं।

अनुज्ञां प्राप्तवांस्तस्मात् प्रदक्षिणमथाकरोत्।
निष्क्रम्यान्तः पुरात् तूर्णं प्रतापपुरमागतः ॥ २३ ॥

महाराजा युधिष्ठिर से प्रतापपुर जाने की अनुज्ञा प्राप्त कर लेने पर श्री अग्रसेन जी ने उनकी प्रदक्षिणा की। तत्पश्चात् वे हस्तिनापुर से बाहर निकल कर, प्रतापपुर की ओर चल पड़े।

अवाक्शिरा दीनमना न हृष्टः प्रविवेश ताम् ।
शून्यशृङ्गाटकां वेश्मरथ्यां खिन्नपुरीं नृपः ॥२४ ॥

जैमिनी जी कहते हैं कि – (पिता विहीन) हर्षहीन अग्रसेन ने दीन ह्रदय से, सिर झुकाए उस (प्रताप) पुरी में, जिसके चौराहे सड़कें, घर, सभी सूने दिखाई दे रहे थे, वहां दुखी मन से प्रवेश किया।

नेत्राभ्यामश्रुपूर्णाभ्यां दीनामुद्वीक्ष्य मातरम् ।
पपात चरणे तस्यास्तदा सम्भ्रान्तचेतनः ॥ २५ ॥

तब आंसू भरे नेत्रों से युक्त, दीनता को प्राप्त, दुखी बैठी माता की ओर देखकर, घबराहट से विभ्रमित चित्तवाले (पिता को युद्ध में खो देनेवाले) वे श्री अग्रसेन, माता के चरणों में गिर पड़े।

रुदन्तं रुदती दुःखात् समेत्यार्या मनस्विनी ।
अग्रं तं प्रत्युवाचेदं भगवत्युरुदुःखिता ॥ २६ ॥

जब, दुख से व्याकुल– अग्रसेन, माता की गोद में पड़कर, फूटफूट कर, रोने लगे, तो मनस्विनी आर्या भगवती भी, कुमार को छाती से लगाकर, गहन दुख से बिलख कर विलाप करने लगीं और अत्यन्त दुखी होकर वे श्री अग्रसेन से बोलीं –

अलं शोकेन भद्रं ते राजपुत्र महायशः ।
प्राप्तकालं नरपतेः कुरु कर्म पितुर्हितम् ॥ २७ ॥

हे यशस्वी राजकुमार ! तुम्हारा कल्याण हो ! अब शोक का परित्याग करो और समयोचित कर्तव्य को दृष्टिगत रखते हुए, महाराज (श्रीवल्लभसेन) का, धर्मानुसार पितृकर्म करो।

इत्युक्त्वा चाङ्कमानीय तमग्रं पितृवत्सलम्।
परिष्वज्य महाबाहुं रुरोद भृशदुःखिता ॥ २८ ॥

ऐसा कहकर, माता वैदर्भी ने, पितृभक्त, महाबाहु अग्रसेन को, पुनः अपनी गोदी में भींच लिया और अत्यन्त दुखी हो, उन्हे गले से लगाकर, फूट फूट कर रोने लगीं।

कृत्वोदकं पितुस्तत्र रुरोदाग्रः पुरो जनाः।
मन्त्री माहिष्मती चाश्रुपरीताक्षाः पुरोहिताः ॥२९ ॥

तब,श्री अग्रसेन के साथ ही, महारानी वैदर्भी, मंत्री, पुरोहित तथा सभी पुरवासियों ने अश्रु पूरित नेत्रों से स्वर्गवासी महाराजा श्री वल्लभसेन को जलांजली दी।

अर्हतस्तस्य कृत्यानि पुरोहितमते स्थितः।
चक्रेऽग्रो विधिवच्छुद्धो ब्राह्मणैः स नृपात्मजः ॥ ३० ॥

पुरोहित के निर्देशों के अनुसार ब्राह्मणों ने, आदरणीय श्री वल्लभसेन के पर लोक सम्बन्धी, सभी कर्म तथा राजपुत्र की आत्मशुद्धि के अनुष्ठान आदि विधिवत संपन्न किये।

पुनरुन्मत्तनिश्चित्तो विललाप सुदुःखितः।
स्मृत्वाऽस्य गुणकर्माणि तानि तानि पितुः सुतः ॥ ३१ ॥

श्री अग्रसेन समय समय पर, अनुभव में आए, पिता के लालन पालन संबंधी उन उन गुणों, व्यवहारों आदि का स्मरण कर करके, अत्यन्त दुखी हो सुधबुध खोकर, उन्मत्त के समान विलाप करने लगे।

ततो विषण्णौ सुश्रान्तौ माता पुत्रश्च तावुभौ ।
पुरोहितोऽग्रमुत्थाप्य पितुरस्य ह्युवाच ह ॥ ३२ ॥

उस समय विषादग्रस्त श्री अग्रसेन और बालक शौर्यसेन दोनों भाई थक चुके थे, तब पिता श्री वल्लभसेन के राजपुरोहितों ने वहां श्री अग्रसेन को भूमि पर से उठाकर, समझाते हुए यह कहा –

पुरोहित उवाच

उत्तिष्ठोत्तिष्ठ किं शेषे राजन्नत्र महायशः ।
त्वद्विधा न हि शोचन्ति सन्तः सदसि सम्मताः ॥३३ ॥

राज पुरोहित ने कहा – हे राजन ! महायशस्वी कुमार अग्र ! उठो ! उठो ! तुम यहां इस तरह पृथ्वी पर क्यों पड़े हो ? तुम्हारे जैसे सभाओं में सम्मानित होने वाले सत्पुरुष, शोक नहीं किया करते।

राज्यकर्माधिकारा हि शीलश्रुतितपोऽनुगाः ।
बुद्धिस्ते ज्ञानसम्पन्ना प्रभेवार्कस्य मण्डले ॥३४ ॥

हे ज्ञान संपन्न राजपुत्र ! जैसे – सूर्यमण्डल में प्रभा, निश्चल रूप से विद्यमान रहती है, वैसे ही तुम्हारी, ज्ञानप्रभा संपन्न है, सदाचार तथा धर्म का अनुसरण करने वाली बुद्धि, तुममें सुस्थिर है, वह राज्य के हित में तथा योग्य कर्मों में लगने की, सर्वथा अधिकारिणी है।

त्रीणि द्वन्द्वानि भूतेषु प्रवृत्तान्यविशेषतः ।
तेषु चापरिहार्येषु नैवं भवितुमर्हसि ॥ ३५ ॥

राजन ! भूख– प्यास, शोक– मोह तथा जरा–मृत्यु, ये तीनों द्वन्द सभी प्राणियों में समान रूप से विद्यमान रहते हैं, इन्हे रोकना सर्वथा असंभव है। ऐसी स्थिति में, आपका इस तरह शोकाकुल रहना योग्य नहीं।

शस्त्रपूतां हि स गतिं गतः परपुरंजयः ।
नूनं च स गतः स्वर्गं जहि शोकं महामते ॥३६ ॥

राजन ! शत्रुओं के पुर पर विजय पानेवाले, महाराजा वल्लभसेन युद्ध में, शस्त्राघात से पवित्र हो, वीरों की उत्तम गति को प्राप्त हुए हैं। हे महामते, वे निश्चित रूप से, स्वर्गलोक में ही गए हैं, अतः उनके विषय में शोक न करें।

जैमिनिरुवाच

एवं पुरोहितेनोक्तो धर्मात्मा सोऽग्रसेनकः ।
त्यक्त्वा शोकं यथाकामं हृष्टरूपोऽभवत् तदा ॥ ३७ ॥

जैमिनी जी कहते हैं – अपने पुरोहित के द्वारा, इस प्रकार संतुष्ट किये जाने पर, धर्मात्मा युवराज श्री अग्रसेन ने शोक को त्याग कर, तब यथेष्ट संतोष का आश्रय लिया।

प्रदीपेनैतदाख्यानं मोहावरणघातिना ।
लोकगर्भगृहं कृत्स्नं यथावत् सम्प्रकाशितम् ॥ ३८ ॥

जैमिनी जी कहते हैं – हे जनमेजय! यह आख्यान, दीपक की भांति, मोह का अंधकार मिटाकर, लोगों के अंतःकरण रूपी अन्तरंग गृह को, ज्ञान के प्रकाश से भली भांति आलोकित कर देता है।

॥ इति जैमिनीये जयभारते भविष्यपर्वाणि अग्रोपाख्यानस्य
यद्विरचितम् श्रीमदग्रभागवते चतुर्थोऽध्यायः ॥
॥ शुभं भवतु कल्याणम् ॥

महर्षि जैमिनी विरचित जयभारत के भविष्यपर्व के अग्रोपाख्यानम् के
श्रीमद् अग्रभागवतम् स्वरूप का चतुर्थ अध्याय पूर्ण हुआ ।
यह शुभकारी आख्यान सबके लिये कल्याणकारी हो ।

पंचम अध्याय

षड्यंत्र

जैमिनिरुवाच

व्यतीतायां निशीथिन्यामादित्यस्योदये ततः ।
समेत्य राजकर्तारः सभामीयुर्द्विजातयः ॥ १ ॥

जैमिनी जी कहते हैं – इस प्रकार गहन शोकमय अंधकार से पूर्ण वह रात जब बीत गई और सूर्योदय हुआ तब, राज्य के प्रबंधकर्ताओं के साथ ही द्विजगण एकत्रित होकर राज्य सभा में आए।

ततो द्विजाः सहामात्यैः राजबन्धुं पुरोहितम् ।
उदैरयन्निमां वाचं कश्चिद् राजा विधीयताम् ॥ २ ॥

तब वहां उपस्थित सभी ब्राह्मण, द्विज, मंत्री एवं राज्य परिवार के सदस्य, श्री राजा वल्लभसेन के उपरांत, अब किसे राज्य का उत्तराधिकारी बनाया जाए, इस विषय पर राजपुरोहित के साथ मंत्रणा (परिचर्चा) करने लगे।

पुरोहित उवाच

गतो नृपो वल्लभः स स्वर्गं यो नो गुरोर्गुरुः ।
स नः समीक्ष्यः तत्पुत्रं राजानमभिषेचय ॥ ३ ॥

राजपुरोहित ने कहा – हे राजपुरुषों! जो हमारे सर्वश्रेष्ठ हितरक्षक थे, वे महाराज श्री वल्लभसेन तो, युद्ध में वीरगति को प्राप्त कर स्वर्ग सिधार गए, अतः इससमय – नीति, नय, योग्यता, राज्यहित आदि सभी बातों को ध्यान में रखते हुए, उनके ज्येष्ठ पुत्र श्री अग्रसेन को ही राजा के पद पर, अभिषिक्त किया जाना चाहिए।

अग्रसेनः पुरस्यायं क्षिप्रं राज्येऽभिषिच्यताम्।
एवं पुरोधाः सचिवान् कुन्दसेनमथाब्रवीत् ॥ ४ ॥

अग्रसेन ही प्रतापपुर राज्य के सर्वथा उपयुक्त हैं, अतः यहां शीघ्र ही इनका विधि पूर्वक राज्याभिषेक किया जाए, पुरोहित ने मंत्रीगणो से इस प्रकार कहते हुए, श्री वल्लभसेन के अनुज – कुन्दसेन से कहा –

शास्त्रज्ञं नयसम्पन्नम् उदारबलविक्रमम्।
अग्रसेनमिमं वीरं क्षिप्रं राज्येऽभिषेचय ॥ ५ ॥

युवराज अग्रसेन – नीति, नियम तथा शास्त्रों के जानकर हैं, ये सदाचार से संपन्न, व बल तथा पराक्रम से परिपूर्ण हैं, आप इस वीरता के धनी का राज्याभिषेक कीजिए।

ज्येष्ठस्य हि सुतो ज्येष्ठः श्रेष्ठोऽयं विक्रमेण च
अग्रसेनोऽप्यदीनात्मा राज्यभारस्य भाजनम् ॥ ६ ॥

ये आपके बड़े भाई के ज्येष्ठ पुत्र हैं, पराक्रम में भी उन्ही के समान हैं तथा उदार ह्रदय हैं, अतः श्री अग्रसेन ही राज्य के सर्वथा एकमात्र अधिकारी हैं।

स एष सत्यकारुण्यः सर्ववेदी च धर्मवित्।
तरुणो वृद्धशीलश्च साध्वेनमभिषेचय ॥ ७ ॥

यद्यपि श्री अग्रसेन युवा हैं, तथापि इनका शील, स्वभाव वृद्धों के समान ही परिपक्व हैं। ये सत्यवादी, दयालु, वेदवेत्ता तथा धर्मज्ञ हैं, अतः आप इन्ही का विधिपूर्वक अभिषेक कीजिये।

जैमिनिरुवाच

राजधानीं च सम्प्राप्तं श्रुत्वा वल्लभसत्सुतम् ।
वज्रसेनो लक्षयित्वा पर्यतप्यत दुर्मनाः ॥ ८ ॥

जैमिनी जी कहते हैं कि – हे जनमेजय ! नगर के निवासी, दिवंगत महाराजा श्री वल्लभसेन के पुत्र श्री अग्रसेन को हो राज्य प्राप्ति के योग्य निरूपित कर रहे थे, ये देख कर कुन्दसेन के पुत्र वज्रसेन का हृदय अत्यंत संतप्त हुआ।

न चाक्षमत तत्प्राप्तिं कुन्दसेनात्मजः स वै ।
ईर्ष्याक्रोधपरिक्षिप्त इदं तातमभाषत ॥ ९ ॥

क्रूरात्मा वज्रसेन इस प्रकार पुरवासियों के ,उसके मन को, संताप देने वाले विचारों को सहन करने में असमर्थ था। ईष्या वश उत्पन्न क्रोध से विक्षिप्त हुआ वह, अपने पिता कुन्दसेन से एकांत मे इसप्रकार कहने लगा।

वज्रसेन उवाच

त्वामनादृत्य पौराः हि नृपमिच्छन्ति तं परम् ।
नीतिर्विधीयतां तात यथा राज्यमवाप्नुमः ॥ १० ॥

वज्रसेन बोला – पिताश्री ! पुरवासी आपका अनादर करके, अग्रसेन को राजा बनाना चाहते हैं। भवान ! आप कोई ऐसी नीति उपयोग मे लाइये, जिससे यह राज्य हमें प्राप्त हो सके।

कर्तव्यं चेत् प्रियं तात न स जीवितुमर्हति ।
यो हि राज्यहरः शत्रुः याचमानो न मुञ्च तम् ॥ ११ ॥

यदि आप अपना प्रिय करना चाहते हैं (राज्य प्राप्त करना चाहते हैं) तो अब, अग्रसेन का जीवित रहना ठीक नहीं। (क्या आपके रहते अग्रसेन द्वारा राज्य करना, अन्याय नहीं ?) आपके इस राज्याधिकार को हड़पने वाले इस अग्रसेन को शत्रुवत मानें, तथा याचना किए जाने पर भी, किसी तरह इसे जीवित न छोड़ें।

जैमिनिरुवाच

एवं श्रुत्वा कुन्दसेनः शोकार्तः स द्विधाऽभवत्।
मोहादैश्वर्यलोभाच्च पापबुद्धिरजायत ॥ १२ ॥

जैमिनी जी कहते हैं – इस प्रकार, पुत्र की बात सुनकर, कुन्दसेन शोक से आर्त हो गया और उसका चित्त (मन तथा बुध्दि) दुविधा में पड़ गया तथा राज्य के मोह एवं ऐश्वर्य के लोभ से, उसका हृदय पापपूर्ण विचारों से भर गया।

सुमहान्त्यपि शास्त्राणि धारयन्तो बहुश्रुताः ।
छेत्तारः संशयानां च क्लिश्यन्ते लोभमोहिताः ॥ १३ ॥

अच्छे अच्छे और बड़े बड़े शास्त्रों का मनन करने वाले, बहुश्रुत संशय निवृत्ति करने वाले, विद्वान भी, लोभ के मोह जाल मे बिंधकर, क्लेश ही पाते हैं।(फिर कुन्दसेन या वज्रसेन की तो बात ही क्या ?)

लोभात्प्रभवति क्रोधः लोभात्कामः प्रजायते ।
लोभान्नश्यन्ति मनुजाः लोभः पापस्य कारणम् ॥ १४ ॥

लोभ से क्रोध उत्पन्न होता है, लोभ से ही कामनाएं पैदा होती हैं, लोभ से ही अज्ञान बढ़ता है, लोभ के मोह जाल मे जकड़े मनुष्यों का, विनाश निश्चित है। इस प्रकार लोभ ही सभी पापों का कारण है ।

कुन्दसेन उवाच

वज्रसेन ममाप्येतद्धृदि सम्परिवर्तते ।
स कथं शक्यतेऽस्माभिरपाकर्तुं बलादितः ॥ १५ ॥

(वज्रसेन के कुटिल वचनों से कुन्दसेन के हृदय में सोया हुआ राज्य का लोभ जाग उठा और तब वज्रसेन से) कुन्दसेन ने कहा – वत्स वज्रसेन! मेरे हृदय में भी यही बात उठ रही है, किन्तु अग्रसेन को राज्य से बल पूर्वक हटाना, भला कैसे संभव होगा ?

प्राणवान् विक्रमी चैव शौर्येण महताऽन्वितः ।
पौराश्च सेवकाः राज्ये तत्सहाया विशेषतः ॥ १६ ॥

हे वत्स! अग्रसेन बलवान तथा पराक्रमी तो है ही, साथ ही वह महान शौर्य से सम्पन्न भी है (अतः बलपूर्वक उसे मारना कदापि संभव नहीं) साथ ही राज्य के नागरिक और सेवक ऐसी परिस्थितियों में विशेषतः उसी के सहायक होंगे।

वज्रसेन उवाच

नरस्य न नरो दासो, दासस्त्वर्थस्य जायते ।
विस्रब्धस्त्वं कुरु तथा यथा ते हस्तवर्तिनः ॥ १७ ॥

वज्रसेन ने कहा – पिताश्री! मनुष्य मनुष्य का दास (सेवक) नहीं, वह तो धन का दास होता है, अतः आप पूर्ण निश्चिंत होकर ऐसी व्यवस्था कीजिये, जिससे यह राज्य हमारी मुट्ठी में हो जाए।

उपायेन हि यच्छक्यं न तच्छक्यं पराक्रमैः ।
अग्रसेनः स च श्रेष्ठः निकृत्या संनिगृह्यताम् ॥ १८ ॥

जो कार्य पराक्रम से संभव नहीं हो सकता, वह कार्य छल पूर्ण उपाय से ही संभव हो सकता है, अतः (मेरे मत से तो) अग्रसेन को धोखा देकर कैद कर लेना ही, श्रेष्ठ उपाय होगा।

अद्य तैः कुशलैर्योधैः सुगुप्तैराप्तकारिभिः ।
नैरुपायकुशलैर्मृत्युरस्य विधीयताम् ॥ १९ ॥

आप आज अत्यंत गुप्त रूप से ऐसे कुशल योद्धाओं को नियुक्त करें, जो उपाय कुशल (छल विशेषज्ञ) हों। जो छिपकर (अज्ञात रहकर) किसी भी प्रकार अग्रसेन का वध कर डालें।

जैमिनिरुवाच

एवं स निश्चयं चक्रे नियोज्य त्रिविधायुधान्।
पापं कृत्वा कुन्दसेन आत्मोदयसुसाधनः ॥२०॥

जैमिनी जी कहते हैं – अपने स्वयं के हितसंवर्धन के लिये पापपूर्ण प्रवृत्ति में न्यस्त, कुन्दसेन ने (श्री अग्रसेन की हत्या के लिये) इस प्रकार निश्चित करके तीनों प्रकार के योद्धाओं को, इस कार्य में लगा दिया।

परोऽपि हितवान्बन्धुर्बन्धुरप्यहितः परः ।
अहितो देहजो व्याधिर्हितमारण्यमौषधम् ॥ २१ ॥

जैमिनी जी कहते हैं – ठीक ही कहा गया है – कभी कभी पराया भी, अपना हितैषी बन्धु तथा कभी अपना भाई ही, अपकारी होकर अहित करने लगता है, जैसे कि अपने ही शरीर से उत्पन्न रोग अपना अपकार करता है और वन में उत्पन्न होने वाली औषधी हितकारी होकर उपकार करती है।

कुन्दसेनः परीतात्मा कुलकीर्तिप्रणाशनः ।
अतिक्रान्तश्च मर्यादां सुप्तम् अग्रमथाग्रहीत् ॥ २२ ॥

अन्तोगत्वा, कुल की कीर्ति एवं वंश परम्परा के विनाशक –उस दुष्टात्मा कुन्दसेन ने मर्यादाओं का उल्लंघन कर, सोए हुए श्री अग्रसेन को बंदी बना ही लिया।

तस्यां प्रतापपुर्यां तं निगडैरग्रसेनकम्।
कुन्दसेनो बबन्धाऽसौ बबन्ध च हितैषिणः ॥ २३ ॥

उस प्रतापपुर में कुन्दसेन ने, श्री अग्रसेन को तो सुदृढ़ बेड़ियों से जकड़ कर बांध ही दिया, साथ ही अन्य हितैषियों को भी सताने लगा।

नूनं देवाः प्रसन्नास्ते सकामो भव दुर्मते ।
अधर्मेण जितो धर्मः प्रवृत्तमधरोत्तरम् ॥ २४ ॥

जैमिनी जी कहते हैं – श्री अग्रसेन मन ही मन विचार करने लगे – कि निश्चय ही देव अनर्थ करने वालों पर ही प्रसन्न हैं, तभी तो – कुन्दसेन की दुर्मतिपूर्ण कामना सफल हुई। अधर्म, धर्म पर विजित हो गया। नीच वृत्ति की – उन्नति हुई तथा उच्चवृत्ति की अवनति।

न हि योगं प्रपश्यामि येन मुच्येयमापदः ।
दैवं च परमं मन्ये पौरुषं चाप्यनर्थकम् ॥ २५ ॥

और तब, श्री अग्रसेन मन ही मन विचार कर रहे थे – मुझे ऐसा कोई उपाय नहीं दिखाई देता, जिससे इस विपत्ति से, अब मुक्ति पाई जा सके। मैं तो भाग्य को ही प्रबल मानता हूं। पौरुष का प्रयत्न – अर्थहीन।

एवं सचिन्तोऽग्रसेनः क्रोधसन्दीप्तमानसः ।
पुनर्दीनमना भूतः शान्तार्चिरिव पावकः ॥ २६ ॥

ऐसा विचार करते हुए श्री अग्रसेन, मन ही मन क्रोध से जलते और हाथ से हाथ मलते हुए, दीन भाव से लम्बी सांसे खींचते, बुझी हुई लपटों वाली अग्नि की तरह शांत हृदय हो गए।

अग्रसेन उवाच

गृहाण राज्यं निखिलं शाधि मां त्वं भवान् प्रभो ।
न मे कार्यं नृपत्वेन नाप्यहं राज्यकामुकः ॥ २७ ॥

श्री अग्रसेन ने कहा – हे भवान ! (काकाश्री) आप मेरे इस सम्पूर्ण राज्य को स्वीकार करें। आप बड़े हैं, मुझ पर शासन कीजिये। मुझे न राज्य से कोई प्रयोजन है, न ही मैं – राज्य का अभिलाषी ही हूं।

भवानेवाभिषिञ्च स्वं राज्येऽस्मिन् सत्यमब्रुवम् ।
क्षमस्वेति वदन् कुन्दपुरोऽग्रः स निपपात ह ॥२८॥

काकाश्री आप इस राज्य पर अपना अभिषेक प्रसन्नता पूर्वक करवाइये । मैं यह सत्य वचन कहता हूं, मैं कोई विरोध नही करूंगा। मुझे क्षमा करें। कहते हुए श्री अग्रसेन कुन्दसेन के पैरों में गिर पड़े।

जैमिनिरुवाच

तथा भाषितमाकर्ण्य कुन्दः क्रोधसमन्वितः ।
पदा तं ताडयित्वाऽथ मस्तकेऽभर्त्सयद् रुषा ॥ २९ ॥

जैमिनी जी कहते हैं– श्री अग्रसेन के इस प्रकार वचनों को सुनकर, वह दुष्ट कुन्दसेन तब और भी अधिक, क्रोध पूर्ण हो गया और चरणों में पड़े, श्री अग्रसेन के मस्तक को उसने कुपित होकर पैरों से ठुकरा दिया।

कुन्दसेन उवाच

जीवितुं चेच्छसे मूढ हेतुं मे गदतः शृणु ।
दासोऽस्मीति तथा वाच्यम् एवं ते जीविते विधिः ॥ ३० ॥

कुन्दसेन बोला – रे मूढ़ ! यदि तू, जीवित रहना चाहता है, तो अपने प्राण – रक्षण हेतुभूत, मेरा यह आदेश वचन सुन – तू स्वयं को मेरा दास स्वीकार कर, तेरे लिये यही एकमेव जीवित रहने का उपाय है।

अग्रसेन उवाच

सर्वं ते क्षामितं कुन्द न त्वेकं क्षामये पुनः ।
अल्पबुद्धे तवाग्रे तु क्षत्रियत्वं प्रदर्शये ॥ ३१ ॥

श्री अग्रसेन ने कहा – कुन्दसेन ! मैंने (आपको पिता तुल्य मानकर ही) तुम्हारी समस्त कटु उक्तियां, तथा क्रूर कर्म सह लिये। खबरदार! अब एक भी अपशब्द के लिये, क्षमा नहीं कर पाऊंगा। आपकी बुद्धि बहुत ही संकीर्ण है, अतः आज आपके सामने क्षत्रित्त्व (स्वाभिमान पूर्ण कर्म) अवश्य प्रकट करूंगा।

पितृभावेन वै तुभ्यं मया राज्यं निवेदितम् ।
शरणं चागतोऽहं त्वां तन्मान्यं नाभवत् तव ॥३२॥

पितृभाव का विचार करके, मैंने आपको यह राज्य निवेदित किया था, तथा आपके शरणागत हुआ था, किन्तु आपको मेरी ये बातें स्वीकार नहीं हुई।

ध्रुवं मूर्खतरस्त्वं हि त्वया नो वञ्चितं कुलम् ।
इन्द्रस्यापि बलं काङ्क्षापिपासापूरणे न हि ॥ ३३ ॥

निश्चय ही आप वज्रमूर्ख हैं! अत्यंत हीन बुद्धि हैं, जो इस प्रकार अपने क्रूर कार्यों से, सूर्यकुल की कीर्ति में आपने, दाग लगा दिया। महत्वाकांक्षियों की तृष्णाओं को पूर्ण करने में तो, देवराज इन्द्र भी समर्थ नहीं हैं।

जैमिनिरुवाच

उत्थाय भूमेः कुपितः रोषतः वल्लभात्मजः ।
पौरुषं क्लेशसंयुक्तं धारयन् बुद्धिसंयुतः ॥ ३४ ॥

जैमिनी जी कहते हैं – तब वहां, कुपित वल्लभसुत –श्री अग्रसेन ने, रोषपूर्ण पृथ्वी से उठकर, बुद्धिमत्ता पूर्ण तथा कष्टदायक पुरूषार्थ का, प्रदर्शन किया।

तदा स भिन्नहृदयो प्रसह्याच्छिद्य बन्धनम् ।
अपीडयत् स्वशीर्षेण कुन्दसेनस्य वक्षसि ॥ ३५ ॥

तब, कठोर बंधनो में जकड़े हुए, घायल हृदय– श्री अग्रसेन ने, कुन्दसेन के वक्षस्थल को, अपने सिर के प्रहार से, पीड़ित कर दिया।

वक्रवाक्येन तीक्ष्णेन छिद्यन्ते प्रीतिजा गुणाः ।
अग्रस्यैकप्रहारेण भूतले ते विचेतसः ॥ ३६ ॥

जैसे एक ही टेढ़ी बात कह देने से, प्रेम जनित समस्त गुणों का उच्छेद हो जाता है, उसी प्रकार श्री अग्रसेन के एकही प्रहार ने, कुन्दसेन को संज्ञाशून्य (बेहोश) कर, भूतल पर गिरा दिया।

अग्रस्य पौरुषं दृष्ट्वा क्षणं तत् लोमहर्षणम् ।
पितुः परिस्थितिं वीक्ष्य लज्जितस्तमथो ययौ ॥ ३७ ॥

योद्धाओं ने वहां श्री अग्रसेन जी के, इस अति रोमांचकारी पुरूषार्थ को देखा। अपने पिता कुन्दसेन की, यह स्थिति देखकर वज्रसेन उसे, संकट से बचाने वहां आ गया।

भृत्या गच्छन्तु सबलाः विकृष्यन्तु धरातले ।
कारागारे नयन्त्वग्रम् इति वज्रो रुषान्वितः ॥ ३८ ॥

तब, वज्रसेन ने रोष में भरकर कहा – कुछ बलशाली योद्धागण, इसके केश पकड़कर, पृथ्वी पर घसीटते हुए, इसे कारागार में ले जाने के लिये यहां आएं।

तस्याऽकर्म विलक्ष्यैवं सर्वे पुरजनास्तदा ।
कम्पिताश्च भिया युक्ता बभुवुर्भयकातराः ॥ ३९ ॥

उस समय वज्रसेन के इस कुकृत्य को देखकर, सभी प्रजाजन भयभीत हो गए और उनके शरीर भय से कांपने लगे।

प्राब्रुवन् करुणं स्वार्थनिष्ठः कालनिभो नृपः।
राजाऽस्माकं निर्दयो हि न दृष्टस्त्वीदृशो जनः ॥ ४० ॥

वे परवश, करुणा सहित आपस में कहने लगे – यह काल के समान, स्वयं के स्वार्थ में न्यस्त, निर्दयी – अब हमारा राजा होगा ? ऐसा दुर्भाग्य पूर्ण दृष्य तो हमने कभी नहीं देखा।

अस्माकं क उपायोऽत्र भावि यत् तद् भविष्यति।
अवश्यम्भाविभावानां प्रतीकारो न विद्यते ॥ ४१ ॥

प्रजाजन चर्चा करने लगे कि – 'हम लोग इस विषय में उपाय ही क्या कर सकते हैं, जो होनहार है वह तो अवश्य ही होकर रहेगा, क्योंकि जो कार्य विधाता द्वारा निश्चित हैं, उसके प्रतिकार का तो कोई उपाय है ही नहीं।'

हा हा भूतं वीक्ष्य राज्यम् अग्रसेनस्य तां दशाम्।
क्रन्दमानोऽभवल्लोकः कुररीगणसंनिभः ॥ ४२ ॥

उस समय, श्री अग्रसेन की वह दशा देखकर सारे राज्य में हाहाकार मच गया। सारी प्रजा क्रौंच पक्षियों के झुंड की तरह, जगह जगह एकत्रित होकर चीखने चिल्लाने लगी।

महतां चाभवद् ग्लानिर्दुःखिताः पौरसज्जनाः ।
धिक् ते बलं धिग् विचारं धिक् कर्मेदं त्वया कृतम् ॥ ४३ ॥

उस समय, सत्पुरूषों के ह्रदय भी अत्यंत ग्लानि भाव से भर गए, और समस्त नागरिक जन दुःख में डूब गए। ऐसे नीचता पूर्ण बल को धिक्कार है, ऐसे पाप पूर्ण विचारों को धिक्कार है, ऐसे छल पूर्ण कृत्य को धिक्कार है।

न चैतौ द्रष्टुमिच्छामो विकृतौ पापदर्शनौ ।
प्रजानामपि, राज्येऽस्मिन् कथं कः स्थातुमर्हति ॥ ४४ ॥

ये दोनों कुन्दसेन तथा वज्रसेन पिता पुत्र विकृत हो गए हैं, इन्हें देखना भी पाप है, हम इनकी ओर दृष्टिपात भी नहीं करना चाहते, प्रजा जनों में से कोई भी इस राज्य मे भला अब कैसे रह सकेगा ? (इस प्रकार प्रजाजन चर्चा करने लगे)।

जैमिनिरुवाच

कृता यत्नाः कौरवेण पाण्डवानां विनाशने ।
त्वं सर्वमतिसंवृद्धः कुलेऽग्रोऽप्स्विव पङ्कजम् ॥ ४५ ॥

जैमिनी जी कहते हैं – हे जनमेजय ! पहले भी इसी प्रकार कौरवों द्वारा पाण्डवों को विनिष्ट कर देने के लिये, अनेकों प्रयत्न किए गए थे, किन्तु उन सारे ही संकटो को लांघकर, वे जल में कमल की भांति उतरोत्तर बढ़ते ही गए। हे राजन ! संकट में धैर्य धारण करना ही विवेक है ।

॥ इति जैमिनीये जयभारते भविष्यपर्वणि अग्रोपाख्यानस्य
यद्विरचितम् श्रीमदग्रभागवते पञ्चमोऽध्यायः ॥
॥ शुभं भवतु कल्याणम् ॥

महर्षि जैमिनी विरचित जयभारत के भविष्यपर्व के अग्रोपाख्यानम् के
श्रीमद् अग्रभागवतम् स्वरूप का पंचम अध्याय पूर्ण हुआ ।
यह शुभकारी आख्यान सबके लिये कल्याणकारी हो ।

॥ श्री अग्र भागवत ॥

षष्ठम अध्याय

संघर्ष

जैमिनिरुवाच

ततः काले दुरात्मा स दर्पाहङ्कारसंयुतः ।
आहूय वज्रसेनं तं स्वहितं वाक्यमब्रवीत् ॥ १ ॥

जैमिनी जी कहते हैं – इस प्रकार, उस समय अहंकार से भरे हुए उस दुरात्मा कुन्दसेन ने, अपने पुत्र वज्रसेन को बुलाकर, अपने स्वार्थ पूर्ण ये वचन कहे –

कुन्दसेन उवाच

अभिषेकस्य सम्भारान् क्षत्तरानय मा चिरम् ।
आहूयन्तां च विद्वांसः पुण्याहं वाच्यतां च तैः ॥ २ ॥

कुन्दसेन ने कहा – प्रियपुत्र ! तुम, शीघ्र ही अभिषेक की सामग्री लाओ, उसमें विलम्ब नहीं होना चाहिये। वत्स पुण्यवाचन करने के लिये, पुरोहित स्वरूप, किसी को, कुछ प्रलोभन आदि देकर बुला लो।

सेवामुख्यांश्च मगधांश्चारणांश्च विशेषतः ।
मुक्तावलीश्च मुकुटं हस्ताभरणमानय ॥ ३ ॥

हमारे मुख्य सेवकों, मागधों और चारणों को विशेष रूप से बुलाओ। वत्स ! तुम राजमुकुट, छत्र, मोतियों की मालाएं तथा हाथ के आभूषण, भी ले आओ।

अभिषेकोदकक्लिन्नं सर्वाभरणभूषितम् ।
अभिषिक्तं च मामद्य त्वं सूनो कर्तुमर्हसि ॥ ४ ॥

मुझे सभी आभूषणों से विभूषित करो, अभिषेक की अभिलाषा से, आकुल मैं, स्व शरीर के जल (पसीने) से भीग चुका हूं। अब तुम्हें, विलम्ब किये बिना, मुझे शीघ्र ही, अभिषेक जल से अभिषिक्त करना चाहिये।

जैमिनिरुवाच

एवमुक्त्वा कुन्दसेनस्त्वरयामास तं तदा ।
उक्तं सर्वं वज्रसेनः कारयामास सत्वरः ॥ ५ ॥

जैमिनी जी कहते हैं – इतना कहकर कुन्दसेन ने, वज्रसेन को शीघ्रता करने के लिए प्रेरित किया। कुन्दसेन के द्वारा जैसा कहा गया था, वज्रसेन ने वैसा ही उसी समय सब पूर्ण कर दिया।

उपविष्टः कुन्दसेनो राजा मत्तो महामदः ।
स तु पीत्वा वरं पानं मदिराक्रान्तलोचनः ॥ ६ ॥

जब कुन्दसेन प्रतापपुर के राजसिंहासन पर बैठा तो वह दुर्लभ राज्य प्राप्त कर लेने के मद से तो उन्मत्त था ही, विशिष्ट मादक रस (मदिरा) का पान कर लेने से उसके नेत्र, और अधिक लाल हो गए।

ततो वादित्रनृत्याभ्यामुपातिष्ठन्त चाङ्गनाः ।
गीतैश्च स्तुतिसंयुक्तैः प्रीत्या तमुपजग्मिरे ॥ ७ ॥

तदनंतर नृत्यांगनाएं उसके पास आईं और वाद्य, नृत्य, गीत एवं स्तुति प्रशंसा के द्वारा, उन लोगों का मनोरंजन करने लगीं।

वेषं सङ्क्षिप्तमाधाय रक्तेनैकेन वाससा ।
चित्तप्रसादने युक्ताः पुंसां वामविलोचनाः ॥ ८ ॥

नृत्यांगनाओं ने ऐसे पारदर्शीवेश धारण कर रखे थे, जो देखने मात्र से किसी भी पुरुष को उन्मत्त बना सकते थे। वे कमल लोचनाएं, पुरुषों के चित्त को प्रसन्न करने मे संलग्न थीं।

महाकटितटश्रोण्यः कम्पमानैः पयोधरैः ।
कटाक्षहावमाधुर्यैश्चेतोबुद्धिमनोहरैः ॥ ९ ॥

उनके कटिप्रदेश और नितम्ब विशाल थे। नृत्य करते समय उनके उन्नत स्तन कम्पायमान हो रहे थे। उनके कटाक्ष हावभाव तथा माधुर्य आदि मन बुद्धि एवं चित्त की सम्पूर्ण सद्वृत्तियों का हरण कर रहे थे।

मत्तास्तस्य सभायां ते मदनेन मदेन च ।
अन्ये पौरजनाश्चैवममन्यन्ताग्रभक्तितः ॥ १० ॥

इस प्रकार कुन्दसेन की उस सभा में उपस्थित सभी लोग, जब 'त्रि' मद (राजमद, सुरामद, काममद) से उन्मत्त हो रहे थे, तब अन्य पुरवासी, जिन्हे कुन्दसेन के इस कुकृत्य से, घृणा हो रही थी, वे संकट ग्रस्त श्री अग्रसेन के विषय में हित चिन्तन कर रहे थे।

जैमिनिरुवाच

स चापश्यदमात्यं स्वमापन्नं पलितं कृशम् ।
भग्नोत्साहं क्रियात्मानमग्रसेनोऽन्यतः स्थितम् ॥ ११ ॥

जैमिनी जी कहते हैं– (दूसरी ओर बंदीगृह में) उसी समय श्री अग्रसेन ने एक श्यामवर्णी आमात्य (कारागार मंत्री) को वहां आता हुआ देखा, जो अत्यंत कृशकाय तथा उत्साह भग्न होने से, निरूत्साही तथा निष्क्रिय सा प्रतीत हो रहा था।

अमात्य उवाच

अहो धिक् कुन्दसेनस्य बुद्धिर्जाताऽसमञ्जसा ।
स्वराज्यस्य विनाशाय कारितं येन दुष्कृतम् ॥ १२ ॥

(वहां आकर श्री अग्रसेन से – आमात्य ने कहा –)

अहो ! कुन्द धिक्कार है ! कुन्दसेन की बुद्धि पूर्णतः विकृत हो गई है, जिसने स्वयं अपने राज्य के विनाश के लिये, इस प्रकार दुष्कृत्य किया।

अतः कष्टतरं किं वा द्रष्टव्यं मे भविष्यति ।
यतः पश्याम्यद्य सूर्यान् तमसा कृतबन्धनान् ॥ १३ ॥

हॉ ! इससे अधिक और कष्टकर क्या बात देखने में आएगी, कि मैं आज सूर्य को अंधकार के बंधन में बंधा हुआ देख रहा हूं।

पितामहः सखा चासीदुपकारी प्रियश्च मे ।
तेनाहं सह सङ्गम्य सुचिरं वत्स पालितः ॥ १४ ॥

वत्स ! अग्रसेन ! तुम्हारे पितामह (महाराज वृहत्सेन) मेरे प्रिय सखा थे, उनके मुझ पर अनन्त उपकार हैं। विभो ! मै उनके सानिध्य में गुरुकुल में, बहुत दिनों तक साथ रहा।

बाल्यात् पिता वल्लभस्ते प्रियवादी प्रियङ्करः ।
कुन्देनैवं विनिकृतः कश्मलं मेऽभवन्महत् ॥ १५ ॥

वत्स! बचपन से ही, तुम्हारे पिता वल्लभसेन मुझसे सदा प्रियवचन बोलते और मेरे प्रियकारी कार्य करते थे। आज कुन्द द्वारा इस तरह दुष्कृत्य किया जाते देख,मेरा हृदय क्षोभ से भर गया।

विपत्काले धैर्यमाप्य प्रतिकारो विचिन्त्यताम् ।
विपन्नमुद्धरामि त्वां क्षमे सत्येन ते शपे ॥ १६ ॥

वत्स ! विपत्ति काल में, धैर्य का आश्रय लेकर, विपत्ति के विनाश की युक्ति विचारना चाहिये। मैं सत्य की, सौगन्ध खाकर (शपथ लेकर) कहता हूं कि आज मैं तुम्हें इस विपत्ति से अवश्य उबारूंगा।

जैमिनिरुवाच

तच्छ्रुत्वा सुप्रियं वाक्यं पितृस्नेहात् प्रजल्पितम् ।
अग्रसेनमनस्तप्तं कारुण्येनाभिपूरितम् ॥ १७ ॥

जैमिनी जी कहते हैं – इस प्रकार आमात्य के द्वारा कहे गए पितृ स्नेह से युक्त, वचनों को सुनकर श्री अग्रसेन का संतप्त हृदय, करुणा से भर गया और वे दीन हृदय हो गए।

अग्रसेन उवाच

स्वाभाविकं तु यद् दैवं भाग्येनैवाभिजायते ।
तदकृत्रिमसौहार्दमापत्स्वपि न मुञ्चति ॥ १८ ॥

श्री अग्रसेन ने कहा – हे तात ! (इस संकट के समय) आप, देव स्वरूप स्वयं ही, भाग्यवश ही मिल गए। स्वाभाविक निश्छल स्नेह तो भाग्य से ही मिलता है, जो कि विपत्ति के क्षणों में भी नहीं छूटता।

अमात्य उवाच

प्रकृतिः स्वामिनं त्यक्त्वा समृद्धाऽपि न जीवति ।
वत्साग्रसेन त्वं स्वामी रक्षणीयोऽसि सर्वथा ॥ १९ ॥

आमात्य ने कहा – वत्स ! स्वामी से रहित नारी तथा राजा से रहित प्रजा, कितनी भी समृद्ध हो, सुख से जीवित नहीं रह सकती। हे अग्रसेन ! अब तुम ही इस प्रतापपुर के स्वामी हो, अतः सर्वथा रक्षा के योग्य हो, अर्थात् मंत्री व सेवकों के द्वारा अपने राजा की रक्षा की जानी ही चाहिये।

कर्मणा येन केनाऽपि मृदुना दारुणेन वा।
उद्धरेत् दीनमात्मानं समर्थो धर्ममाचरेत्॥ २०॥

वत्स ! नीतिशास्त्रों का अभिमत है – राजा यदि संकट में हो तो मृदुल या भयंकर, जिस किसी प्रकार से संभव हो, वैसा कर्म करके पहले उस दुरावस्था से अपना उद्धार करें, फिर पुनः समर्थ होने पर, धर्मानुकूल आचरण करें ।

न संशयमानारुह्य नरो भद्राणि पश्यति।
संशयं पुनरारुह्य यदि जीवति पश्यति ॥ २१॥

वत्स! कष्ट सहे बिना, मनुष्य कल्याण के दर्शन नहीं करता, संघर्ष जीवन को अत्यधिक उजवल बना देता है। प्राणों का संकट झेल कर भी यदि कोई जीवित रह जाता है, तो वह निश्चित ही अपना विकास देखता है।

परप्रज्ञां विजानाति यश्चात्मानं स रक्षति।
प्रतिघातं तदा कुर्यादापदं निस्तरेद् यथा॥ २२॥

वत्स ! जो शत्रु की बुद्धि को समझ लेता है, और अपनी रक्षा का उपाय करता है, वही जीवित रहता है। शत्रु के आघात से बचने का जो समयानुकूल उपयुक्त उपाय हो, वही उसे करना चाहिये।

अत्र स्थितमविज्ञातमलक्षितमहाबिलम्।
अहमेव विजानामि कथं तत् संवृताननम्॥ २३॥

वत्स अग्रसेन ! यहां दिखाई न देने वाली सर्वथा अज्ञात सम्पूर्ण सुरंग है, जिसका मुख (मुख्यद्वार) बंद है, वह यहां भूमि के किस भाग में है, यह बात (तुम्हारे पितामह वृहत्सेन का अत्यंत विश्वास पात्र होने के कारण) केवल मैं ही जानता हूं।

कारादियुक् ततोऽन्यत्र प्रयातुं समयो ह्ययम्।
वञ्चनीयो नृशंसात्मा कालं मन्ये पलायने॥ २४॥

मेरी राय में तुम्हारा यहां से, भाग निकलने का, यही उपयुक्त अवसर है। अतः तुम्हारा तुरंत ही कारागार से भाग निकलना ही उचित है।

अग्रसेन उवाच

यथा पितुस्तथा नस्त्वं निर्विशेषोऽस्म्यहं त्वयि।
पलायनाद् वरं मृत्युः किं मुधा मलिनं यशः॥ २५॥

श्री अग्रसेन ने कहा – हे तात ! आप जैसे, पिताश्री के लिये आदरणीय और विश्वसनीय थे, वैसे ही मेरे लिये भी हैं। किन्तु, आपने मेरे जीवन रक्षण के लिये जो उपाय सुझाया है, वह मुझे रुचिकर नहीं। भवान ! मेरा मत है, कि प्राणों के लिये भाग जाने से तो– मरना श्रेष्ठ है। व्यर्थ ही यश को मलिन क्यों किया जाए ?

अमात्य उवाच

आपदस्तरणे प्राणान् धारयेद् येन केन वा।
सर्वमावृत्य कर्तव्यं तं धर्ममनुकुर्वता॥ २६॥

आमात्य ने कहा – वत्स ! जिस उपाय से भी, आपत्ति से छुटकारा मिले, और प्राणों की रक्षा हो सके, वही मार्ग, स्वीकार करके उस उपाय को काम में लाना चाहिये। आपत्ति काल में यही, निश्चय ही धर्मपूर्ण आचरण है। (यही आपद्धर्म है।)

अग्रसेन उवाच

विना मात्रा विना भ्रात्रा धिग् इदं मम जीवनम्।
न जीवनं प्रीतिपदं यदप्यन्यार्जितं धनम्॥ २७॥

श्री अग्रसेन ने कहा – किन्तु हे तात ! माता तथा अनुज शौर्यसेन को अनाचारियों के आधीन छोडकर, उनसे से रहित, मेरे द्वारा स्वयं के प्राण बचाकर भाग जाने से, शेष ऐसे जीवन को धिक्कार है। मुझे अब पुरूषार्थ के अतिरिक्त, अन्य प्रकार से अपने जीवन की रक्षा करने में कोई प्रसन्नता प्रतीत नहीं होती।

अमात्य उवाच

पुरोहितेन कर्तव्यं कृतं मात्रादिमोक्षणम्।
जनन्या सह शौर्येण निर्गतं राज्यमन्दिरात्॥ २८॥

तब आमात्य ने कहा – हे राजन् ! (आप माता तथा अनुज की ओर से, निश्चिंत रहें।) आपकी माताश्री को शौर्यसेन सहित राजमंदिर से निकलवा कर राजपुरोहित (पुर का हित चाहने वाला = पुरोहित) ने, उन्हे मुक्त कराने का कार्य, अपना कर्तव्य जानकर पहले ही, पूर्ण कर लिया है।

सुखेन ते पाल्यमानाः सन्ति ते विगतज्वराः।
नित्यं संरक्षणं कार्यं राज्ञो विषयवासिभिः ॥ २९॥

राजन् ! वे (माता एवं अनुज) लोग, पुरोहित से रक्षित सुख से निकल चुके हैं, आप उनकी ओर से चिंता छोड़िये। राज्य में रहने वालों का अपने राजा का प्रिय करना तो उनका कर्तव्य ही है।

उत्तिष्ठ व्रज भद्रं ते कार्यं कुर्वविषादतः ।
धृतिं गृह्णीष्व मा शत्रून् शोचन् त्वं नन्दयिष्यसि ॥ ३० ॥

तुम्हारा भला हो प्रिय राजन् ! धैर्य धारण करो। शोक करके तो तुम शत्रुओं का ही हर्ष बढ़ाओगे। अतः उठो ! और विषाद को छोड़कर, शीघ्र ही मेरे द्वारा कहा गया कर्म करो।

सुमन्त्रितं सुविक्रान्तं सुयुद्धं सुपलायितम् ।
आपत्तिकाले यद् योग्यं कुर्यान्न तु विचारयेत् ॥ ३१ ॥

वत्स ! आपत्तकाल उपस्थित होने पर, योग्य सलाह, श्रेष्ठ पौरुष्य, डटकर युद्ध तथा छिपकर पलायन, जब जहां जो योग्य हो, वह ही करना चाहिये। इसमें अधिक विचार नहीं करना चाहिये।

यथाऽऽत्थं त्वं महाराज तत् करिष्यामि ते वचः ।

हे राजन् ! अब आप मुझे जैसा आदेश देंगे, मैं आपके उन्ही वचनों को (आदेश मानकर) पालन करूंगा।

अग्रसेन उवाच

गुरोरनुमतिं प्राप्य सर्वान् कामानवाप्नुयाम् ॥ ३२ ॥

श्री अग्रसेन ने कहा – तात ! गुरुजनों (वृद्धों) की अनुमति प्राप्त करके तो, मनुष्य संपूर्ण कामनाओं को पा लेता है। अर्थात् आप मेरे गुरुजन हैं, आपकी मति के अनुकूल कार्य, निश्चय ही मेरे लिये सर्वथा हितकारी ही होगा।

जैमिनिरुवाच

तदाऽमात्येन संछिन्नम् अग्रस्याखिलबन्धनम्।
बिलेन तेन निर्गत्य जग्मतुस्तावलक्षितौ ॥ ३३॥

जैमिनी जी कहते हैं – तब, अमात्य ने श्री अग्रसेन के सभी बंधन काट दिये, और तब श्री अग्रसेन तुरंत ही सुरंग मार्ग से निकलकर दूर चले गए। उन्हे वहां से निकलते हुए, किसी ने भी देख नहीं पाया।

पलायितो ह्यग्रसेनः इति कोलाहलोऽभवत्।
श्रुत्वा भटाः सर्वतश्च तत्र सत्वरमागताः॥ ३४॥

और तब, वहां बंदीगृह में 'अग्रसेन भाग गया ' ,'अग्रसेन भाग गया' इस प्रकार का कोलाहल सभी ओर होने लगा। जिसे सुनकर चारों ओर से अनेकों सैनिक वहां आ गए।

यथोक्तं कृतवान् सर्वम् अमात्यस्त्वरितो भृशम्।
स्वामी पुण्यवता येन देहत्यागेन रक्षितः ॥ ३५॥

आमात्य ने, जैसा कहा था सब कुछ शीघ्र ही, वैसा ही कर दिखाया, निश्चय ही वह पुण्यवान था, जिसने अपने प्राण देकर भी, अपने स्वामी की रक्षा की।

जनमेजय उवाच

सत्यमेव गुणग्राही स्वामी भाग्येन लभ्यते।
शुचिर्दक्षोऽनुरक्तश्च मन्ये भृत्योऽपि दुर्लभः॥ ३६॥

तब, महाराज जनमेजय ने कहा – महर्षे ! यह सत्य है कि – गुणग्राही स्वामी भाग्य से ही मिलता है, किन्तु मैं तो ये समझता हूं, कि स्वच्छ हृदयी, कार्य कुशल, और स्वामिभक्त सेवक भी, कठिनाई से ही मिलता है।

विपत्तिषु च ये शूराः स्वाम्यर्थे त्यक्तजीविताः।
भर्तृभक्ताः स्वर्गसुखं महासत्वा हि भुञ्जते॥ ३७॥

'विपत्तिकाल में, जो वीर पुरुष, अपने स्वामी के हितार्थ अपने प्राणों तक का उत्सर्ग कर देते हैं, वे स्वामिभक्त महापुरुष अनंतकाल तक स्वर्ग सुखों का भोग करें।'

जैमिनिरुवाच

विक्रोशन्तोऽद्रवन् दासाः सर्वे कुन्दस्य मन्दिरम्।
कुन्दसेनस्य तत् सर्वमाचख्युश्चाग्रकर्म तत् ॥ ३८॥

जैमिनी जी कहते हैं – श्री अग्रसेन की विमुक्ति का, समाचार पाते ही सभी दासगण कोलाहल व शोरगुल मचाते हुए, कुन्दसेन के महल की ओर दौड़ पड़े तथा रागरंग में न्यस्त, कुन्दसेन से श्री अग्रसेन के इस उपक्रम की सारी कथा कह सुनाई।

तेषां श्रुत्वा स चागर्जत् मदसंरक्तलोचनः।
गर्जन्तं तं तथा सर्वेऽप्यन्वपद्यन्त तं तदा॥ ३९॥

तब, उन भृत्यों की यह बात सुनकर, उन्माद से रक्तिम नेत्रों वाले, उस कुन्दसेन ने, अहंकार पूर्ण तीव्र गर्जना की, जिसे सुनकर वहां उनके सभी सेवकों ने उसका अनुसरण किया।

कुन्दसेन उवाच

प्रतापपुरतः शीघ्रं बलं समभिवर्तताम्।
वनञ्चेदं सर्वतश्च बलौघैः परिवार्यताम्॥ ४०॥

कुन्दसेन बोला – प्रतापपुर की सम्पूर्ण सेना शीघ्र ही आक्रमण करे, और उस वन को सभी ओर से सैनिक समूह घेर लें।

अग्र एवं क्षिप्रमेष समन्ताद् वेष्टितो बलैः ।
वज्रप्रपाताप्रतिमं प्राप्नोतु तुमुलं भयम् ॥ ४१ ॥

इस प्रकार, हमारी सेनाओं से सभी ओर से घिरा हुआ, वह अग्रसेन शीघ्र ही इस तरह के भयंकर भय को प्राप्त करे, मानो उस पर भीषण वज्र का आघात हो रहा हो।

जैमिनिरुवाच

कुन्दसेनवचः श्रुत्वा सैनिका राजशासनात्।
तद्वनं वेष्टयामासुः समुद्राः धरणीमिव ॥ ४२ ॥

जैमिनी जी कहते हैं – कुन्दसेन के आदेश को सुनकर, राजाज्ञा से राज्य सैनिकों ने, उस वन को उसी तरह चारों ओर से घेर लिया, जिस प्रकार समुद्र धरती को घेरे हुए है।

कुन्दसेन उवाच

शुष्ककाष्ठैस्तृणैर्वेष्ट्यं सपदीदं वनोत्तमम्।
अग्निना दीपयिष्यामि ह्यग्रसेनोऽत्र दह्यताम् ॥ ४३ ॥

कुन्दसेन ने कहा– वन में सूखे काष्ठों, लकड़ों एवं फूस तृणों को संग्रहीत करके, इस उत्तम वन में सभी ओर से आग लगा दी जाए, जिससे अग्रसेन वन ही में भस्म हो जाए।

जैमिनिरुवाच

ददुस्ते पावकं तत्र यथाऽऽदेशस्तथा कृतम्।
सोऽनलः पवनायस्तो दह्यमानो महोल्कवत् ॥ ४४ ॥

जैमिनी जी कहते हैं – इसके उपरान्त कुन्द का जो उद्देश्य था, उसी के अनुरूप सैनिकों ने वहां वन में आग लगा दी। वायु के सहारे बढ़कर, अग्नि वन को इस प्रकार जलाने लगी जैसे मानों महा उल्काएं प्रज्वलित हो रही हों।

धातुभिः पच्यमानैश्च ज्वलद्भिश्चैव पादपैः।
उद्भ्रान्तश्वापदाऽरौत्सीत् तुद्यमाना वनेश्वरी ॥ ४५ ॥

वहां प्रजवलित अग्नि से पकती हुई धातुओं, जलते हुए वृक्षों तथा घबराए हुए जन्तुओं, से युक्त वह 'वनश्री' ऐसी प्रतीत हो रही थी, मानो व्यथा से पीड़ित होकर, रो पड़ी हो।

स पर्वतगुहामेकां भयादस्मादलक्षितः।
अग्रसेनोऽविशत् श्रान्तपावकेन व्यमुच्यत ॥ ४६ ॥

उस समय, थके – मांदे श्री अग्रसेन ने वहां पर्वत की एक गुफा में, औरों की दृष्टि से अलक्षित, छिपे रहकर उस जलते हुए वन की, तीव्र अग्नि के भयंकर कष्ट से छुटकारा पाया।

धूम्रभारैरनालक्ष्य पावकेनभितापितम् ।
विविक्तमभवत् सैन्यं परावृत्तमहारथम् ॥ ४७ ॥

वहां उस जलते हुए वन में, उठते हुए धुएं के भार से, देखना भी असंभव हो गया। अग्नि के ताप से संतप्त होकर, उनकी सारी सेना पीछे हटते हुए, वहां से दूर हो गई। विशाल रथ पीछे की ओर लौटे पड़े।

द्रवत्सु सर्वसैन्येष्वनङ्गपालो महाद्युतिः।
स्मृत्वा वल्लभसम्बन्धम् अग्रमेवान्ववर्तत ॥ ४८ ॥

इस प्रकार जब वहां से सभी सैन्यकर्मी भागने लगे, तब महातेजस्वी अनंगपाल श्री वल्लभसेन के साथ अपने पूर्व संबंधो का स्मरण करके, वहां रुक गये। तथा वह श्री अग्रसेन को परिलक्षित कर, उनके पास पहुंच गये।

अनङ्गपाल उवाच

अहं पितृष्वसुर्भर्ता त्वं हि मे दयितः परम्।

दुर्बुद्धेः कुन्दसेनस्य त्यक्तो बन्धो मयाऽद्य हि ॥ ४९॥

अनंगपाल ने कहा – वत्स अग्रसेन ! मैं तुम्हारी बुआ का पति, मैं तुम्हारा फूफा हूं। तुम मेरे परम प्रिय हो। दुर्बुद्धि कुन्द की बुद्धि मंद हो गई है, भ्रष्ट हो गई है, अतः अब, मैंने उसका परित्याग कर दिया है।

यावत् नैष पुरं याति दर्शयिष्यति किल्बिषम्।

तदिमां संत्यजाशु त्वं महीं हतनराकुलाम् ॥ ५० ॥

वह दुष्ट अभी नगर की ओर, नहीं लौट रहा है, अतः वह रुककर पापपूर्ण कृत्य की पुनः चेष्टा कर सकता है, इसलिये हे वत्स ! यह भूमि जो अब मृत तथा आकुलों से भरी हुई है, तुम अब इसका शीघ्र ही परित्याग कर दो।

जनमेजय उवाच

वनस्य दह्यमानस्य महर्षे किं नु कारणम् ?।

किमर्थमग्रसेनं न दहत्यग्निः प्रचक्ष्व मे ॥ ५१ ॥

तब, सहज जिज्ञासा वश महाराजा जनमेजय ने पूछा – हे महर्षे ! इस प्रकार उस प्रज्वलित वन के जल जाने पर भी, ऐसा क्या कारण था कि, अग्नि ने श्री अग्रसेन को दग्ध नहीं किया ? हे ब्रह्मर्षे ! कृपया मुझ जिज्ञासु को अवश्य बताइयेगा ?

जैमिनिरुवाच

दैवयोगेनैव वह्नेरभूद् वायोर्निवर्तनम्।
विभीषणगृहं त्यक्त्वा लङ्काया समभूद्यथा ॥ ५२ ॥

जैमिनी जी ने कहा – हे महाप्राज्ञ जनमेजय ! दैव योग से वायु के वेग से, अग्नि का रुख, श्री अग्रसेन की ओर से दूसरी ओर पलट जाने से, उस गुफा में श्री अग्रसेन पूर्णतः सुरक्षित रहे। जिस प्रकार सारी लंका के जल जाने पर भी, विभीषण का घर सुरक्षित बच गया था उसी प्रकार यह भी असंभव नहीं था।

अग्रसेनो ययौ वीरः खड्गचर्मधरो युवा।
कालो नूनं हि सर्वेषामयं नो भविता किल॥ ५३॥

और तब सैनिकों ने देखा कि– युवा ! महान शूरवीर अग्रसेन ढाल तथा तलवार धारण किये हुए आ रहे हैं। तो वे आपस मे कहने लगे ये निश्चय ही हम सब लोगों के लिये काल स्वरूप होंगे। अब हमें इस लोक में कोई भी नहीं बचा सकता।

इति जल्पन्ति वै सर्वे सैनिका भयविह्वलाः।
ध्वजाः कणकणायन्ते द्रुमा वातेरिता यथा॥ ५४॥

इस प्रकार, वे सभी सैनिक भय से व्याकुल होकर, बातें कर ही रहे थे, कि वायु के झकोरों से ध्वजाएं, वृक्षों के पातों की तरह खड़खड़ाने लगीं।

कोशेभ्यश्च पृथग् भूताः स्वयमेवासयो ययुः।
क्षणात् प्रशान्ते धूम्रेऽग्नावग्रं सन्ददृशुर्भटाः॥ ५५॥

तलवारें स्वयं ही म्यान से बाहर निकल पड़ीं। क्षण भर बाद, धुआं जब शांत हुआ तो वीरों ने श्री अग्रसेन को फिर देखा।

ततश्च शतशः शूराः वज्रस्याग्रमवारयन्।
तिष्ठ तिष्ठेति चोक्त्वा तं विव्याध दशभिः शरैः॥ ५६॥

तब वज्रसेन के साथ, सैकड़ों वीरों ने, श्री अग्रसेन को बढ़ने से रोका। 'खड़ा रह' 'खड़ा रह' इस प्रकार कहते हुए, वज्रसेन ने श्री अग्रसेन पर दस बाणों का प्रहार किया।

संसक्तमतितेजोभिस्तमेकं ददृशुर्जनाः ।
शतं च मनुजव्याघ्रा गजाः सिंहशिशुं यथा ॥ ५७ ॥

जैसे शिशु सिंह भी सैकड़ों हाथियों से भिड़ जाता है, उसी प्रकार श्री वल्लभसुत तेजस्वी अग्रसेन उन नर व्याघ्रों से अकेला ही युद्ध कर रहे थे।

नीतिलक्ष्यतया तस्य शौर्येण स पराक्रमे ।
बभूव सदृशः कश्चिदग्रस्याग्रे न लाघवे ॥ ५८ ॥

लक्ष्य वेधने, शौर्य प्रकट करने, पराक्रम दिखाने, अस्त्र ज्ञान प्रदर्शित करने तथा तलवार के हाथों की फुर्ती में, यहां कोई भी वीर श्री अग्रसेन की समानता नहीं कर सका।

स प्रगृह्य महाघोरं निस्त्रिंशवरमायसम् ।
पदातिस्तूर्णमागत्य रथस्थं कुन्दमत्यगात् ॥५९॥

तब, वीर श्रेष्ठ श्री अग्रसेन तुरंत ही, अनंग पाल से उपलब्ध कठोर लोहे से बनी अत्यंत भयंकर तलवार, हाथ में लिये पैदल ही, रथ पर आरूढ़ कुन्दसेन की ओर बढ़े।

भ्रान्तावरणनिस्त्रिंशं कालोत्सृष्टमिवान्तकम् ।
दीप्यमानमिवादित्यं मत्तवारणविक्रमम् ॥ ६० ॥

हाथ में तीक्ष्ण तलवार लिये श्री अग्रसेन, सूर्य के समान दीप्तिमान, तथा वेगशाली जलप्रवाह की भांति गतिशील और काल की भेजी हुई मृत्यु के समान महाकाल, जान पड़ते थे।

तत् सारथेः शिरः कायाज्जहार प्रहसन्निव ।
रथं च तिलशःकृत्वा तान् हत्वा पार्ष्णिसारथीन् ॥ ६१ ॥

तब मुस्कुराते हुए श्री अग्रसेन ने, कुन्द के सारथी के सिर को, धड़ से काट गिराया। उसके रथ के, तिल के समान टुकड़े – टुकड़े कर दिये। पार्श्व रक्षकों को मार डाला।

चिच्छेदैकेन घातेन हस्तं कुन्दस्य दुर्मतेः ।
दृष्टे तथाविधे तस्मिन् हाहाकारो महानभूत् ॥ ६२ ॥

श्री अग्रसेन के एक ही आघात ने, दुरात्मा कुन्दसेन के हाथ को कतर डाला। यह देखकर वहां सेना में हाहाकार मच गया।

तस्मिन् हतेऽनङ्गपाले संघर्षे लोमहर्षणे ।
कुन्दसेनस्य सैन्यं तत् प्रायशो विमुखीकृतम् ॥ ६३ ॥

इस अतिरोमांचकारी संघर्ष में यद्यपि श्री अग्रसेन के हित संरक्षक – श्री अनंगपाल वीरगति को प्राप्त हो गए, तथापि कुन्दसेन अपनी सेना के साथ तभी उस संघर्ष से विमुख होकर भाग गया।

अग्रः प्रतस्थे तु वनं वेगेनोत्तीर्य स क्वचित् ।
सिंहद्वीपिरुरुव्याघ्रमहिषर्क्षगणैर्युतम् ॥ ६४ ॥

जैमिनी जी कहते हैं – तब उस ज्वलित वन को वेग से पार करते हुए श्री अग्रसेन आगे बढ़े। वह वन– सिंह, चीते, रुरु मृग, व्याघ्र, जंगली भैसों, आदि से युक्त था।

म्लेच्छानां सेवितं स्थानं दरीश्चाद्भुतदर्शनाः।
स ददर्श बहून् भीमान् पिशाचोरगदंष्ट्रिणः॥ ६५॥

जैमिनी जी कहते हैं – उस वन में उन्हे अद्‌भुत कंदराएं दिखी, जिनमें मलेच्छ निवास करते थे। उन्हे वहां बहुत भयानक रुप वाले पिशाच और नाग भी दिखाई दिये।

गत्वा प्रकृष्टमध्वानमुत्तरन्तं नदीं तदा।
कूर्मग्राहझषाकीर्णां विपुलद्वीपशोभिताम्॥ ६६॥

इस तरह बहुत दूर तक मार्ग तय कर लेने के पश्चात् श्री अग्रसेन ने (प्रतापपुर राज्य की सीमा) नदी को पार किया, जो मगरमच्छ, कछुओं और मछलियों, से व्याप्त थी तथा टापुओं से सुशोभित हो रही थी।

विवेश बालुकारण्यं मार्गेण विषमेन च।
जहर्ष विस्मितो दृष्ट्वा स्वर्णवर्णमहाशिलाम्॥ ६७॥

तब विषम मार्गों को पार कर, श्री अग्रसेन ने, समतल मार्ग को धारण कर, बालुका वन में प्रवेश किया, वहां वे स्वर्णकांति के समान एक स्वर्णिम विशाल शिला को देखकर अत्यंत विस्मित हुए।

स शोकार्तः कृशो वर्णः पांसुध्वस्तशिरोरुहः।
तत्र श्रान्तिपरीताङ्गः शिलातलमथाश्रयत्॥ ६८॥

शोक से पीड़ित, दुःख से कृशित, उदास, उनके अंगअंग में पीड़ा व्याप्त हो रही थी, और सिर के बालों में धूल भर गई थी, तब वे थककर वहां एक शिला के तल में बैठ गए।

स तद् राज्यापहरणं सुहृदाञ्च वियोजनम्।
वने च तत्परिध्वंसं स्मृत्वा चिन्तामुपेयिवान् ॥ ६९॥

और तब राज्य के अपहरण, सुहृदयों से रहित, वन में प्राप्त हुए नानाप्रकार के क्लेशों, का विचार करते हुए, वे अत्यंत चिंता ग्रसित हो गए।

जनमेजय उवाच

अतीव मोहमायाति मनश्च परिभूयते।
निशाम्य तस्य तद् दुःखमिमां चापदमीदृशीम्॥ ७०॥

जनमेजय जी बोले – महर्षे ! श्री अग्रसेन जी के इस दुःख और भयंकर विपत्ति का विचार कर, मैं अत्यंत मोह से ग्रसित हुआ जा रहा हूं, और मेरा मन भी उनके इस दुःखद प्रसंग से अत्यंत पीड़ित हो रहा है। हे महामुने ! उनके इस दुःख को सुनकर मेरा मन भी, दुःखी हो गया है।

जैमिनिरुवाच

अत्राप्युदाहरन्तीमां गाथां पारीक्षिताऽऽशृणु।
ईश्वरस्य वशे लोका न तिष्ठन्त्यात्मनो वशे॥ ७१॥

जैमिनी जी कहते हैं – हे महात्मा जनमेजय ! दुःख और विपत्ति, इस विषय में प्रायः लोग प्राचीन इतिहास का उदाहरण देते हैं, जिसमें कहा गया है कि – "सब लोग ईश्वर के वश में हैं, कोई भी स्वाधीन नहीं है।" जैसी प्रभु की इच्छा।

॥ इति जैमिनीये जयभारते भविष्यपर्वणि अग्रोपाख्यानस्य
यद्विरचितम् श्रीमदग्रभागवते षष्ठोऽध्यायः॥
॥ शुभं भवतु कल्याणम् ॥

महर्षि जैमिनी विरचित जयभारत के भविष्यपर्व के अग्रोपाख्यानम् के श्रीमद् अग्रभागवतम् स्वरूप का छटवां अध्याय पूर्ण हुआ ।
यह शुभकारी आख्यान सबके लिये कल्याणकारी हो ।

सप्तम अध्याय

आश्रम

जैमिनिरुवाच

एवं स कण्टकैस्तीक्ष्णैः पदयोराप्तवान् व्यथाम्।
सुस्राव रुधिरं पद्भ्यां वर्तने बालुकावने ॥ १ ॥

महर्षि जैमिनी जी कहते हैं – बालुका वन में भटक रहे, उनके दोनों पैरों में चुभे हुए तीक्ष्ण कांटे, श्री अग्रसेन को अत्यंत पीड़ित कर रहे थे। उनके दोनों चरणों से रुधिर टपक रहा था।

व्यचेष्टत क्व गच्छामि किं करोमीति दुःखितः।
किमर्थं जीवनं क्लेशाः इमे प्राणाः किमुत्तरम्॥ २ ॥

इस प्रकार दुखातुर वे मन ही मन विचार करने लगे कि मैं क्या करुं ? कहां – जाऊं ? ऐसे क्लेश पूर्ण जीवन का क्या अर्थ ? अर्थात् निरर्थक है ऐसा जीवन, अतः प्राणों का परित्याग कर देना ही उत्तम है।

अस्वाधीने दुराधर्षे गार्ग्यस्यारण्य आश्रमे।
समागतो यूपहेतोस्तं ददर्श महामुनिः ॥ ३ ॥

वह वन अत्यंत दुरूह था, तथापि किसी राज्य के आधीन नहीं था, वहां महर्षि गर्ग का आश्रम था। यज्ञ काष्ठ के लिए वहां आए महामुनि गार्ग्य ने वहां, श्री अग्रसेन को इस प्रकार दुखातुर, देखा।

पीडितं शोकसन्तप्तं नरं दृष्ट्वा स वै मुनिः ।
अन्तर्दुःखेन दीनात्मा किमेतदिति सोऽब्रवीत् ॥ ४ ॥

ततोऽग्रसेनस्तं नत्वा मुनिं स प्राब्रवीद् वचः ।

युवा श्री अग्रसेन को वहां लज्जित तथा शोक संतप्त, बैठे देखकर महामुनि गर्ग का हृदय उसके दुःख से अत्यंत द्रवित हो गया, और तब.. मुनि ने उससे पूछा – हे वत्स ! तुम कौन हो ? और यहां आने का क्या कारण है ? मुनि के प्रियवचन सुनकर, निश्चल हुए श्री अग्रसेन ने महर्षि गर्ग के श्रीचरणों में अभिवादन करके कहा –

अग्रसेन उवाच
प्रतापपुर्या युवराडहं दुर्भाग्यपीडितः ॥ ५ ॥

हे मुनेश्वर ! मैं प्रतापपुर का युवराज, महाराज श्री वल्लभसेन का पुत्र अग्रसेन, भाग्य के प्रकोप से यहां आ गया हूं।

आख्यास्यामि च कस्याहं हा पापं किं मया कृतम् ।
दुःखपूर्णस्य दीनस्य निश्चला मे विचारिता ॥ ६ ॥

और वे .....मन ही मन विचार करने लगे, कि यह दुःखद विपत्ति, जिसने मुझे इस क्लेशपूर्ण स्थिति में डाल दिया है, मैं किसी से कैसे कहूँ ? हा ! मेरा ऐसा क्या पाप है ? मैंने ऐसा क्या पाप कर्म किया है ? जिसके कारण मुझे इस प्रकार विपत्ति को भोगना पड़ रहा है।

मानदोऽस्मान् पिता स्वर्गप्रतिच्छन्दमलालयत् ।
धर्मयुद्धे तद्विहीनाः, अनित्या क्षात्रिणां गतिः ॥ ७ ॥

माननीय पिताश्री (वल्लभसेन) ने, स्वर्ग के समान, अनन्त सुख देकर, हमारा लालन – पालन किया था। धर्मयुद्ध (महाभारत) में वे क्षत्रियों की अनित्य गति को प्राप्त हुए। जिससे हम उस सौभाग्य से वंचित हो गए।

भोगैश्वर्यप्रसक्तो न बुध्यापहृतचेतसा ।
पितृव्येण परित्यक्तः बान्धवैश्च विशेषतः ॥ ८ ॥

भोग तथा ऐश्वर्य की आसक्ति ने, हमारे पिताश्री के भाई (काका कुन्दसेन आदि) की बुद्धि तथा चित्त का हरण कर लिया। जिसके कारण उन्होंने अतीव द्वेष से युक्त होकर ही, मेरा परित्याग कर दिया।

उच्चसंश्रवणे सक्तम् ऊचुर्लाक्षणिका द्विजाः ।
ममाधिराज्याऽभिषेकं ते सर्वेऽनृतवादिनः ॥ ९ ॥

हे महामुने ! समुद्रशास्त्र के लाक्षणिक विद्वान, ज्योतिषशास्त्र के सिद्धांतों के ज्ञाताओं तथा श्रेष्ठ ब्राह्मणों के वे वचन कि मेरा राज्य पर अभिषेक होगा' आज सभी असत्य हो गए।

के वा मय्यगुणाः सन्ति कुतो भाग्यक्षयो मम ।
स्वजनेन छद्मनाऽहं स्नेहेन प्रसभं हतः ॥ १० ॥

हे मुनिवर ! मैं नहीं जानता कि मेरा क्या दोष विशेष था ? या फिर किस लिये भाग्य का क्षय हुआ, जिसके कारण स्नेह से रहित होकर स्वजनों ने इस प्रकार बलात छल से, मुझे मरवाने का उपक्रम किया।

बद्धवागसमर्थोऽहं कारागृहनिवेशितः ।
दैवयोगेनागतोऽहं जीवितार्थमशक्तवत् ॥ ११ ॥

सोते हुए मुझ, असमर्थ को बांधकर, वध करने हेतु, कारागार में डलवा दिया गया, किन्तु दैवयोग से, असमर्थ की भांति मैं, अपनी जन्मभूमि छोड़कर, जीवन की रक्षा हेतु यहां आ गया।

अनाथशब्दं प्राप्तोऽहं कृतान्तेन निराकृतः ।
हस्तशेषस्ते सकाशं मृत्युमुक्तः समागतः ॥ १२ ॥

इस कृतांत ने, मुझे मिट्टी में मिला दिया है, पूर्णतः विनिष्ट कर दिया है, और मैं अनाथ कहलाने के योग्य हो गया हूं। मृत्यु के मुख से बचकर, बन्धनों से मुक्त होकर वेगपूर्ण भागकर, मैं यहां आ गया हूं।

अस्माभिस्ते परित्यक्ताः कथं तैः स्वजना मुने।
कथं वा शोकसंतप्ताःक्व वा गच्छाम साम्प्रतम्॥ १३॥

हे मुनिवर ! इसप्रकार जब स्वजनों ने ही, मेरा छलपूर्वक परित्याग कर दिया, तब किस प्रकार, दीन – लाचार और शोकसंतप्त हृदय से युक्त मैं, अब कहां जाऊं ? मुझे कुछ समझ नहीं आता।

न काङ्क्षेऽहं सुखं राज्यं किं भोगैर्जीवितेन वा ।
श्रेयो भोक्तुं भैक्ष्यमेव रक्षितो मुनितेजसा॥ १४॥

हे तेजस्वी महामुने ! अब न मेरी राज्य की आकांक्षा है, न मुझे सुख की चाह ही। अब तो, मुझमें जीने की भी अभिलाषा नहीं और इस लोक में जीने के लिये भिक्षुक की भांति भिक्षान्न भोग करके जी लेना ही मैं कल्याणकारी समझता हूं।

महाभारतनाशस्य हेतू राज्यस्य काङ्क्षिता।
दुःसहानां यथा ध्वंसो जातोऽन्योन्यसुसंप्लवः॥ १५॥

मुझे तो अब यह लगता है कि – महाभारत की परिकल्पना (संरचना) भी इस राज्य के कारण ही हुई, जो कि महानतम विनाश का कारण बनी। जिसमें अनेकों, दुसह, अजेय वीरों तथा अन्य अनेकों पराक्रमियों की आहुति दी गई। अतः मैं अब ऐसे राज्य का कदापि आकांक्षी नहीं।

राज्यमेव परं मूलं युद्धस्य न निवारितम्।
श्रेयो भोक्तुं हि भिक्षान्नं किमर्थं क्लिष्टजीवनम्॥ १६॥

मुझे तो लगता है कि – राज्य ही युद्धों का मूलभूत कारण है, क्यों न मैं इस युद्ध के कारण का निवारण करुं ? अतः जीवन को व्यर्थ क्लेश में डालने से अब भिक्षा से प्राप्त अन्न को ग्रहण कर अपना जीवन यापन करना ही श्रेष्ठ समझता हूं।

जैमिनिरुवाच

एतां श्रुत्वा कथां तस्य समाश्वास्य च तं मुनिः।
प्रत्युवाचाग्रसेनं वै सान्त्वपूर्वमिदं वचः ॥ १७ ॥

जैमिनी जी कहते हैं – श्री अग्रसेन के इस प्रकार विरक्त वचनों को सुनकर, महर्षि गर्ग ने उन्हें आश्वस्त करते हुए, अपने सांत्वना प्रदायक वचनों से इसप्रकार समझाया।

गार्ग्य उवाच

कालयुक्तमिदं वत्स ब्रूषेऽर्थे दुरतिक्रमे।
एषा ह्यन्तर्हिता माया दुर्विज्ञेया सुरैरपि ॥ १८ ॥

महर्षि गर्ग ने कहा – वत्स ! जगत में सब कुछ – काल की गति के अनुरूप ही है। जो तुमने बताया, उस दैव विधान को लांघना अत्यंत दुष्कर है। यह भगवान विष्णु की अदृश्य रुप रहने वाली – माया ही है, जिससे सारा जगत, मोहित हो रहा है। वत्स ! उस महामाया के स्वरूप को जानना देवताओं के लिये भी दुष्कर है।

गते शोको न कर्तव्यः प्रज्ञावादांश्च भाषसे।
गतासूनगतासूंश्च नानुशोचन्ति वित्तमाः ॥ १९ ॥

हे वत्स ! ज्ञानी जनों का यह कथन है कि – जो बीत चुका, उस पर शोक करना उचित नहीं। जिनके प्राण चले गए अर्थात् मृत्यु को प्राप्त स्नेही जनों तथा जिनके प्राण नहीं गए अर्थात् जो जीवित हैं, उनके लिये भी विलक्षण पुरुष शोक नहीं करते।

येषां नश्यत्ययं लोकश्चरतां भिक्षुचारिणाम्।
स ते पुमर्थो न त्याज्यो येन दोषे प्रवर्तसे ॥ २० ॥

वत्स ! जो व्यक्ति, इस लोक के ऐहिक पुरूषार्थ, नष्ट प्रतीत होने से, भिक्षुक या सन्यासी सा आचरण करने की चेष्टा करते हैं, ऐसा करके वे पुरूषार्थ के परित्याग से, दोषपूर्ण कर्मों में ही प्रवर्त होते हैं।

अथवा दुर्बलः क्लीबः संन्यासमनुवर्तते ।
धर्ममूलं संछिनत्ति सेति वत्स मतिर्मम ॥ २१ ॥

वत्स ! जो दुर्बल और कातर, स्वतः के कार्यों की साधना में असमर्थ होने के कारण, पुरुषार्थ साधन का परित्याग कर, संन्यास का अनुसरण करते हैं, वे तो धर्म के मूल अर्थ का ही, उच्छेद कर रहे हैं, ऐसा मेरा स्पष्ट मत है।

हीनवीर्य इवाशक्तो भीरुः हीनः स्वतेजसा ।
लघुसत्व इवासि त्वं यशो वीर्यं च नाशयेः ॥ २२ ॥

वत्स ! पराक्रम शून्य, असमर्थ, डरपोक, निस्तेज तथा धैर्यहीन मनुष्य अपने यश तथा पुरुषार्थ, दोनों का ही विनाश करता है।

तपस्यया मुनिव्रातो वृणोत्यमरतां पुमान् ।
क्षत्रियाणां विक्रमेणैवामरत्वं प्रवर्तितम् ॥ २३ ॥

वत्स ! जिस अमरता को मुनिगण, महत्त तपस्या करके प्राप्त करते हैं, क्षत्रिय पुरुष अपने पराक्रम से ही, उस अमृत्व का वरण कर लेते हैं।

तदद्य विपुलं वीर दुःखं स्वजनकारणम् ।
कर्मणा व्यपनेष्यामि तस्मादुत्तिष्ठ वत्सक ॥ २४ ॥

यह जो महाक्लेश, तुम्हे तुम्हारे ही स्वजनों द्वारा दिया गया है, हे वीर वत्स ! उसे तुम अपने पराक्रम से दूर करो। चिन्ता छोड़ो और उठो!

वैषम्यमपि सम्प्राप्तान् प्राणांश्चारित्रसंस्कृतान् ।
आत्मानमात्मना प्राप्तो जितः स्वर्गो न संशयः ॥ २५ ॥

अत्यंत विषम परिस्थिती प्राप्त होने पर भी, सदाचार रूपी कवच से प्राणों को आवृत कर लेने पर, सत्य और स्वर्ग दोनों पर, विजय प्राप्त की जा सकती है, इसमें कदापि संशय नहीं।

भूतानामिह सर्वेषां दुखोपहतचेतसाम्।
गतिमन्वेषमाणानां नाश्रमात् सदृशी गतिः॥ २६॥

इस संसार में दुःख से व्याकुल चित्त होकर, अपने लिये कोई आश्रय ढूंढने वाले समस्त प्राणियों के लिए, मुनियों के आश्रमों के अतिरिक्त और कोई दूसरा उपाय नहीं है।

आशा बलवती ह्यग्र ! काचिदाश्चर्यशृंङ्खला ।
यया बद्धाः प्रधावन्ति मुक्तास्तिष्ठन्ति पङ्गुवत्॥ २७॥

वत्स अग्रसेन! आशा बड़ी बलवान होती है, वह एक ऐसी आश्चर्य युक्त सांकल है, जिससे बंधे हुए प्राणी, वेगपूर्ण दौड़ते हैं, उपक्रम करते हैं, किन्तु जो उस आश के बंधन से विमुक्त हैं, वे पंगु की भांति अकर्मण्य पड़े रहते हैं।

प्राप्तवानस्याश्रमं मे पत्रपुष्पफलावृतम्।
लभस्व वत्स राज्यञ्च यशः कीर्तिं मनोरथम्॥ २८॥

हे वत्स ! अब, तुम अपने पत्र पुष्प एवं फल से सम्पन्न, इस रमणीय आश्रम में आ गए हो। तुम्हें राज्य, यश, कीर्ति, एवं सभी मनोरथों की पूर्णता, निश्चित ही प्राप्त हो जाएगी।

ऋषीणामाश्रमावासाद् लभन्ते क्षत्रिया बलम्।
किञ्चिन्नयात्र कालं त्वं विद्यामभ्यस्य जेष्यसि॥२९॥

वत्स ! ऋृषियों के आश्रमों में निवास करके ही, सदैव क्षत्रियों ने बल प्राप्त किये हैं, (पूर्व में ऐसे अनेकों उदाहरण है – सुरथ–समाधि, राम–सीता, लव–कुश, पाण्डव आदि) अतः तुम कुछ समय यहां रहकर, उस परम विद्या का अभ्यास करो।

क्लैब्यं क्षुद्रं च दौर्बल्यं भयं त्यक्तवाऽत्र साधय।
तमुपायं करिष्यामि येन पूज्यो भविष्यसि॥ ३०॥

वत्स ! अपने हृदय में उत्पन्न, तुच्छ कायरता, अपने हृदय की दुर्बलता, एवं भय का परित्याग कर, उठ खडे होओ। मैं निश्चित ही ऐसा उपाय करूंगा, कि तुम पूज्यनीय हो जाओगे।

अग्रसेन उवाच

न हर्षात् सम्प्रपश्यामि वाक्यस्यास्योत्तरं मुने।
यच्च मां भगवानाह प्राणानां दर्शनं प्रति ॥ ३१ ॥

तब, विनययुक्त श्री अग्रसेन ने कहा – महर्षे ! मैं आपके दर्शन तथा आपके वचनों से इतना अधिक कृतार्थ हुआ, कि मुझे इसके प्रत्युत्तर में कोई शब्द नहीं सूझता। भगवन! आपने मुझमें जीवन के प्रति नव उत्साह प्रदान किया है। निराशा का अंत करके नवजीवन के दर्शन कराए हैं।

जैमिनिरुवाच

मुनेस्तद् वचनं श्रुत्वा केकीव घननिस्वनम्।
अग्रसेनः सप्रहर्षः प्रायात् पृष्ठे महामुनेः ॥ ३२ ॥

जैमिनी जी कहते हैं – महामुनि गर्ग के इसप्रकार, मार्गदर्शक वचनों को सुनकर, श्री अग्रसेन उसी प्रकार प्रसन्न हुए, जिस प्रकार मयूर, मेघों का नाद सुनकर हर्षित होता है, और तब वे सहर्ष मुनि के पीछे पीछे चलने लगे।

गार्ग्यस्याश्रममासाद्य महाभागोऽभ्यवन्दत।
तमृषिश्चाप्यग्रसेनं पुत्रवत् प्रत्यपद्यत ॥ ३३ ॥

वहां से, महर्षि गर्ग के आश्रम में पहुंचकर, सौभाग्यशाली श्री अग्रसेन ने उन्हें प्रणाम किया। महर्षि गर्ग ने भी श्री अग्रसेन को पुत्रवत स्नेह पूर्वक अपनाया।

स चैनमाश्रमं दृष्ट्वा लक्ष्म्या परमया युतम्।
मनः प्रह्लादजननं शीतमारुतसंयुतम् ॥ ३४ ॥

सर्वत्र परम शोभा से सम्पन्न उस आश्रम को, उन्होंने देखा जो कि मन में अद्भुत आनन्द तथा उल्हास की, सृष्टि कर रहा है। जहां शीतल मंद पवन आल्हाद बढ़ाने वाली है।

विपुलं विटपैर्वृक्षैः सुखच्छायैः समावृतम्।
विहगैर्नादितं पुष्पैरलङ्कृतमतीव च ॥ ३५ ॥

विपुल विशाल वृक्ष, अपनी शीतल व सुखद छाया से युक्त हैं। अनेकों पक्षी चहक–चहक कर गान कर रहे हैं। भांति – भांति के पुष्पों ने, आश्रम को अलंकृत किया हुआ है।

मनोरमं महेष्वासो सम्प्रज्वलितपावकम्।
तं तदाऽप्रतिमं ह्यग्र आश्रमं प्रत्यपूजयत्॥ ३६ ॥

इस प्रकार, मन को रमणीय लगने वाले, इस तपोवन में, स्थान स्थान पर अग्नि होत्र की अग्नि प्रज्वलित हो रही है। इस अनुपम आश्रम का श्री अग्रसेन ने मन ही मन, अभिवादन किया।

नदीं चाश्रमसंश्लिष्टां पुण्यतोयां ददर्श सः।
देवलोकप्रतीकाशं सर्वतस्तन्मनोहरम्॥ ३७ ॥

श्री अग्रसेन ने वहां आश्रम के समीप बहने वाली पुण्य सलिला (नदी) के भी दर्शन किए वह आश्रम देवलोक सा प्रतीत होता था जो पूर्णतः सभी ओर से अत्यंत मनोहारी है ।

रमन्ते स्म मृगैः सार्धं चित्रकास्त्यक्तमत्सराः।
सिंहाश्च व्याघ्रागोभिस्तु क्रीडन्ति स्मातिहर्षिताः॥ ३८ ॥

यह आश्रम, जहां चीते भी, मत्सरता त्यागकर मृगों के साथ विचरण कर रहे हैं, तथा व्याघ्र और सिंह हर्ष पूर्वक गायों के साथ क्रीड़ा कर रहे हैं।

जितेन्द्रियैर्महाभागैः स्वर्गमार्गदिदृक्षुभिः।
तापसैरप्यध्युषितं ददर्शाश्रममण्डलम्॥ ३९ ॥

उन्होंने वहां, जितेन्द्रिय, महाभाग्यशाली तथा स्वर्गलोक की प्राप्ति के मार्ग पर प्रशस्त मुनियों से सेवित, रमणीय आश्रम मण्डल को देखा, जहां तपस्वीगण निवास करते हैं।

तत्र शुश्राव स ऋचः प्रेर्यमाणाः पदक्रमैः ।
यज्ञविद्याङ्गविद्याश्च, यजुर्विद्भिश्च शोभिताः ॥ ४० ॥

श्री अग्रसेन ने वहां, ऋृग्वेद की, क्रमबद्ध पढ़ी जा रही, वैदिक – ऋृचाओं को सुना। यज्ञविद्या के विशेषज्ञ तथा यजुर्वेदी ऋृषि, आश्रम की जहां शोभा बढ़ा रहे हैं।

मधुरैः सामगीतैश्च ऋषिभिर्नियतव्रतैः ।
अथर्ववेदं प्रवराः पदक्रमयुतं जगुः ॥ ४१ ॥

नियम पूर्वक ब्रह्मचर्य व्रत का पालन करने वाले, सामवेदी महर्षियों द्वारा, सुमधुर स्वर में, सामवेद का गान किया जा रहा है। अथर्वेदीय ऋृषि प्रवर क्रम सहित पदों का पाठ कर रहे हैं।

तापसैः समुपेतं तं स दृष्ट्वा तु समाश्वसत् ।
ऋषिभार्याः शुभाचारा ऋषिपुत्रांश्च शोभनान् ॥ ४२ ॥

शुभाचरण वाली ऋृषि पत्नियों एवं ऋृषिपुत्रों से, शोभायमान तथा तपस्वी महात्माओं से युक्त, उस आश्रम को देखकर, श्री अग्रसेन अपने भविष्य के प्रति पूर्णतः आश्वस्त हो गए।

हर्षेण महताऽऽविष्टो नमश्चक्रे पुनः पुनः ।
तत्प्रयुक्ताभिराशीर्भिरग्रसेनो व्यभासत ॥ ४३ ॥

श्री अग्रसेन ने जब प्रसन्नता पूर्वक, सबको बारंबार नमस्कार किया तो उन ऋृषियों, ऋृषि पत्नियों एवं ऋृषि कुमारों ने महामना अग्रसेन को अनेकानेक शुभ आशीर्वाद दिये।

कल्पितां मुनिपुत्रैश्च पर्णशालामुपावसत् ।
प्रणमंश्चरणौ नित्यं शृण्वन् गार्ग्यस्य ताः कथाः ॥ ४४ ॥

तदनंतर, मुनिकुमारों द्वारा, नव निर्मित पर्णकुटी में, वे निवास करने लगे, तथा प्रतिदिन महर्षि गर्ग के श्रीचरणों में नमन करते हुए, उनसे ज्ञान कथाओं का श्रवण करने लगे।

जैमिनिरुवाच

समावृतं समन्ताच्च ऋषिभिस्तैस्तपोधनैः ।
स आश्रयद् गार्ग्यगुप्तमाश्रमं शुभमङ्गलम् ॥ ४५ ॥

जैमिनी जी कहते हैं – हे महात्मन जनमेजय ! महाव्रतों का पालन करने वाले तपस्वियों, ऋृषियों, महर्षियों से, सभी ओर से आवृत, यह श्रेष्ठ एवं शुभ आश्रम, महर्षि गर्ग की तपस्या से संरक्षित एवं उत्तम गुणों से संयुक्त, अत्यंत मंगलकारी है।

॥ इति जैमिनीये जयभारते भविष्यपर्वणि अग्रोपाख्यानस्य
यद्विरचितम् श्रीमदग्रभागवते सप्तमोऽध्यायः ॥
॥ शुभं भवतु कल्याणम् ॥

महर्षि जैमिनी विरचित जयभारत के भविष्यपर्व के अग्रोपाख्यानम् के
श्रीमद् अग्रभागवतम् स्वरूप का सातवां अध्याय पूर्ण हुआ ।
यह शुभकारी आख्यान सबके लिये कल्याणकारी हो ।

॥ श्री अग्र भागवत ॥

अष्टम अध्याय

तपस्या

जैमिनिरुवाच

तं पार्थिवोऽथ संक्लिश्यन् छिन्नमूल इव द्रुमः ।
प्रपच्छ वाक्यं हेत्वर्थसंयुतार्थं शुचो हरन् ॥ १ ॥

जैमिनी जी कहते हैं – हे जनमेजय! तब एक दिन पुनः श्री अग्रसेन जी को विगत घटनाओं का स्मरण होने पर, वे, जड़ से कटे वृक्ष की भांति, शुष्क दिखाई दे रहे थे। उन्हें क्लेश युक्त देख कर, महामुनि गर्ग ने युक्ति संगत एवं परम हितकारी प्रयोजन पूर्ण, श्रेष्ठ मार्गदर्शक वचन कहे –

गार्ग्य उवाच

त्यज राजन्निमं शोकं मिथ्यासन्तापकारणम् ।
इयं सा त्यज्यतां चिन्ता पुरुषार्थविनाशिनी ॥ २ ॥

महर्षि गर्ग ने कहा– हे राजन ! इस संतापकारी मिथ्या शोक को त्यागो! और अपने हृदय को व्यर्थ चिंताओं से मुक्त करो ! क्योंकि चिंता पुरुषार्थ का विनाश करती है, अतः चिंता का त्याग करना ही योग्य है।

अनिर्वेदः श्रियो मूलमनिर्वेदः परं सुखम् ।
अनिर्वेदो हि सततं सर्वार्थेषु प्रवर्तकः ॥ ३ ॥

हे वत्स! हताश न होकर, उत्साह को बनाए रखना ही, समृद्धि का मूल कारण है, और परम सुख का आधार भी। उत्साह ही प्राणियों को सर्वदा सब प्रकार के कर्मों में प्रवृत्त करता है।

करोति तत्फलं जन्तोः कर्म यच्च कृतं पुरा।
न विषादस्य कालोऽयमिति सत्त्वं समाश्रय॥ ४॥

वत्स ! उत्साह पूर्ण किए गए, कार्यों में सफलता निश्चित ही मिलती है। यह विषाद करने का समय नहीं है, अतएव धैर्य का आश्रय ले, अपने तेजमय आत्मबल को जागृत करो।

अग्रसेन उवाच

हीनश्रियो ममोद्धारे नोपायो दृश्यते मुने।
परित्राणाय मे ब्रूहि रहस्साधनमद्भुतम्॥ ५॥

तदनंतर, गर्दन झुकाए हुए नीचे मुख किए, चिंता से युक्त, दुःख से कांतिहीन प्रतीत होते हुए, श्री अग्रसेन ने कहा – मुनिवर ! आप इस महद् दुख से पारित्राण हेतु, उपयुक्त अद्‌भूत रहस्य को कहिये। महर्षे ! मुझे वह रहस्य बताइये, जिससे मैं इस अपार दुःख के सागर को पार कर सकूं।

गार्ग्य उवाच

इदमाख्यातवान् वत्स ! ममाख्यानं महामुनिः।
मार्कण्डेयः पुरा राजन् गङ्गाकूले कथान्तरे॥ ६॥

महर्षि गर्ग ने कहा – राजन ! पूर्वकाल में गंगा के किनारे कथावार्ता के मध्य महामुनि मार्कण्डेय जी ने, मुझे जो उत्तम आख्यान सुनाया था, वह ही मैं तुम्हे सुनाता हूं।

शृणु राजन् प्रवक्ष्यामि चेष्टितं सुरथस्य हि।
अमात्यैर्बलिभिःदुष्टैर्दुर्बलस्य दुरात्मभिः॥ ७॥

वत्स अग्रसेन ! पूर्वकाल में एक सुरथ नाम का नीतिवान राजा था, कोलध्वंसी राजाओं द्वारा परास्त हो जाने पर, उसका बल क्षीण हो गया, तब उसके बलवान, लेकिन दुष्ट व दुरात्मा मंत्रियों ने, राज्य की सेना तथा कोष पर, अपना नियंत्रण स्थापित कर लिया। तब दुःखी राजा सुरथ ने जो किया वह तुम सुनो।

स तद्राज्यापहरणं सुहृत्त्यागं च सर्वशः।
वने च तं परिध्वंसं प्रेक्ष्य चिन्तामुपेयिवान् ॥ ८ ॥

तब राजा सुरथ, अपने राज्य के छिन जाने के कारण, तथा सभी सुहृदयों द्वारा त्याग दिये जाने के कारण, अपने विनाश की, कल्पना करते हुए चिंताग्रस्त होकर, वन में चले जाने का विचार करने लगे। ज्ञातव्य है कि, दुःख के समय परछाई भी, अपना साथ छोड देती है, उसी तरह स्वजनों से भी ऐसी परिस्थिति में सहानुभूति की अपेक्षा, उपेक्षा ही उपलब्ध होती है।

स ततो मृगयाव्याजात् हृतस्वाम्यो नृपोत्तमः।
सन्तप्तस्सन् जगामाथ मुनेर्मेधाविनो वनम् ॥ ९ ॥

इस प्रकार, नष्ट प्राय प्रभुत्ववाला वह संतप्त 'राजा सुरथ' अंततः शिकार खेलने का बहाना कर, मेधा मुनि के आश्रम में आ गया।

समाधिर्नाम वैश्योऽपि सङ्गतस्तेन तत्र हि।
सुरथस्तं नमस्कृत्य तान् मुनीनब्रवीद् वचः ॥ १० ॥

तदनंतर, राजा सुरथ व समाधि नामक वैश्य, जो कि अपनी दुष्ट पत्नी व पुत्रों द्वारा, धन के लोभ में, घर से निकाल दिया गया था, और वह धन,ऐश्वर्य,पत्नी, पुत्रादि से विहीन हो गया था। (दुर्गा सप्त.।।७।।२२।।) वहां आकर, मेधा मुनि के चरणों में नमन करके, महामुनि से, अपनी व्यथा कहने लगे।

सुरथ उवाच

बहुदुःखपरिक्लेशं मानुष्यमिह दृश्यते।
मानवा येन हृष्यन्ति तमुपायं मुने वद ॥११ ॥

सुरथ ने कहा – हे महामुने ! मानव मात्र इस प्रकार अनेकों दुःखों से क्लेश को प्राप्त होते, दिखाई देते हैं। हे प्रभो! मानव सुख और आनन्द को प्राप्त कर सके, कृपया ऐसा कोई उपाय बताइये।

मार्कण्डेय उवाच

श्रुत्वा मुनेस्तस्य वाक्यं वरीवर्ति भ्रमो वृथा।
इति यो वक्ति को वक्ता यस्मादेतत् तमाश्रये॥ १२॥

मार्कण्डेय ऋृषि ने कहा – तब मेधा मुनि के द्वारा, ज्ञान कराए जाने पर, उनका वह भ्रम दूर हो गया, और उन्हें माया के मोह में जकड़े जगत का वास्तविक ज्ञान हुआ, इस प्रकार, मेधा मुनि ने उन, आश्रयहीनों को, आश्रय प्रदान किया।

महामायाप्रभावेण तया संमोह्यते जगत्।
ज्ञानिनामपि चेतांसि हरेश्चैषा दुरत्यया॥ १३॥

मेधा मुनि ने उन्हे बताया कि – यह सारा जगत महामाया के प्रभाव से ही, सम्मोहित हो रहा है। यह जगदीश्वर भगवान विष्णु की माया ही है, जिससे बड़े बड़े ज्ञानी तथा ध्यानी भी मोहित हो जाते हैं।

बलादाकृष्य मोहाय महामाया प्रयच्छति।
तया विसृज्यते विश्वं जगदेतच्चराचरम्॥ १४॥

राजन ! महामाया, ज्ञानियों के चित्त को भी, बलपूर्वक आकृष्ट कर मोहजाल में, डाल देती है (**ज्ञातव्य महामाया ने ही भगवान द्वारा विनय किये जाने पर, मधुकैटभ को भी मोह में डालकर, उनमें अभिमान उत्पन्न कर दिया था, और वहीं उनके विनाश का कारण बना।**) वस्तुतः सम्पूर्ण चर –अचर जगत, महामाया के द्वारा ही रचा गया है।

सा विद्या हि परा भुक्तेर्मुक्तेर्हेतुः शिवेश्वरी।
सैषा प्रसन्ना वरदा नृणां भवति मुक्तये॥ १५॥

वे ही, परा विद्या हैं, वे ही मोक्ष की हेतुभूता (कारणीभूत) हैं, तथा वे ही सम्पूर्ण ईश्वरों की भी अधीश्वरी हैं। वे, प्रसन्न होने पर, मनुष्यों को मोक्ष (अक्षय धाम) का वरदान तक देती हैं।

एतत्ते कथितं सर्वं देवीमाहात्म्यमुत्तमम्।
एवंप्रभावा सा देवी ययेदं धार्यते जगत्॥ १६॥

इस प्रकार राजन ! मैने तुमसे, देवी के उत्तम महात्म का वर्णन किया। देवी का ऐसा प्रभाव है, कि वे अपने प्रभाव से ही, जगत को धारण कर रखी हैं।

विद्या तथैव क्रियते भगवद्विष्णुमायया।
तया त्वमेष वैश्यश्च तथैवान्ये विवेकिनः॥ १७॥

मोह्यन्ते मोहिताश्चैव मोहमेष्यन्ति चापरे।
शरणं त्वं तामुपैहि भोगस्वर्गापवर्गदाम्॥ १८॥

वे ही, विद्या की देवी हैं, ज्ञान वे ही, उत्पन्न करती हैं। भगवान विष्णु की माया स्वरूप, महामाया महालक्ष्मी के द्वारा ही, राजन! तुम तथा यह वैश्य ही नहीं, प्रत्युत अन्यान्य बड़े बड़े विवेकी जन भी उनकी माया से, मोहित होते रहते हैं, मोहित हुए हैं, तथा आगे भी मोहित होते रहेंगे। तुम उन्ही देवी की शरण में जाओ। वे ही, जगत के समस्त ऐश्वर्य, भोग, स्वर्ग, तथा मोक्ष की प्रदाता हैं।

सुरथ उवाच

आराध्यं यन्मया देव्याः स्वरूपं येन वा मुने।
विधिना ब्रूहि तत्सर्वं यथावत्प्रणतस्य मे॥ १९॥

सुरथ ने कहा – हे मुनिवर ! आपके श्री चरण ही हमारा आश्रय स्थल हैं। मैं आपके ही आश्रित हूं, अतः मुझे देवी के जिस स्वरूप की, आराधना करना चाहिये, और उसका विधान क्या है, कृपया यह सब संपूर्ण रूप से बताइये।

ऋषिरुवाच

इदं रहस्यं परममनाख्येयं प्रचक्षते।
भक्तोऽसीति न मे किंचित्तवावाच्यं नराधिप ॥ २० ॥

मेधा ऋृषि ने कहा – हे नराधिप ! यह रहस्य परम गोपनीय है। इसे किसी से कहने योग्य नहीं कहा गया है, तथापि तुम मुझमें भक्ति भावना रखते हो, अतः तुमसे न कहने योग्य मेरे पास कुछ भी नहीं है। (अर्थात इस परम गोपनीय रहस्य को, मैं तुम्हे बताता हूं।)

ऋषिरुवाच

सर्वस्याद्या महालक्ष्मीस्त्रिगुणा परमेश्वरी।
लक्ष्यालक्ष्यस्वरूपा सा व्याप्य कृत्स्नं व्यवस्थिता ॥ २१ ॥

मेधा ऋृषि ने कहा – हे नराधिप ! त्रिगुण (सत,रज,तम) मयी, परम ईश्वरी, (मूलप्रकृति) महालक्ष्मी, ही सबका आदि कारण है, (आद्य हैं) । वे ही, संपूर्ण जगत को अपने दृश्य और अदृश्य रुपों से व्याप्त करके स्थित हैं।

त्रिगुणा सा महालक्ष्मीः रूपसौभाग्यशालिनी।
चतुर्भुजा बहुभुजा सा पूज्या हि सनातनी ॥ २२ ॥

त्रिगुणा महालक्ष्मी, कांति, रुप, और सौभाग्य से, सुशोभित हैं, वे ही सत्य सनातन हैं। यद्यपि उनकी असंख्य भुजाएं हैं, तथापि उन्हें चार भुजाओं से युक्त मानकर ही, उनकी पूजा करना चाहिये।

सहस्त्रभुजा सा वरदा गदार्यब्जैरलङ्कृता ।
पद्मा च कमला लक्ष्मीः श्रीश्च रुक्माम्बुजासना ॥ २३ ॥

सहस्त्रभुजा महालक्ष्मी की चतुर्भुजाएं, वरद (वरदान से युक्त) चक्र, गदा तथा शंख से अलंकृत हैं। वे इंदिरा, कमला, महालक्ष्मी, श्री तथा स्वर्ण कमलासन पर विराजमान (रुकमाम्बुजासना) आदि, नामों से पूजी जाती हैं।

पुपोष पालयामास तल्लक्ष्म्या सह केशवः।
स्तुता सा पूजिता भक्त्या वशीकुर्याज्जगत्त्रयम्॥ २४॥

राजन! ये महालक्ष्मी ही, भगवान विष्णु के साथ, इस जगत का पालन पोषण करती हैं, उनकी यदि, भक्तिपूर्वक स्तुति और पूजा की जाए, तो वे, तीनों लोक उपासक के आधीन कर देती हैं।

निराकारा च साकारा सैव नानाभिधानभृत्।
नामान्तरैर्निरूप्यैषा नाम्ना नान्येन केनचित्॥ २५॥

हे राजन! वे महालक्ष्मी ही, निराकार और साकार रूप में (अनन्त) नानाप्रकार के, रूप धारण करती हैं। सगुण वाचक (सत्य, ज्ञान, चित्त महामाया आदि) विभिन्न नामान्तरों से, महालक्ष्मी के स्वरूप का निरूपण करना चाहिये। वैसे तो, केवल नाम मात्र से ही नहीं, अपितु अन्य प्रत्यक्ष प्रमाणादि से भी, उनके संपूर्ण स्वरूप का वर्णन कदापि संभव नहीं है।

मार्कण्डेय उवाच

इति तस्य वचः श्रुत्वा सुरथः स नराधिपः।
जगाम सद्यस्तपसे स च वैश्यो महामुने॥ २६॥

मार्कण्डेय मुनि ने कहा – महामुने ! इस प्रकार मेधा मुनि के द्वारा (इस अत्यंत गोपनीय रहस्य को जानकर) ये वचन सुनकर, वह नर श्रेष्ठ सुरथ तथा उसके साथ वैश्य (समाधि) तपस्या के लिये चले गए।

परितुष्टा जगद्धात्री समाराधयतोस्तयोः।
इति प्राप्तां नृपो वैश्यो यथाभिलाषितं वरम्॥ २७॥

उन दोनों ने ही, आत्मा से देवी की, आराधना कर अपनी तपस्या से, जगत को धारण करने वाली (दुर्गा स्वरूपा) देवी को परितुष्ट (प्रसन्न) किया। इसप्रकार राजा सुरथ ने (अपनी मनोकामना के अनुकूल स्थिर राज्य) तथा समाधि वैश्य ने (परम मोक्ष का ज्ञान) अपने मनोवांछित वरदान के रूप में प्राप्त किये।

गार्ग्य उवाच

अग्रसेन यथाऽऽख्यातम् ऋषिभिः प्रतिबोधितम्।
महालक्ष्मीमुपास्स्व त्वं जप गुह्यं जयावहम्॥ २८॥

महर्षि गर्ग ने कहा – हे अग्रसेन ! जैसा पूर्व में ऋृषियों द्वारा अनुशंशित है, वह सब (श्री महालक्ष्मी का स्वरुप, प्रभाव, महात्म) मैंने, तुम्हें कह सुनाया, वस्तुतः श्री महालक्ष्मी का यह महात्म अत्यन्त गोपनीय है, गूढ़ है, जप किये जाने योग्य है, और जय प्रदान करने वाला है।

सर्वमङ्गलमाङ्गल्यं पुण्यदं परमं शिवम्।
इदं रहस्यं परमं दिव्यमूर्तेरभीष्टदम्॥ २९॥

राजन ! श्री महालक्ष्मी की दिव्य मूर्तियों का यह आख्यान, मनोवांछित फल प्रदान करने वाला व सर्वमंगल, मांगल्य का कारणीभूत, पुण्यदायी, श्रेष्ठतम, तथा परम कल्याणकारी, अत्यंत गोपनीय रहस्य है।

चिन्ताशोकप्रशमनमायुर्वर्धनमुत्तमम्।
महालक्ष्म्याऽऽराधनं तत् सर्वैश्वर्यप्रदायकम् ॥ ३०॥

राजन ! श्री महालक्ष्मी का आराधन, चिन्ता–शोकादि का प्रशामन, कर, आयु बढ़ाने वाला तथा परम ऐश्वर्य का प्रदायक उत्तमोत्तम है।

सर्वशक्त्यात्मिका चैव सृष्टिं व्याप्य व्यवस्थिता।
प्राणशक्तिः परा ह्येषा सर्वेषां प्राणिनां भुवि॥ ३१॥

ये श्री महालक्ष्मी, ही सर्व शक्तियों में आत्मा (प्राण) स्वरुप व्याप्त हैं, और इसप्रकार वे ही, सकल सृष्टि में व्याप्त हैं। वे ही, सारे जगत को व्यवस्थित रखने वाली, जगत की प्राणशक्ति और वे ही, जगत के समस्त प्राणियों में पराशक्ति के रुप में विद्यमान हैं।

योयो जगति पुम्भावः स विष्णुरिति निश्चयः।
या या नारीभावमाप्ता सा सा लक्ष्मीर्व्यवस्थिता ॥ ३२ ॥

भगवान विष्णु जब भी, जगत के प्रति, जो जो हृदय में निश्चित किया करते हैं, उनके संकल्पमात्र से, वह सभी नारी भाव से श्री महालक्ष्मी, वो वो, वहां वहां व्यवस्थापित कर देती हैं।

तत्पार्श्वस्थां महालक्ष्मीं सम्पूज्य श्रीधरप्रियाम्।
कारणत्वे न तिष्ठन्ति जगत्यस्मिंश्चराचरे ॥ ३३ ॥

हे राजन ! इसलिये तुम, सकल चर और अचर जगत की उत्पत्ति और विनाश की कारण स्वरुपा, श्री महालक्ष्मी के इस गूढ़, रहस्यात्मक स्वरुप का चिन्तन मनन कर, आश्रयस्वरुपा भगवान विष्णु की प्रिया श्री महालक्ष्मी का पूजन करो।

उपासते यथा बालाः मातरं क्षुधयार्दिताः।
उपासते तथा श्रेयस्कामास्ते देहिनः श्रियम्॥ ३४ ॥

जिस प्रकार, भूख से व्यथित बच्चे, मां के पास जाकर, विनय करते हैं, उसी प्रकार, कल्याण की इच्छा रखनेवाले प्राणी (सकाम भक्त) इस जगत में मातेश्वरी श्री महालक्ष्मी की ही, उपासना करते हैं।

पराप्रकृतिरेवैका श्रीरन्याः करुणाश्रयाः।
न हि तद् विद्यते लोके तपसा यन्न लभ्यते॥ ३५ ॥

श्रीमहालक्ष्मी ही, एकमात्र, प्रकृतिस्वरुप, पराविद्या, सभी ऐश्वर्यों से युक्त, और करुणामयी आश्रय प्रदाता, देवी हैं। उनकी तपस्या करने से, जगत में ऐसा कुछ भी नहीं है, जो अलभ्य हो, अर्थात सर्वस्व उनकी कृपा पर ही अवलंबित है।

जैमिनिरुवाच

एतच्छ्रुत्वा वचस्तस्य मुनेरमिततेजसः।

अग्रसेन उवाच

सर्वमेतत् करिष्यामि त्वयोक्तं परमं हितम्॥ ३६॥

जैमिनी जी कहते हैं – इस प्रकार महामुनि गर्ग के, मार्गदर्शक वचन सुनकर श्री अग्रसेन ने कहा – हे पितृवत मुनिवर ! मेरा परम हित करने हेतु, आपने जिसप्रकार बताया है, मैं उसी प्रकार (श्री महालक्ष्मी को प्रसन्न करने हेतु तपस्या, जप आदि) सब कुछ करूंगा।

जैमिनिरुवाच

कृत्वा मृत्तिकयाऽथ श्रीविग्रहं सुमनोहरम्।
आस्थाप्य बहुभिर्मन्त्रैर्विधिनात्राऽभ्यपूजयत् ॥३७॥

जैमिनी जी कहते हैं – हे जनमेजय ! तदनंतर, श्री अग्रसेन ने, उसी आश्रम में, माटी से, श्री महालक्ष्मी के मनोहारी श्रीविग्रह (मूर्ति) का निमार्ण करके उसकी मंत्रोक्त विधि वत स्थापना की।

समारेभे तपोऽश्विन्या मासे याम्ये जयप्रदे।
अग्रसेनो ध्यायति स्म महालक्ष्मीं तपस्यया॥ ३८॥

और तब, देवी की स्थापना व पूजन के उपरांत, अश्विन मास के शुक्लपक्ष की, (विजय प्रदाता) उस जयाप्रदा (दशमी) को, जप – तप प्रारंभ किया, तथा वे श्रीमहालक्ष्मी का, ध्यान करते हुए, जप–तप में लीन हो गए।

संहृत्य मनसाऽऽत्मानं हितकाम्यप्रवृत्तिकः।
विमुक्तगतकल्माष एकाग्रे तपसि स्थितः॥ ३९॥

मन और बुद्धि को, आत्मा में विलीन कर के, हित की कामना से, सब प्रकार की– आसक्तियों से विमुक्त होकर, पूर्व संतापो के, पाप– ताप से रहित, एकाग्रचित होकर, श्री अग्रसेन तपस्या में स्थिर हो गए।

संयुज्य मनसाऽऽत्मानम् अग्र एकपदे स्थितः।
कर्मणोग्रेण सन् योगी नियमान् सोऽनुपालयन्॥ ४०॥

इस प्रकार, एक ही पैर पर खड़े होकर, तपस्या में रत महायोगी – श्री अग्रसेन, नियमपूर्वक उग्र (घोर) तपस्या करने लगे।

अग्रसेन उवाच

प्रतोष्यामि महालक्ष्मीम् यथोक्तमृषिभिः पुरा।
बहुरूपा विरूपा च भक्तानां परिरक्षिणी ॥ ४१॥

(ध्यान करते हुए,) श्री अग्रसेन ने कहा –

निराकार तथा अनन्त साकार रूपों में, भक्तों की सदैव रक्षा करने वाली देवी श्री महालक्ष्मी का पूर्व में, ॠषियों द्वारा, जिस प्रकार स्तवन किया गया था, उसी के अनुरूप मैं, जगत जननी माँ महालक्ष्मी का स्तवन करता हूं।

महालक्ष्मीस्तवः

उपासते यथा बालाः मातरं क्षुधयार्दिताः।
श्रेयस्कामो जगन्मातः प्रार्थये त्वां तथा श्रियै॥ ४२॥

(महालक्ष्मी स्तवन)

जिस प्रकार क्षुधाार्त (भूख से पीड़ित) होने पर बालक माता के पास जाकर विनती करते हैं, उसी प्रकार, हे जगन्माते ! (जगत के द्वारा क्लेशित हुआ) मैं, श्रेयस्कामना से, आपकी वन्दना कर रहा हूं।

यथा स्तनन्धयान् माता शिशून् पाति हि शैशवे।
तथा त्वं सर्वदा मातः सर्वेषां सर्वरूपिणी॥ ४३॥

हे मां ! जिस प्रकार अबोध बालक को, माता उसके पोषण हेतु, स्वयं ही, अपने स्तन बालक के मुख में दे देती है, उसीप्रकार, हे जगन्माते! आप मातृरूप में आप सदा ही, हमारा पोषण कीजिये।

मातृहीनो विना स्तन्यं कश्चित् जीवति दैवतः।
त्वया हीनो जनः कोऽपि न जीवत्येव निश्चितम्॥ ४४॥

हे माते ! मातृ स्तन दुग्ध के बिना भी कोई शिशु, दैवकृपा से जीवित रह सकता है, किन्तु हे जगन्माते ! आपकी कृपा के बिना, कोई भी जीवित नहीं रह सकता। यही अटल सत्य है।

प्रसन्ना सुप्रसन्ना च देवी मय्यऽम्बिके भव।
सर्वसिद्धिं च विषयं देहि मह्यं सनातनी॥ ४५॥

हे जगन्माते ! आप सनातन हैं ! आप ही परम प्रसन्न स्वरूपा हैं ! हे माते कृपया आप मुझपर प्रसन्न होकर, मुझे सर्व सिद्धियां तथा उन सभी सिद्धियों के संचालन के विषय प्रदान कीजिये।

अहं यावत्त्वया हीनो नाप्तः सौभाग्यमीसितम्।
प्रभावश्च प्रतापश्च तव सर्वाधिकारिता ॥ ४६॥

हे माते ! मैं अभी तक, आपकी कृपा दृष्टि से वंचित हूं, हे माते! आप सभी प्रकार के सौभाग्यों की प्रदाता हैं। हे जगन्माते ! मुझमें अपनी शक्ति का प्रभाव उत्पन्न करें, जिससे मैं प्रतापी और सर्व अधिकारों से सम्पन्न हो सकूं।

जयं पराक्रमं सर्वं परमैश्वर्यमेव च।
सोऽभीष्टं फलमाप्नोति त्वत्तः सत्यं न संशयः॥ ४७॥

हे जगन्माते! जय, पराक्रम, सभी प्रकार के परम ऐश्वर्य तथा सभीप्रकार की मनोकामनाओं को, आप ही फलित करने वाली हैं, यही सत्य है, इसमें किंचित भी संशय नहीं।

मयि तिष्ठ तथा नित्यं यथेन्द्रादिषु तिष्ठसि।
अभयं कुरु मे देवि महालक्ष्मि नमोऽस्तु ते॥ ४८॥

हे माते ! जिस प्रकार इन्द्र आदि देवताओं के यहां आप नित्य निवास करती हैं, उसी प्रकार, हे जगन्माते ! आप मेरे यहां निवास करें। हे देवी महालक्ष्मी! मैं आपको नमस्कार करता हूं। कृपया मुझे 'अभय' करें।

ॐ नमस्तेऽस्तु महामाये श्रीपीठे सुरपूजिते।
शङ्खचक्रगदाहस्ते महालक्ष्मि नमोऽस्तु ते॥ ४९॥

हे माते ! आप ओमकार स्वरूपा हैं, श्रीपीठ पर विराजने वाली, देवताओं द्वारा नित्य पूजिता हैं, हे महामाये! मैं आपको नमस्कार करता हूं। अपने वरद् हस्तों में शंख, चक्र तथा गदा धारण करने वाली, हे महालक्ष्मी देवी ! आपको नमस्कार है।

नमस्ते गरुडारूढे कोलासुरभयङ्करि।
सर्वपापहरे देवि महालक्ष्मि नमोऽस्तु ते॥ ५०॥

गरुढ़ पर आरूढ़ होकर, कोलासुर को भयभीत कर देने वाली, तथा प्रसन्न होने पर, समस्त पापों को हर लेने वाली, हे महालक्ष्मी मां! मैं आपको नमस्कार करता हूं। आपको नमस्कार है।

सिद्धिबुद्धिप्रदे देवि भुक्तिमुक्तिप्रदायिनि।
मन्त्रपूते सदा देवि महालक्ष्मि नमोऽस्तु ते॥ ५१॥

हे जगन्माते! आप मंत्रों सी, निरंतर पवित्र हैं, आप सभी अष्ट सिद्धियों,निर्मल बुद्धि, जगत के सर्व ऐश्वर्य, भोग तथा परमपद – मोक्ष, की प्रदाता हैं, हे महालक्ष्मीदेवी ! आपको नमस्कार है।

सर्वज्ञे सर्ववरदे सर्वदुष्टनिवारिणि।
सर्वसिद्धिप्रदे देवि महालक्ष्मि नमोऽस्तु ते॥ ५२॥

हे महालक्ष्मी! आप सर्वज्ञ हैं ! आप ही अर्थ–धर्म–काम–मोक्ष आदि समस्त ऐष्णाओं की प्रदाता हैं, आप सभी दुष्टों तथा दुष्ट प्रकृतियों से, जगत को मुक्त कराने वाली हैं। सर्व सिद्धियों की प्रदायक, हे देवी महालक्ष्मी ! मैं आपको नमस्कार करता हूं।

आद्यन्तरहिते देवि आदिशक्ते महेश्वरि।
योगज्ञे योगसम्भूते महालक्ष्मि नमोऽस्तु ते॥ ५३॥

हे आद्यशक्ति महेश्वरी ! आप योग से प्रकट हुई हैं तथा योग से परिपूर्ण हैं। आदि व अंत से रहित, हे देवी महालक्ष्मी ! मैं आपको नमस्कार करता हूं।

स्थूले सूक्ष्मे महारौद्रे महाशक्ते महोदरे।
महापापहरे देवि महालक्ष्मि नमोऽस्तु ते॥ ५४॥

हे माते ! आप स्थूल, सूक्ष्म तथा महारौद्र सभी रूपों में विद्यमान हैं। आप ही महाशक्ति हैं, महोधरा हैं, बड़े से बड़े पापों का नाश करने वाली, हे महालक्ष्मीदेवी ! आपको नमस्कार है।

पद्मासनस्थिते देवि परब्रह्म स्वरूपिणि।
परमेशि जगन्मातः महालक्ष्मि नमोऽस्तु ते॥ ५५॥

हे देवी आप पद्मासन पर विराजमान हैं, आप ही परम ब्रह्म स्वरूपा हैं, आप ही परम ईश्वरी हैं। हे जगन्माते महालक्ष्मी ! मैं आपको नमस्कार करता हूं।

स्वर्णाम्बरधरे देवि नानालङ्कारभूषिते।
जगत्स्थिते जगन्मातः महालक्ष्मि नमोऽस्तु ते॥ ५६॥

हे जगन्माते! आप स्वर्णिम वस्त्रों को धारण करने वाली, नाना अलंकारों से सुशोभित हैं, यह सारा चर–अचर जगत आपमें ही स्थित है, हे महालक्ष्मी देवी ! मैं आपकी वंदना करता हूं। आपको बारंबार नमस्कार है।

प्रसीद श्रेयसां दोग्घ्रि अम्ब मे नयनाग्रतः।
कृपादृष्ट्यावलोकस्व जगन्मातः प्रसीद मे॥ ५७॥

हे जगदम्बिके ! आप प्रसन्न होकर, कृपापूर्वक मेरे नयनों के सम्मुख साक्षात प्रकट होकर, मुझे कृपया अपने श्रेयप्रद दर्शन दीजिये। जगन्माते! आप प्रसन्नता पूर्वक मुझपर अपनी कृपादृष्टि डालें। मेरी यही कामना है।

भवतीं शरणं गत्वा कृतार्थाः ते पुरातनाः।
इति सञ्चिन्त्य मनसा त्वामहं शरणं गतः॥ ५८॥

हे माते! पूर्वकाल में भी, जो कोई आपकी शरण में आया, वह आपकी कृपा से कृतार्थ हो गया। मन में यही चिंतन करके, हे दयामयी ! मैं आपकी शरण में आया हूं। हे मां ! आप मुझे भी कृतार्थ करें।

यदि स्यां तव पुत्रोऽहं माता त्वं यदि मामिका ।
दयापयोधरस्तन्यसुधाभिरभिषिञ्च माम् ॥ ५९ ॥

हे माते ! निश्चय ही यदि, मैं आपका पुत्र हूं और यदि आप ही मेरी माता हैं, तो, हे परमदयालु अम्बे ! अपने दयारूपी पयोधरों की सुधाधार से, मुझे अभिसिंचित कीजियेगा।

दीनानामहमेवाग्र्यो दयालूनां त्वमग्रणीः ।
दयनीयो मदन्योऽस्ति तव कोऽत्र जगत्त्रये ॥ ६० ॥

हे माते ! मैं दीनों में सबसे अधिक दीन हूं, मैं दीनता में सबसे आगे हूं और आप दयालुओं में परमदयालु हैं। हे अम्बे ! तीनों लोकों में आपके अतिरिक्त और कौन है ? जिसकी कृपा दृष्टि मात्र से, दीनता समाप्त हो जाए।

प्रत्यक्षं कुरु मे रूपं रक्ष मां शरणागतम् ।
समागच्छ महालक्ष्मि समागच्छ ममाग्रतः ॥ ६१ ॥

हे जगन्माते ! आप साक्षात प्रत्यक्ष प्रकट हों ! मैं आपकी शरणागत हूं। हे शरणागत वत्सला ! मैं आपकी शरण में हूं कृपया आप साक्षात प्रत्यक्ष प्रकट हों, हे देवी महालक्ष्मी ! आइये ! आप सम्मुख साक्षात प्रत्यक्ष प्रकट होइये ! हे मां ! आप साक्षात प्रत्यक्ष प्रकट हों !

जैमिनिरुवाच

हरिप्रियां हृदि ध्यात्वा तपस्तेपेऽग्र आत्मना ।
स्तुवंस्तां निरहङ्कारो मौनव्रतमथास्थितः ॥ ६२ ॥

जैमिनी जी कहते हैं – हरिप्रिया श्री महालक्ष्मी को, हृदय में धारण करके श्री अग्रसेन, अहंकार से रहित, मौन व्रत का आश्रय लेकर, समाधिस्त हो, जगतजननी महालक्ष्मी की स्तुति करते हुए, तपस्या में लीन हो गये।

शताधिकसहस्त्रेऽथ दिने देव्यकरोत् कृपाम्।
ततः प्रीताऽथ जननी तस्य संयमनाद्रमा ॥ ६३ ॥

इसप्रकार, तपस्या रमे श्री अग्रसेन को, सतत, संयमित तप करते हुए, ग्यारह सौ दिवस पूर्ण हो गए। तब, उनके इस कठिन तप से जगत जननी महालक्ष्मी अत्यंत प्रसन्न हुईं।

साऽऽगता सहसा तत्र देवी पीताम्बरावृता।
शङ्खचक्रगदाहस्ता पद्मासनमुपास्थिता ॥६४ ॥

और.... तब, प्रसन्न होकर, वे, पद्मासन पर विराजमान, पीतांबर धारण किए हुए, हाथों में शंख, चक्र व गदा धारे, देवी महालक्ष्मी ! सहसा....वहां श्री अग्रसेन के सम्मुख साक्षात प्रकट हो गईं।

नभो वितिमिरं कुर्वत्यम्बुदान् पाटयन्त्यपि।
नादैर्दिशः पूरयन्ती महामेघरवोपमैः ॥ ६५ ॥

आकाश, जो कि अमावश्या के गहन अंधकार में डूबा हुआ था वह, सहसा मां महालक्ष्मी के आगमन पर, उनके दिव्य प्रकाश से प्रकाशित हो गया, महामेघों के घोर नाद से मानो, सभी दिशाएं सम्पूरित हो गईं और दिव्य प्रकाश चारों ओर फैल गया।

दिव्यज्योतिस्सुसङ्कीर्णा द्योतमानाऽर्ककान्तिवत्।
स्वयैव प्रभया तत्र द्योतिता सा सुरेश्वरी ॥ ६६ ॥

देवी महालक्ष्मी वहां, अपनी दिव्यप्रभा से, इस प्रकार प्रकाशित हो रही थीं, जैसे अनंत दिव्य ज्योतियों से प्रभाकर, समस्त दिशाओं को प्रकाशित करते हैं। देवी के दिव्य तेज से, सम्पूर्ण चर अचर जगत, अमावश्या की उस गहन रात्रि में भी, सतेज प्रकाशित हो गया।

तारारूपाणि दृश्यन्ते यानीह द्युतिमन्ति वै ।
तनोति च सहस्त्राणि दीपवद् विप्रकर्षणाद् ॥ ६७ ॥

श्री महालक्ष्मी की दिव्यप्रभा की द्युति, ऐसी झलमल झलमल झलक रही थीं, जैसे नभ पर तारे टिमटिमा रहे हों, या मानो धरा पर एक साथ सहस्त्रों दीपक जगमगा रहे हों।

अग्रसेनस्सविनयोऽपश्यद् दीप्तिमतीं च ताम् ।
साऽऽदौ तत्र प्रभास्वान्ती रूपवत्यास तेजसाम् ॥ ६८ ॥

तब, विनय से नमित, श्री अग्रसेन ने, दिव्यप्रभा से युक्त, परम तेजमयी, अनंत आभा युक्त, सौम्य स्वरूपणी, उन आगता, जगदम्बा मां महालक्ष्मी के साक्षात दर्शन किये।

ततो ददर्शाग्रसेनः साक्षात् तां परमेश्वरीम् ।
स वशी सिद्धिमानासीत् हर्षादश्रुपरिप्लुतः ॥ ६९ ॥

और...तब, मन तथा इंद्रियों को, वश में रखने वाले, वे, श्री अग्रसेन, अपनी तपस्या सिद्ध होने पर, जगदम्बा महालक्ष्मी के साक्षात दर्शन कर, हर्षातिरेक से अश्रुपूरित हो गए।

हर्षेणोत्फुल्लनयनो न चातृप्यत तन्मनाः ।
अथाग्रसेनस्तां देवीमभ्यवन्दत सादरः ॥ ७० ॥

श्री अग्रसेन ने, अपने अतृप्त तथा हर्ष से उत्फुल्लित नयनों से, निर्निमेष, श्री महालक्ष्मी की अनुपम शोभा के दर्शन किए । और..बार बार जगदम्बे का अभिवादन करने लगे।

संस्तूयमाना गन्धर्वैः सुरैः सिद्धैश्च चारणैः ।
पुष्पगन्धवहैः पुण्यैर्वायुभिश्चानुवीजिता ॥ ७१ ॥

उस समय, गंधर्व, देवगण व सिद्धगण स्तुति गायन करने लगे। नभ से पुष्पों की वर्षा होने लगी। धरा पर पुण्यदायिनी परम सुवासित वायु बहने लगी।

महालक्ष्मीरुवाच

तपसा परितुष्टाऽस्मि साऽहम् अग्र त्वयाऽधुना।
तां भुङ्क्ष्व सुकृतैर्लब्धां तपसा द्योतितां श्रियम् ॥७२॥

तब, प्रसन्न होकर महालक्ष्मी ने कहा – 'वत्स अग्र ! मैं तुम्हारे तप से परम तुष्ट हूं। तुमने अपनी सेवा, अर्चना, से मुझे संतुष्ट किया है। अब अपने तप की प्रकाशित दिव्य ज्योति की प्रभा से, तुम सुकृत्य करो और..उनका सुफल भोगो।'

यस्त्विष्टो वरदाया मे प्रत्यक्षं तस्य तेऽभवम्।
यत्प्राथ्यर्ते त्वया सर्वं परितुष्टा ददामि तत् ॥ ७३ ॥

वत्स ! तुमने अपनी तपस्या से मुझे परितुष्ट किया। जिसके प्रभाव से मैं, तुम्हे वरदान देने के लिये स्वयं तुम्हारे समीप प्रत्यक्ष आ गई हूं। हे वत्स! मैं तुम्हे, तुम जो भी मांगोगे, वह सब प्रदान कर तुम्हे संतुष्ट करूंगी।

अग्रसेन उवाच

अर्थिनां कल्पवृक्षोऽसि वरदा सर्वदा शुभा।
वरदा यदि मे देवी वरार्हो यदि वाप्यहम् ॥ ७४ ॥

श्री अग्रसेन ने कहा – 'हे मां ! आप कामना करने वालों के लिये तो साक्षात कल्पवृक्ष के समान हैं। आप सदा ही अर्थ, धर्म, काम तथा दुर्लभ मोक्ष प्रदान करने वाली वरदात्रि देवी हैं। आप यदि वर देना चाहें, और यदि मैं वर मांगू तो कृपया वर दीजिये, कि –

त्वय्येव भक्तिरचला भूयाद् भूतेषु मे दया।
दिने दिने क्षणं चित्तं त्वयि संस्थं भवत्विति ॥ ७५ ॥

हे जगन्माते! आप में मेरी भक्ति सदा अविचल रहे, स्थायी रहे, अटल रहे। मेरे ह्रदय में सकल सृष्टि के समस्त जीव मात्र के प्रति सदा ही दया का भाव बना रहे। नित्य प्रति, हर पल, मेरा ध्यान आपके श्रीचरणें में लगा रहे।

जाग्रत्स्वप्नेषु सर्वत्र त्वय्येवास्तु मनो मम।
लोकबाधाप्रशमनं त्वं त्रिलोक्या अधीश्वरी॥ ७६॥

हे जगन्माते ! जाग्रत अवस्था में, सुप्त अवस्था में, व स्वप्न में भी हमेशा मेरा चित्त आपकी भक्ति में लगा रहे। हे त्रय लोक अधीश्वरी ! आप जग की समस्त बाधाओं को दूर करें।

महादेवि महालक्ष्मि त्वां यः स्तौत्यब्धिसम्भवे।
स त्वया न परित्याज्यो द्वितीयोऽस्तु वरो मम॥७७॥

हे जगदम्बिके महालक्ष्मी! आप ही महादेवी हैं। जो भी जन आपका यथा संभव स्मरण करें, हे माते ! आप उनका कभी परित्याग न करें। मैं आपसे यह, दूसरा वर मांगता हूं।

जयेयं लोभमोहौ च क्रोधं चाऽहं सदाश्रये।
चित्ते तपसि सत्ये च मनो मे सततं भवेत्॥ ७८॥

हे माते श्रिये ! मैं लोभ, मोह और क्रोध पर सदैव विजय प्राप्त करूं तथा मेरे मन व चित्त में सदा ही सत्य व तप विद्यमान रहें। कृपया मुझे यह आशीर्वाद प्रदान करें।

महालक्ष्मीरुवाच

वत्स तेऽर्थाच्च कामाच्च ह्यानृशंस्यं परं मतम्।
संसिद्ध्यै ते यश्च वरो देयो मे सोऽभिवाञ्छितः॥ ७९॥

जगदम्बा श्री महालक्ष्मी जी बोलीं – हे वत्स अग्र ! तुम्हारी स्वहित से परे, मानवता के विकास की कामना अत्यंत श्रेष्ठ है। मैं तुम्हे वरदान देती हूं कि तुम्हारी अभिवांच्छित सभी अभिलाषाएं पूर्ण हों।

जैमिनिरुवाच

इत्युक्त्वाऽन्तर्दधे लक्ष्मीः साक्षाल्लोकविभाविनी।
अग्रसेनः प्रहृष्टस्तु गार्ग्याश्रमम् उपेयिवान्॥ ८०॥

जैमिनी जी कहते हैं – हे महाराज जनमेजय ! इसप्रकार वरदान देकर, वे अक्षयलोक निवासिनी महालक्ष्मी अन्तर्ध्यान हो गईं। मां जगदम्बे का वरदान पाकर, अति प्रसन्न श्री अग्रसेन महर्षि गर्ग के आश्रम में लौट आए।

इदं यः स्तवनं लक्ष्म्याः सर्वपापविमोचनम्।
यः पठेद् भक्तिसंयुक्तस्तस्य नश्यति किल्बिषम्॥ ८१॥

जैमिनी जी कहते हैं – हे धर्मज्ञ जनमेजय ! श्री महालक्ष्मी का यह स्तवन, सभी पापों, त्रिविध तापों व संतापों का नाश करने वाला है। इसका भक्ति पूर्वक पाठ करने वालों के सभी संकट व दुक्ख समाप्त हो जाते हैं।

यस्य लक्ष्म्यां भक्तिरस्ति निश्चला भावना च सा।
श्रियो न विच्युतिस्तस्य गृहे यावत्कुलाश्रयम्॥ ८२॥

जैमिनी जी कहते हैं – हे महाप्राज्ञ जनमेजय! भक्ति भावना से युक्त, श्री महालक्ष्मी की निरंतर कृपा की कामना से जिस कुल ने, जगदम्बा श्रिया का आश्रय लिया, उसके घर को, श्री महालक्ष्मी कभी नहीं छोड़ती।

सर्वकामप्रदो ह्येष स्तवोऽग्रेण प्रकीर्तितः।
यः पठेत् स समान् कामानवाप्नोति न संशयः॥ ८३॥

जैमिनी जी कहते हैं – हे जनमेजय ! श्री अग्रसेन जी का यह कथन है कि– श्री महालक्ष्मी का यह स्तवन, सभी कामनाओं की पूर्ति करने वाला है। महालक्ष्मी की कीर्ति का भक्तिपूर्वक गान करने वालों के सभी मनोरथ पूर्ण होते हैं, इसमें किंचित भी संदेह नहीं।

सत्यं दिव्यं च परमम् ऋषीणां वचनं यथा।
यश्चैतत् सम्पठेत् श्रूयात् सर्वार्थान् स प्रविन्दति ॥ ८४ ॥

जैमिनी जी कहते हैं – हे धर्मज्ञ जनमेजय! जैसा कि ॠषियों ने भी कहा है कि – यह स्तवन, परम श्रेष्ठ है, सत्य है, अति दिव्य है। जो इसका पठन या श्रवण करते हैं, उन्हे सवार्थ सिद्धि प्राप्त होती है।

आधिव्याधिभयं चैव पूजिता शमयिष्यति।
भविष्यति महालक्ष्मीर्वरदा कामरूपिणी ॥ ८५ ॥

महाप्राज्ञ जनमेजय ! इस स्तवन के यथाविधि पूजन व पाठ से, समस्त आधि व्याधि एवं भव भय का विनाश होता है तथा सभी कामनाओं को पूर्ण करनेवाली, भक्तवत्सला महालक्ष्मी स्वयं उन्हे वर प्रदान करती हैं।

॥ इति जैमिनीये जयभारते भविष्यपर्वणि अग्रोपाख्यानस्य
यद्विरचितम् श्रीमदग्रभागवते अष्टमोऽध्यायः ॥
॥ शुभं भवतु कल्याणम् ॥

महर्षि जैमिनी विरचित जयभारत के भविष्यपर्व के अग्रोपाख्यानम् के
श्रीमद् अग्रभागवतम् स्वरूप का आठवां अध्याय पूर्ण हुआ ।
यह शुभकारी आख्यान सबके लिये कल्याणकारी हो ।

॥ श्री अग्र भागवत ॥

नवम् अध्याय

पराक्रम

जैमिनिरुवाच

दत्त्वा वरान् महालक्ष्मीरग्रसेने प्रसादिनी।
यथा तथाऽद्भुतं कृत्स्नं व्याख्यातं हि मयाऽधुना॥ १॥

जैमिनी जी कहते हैं – हे जनमेजय ! श्री महालक्ष्मी ने, प्रसन्न होकर जिस प्रकार श्री अग्रसेन को वरदान दिया, वह अत्यन्त अद्‌भुत वृतान्त, मेरे द्वारा तुम्हे बताया जा चुका है।

शृण्वग्रसेनस्य कर्म वरयुक्तं विवर्धये।
यथाग्निः पवनोध्दूतः सुसूक्ष्मोऽपि महान् भवेत्॥ २॥

हे परंतप ! अब सुनिये! श्री अग्रसेन ने, देवी द्वारा प्रदत्त उस वरदान को, किस प्रकार अपने पराक्रम के द्वारा, सफल किया, जैसे थोड़ी सी भी आग वायु का सहारा पाकर अग्नि का रुप धारण कर लेती है, उसी प्रकार श्री अग्रसेन ने भी महर्षि गर्ग का आश्रय प्राप्त कर महानता को प्राप्त किया।

सोऽभिगम्य मुनिं नत्वा वन्दनीयमुवाच ह।
प्राप्तः श्रियो वरो ह्येष तव मेऽनुग्रहः परः॥ ३॥

इस प्रकार, श्री महालक्ष्मी की, प्रसन्नता प्राप्त कर श्री अग्रसेन, महामुनि गर्ग के पास पहुंचे और मस्तक झुकाकर प्रणाम करते हुए बोले – हे महामुने! आपकी महान कृपा से ही, मैने श्री महालक्ष्मी का वरदान प्राप्त किया है।

गार्ग्य उवाच

एतत् कर्मफलं वत्स तपसश्च फलं ध्रुवम्।
सर्वार्थसिद्धिं लभते कृते सुकृतकर्मणि ॥ ४ ॥

महर्षि गर्ग ने कहा – वत्स ! यह तो तुम्हारे सत्कर्मों का फल है, तथाअटल तपस्या का फल है। सुकर्म करके मनुष्य, अपने कृत्यों से अपनी संपूर्ण कामनाएं, सिद्ध कर लेता है।

अपुत्राणां यथा लोका भवन्ति न सुखप्रदाः।
नृपतीनाममन्त्राणां चिरं राज्यं न सुस्थिरम्॥ ५ ॥

वत्स! जिस प्रकार पुत्रहीनों को कोई भी लोक, सुखप्रद प्रतीत नहीं होते, वैसे ही योग्य मंत्रियो से रहित, राजाओं का राज्य चिरकाल तक स्थिर नहीं रहता।

न यशः पुण्यहीनानां न सुखं परिवादिनाम्।
विना पराक्रमं कोऽपि यशस्वी न भविष्यति ॥ ६ ॥

वत्स! जैसे पुण्यहीनों को यश नहीं मिलता, परनिन्दकों को सुख नहीं मिलता, उसी प्रकार पराक्रम के बिना, कोई भी यशस्वी नहीं हो सकता।

प्राप्स्व वत्स परां कीर्तिम् इह लोके सुखं स्थिरम्।
दिवं प्राप्ता नृपाः कृत्वा परं लोकहितक्रियाम्॥ ७ ॥

हे वत्स! तुम इसलोक में, अपनी परम कीर्ति स्थापित करने हेतु, उचित प्रयत्न करो। पूर्वकाल में भी अनेकों राजाओं ने, अनुपम लोकहितकारी कार्य करके ही दिव्यता को (परमकीर्ति तथा दिव्यलोक) पाया है।

जैमिनिरुवाच

एतच्छ्रुत्वा वचस्तस्य गार्ग्यस्यामिततेजसः।
उवाच दीनया वाचा त्वग्रसेनो ह्यनिर्वृतः॥ ८॥

जैमिनी जी कहते हैं – राजन जनमेजय! अमित तेजस्वी महर्षि गर्ग के इन वचनों को सुनकर, निवार्णरुपी मनस्थिति को प्राप्त श्री अग्रसेन ने दीन वाणी में निवेदित किया।

अग्रसेन उवाच

न वित्तं विद्यते मेऽत्र राज्यं वित्तं विना न वै।
साहाय्यं नैव पश्यामि सुहृदः समरे हताः॥ ९॥

श्री अग्रसेन ने कहा – महामुने ! मेरे पास धन (वित्त) नहीं है, और बिना धन के, जनशक्ति संभव नहीं, राज्य हो नहीं सकता। इसके साथ ही मुझे अपना कोई सहायक भी दिखाई नहीं देता। सुहृदय पिताश्री तो समरांगण (महाभारत युद्ध) में ही, वीरगति को प्राप्त हो चुके हैं।

स्वजनप्रातिकूल्येन वर्तितव्यं किमर्थिना।
किमत्रानन्तरं कार्यं तन्मे गदितुमर्हसि॥ १०॥

प्रतिकूल हो चुके स्वजन, काका कुन्द के व्यवहार व उनके राज्य अपहृत कर लेने की घटनाओं का विचार करने से क्या लाभ ? (वे कोई राज्य तो लौटाने वाले हैं ही नहीं) ऐसी स्थिति में, हे महर्षे ! अब मेरा आगे क्या कर्तव्य है ? (मुझे क्या करना चाहिए ?) कृपया, बताने की कृपा कीजिए।

जैमिनिरुवाच

ततोऽब्रवीद् गार्ग्यमुनिरग्रसेनं हसन्निव।

जैमिनी जी कहते हैं –श्री अग्रसेन के इस प्रकार वचनों को सुनकर तब, मुनिवर गर्ग ने प्रसन्न्तापूर्वक श्री अग्रसेन का समझाते हुए कहा –

गार्ग्य उवाच

यथा चिन्तामणिं दत्त्वा कुन्दनेन तथा कृतम् ॥ ११ ॥

महामुनि गर्ग ने कहा – वत्स! तुम्हारे चाचा कुन्द ने वैसा ही,मूर्खतापूर्ण क्षुद्रकर्म किया है, जैसे कोई मनुष्य, चिन्तामणि देकर बदले में कांच या कौड़ी ले ले। स्वयं अपकीर्ति लेकर, तुम्हे तो जैसे सुयश की चिन्तामणि प्रदान कर दी है।

यथा बीजं विना क्षेत्रमुप्तं भवति निष्फलम्।
तथा पुरुषकारेण विना दैवं न सिध्यति ॥ १२ ॥

वत्स अग्रसेन ! तुम्हे श्री महालक्ष्मी का वरदान प्राप्त हो ही चुका है। तथापि दैवकृपा भी, पुरुषार्थ किये बिना, उसी प्रकार सिद्ध नहीं हो सकती, जिस प्रकार बीज खेत में बोए बिना, फलित नहीं हो सकता। अर्थात बोए बिना बीज निष्फल ही रहता है, अतः दैवकृपा उपलब्ध होने पर भी उसकी सिद्धि हेतु समुचित कर्म करना तो नितांत आवश्यक ही है।

कृती सर्वत्र लभते प्रतिष्ठां दैवसंयुताम्।
प्राप्तं न कर्मणा सर्वं न दैवादकृतात्मना ॥ १३ ॥

वत्स ! पुरुषार्थ पूर्ण कर्म करने वालों के प्रयत्नों (कर्मों) में, दैव भी संयुक्त (सहायक) हो जाते हैं, और अपने प्रयत्नों से, वह पुरुषार्थी प्रतिष्ठा पाता है। इसप्रकार, कर्म करने से वांच्छित सभी कुछ प्राप्त हो जाता है, किन्तु केवल भाग्य या दैव कृपा के भरोसे निष्क्रिय, अकर्मण्य बैठे रहने वाला, कुछ भी उपलब्ध नहीं कर सकता।

अर्थो वा मित्रवर्गो वा ह्यैश्वर्यं वा कुलान्वितम्।
श्रीरन्यद् दुर्लभं भोक्तुं तथैवाकृतकर्मभिः ॥ १४ ॥

वत्स ! जो पराक्रम पूर्ण कृत्य नहीं करते, वे धन, मित्रवर्ग, ऐश्वर्य तथा उत्तमकुल का उपभोग नहीं कर सकते और उनके लिए, श्री, कीर्ति भी सदैव दुर्लभ ही रहती है।

कृतेऽपि पुरुषार्थे तद् दैवमेवानुवर्तते।
न दैवमकृते क्वापि कस्यचिद् दातुमर्हति ॥ १५ ॥

वत्स! पुरुषार्थ करने से ही दैव की अनुकूलता प्राप्त की जा सकती है, दैव तो पुरुषार्थी व्यक्तियों को ही सहायता करते हैं, किन्तु कर्महीन व अकर्मण्य रहने पर, भाग्य में रहने पर भी, दैव किसी को कुछ नहीं देते।

श्रुतवान् व्यासमुखतो मरुत्तस्य महाध्वरम्।
प्राक्केवलं शतं यज्ञान् स कृत्वा लब्धवान् वरम् ॥ १६ ॥

वत्स ! पूर्वकाल में महाराजा मरुत्त ने जिस प्रकार सौ यज्ञ करके दिव्य वर की प्राप्ति की थी, मैंने व्यासजी के श्रीमुख से महाराजा मरुत्त के उस महत पराक्रम का वृतान्त सुना था।

पुरा क्वाऽपि मरुत्तेन यागः एकः कृतोग्र वै।
दत्त्वा सकाञ्चनां भूमिं द्विजास्तत्राभितोषिताः ॥ १७ ॥

हे भगवतीनन्दन अग्र! पूर्वकाल में महाराज मरुत्त ने, यहां भी एक महायज्ञ किया था। जिसमें उन्होंने सभी श्रेष्ठ ब्राह्मणों को विपुल दक्षिणादि से परितुष्ट किया था। उसमें से बहुत बड़ा स्वर्णकोष भूमि में दबा पड़ा है।

सत्यसन्धास्थितो यज्ञः सर्वयज्ञे विशिष्यते।
जातः सूर्यकुले तस्मिन् कुलदीपो भवानपि ॥ १८ ॥

वत्स ! सभी यज्ञों में विशिष्ट (श्रेष्ठ) यज्ञ कर्म करके, जिनने अपनी प्रतिज्ञा को सत्य कर दिखाया (ज्ञातव्य है कि महाराजा मरुत्त ने शत यज्ञ का संकल्प लिया तो इन्द्र भयभीत हो गए, उन्होने देवगुरु वृहस्पति को राजा मरुत्त का यज्ञ नही करवाने के लिए, राजी कर लिया, तब अपने संकल्प में दृढ़ महाराज मरुत्त ने वृहस्पति के भाई संवर्त मुनि को अपना ऋत्विज बनाकर सौ यज्ञ के अपने संकल्प को पूर्ण किया था।) हे अग्रसेन ! उन्हीं सूर्यकुल के महाराजा मरुत्त के यशस्वी वंश के तुम कुल दीपक हो।

समर्पितं धरायां तत् पतितं काञ्चनं महत्।
यन्नेतुमसमर्थास्ते विप्रा आसन् नृपार्पितम्॥ १९॥

हे राजन ! महाराजा मरुत्त द्वारा समर्पित वह विपुल धन जिसे ब्राह्मण ले जाने असमर्थ थे (महाराजा मरुत्त द्वारा विपुल धन ब्राम्हणों को यज्ञ की दक्षिणा स्वरुप प्रदान किया गया था, जिससे जितना संभव हुआ वे साथ ले गए, जो न ले जा सके) वह इस धरा के, अंचल में दबा पड़ा है, यहां विद्यमान है, तुम उसे ग्रहण करो।

अग्रसेन उवाच

धन्यो मरुत्तो राजाऽसौ येन यागस्तथाविधः।
कृतो बहुसुवर्णाढ्यो यत्र विप्राः सुतर्पिताः॥ २०॥

श्री अग्रसेन ने कहा – महर्षे ! धन्य हैं ! वे महाराजा मरुत्त ! जिन्होने अत्याधिक स्वर्णदान से युक्त, ऐसा महायज्ञ किया जिसमें उन्होने तपस्वियों एवं ब्राह्मणों को, विपुल दक्षिणा देकर, संतुष्ट किया।

त्यक्तं विप्रैः सुवर्णं यत् कथं तदहमानये।
ब्राह्मणानां विशेषेण वित्तं दुःखतरं मम॥ २१॥

ब्राह्मणों द्वारा, ले जा सकने में असमर्थ होने के कारण, तजे गए उस स्वर्ण को, हे महामुने ! मैं भला कैसे ले सकता हूं ? (क्षत्रिय कर्म तो दान देना कहा गया है ब्राह्मणों का धन ग्रहण करना नहीं।) ब्राह्मणों का वह धन मेरे लिए विशेष रुप से कष्टकारी ही होगा।

मत्तः परो न निन्द्योऽन्यो भविष्यति नराधिप।
ब्रह्मस्वे यस्य नृपतेर्मतिर्भवति दारुणा॥ २२॥

ऐसा करने पर, हे महामुने ! इस जगत में भला मुझसे अधिक निन्दनीय राजा और कौन होगा ?

ग्रहणान्मज्जयत्येनं शिलेवाम्भसि दुस्तरा ।
प्रहसिष्यन्ति मां विप्रा मम वित्ते तथाविधे ॥ २३ ॥

हे महर्षे ! जिस राजा की बुद्धि, ब्राह्मणों के धन के अपहरण के लिए क्रूरता पूर्ण हो जाती है, उसे वह धन ग्रहण करने की प्रेरणा देनेवाली, बुद्धि जल में पड़ने वाली दुस्तर शिला की भांति, गर्त में डुबो देती है। इस विधि से, प्राप्त धन से,मेरे द्वारा राज्य की ,संरचना करना तो उल्टा, मेरी हंसी का ही कारण बनेगा।

तस्मान्न कुत्सितं कर्म करिष्यामि ध्रुवं मुने ॥ २४ ॥

अतः हे मुनिवर ! कृपया आप ही बताइये, ऐसा कुत्सित कर्म, मैं भला कैसे करुं ?

धिङ् मदीयमिदं राज्यं यत्र नाम्बा न चानुजः ।
एका त्रपा मे महती मुञ्चतो मेऽश्रु शोकजम् ॥ २५ ॥

और फिर, माताश्री तथा अनुज – शौर्यसेन से रहित, मेरे द्वारा इस प्रकार राज्य संरचना की कल्पना भी धिक्कारणीय ही है। महामुने वे, वहां शोकजन्य अश्रु गिरा रहे होंगे, मेरे लिए तो यही एक अत्यन्त लज्जा की बात है।

सम्मार्जयितुमेकां हि न समर्थोऽस्मि तां त्रपाम् ।
द्वितीयैषा महाभाग विप्रद्रव्याद् भविष्यति ॥ २६ ॥

हे महाभाग! मुनिवर! मैं उस एक लज्जा का ही मार्जन करने में समर्थ नहीं हो पा रहा हूं, फिर ब्राह्मणों का द्रव्य ग्रहण करने से तो, मेरे लिये दूसरी और अधिक लज्जा की बात होगी।

गार्ग्य उवाच

धन्योऽसि नृपशार्दूल सम्यगुक्तं त्वया वचः।
धरास्वं प्रति यां शङ्कां प्रकरोषि वृथा हि सा॥ २७॥

महर्षि गर्ग ने कहा – हे राजसिंह! तुम धन्य हो। तुमने बहुत ही श्रेष्ठ बात की है, किन्तु ब्राह्मणों द्वारा त्याग दिये गए, धरा में दबे पड़े, उस धन को ग्रहण करने के संदर्भ में, जो तुम्हारी शंका है, वह व्यर्थ है, निर्मूल है।

यदा त्यक्तं धनं तैर्हि स्वाम्यं तेषां तदा गतम्।
एष यत्नो मानवैरे न दोषस्ते भविष्यति॥ २८॥

अग्र! ब्राह्मणों ने जिस समय, उस धन का परित्याग किया, उसीसमय उनका उस धन पर से, स्वामित्व हट गया। धरती द्वारा धारण किए गए, उस धन को मानव द्वारा प्रयत्न पूर्वक अर्जित करने में किसी भी प्रकार का कोई दोष नहीं है।

रामेण भूः पुरा दत्ता कश्यपाय महात्मने।
कथं गृह्णन्ति च महीम् राजानः पापभीरवः॥ २९॥

वत्स ! यदि ऐसा कोई दोष होता, तो पूर्वकाल में भगवान परशुरामजी ने अपने शौर्य से अर्जित कर, यह पृथ्वी महात्मा कश्यप को दान मे दे दी थी, फिर पाप से भय करने वाले नरेश, ब्राह्मण को दान में दी जा चुकी इस पृथ्वी को, फिर कैसे धारण करते हैं ?

दैत्यैर्जिता धरा चेयं दैत्येभ्यः क्षत्रियैर्जिता।
गतं स्वाम्यं च विप्राणां तस्माद् दोषो न विद्यते॥३०॥

वत्स अग्र ! पहले इस पृथ्वी को, दैत्यों ने जीता था, फिर दैत्यों से इसे क्षत्रियों ने जीता, इस प्रकार उस पर से ब्राह्मणों का अधिकार, स्वयं ही समाप्त हो गया, अतः इस पृथ्वी को धारण करने में, कोई दोष नहीं है।

यदा धराधिपत्यं हि प्राप्तं येन नृपेण च।
तदा तस्याखिलं वित्तं जायते नात्र संशयः ॥३१॥

राजन! जिस समय, जिस राजा को, धरा के जिस भाग का, स्वामित्व प्राप्त होता है, उस समय उस पृथ्वी के (बाह्य तथा आंतरिक) समस्त धन पर उसका अधिकार होता है – इसमें कोई संदेह नहीं।

मन्त्रग्रामैः सुविहितैरौषधैश्च सुयोजितैः।
यत्नेन चानुकूलेन दैवमप्यनुलोम्यते ॥ ३२ ॥

भली भांति किये गए, मंत्र समूहों का जप, अच्छी तरह विधिवत उपयोग में लाई गई औषधियों का सेवन, तथा योग्य प्रयत्नों में, दैवकृपा (दैवानुकूलता) निश्चित प्राप्त होती है।

तद् धनं त्वं समानीय कुरु राज्यस्य रक्षणम्।
इति ब्रुवाणो गर्गस्तम् आशिषाऽग्रमयोजयत् ॥ ३३ ॥

अतः निर्मूल शंकाओं से विमुक्त होकर, उस धन को प्राप्त कर, तुम राज्य की उत्तमोत्तम संरचना करो। यह कहते हुए महर्षि गर्ग ने श्री अग्रसेन जी को, सफलता का आशीर्वाद दिया।

ममाश्रमसमीपे हि मरुत्तस्यास्ति सा हि भूः।
राजन् सा वालुकापूर्णा दिशामावृत्य पश्चिमाम् ॥ ३४ ॥

महर्षि गर्ग ने तब– श्री अग्रसेन को उस स्थल की जानकारी देते हुए बताया, हे राजन ! मेरे आश्रम के समीप ही, मरुप्रदेश की वह भूमि है, जो बालू से परिपूर्ण तथा पश्चिम दिशा में, फैली हुई है।

आदौ प्राप्ता श्रीरियं ते ह्यभिषिक्तोऽनया भव।
पुरस्थान्यन्यरम्याणि मृगयस्व यथाक्रमम्॥ ३५॥

महर्षि गर्ग ने कहा – हे राजन ! इस आश्रम भू पर, पहले चामर से संयुक्त होकर, नृप – स्वरुप, मेरे द्वारा अभिषेक को प्राप्त करो, फिर राज्यलक्ष्मी प्राप्त करने के उपरांत, इस भूभाग में, यहां सुरम्य राज्य की सरंचना हेतु प्रयत्न करो।

जैमिनिरुवाच

अथाभ्यषिञ्चदग्रं तं वेदविद्भिर्द्विजैर्मुनिः।
अभिषिक्तोऽभिरेजेऽथ श्रिया युक्तो महाबलः॥ ३६॥

जैमिनी जी कहते है – तदनंतर, महर्षि गर्ग ने, आश्रम के सभी, वेदज्ञ द्विजों को साथ लेकर, उस विमुक्त भूमि के राजा के रुप में, श्रीमहालक्ष्मी की कृपा से युक्त महाबली अग्रसेन का अभिषेक कर दिया।

प्राप्यामितां धरां राजा तत्र सम्पूजितस्तदा।
सभाज्यमानो विप्रैश्च जयशब्दोत्तरेण च॥ ३७॥

इसप्रकार, वहां राज्य की संरचना हेतु, धरा प्राप्त कर श्री अग्रसेन जी ब्राह्मणों से सम्मानित हो, जय जयकार के साथ सुशोभित होने लगे।

तर्पयित्वा महादेवम् आज्येन विधिवत् तदा।
मन्त्रसिद्धं चरुं कृत्वा पुरोधाः स ययौ किल॥ ३८॥

तत्पश्चात, मुनियों द्वारा विधिपूर्वक संस्कारित घृत के द्वारा, भगवान महादेव (शिवजी) को तृप्त करके, मंत्र सिद्ध चरु तैयार किया गया और तब, श्री अग्रसेन भूदेव के समीप गए।

सर्वं स्विष्टतमं कृत्वा विधिवद् वेदपारगः ।
किङ्कराणां ततः पश्चाच्चकार बलिमुत्तमम् ॥ ३९ ॥

तब, वेदों के पारंगत विद्वान ऋृषियों ने, वहां देवताओं को अत्यन्त प्रिय लगने वाले समस्त कर्म करके, फिर भगवान शिव के पार्षदों को, उत्तम भेंट–पूजादि से संतुष्ट किया।

कृत्वा पूजां तु रुद्रस्य गणानां चैव सर्वशः ।
ययौ गर्गम् पुरस्कृत्य नृपो रत्ननिधिं प्रति ॥ ४० ॥

गणपति सहित भगवान शिव परिवार और उनके समस्त गण आदि का, सब प्रकार से पूजन करके, महर्षि गर्ग को सम्मुख करके, राजा अग्रसेन उस स्थान पर गए, जहां रत्न एवं स्वर्ण राशि (धरा के भीतर) सरंक्षित थी।

तां धरां खानयामास बालुकार्णवपूरिताम् ।
प्रत्यपद्यत रत्नानि विविधानि वसूनि च ॥ ४१ ॥

तब वे, अपार रेत के उन टीलों से युक्त, धरा को खुदवाने लगे वहां, धरा के खनन से, नाना प्रकार के रत्न तथा संपत्ती उपलब्ध हुई।

जैमिनिरुवाच

तस्मिन् बालुवनस्थाने सा पुर्याग्रेयनामिका ।
अग्रसेनेन संसृष्टा रम्या पुण्यपुरोत्तमा ॥ ४२ ॥

जैमिनी जी कहते हैं – बालु और वन से परिपूर्ण उसी स्थान पर, राजा श्रीअग्रसेन ने एक रम्य पुरी का निमार्ण करवाया, जो पुण्यभू थी, और अन्य पुरियों मे श्रेष्ठ थी, वह पुरी ***आग्रेय*** के नाम से विख्यात हुई।

गर्गः प्रादाद् वरं तस्मै राजपुत्राय धीमते।
ददौ चास्याक्षयं वित्तं शत्रुभिश्चापराजयम् ॥४३॥

जैमिनी जी कहते हैं – हे महाप्राज्ञ ! धर्मज्ञ ! जनमेजय ! उस समय, महर्षि गर्ग ने राजपुत्र महात्मा अग्रसेन को वरदान दिया कि तुम्हारे पास सदैव अक्षय धन व सम्पत्ति रहेगी, एवं तुमसे शत्रु सदैव पराजित ही रहेंगें।

॥ इति जैमिनीये जयभारते भविष्यपर्वणि अग्रोपाख्यानस्य
यद्विरचितम् श्रीमदग्रभागवते नवमोऽध्यायः ॥
॥ शुभं भवतु कल्याणम् ॥

महर्षि जैमिनी विरचित जयभारत के भविष्यपर्व के अग्रोपाख्यानम् के
श्रीमद् अग्रभागवतम् स्वरूप का नौवां अध्याय पूर्ण हुआ ।
यह शुभकारी आख्यान सबके लिये कल्याणकारी हो ।

॥ श्री अग्र भागवत ॥

दशम् अध्याय

आधार

जैमिनिरुवाच

जयस्य हेतुः सिद्धिर्हि कर्म दैवं च संश्रितम्।
संयुक्तो हि बलैः कश्चित् प्रमादान्नोपजायते ॥ १ ॥

जैमिनी जी कहते हैं कि – मनोयोग (सिद्धि) और दैवकृपा (भाग्य) के अनुकूल पुरुषार्थ तो, सदैव ही विजय का कारण होता है, राजन ! कोई भी किसी भी प्रकार के बल (धर्मबल, धनबल, ज्ञानबल, भुजाबल आदि) से संयुक्त होने पर यदि प्रमाद करे, और कर्तव्यों में मन न लगावे, तो वह अपने उद्देश्य में कभी सफल नहीं होता।

मणिमुक्तास्वर्णरत्नैः पूरितान् घटकान् बहून्।
अग्रसेनः समादाय सहवित्तो ययौ मुनिम्॥ २ ॥

श्री अग्रसेन, उस भूमि से अर्जित किए गए, स्वर्ण, रत्न, मणिआदि तथा मुक्ताओं से भरे अनेकों कलशों सहित, अपार संपत्ति व धनराशि को साथ लेकर आश्रम के द्वार पर, आए।

सोऽभ्यगच्छत् मुनिर्गार्ग्यः सम्मुखे चाभिनन्दितः।
दीपदीपितपात्रेण ऋषेर्भार्याऽप्यपूजयत्॥ ३ ॥

उसी समय, महर्षि गर्गाचार्य ने, सम्मुख आकर, श्री अग्रसेन का, हार्दिक अभिनन्दन किया, तथा ऋृषि पत्नी (गार्गी) ने प्रज्जवलित दीपों की प्रकाशित थाल हाथ में लेकर, मातृवत उनकी आरती उतारी।

मातृरूपा ऋषेर्दाराः पितृरूपो महामुनिः।
नमस्कृतौ पूतपादौ राज्ञा ययतुराश्रमम् ॥ ४ ॥

तब श्री अगसेन ने, माता स्वरूपा ऋषिपत्नी (गार्गी) तथा पिता स्वरुप महामुनि गर्ग के पुण्य चरणों में (साष्टांग) प्रणाम कर, पवित्र पदों से पैदल ही चलकर ही, आश्रम को प्राप्त किया (पहुंचे)।

महोत्सवं तदा चक्रुराश्रमे तत्र वासिनः।
उच्चैर्जगुर्नाम हरेः पदैर्ललितवर्त्तनाः ॥ ५ ॥

राजन ! उस सुअवसर पर, सभी आश्रमवासी, हर्षित होकर, यथायोग्य महोत्सव मनाने लगे। फिर वे उच्च स्वरों में, सुन्दर लययुक्त पदों से, भगवत् नाम का संकीर्तन करने लगे।

सुवर्णरत्नवासोभिराश्रमस्थांश्च याचकान्।
अग्रसेनो द्विजान् सर्वान् समलङ्कृतवान् मुदा ॥ ६ ॥

तदनंतर, श्री अग्रसेन ने, समस्त आश्रमवासियों तथा अन्य ब्राह्मणों को, व याचकों को, आनन्द पूर्वक स्वर्ण, रत्न, वस्त्रादि प्रदान कर, उन्हे भलीभंति अंलकृत किया।

पुरं तत्र स निर्मातुं विश्वकर्माणमादिशत्।
यद् आग्रेयमिति ख्यातं दिव्यं रम्यं मनोहरम् ॥ ७ ॥

तद्उपरांत, उन्होंने वहां एक दिव्य, रमणीय तथा मनोहारी नगर जो आग्रेय के नाम से विख्यात है, के निर्माण हेतु, विश्वकर्माओं (कारीगरों) को आदेश दिया।

येन लिङ्गेन यो देशो युक्तः समुपलक्ष्यते।
तेनैव नाम्ना तं देशं वाच्यमाहुर्मनीषिणः ॥ ८ ॥

जैमिनी जी कहते हैं – हे राजन ! जो देश जिस चिन्ह से युक्त होता है, या जिसकी ओर इंगित करता है, वह उसी रूप में पहचाना जाता है, (विद्वानों) मनीषियों का मत है, कि उस देश का जिससे वह पहचाना जाए, वही नाम होना चाहिये।

ततः पुण्ये शिवे देशे शान्तिं कृत्वा विधानतः।
नगरं मापयामासुः अग्रो गार्ग्यः पुरोगमाः ॥ ९ ॥

तत्पश्चात,उस पवित्र एवं कल्याणमयी, मही (भूमि) पर श्री अग्रसेन ने, विधिवत शांति कर्म करवा के नगर बसाने हेतु महर्षि गर्ग के नेतृत्व में जमीन (भूमि) का माप करवाया।

पुरं लक्षणसम्पन्नां स्वायताष्टपदोपमाम्।
सिकतामृत्तिकाताम्रं कृतास्पदमिव श्रिया ॥ १० ॥

वह स्थान, नगरोपयोगी शुभ लक्षणों से सम्पन्न था, तथा भूभाग शतरंज की चौसर की बिछात के सदृश्य चौकोर था। बालु के साथ ही तांबे के रंग वाली मिट्टी से, सुशोभित उस स्थल में मानो महालक्ष्मी ने अपना निवास स्थान बना लिया हो।

योजनद्वादशास्तीर्णा चतुर्योजनमायता।
कपाटतोरणवती सुविभक्तमहापथा ॥ ११ ॥

उस रम्य पुरी का विस्तार, बारह योजन लम्बा तथा चार योजन चौड़ा आयताकार है, बड़े बड़े द्वारों और किवाड़ों से सुशोभित, तथा राज्य मार्ग सुस्पष्टतया विभक्त हैं।

उद्यानवनसम्पन्ना सुसीमा सुप्रतिष्ठिता।
प्रांशुप्राकारवसना परिखाकूलमेखला ॥ १२ ॥

वहां नाना प्रकार के वृक्षों से युक्त, उद्यान 'आग्रेय पुरी' की शोभा बढ़ाते हैं। उस पुरी की सीमाएं श्रेष्ठ और वे अच्छी तरह से बसाई गई हैं, तथा (दृढ़ता पूर्वक) प्रतिष्ठित हैं। वह रम्य नगरी नारी की भांति सुशोभित हो रही है, नगर की ऊंची ऊंची चारदीवारियाँ ,वस्त्रों की भांति, नगर को आवृत किये हुए हैं, तथा चारों ओर की खाई उसकी करधनी सी प्रतीत होती है।

स्थापयामास भागेषु देवतायतनान्यपि।
निर्मितं ह्यग्रसेनेन प्राजापत्येन कर्मणा ॥ १३ ॥

नगर के विभिन्न भागों में अनेकों देव मंदिरों की भी स्थापना करवाई गई है, श्री अग्रसेन जी ने इस नगर का निर्माण शिल्प शास्त्रों के नियमों के आधार पर करवाया है।

रथ्यावीथीर्नृणां मार्गाश्चत्वराणि वनानि च।
चित्रमष्टापदाकारं विमानगृहशोभितम् ॥ १४ ॥

राजन! सड़कों, गलियों, जनसाधारण के मार्ग तथा अनेक चौराहों और वन–उपवनों से सम्पन्न यह पुरी, द्यूत फलक के आकार में, अर्थात् पुर के मध्य में राजमहल और उसके चारों ओर राजवीथियां, बीच की जगह खाली, इस प्रकार अष्टपदाकारा, सात मंजिल वाले विमानगृह प्रासाद से सुशोभित है।

पुरं मध्ये वर्धमानं श्रीपीठे रत्नसंस्कृते।
आराध्यते ह्यहोरात्रं द्विजाः वेदविदां वराः ॥ १५ ॥

आग्रेय नगर के मध्य में वर्धमान (दक्षिण दिशा के अतिरिक्त तीनों दिशाओं के) द्वारवाली, रत्नों से जड़ी – श्री पीठ (महालक्ष्मी मंदिर) है, जहां वेदवत्ताओं में श्रेष्ठ, पारंगत ब्राह्मण, अहोरात्र (दिन–रात) अखंड आराधना करते हैं।

विरोचमानं विविधैः देवायतनमन्दिरैः ।
वापीकूपतडागादि स प्रजार्थमकारयत् ॥ १६ ॥

विविध देवी –देवताओं के प्रथक प्रथक श्रेष्ठ देवालय तथा अनेकों देवमंदिर भी यहां हैं। श्री अग्रसेन ने यहां बावड़ी, कुंए, पोखर आदि, एवं प्रजा के लिये पुण्य भवन, धर्मशालाएं भी बनवाई हैं।

कृतघोषाणि सत्राणि बहुन् योगेश्वराश्रमान्।
प्रपाश्चकार विविधाः फलपत्रपयोऽधिकाः ॥ १७ ॥

यहां श्री अग्रसेन ने कई गोष्ठों (गौशालाओं) अन्नसत्रों तथा योगेश्वरों के निवास योग्य आश्रमों, तथा अनेकों पौसलों जिनमे फल, पत्र जलादि की बहुतायत है, का भी निर्माण करवाया है।

विविधैरपि निर्बद्धैः शस्त्रोपेतैः सुसंवृतैः।
एषाऽग्रसेनस्य पुरी ह्याग्रेयी कर्मणा शुभा ॥ १८ ॥

अनेकों प्रकार के अभेद्य तथा सभी ओर से संवृत्त, अस्त्रशस्त्रों से युक्त, शस्त्रागारों से युक्त ऐसी श्री अग्रसेन की पुरी 'आग्रेय' का विश्वकर्माओं (कारीगरों) और कुशलकर्मियों ने निर्माण किया।

देशादेशात् ते लोका आग्रेयपुरमागताः।
चातुर्वर्ण्यसमाकीर्णं नरनारीगणैर्युतम् ॥ १९ ॥

उस समय, देश देशांतरों से, चारों वर्णों के लोग, नर –नारीयां, एकत्रित होकर, अपने बालकों तथा पालकों के साथ 'आग्रेय' गणराज्य में बसने की इच्छा से वहां आने लगे।

ब्राह्मणाः वेदनिपुणाः सर्वशास्त्रविशारदाः।
धर्मज्ञाः कर्मनिपुणाः शुचयः समदर्शनाः॥ २०॥

उनमें बहुत से ब्राह्मण थे, जो वेदों के तत्वज्ञ, संपूर्ण शास्त्रों में पारंगत, धर्मज्ञ, कर्मकांड में निपुण, पवित्र आचरण वाले तथा समदर्शी थे।

भार्यापुत्रयुताः सर्वे शिष्यैर्बहुभिरन्विताः।
वैश्याः धनसमृद्धाश्च साधकाः स्वर्णकारकाः॥ २१॥

उनके साथ, उनकी पत्नी और पुत्रादिकों के साथ ही, बहुत से शिष्य भी थे। बहुत से धन से समृध्द वैश्य, रत्नपारखी तथा आभूषण बनाने वाले स्वर्णकार भी थे।

शिष्टाचारपरास्तत्र दानधर्मपरायणाः।
युद्धे कुशलिनः शूराः क्षत्रकर्मरतास्तथा ॥ २२॥

वहां बसने के लिए आने वालों में सदाचार परायण तथा दान धर्मादिक में न्यस्त रहने वाले व्यक्ति भी थे। राज्य में आने वालेां में युध्दकला में निपुण शूरवीर, तथा क्षत्रिय धर्म का पालन करने वाले लोग भी थे।

उपयोगसमर्थाश्च सर्वद्रव्यैः समावृताः।
प्रजाः संस्थापयामास सोऽग्रसेनः समा मुदा॥ २३॥

ऐसे लोग जो अपनी आवश्यकता की पूर्ति करने में स्वयं समर्थ थे, तथा सभी प्रकार के द्रव्यों, (गोधन, गजधन, वाजिधन, रत्नादिक) से परिपूर्ण थे, ऐसी सभी समागत प्रजा को, श्री अग्रसेन जी ने प्रसन्नता पूर्वक अपने राज्य में, यथा योग्य स्थान देकर बसाया।

ततस्तं विश्वकर्माणं पूजयित्वा विसृज्य च।
गार्ग्यं तमब्रवीदेवम् अग्रसेनः कृतक्षणम्॥ २४॥

तदनंतर, विश्वकर्माओं का पूजन करके राजा अग्रसेन ने उन्हे विदा कर दिया, श्री अग्रसेन ने कृतज्ञता अभिव्यक्त करते हुये, महर्षि गर्ग से कहा।

अग्रसेन उवाच

महर्षे त्वत्प्रसादेन राज्यं सम्पन्नमद्य मे।
धनधान्यसुसम्पन्नं परं शून्यं मनोहरम्॥ २५॥

श्री अग्रसेन ने कहा – हे महर्षे ! आपकी कृपा से ही मुझे यह राज्य इस प्रकार अनायास ही, संभव हुआ है, जो कभी निर्जन प्रदेश था, आज धन धान्य से संपन्न रमणीय तथा मनोहारी राज्य हो गया है।

यदिष्टमनुमन्तव्यं कर्तव्यं कारयस्व मे।
त्वत्कृतः सुखदो बोधो भविष्यति यशःप्रदः ॥ २६॥

हे महामुने ! आपके मन्तव्य (विचार) से, मेरे लिये जो भी अभिष्ट हो उन कर्तव्यों का पालन करने हेतु, आप मुझे निर्देश करें, आपके प्रत्येक निर्देश एवं आदेश हमें निश्चित ही सुखदायक एवं यश प्रदायक होंगे।

जैमिनिरुवाच

स चाग्राणामधिपतिः अग्रसेनो महामनाः।
कृतमङ्गलसत्कारो गार्ग्यस्यानुमते स्थितः॥ २७॥

जैमिनी जी कहते हैं – तब आग्रेय गणराज्य के अधिपति महामना श्री अग्रसेन ने महामुनि गर्ग की सम्मति के अनुसार ही, सारे मंगल कृत्य संपन्न किये।

सुतोरणद्वारपुरं प्रविवेश महाद्युतिः।
तदा संस्तूयमानोऽग्रः सूतमागधबन्दिभिः॥ २८॥

तब वहां सूत, मगधों तथा बंदी गणों द्वारा स्तुति प्रशंसा से युक्त महाद्युति श्री अग्रसेन ने, श्रेष्ठ दिशा वाले तोरण द्वार से, राजधानी में प्रवेश किया।

शङ्खदुन्दुभिनिर्घोषाः श्रूयन्ते स्म भृशं तदा।
जयेति ब्राह्मणगिरः श्रूयन्ते स्म सहस्रशः॥ २९॥

उस समय शंख और दुंदुभी आदि वाद्यों के मधुर घोष, उच्च स्वरों में सुनाई दे रहे थे। साथ ही हजारों ब्राह्मणों के श्रीमुख से निकले हुए, जयघोष का भी सुनाई दे रहा था।

औपवाह्यगतो राजा राजमार्गमतीत्य च ।
कृतमङ्गलसत्कारं विवेश भवनं स्वकम्॥ ३०॥

हाथी पर विराजमान, महाराजा अग्रसेन ने राज्य मार्ग को पार करके नवनिर्मित उस उत्तम राजभवन में प्रवेश किया, जहां वह गृह प्रवेश का मांगलिक कार्य सम्पन्न होना था।

शिखरे राजभवने महोच्छ्रायध्वजोत्कटे।
अलक्ष्यत ध्वजं पीतवर्णं भानुसुलक्षणम्॥ ३१॥

राजभवन के शिखर पर, परम कल्याण प्रद, उत्कृष्ट ध्वज, फहर रहा था, जो कि पीत (पीले) रंग का, तथा सूर्य के चिन्ह से अंकित दिखाई दे रहा था।

ययौ स चामरव्यग्रपाणिभिः पार्श्ववर्तिभिः ।
राजा च्छत्रयुतो भेजे तत्र राज्यासनं सभाम्॥ ३२॥

महाराजा श्री अग्रसेन, अपनी राज्यसभा की ओर चल रहे थे। पीछे पीछे बहुत से सेवक चंवर डुलाते चल रहे थे। राज्य सभा में पहुंचकर वे, छत्र लगे अपने राज्य सिंहासन पर विराजमान हुए।

सभायां प्रबभौ देवी दिव्या दिव्येन वर्चसा।
मणिरत्नचिता चित्रस्फटिकस्तम्भशोभिता॥ ३३॥

तब, वह दिव्य सभा – अपनी अद्वितीय दिव्यता का भास कराने लगी। मणियों तथा रत्नों से व्याप्त, उस सभा में चित्र विचित्र स्फटिक के स्तंभ अत्यंत सुंदर प्रतीत होते थे।

राज्यासनेऽग्रसेनस्य सा लक्ष्मीः परमासने।
गर्गश्च बहुशस्तस्याम् आसंश्चामात्यमन्त्रिणः॥ ३४॥

आग्रेय के परमासन पर, अधिष्ठात्री देवी श्री महालक्ष्मी विराजमान हैं। दिव्य राज्य सिंहासन पर, महाराजा अग्रसेन तथा अन्य उत्तम आसनों पर महर्षि गर्ग, बहुत से अन्य मंत्रीगण तथा अनेकों व्यक्ति उस सभा में उपस्थित थे।

तस्यैकस्योच्छ्रितं छत्रं वासन्तीवर्णशोभितम्।
विभूषितं स्वर्णदण्डं कृत्स्नस्य जगतो हितम्॥ ३५॥

स्वर्णदंड से युक्त वासंती रंग का छत्र जो केवल महाराजा श्री अग्रसेन के शीश पर शोभायमान था। वह जगत के सारे पापों को विनिष्ट कर रहा था।

प्रसादाभिमुखे तस्मिँश्चपलाऽपि स्वभावतः ।
निकषे हेमरेखेव श्रीरासीदनपायिनी ॥ ३६ ॥

यहां ऐसा प्रतीत हो रहा है – मानो कि, स्वभावतः चंचला लक्ष्मी भी, प्रसन्नमुख श्री अग्रसेन के यहां आकर परमासन पर उसी प्रकार अचल भाव से स्थिर विराजमान हो गयीं, जैसे कसौटी पर खिंची हुई सोने की लकीर पक्की हो जाती है।

वयोरूपविभूतीनामेकैकं मदकारणम्।
तानि तस्मिन्समस्तानि न तस्योत्सिषिचे मनः ॥ ३७ ॥

यौवन, सौंदर्य या ऐश्वर्य, इनमें से यदि एक भी वस्तु, किसी के पास होती है तो, वह उसी के मद में उन्मत्त हो जाता है, किंतु महाराजा अग्रसेन के पास ये तीनों ही, एक साथ हैं, तथापि उनमें इनका किंचित भी अभिमान नहीं है।

ततस्तु राष्ट्रं नगरं नरनारीगणायुतम्।
गोधनैश्च समाकीर्णं सस्यवृद्धं तदाऽभवत्॥ ३८ ॥

जैमिनी जी कहते हैं – हे परम जिज्ञासु जनमेजय ! अगणित नर नारियों से शोभित, यह आग्रेय गणराज्य तथा इसकी राजधानी रुपी, यह नगर गोधन से संपन्न है। जिसमें दिनों दिन कृषि की उन्नति होने लगी।

प्रजाभिरष्टादशभिर्हृष्टाभिश्च समन्विताम्।
अग्रसेनः श्रियं भक्तिं व्यवर्धयत तां पुरीम्॥ ३९॥

इसप्रकार, यहां हर्ष पूर्वक निवास करती हुई, अट्ठारह प्रकार की प्रजाओं के साथ, महाराजा अग्रसेन अपने इस राष्ट्र में, राष्ट्र सरंक्षिका, श्री महालक्ष्मी की भक्ति की उत्तरोत्तर वृद्धि करने लगे।

गर्गस्य तु गुरोर्मन्त्रैः अग्रसेनस्य कर्मणा।
किं न साध्यं यदुभये साधयेयुर्न संगताः ॥ ४० ॥

राजगुरु महर्षि गर्ग के गुरुमंत्र (योग्य निर्देश) तथा महाराजा अग्रसेन के पुरुषार्थ दोनों ने मिलकर, जनहित के प्रत्येक कार्य को चाहे वह कितना भी दुष्कर या असाध्य क्यों ना रहा हो, सदैव पूरा किया।

श्रद्धाऽदृश्यत पौराणां प्रतिजग्राह तां स वै।
प्रश्रयेणाब्रवीद् राजा कच्चिद् आगमनं सुखम् ॥ ४१ ॥

जैमिनी जी कहते हैं – राजन जनमेजय ! इस महोत्सव में प्रतापपुर से आए हुए, परिचित लोगों को आया हुआ देख, महाराजा अग्रसेन ने उनकी अगवानी की तथा उनसे विनम्रता पूर्वक पूछा – आप लोगों का आगमन सुखपूर्वक तो हुआ न ?

कच्चित् प्रजा कुशलिनी सह सौम्यानुजा प्रसूः।
स चाभिवाद्याग्रसेनं रुरोदोद्विग्नमानसः ॥ ४२ ॥

वहां (प्रतापपुर में) प्रजाजन कुशल तो है न ? राज पुरोहित सौम्य ॠषि माता वैदर्भी तथा अनुज शौर्य सेन आदि कुशल मंगल तो है न ? महाराजा अग्रसेन के इसप्रकार पूछने पर वे उद्विग्नमना लोग, उनका अभिवादन करते करते ही रो पड़े।

ततः स कथयामास राज्ञे वृतान्तमादितः ।
सकूटकामुकः कुन्दो परितापेन दारुणः ॥ ४३ ॥

तदनंतर उन आंगतुकों ने महाराजा अग्रसेन से, उस क्रूर तथा भोगो में लिप्त कुन्दसेन के प्रजा को संतापदायक अत्याचारों एवं प्रजा के दुखों का सारा वृत्तान्त ज्यों का त्यों (यथावत) कह सुनाया ।

यत्र राजा कामरतः सदा लोकपराङ्मुखः।
तस्मिन् राष्ट्रे न वस्तव्यं हितैश्च दृढनिश्चयः॥ ४४॥

उन्होने बताया कि एक दिन प्रतापपुर के पुरोहित ऋृषि सौम्य ने यह दृढ़ निश्चय कि 'जिस राज्य का राजा दुष्ट ह्दय हो, कामाचारी हो तथा प्रजा के हित के विपरीत आचरण करने वाला हो, उस राष्ट्र में (एक पल भी) रहना उचित नहीं।

तावदुक्त्वा वचः सौम्यो वैदर्भीशौर्यसंयुतः।
परित्यज्य पुरं यातः कोऽपि नो वेत्ति तं नृपम्॥ ४५॥

और, इसप्रकार के वचन कहने के उपरांत, ऋृषि सौम्य राजमाता वैदर्भी तथा शौर्यसेन के साथ, प्रतापपुर को त्यागकर कहां चले गए ? महाराज! यह कोई भी नहीं जानता।

श्रुत्वा ध्यानपरो राजा निशश्वासाऽऽर्तवत् तदा।
तत्क्षणे दुःखसन्तप्तः क्रोधामर्षयुतोऽब्रुवीत्॥ ४६॥

यह सुनते ही, श्री अग्रसेन भारी चिंता में डूब गए, और शोकातुर होकर लम्बी – लम्बी सांसे भरने लगे। अत्यन्त दुःख से संतप्त होकर वे क्रोध और अमर्ष में भरकर, मन ही मन बुदबुदाने लगे।

धिङ् मदीयमिदं राज्यं यत्र नाम्बा न चानुजः।
ताभ्यां विरहितं तद्वद् देहं चक्षुर्विवर्जितम्॥ ४७॥

माता वैदर्भी और अनुज शौर्यसेन से रहित, मेरे ऐसे राज्य को धिक्कार है, क्योंकि उन दोनों से रहित यह राज्य नेत्रों से हीन शरीर की भांति, शोभा से रहित प्रतीत हो रहा है।

कथं तयोस्त्वानयनं को हितं मे करिष्यति।
कं च पृच्छामि सुहृदं क उपायोऽत्र सम्भवः॥ ४८॥

वे सोचने लगे कि मैं किस हितैषी से पता लगाऊं ? (कि वे अभी कहां होंगे ? कैसे होंगे ?) किसे कहूं कि तुम उन्हे ले आओ (जब यही ज्ञात नहीं कि वे कहां है ?) कौन हमारा यह हितपूर्ण कार्य करेगा ? किस प्रकार, किस उपाय से (यह कार्य) संभव होगा।

सन्दिदेश द्विजान् अग्रो वसु दत्त्वा च पुष्कलम्।
मृगयध्वं शौर्यमेनं वैदर्भीं चैव मातरम्॥ ४९॥

अन्तोगत्वा, महाराजा अग्रसेन ने ब्राह्मणों को प्रचुर मात्रा में धन देकर, यह संदेश दिया, कि कृपया आप लोग (मेरे अनुज) शौर्यसेन तथा माता विदर्भनन्दिनी (भगवती देवी) की खोज करें।

कर्मणि प्रतिसम्पन्ने दास्यामि विपुलं वसु।
इत्युक्तास्ते विचिन्वन्तो ययुः सर्वे द्विजाः द्विशः॥ ५०॥

इस कार्य (माता तथा अनुज की खोज कर लेने पर) के हो जाने पर, खोज करने वाले को विपुल संपत्ती प्रदान किए जाने की, महाराजा अग्रसेन द्वारा घोषणा किए जाने पर, अनेकों ब्राम्हण उन्हे खोजने सभी दिशाओं में निकल पड़े।

अग्रसेनस्तु सर्वस्य लोकस्य हितमात्मनः।
चिकिर्षन् सुमहातेजा रेमे पुरुषसत्तमः॥ ५१॥

जैमिनी जी कहते हैं – हे पुरुषश्रेष्ठ जनमेजय ! महातेजस्वी अग्रसेन, राज्य के सभी लोगों का और अपना हित, प्रयत्नपूर्वक हर्ष और उत्साह से युक्त होकर करते थे।

तत्र प्रजा रेमिरेऽथ सुप्रीत्या जनमेजय ! ।
अवसत् धरणीपालांस्तापयन्स स्वतेजसा ॥ ५२ ॥

हे महाप्राज्ञ जनमेजय ! आनन्दप्रद महाराजा श्री अग्रसेन, प्रजा के साथ सदैव आनन्द मग्न रहते थे। जिससे उनके इस तेज से अन्य नरेशों का हृदय ईर्ष्या के वशीभूत संतप्त रहता था।

॥ इति जैमिनीये जयभारते भविष्यपर्वणि अग्रोपाख्यानस्य
यद्विरचितम् श्रीमदग्रभागवते दशमोऽध्यायः ॥
॥ शुभं भवतु कल्याणम् ॥

महर्षि जैमिनी विरचित जयभारत के भविष्यपर्व के अग्रोपाख्यानम् के
श्रीमद् अग्रभागवतम् स्वरूप का दसवां अध्याय पूर्ण हुआ ।
यह शुभकारी आख्यान सबके लिये कल्याणकारी हो ।

॥ श्री अग्र भागवत ॥

ग्यारहवां अध्याय

उपक्रम

जनमेजय उवाच

ऋषे ! किमेतत् कथितम् अग्रो नागाङ्गनापतिः? ।
कथमेतत् सङ्गतं हि तत् सर्वं वद सादरम् ॥ १ ॥

महाराज जनमेजय ने पूछा – महर्षे ! क्या यह सच है ? जैसाकि कहा गया है कि – श्री अग्रसेन नागकन्या के पति हैं ? यह असंभव घटना (वैष्णव तथा शैवों का संबंध) कैसे संभव हुई, कृपया सारा वृतांत मुझे बताने की कृपा करें, मैं आपसे सादर निवेदन करता हूं।

जैमिनिरुवाच

अग्रराजः सुधीः सम्यग् आग्रेयं पालयन्नभूत् ।
गर्गं पुरोहितं चक्रे तेनायं तीव्रशासनः ॥ २ ॥

जैमिनी जी कहते हैं – हे राजन ! श्री अग्रसेन सर्वदा सम्यक रीति से आग्रेय गणराज्य का पालन करते थे। उन्होंने महर्षि गर्ग को अपना पुरोहित (राज्य का हित सरंक्षक) बना लिया था, इस कारण उनका शासन और भी (कठोर) मर्यादित था।

न्यायवर्ती धनबलो धर्मबाहुर्मुनिर्नृपः ।
नृपः पुरोहितश्चैव नीतिशास्त्रविशारदौ ॥ ३ ॥

राजा अग्रसेन न्यायावर्ती थे, धर्मवाह थे (धर्मपथ पर चलनेवाले थे) समृद्ध थे, वैसे ही महाबली भी थे, उस आग्रेय राज्य के राजा अग्रसेन तथा पुरोहित गर्गमुनि दोनों ही नीति शास्त्र में निपुण थे।

गार्ग्य उवाच

मणिपूरिति पू रम्या नागराजेन पालिता।
धर्मार्थकाममोक्षणां पारगाः यत्र पन्नगाः ॥ ४ ॥

एक दिन श्री अग्रसेन से, महर्षि गर्ग ने कहा – हे राजन ! नागराज (महीधर) द्वारा सुरक्षित एक रमणीय पुरी है, जो मणिपुर के नाम से विख्यात है जहां नागगण धर्म, अर्थ, काम तथा मोक्ष की गतियों के पारंगत हैं।

सुखान्विताः अग्रसेन वयं राज्ये समे यथा।
उक्त्वा मुनिर्वचश्चैतद् उपविष्टो वरासने ॥ ५ ॥

वैसे तो हम सब, राजा अग्रसेन के राज्य में सुखपूर्वक आनंद से रहते हैं, इस प्रकार कहते हुए महर्षि गर्ग, अपने श्रेष्ठ आसन पर विराजमान हुए।

गार्हस्थ्यमपि कर्तव्यं नृणां गुप्तं हि सर्वदा।
नागराजस्य तनयां वरय त्वं महीधर ॥ ६ ॥

महर्षि ने कहा – हे राजन ! आपने राज्य की सरंचना कर ली, उत्तम प्रजा से युक्त नीतिमार्ग पर चलनेवाले इस राज्य में सभी सुखी तो है किन्तु ग्रार्हस्थ कर्म भी मनुष्य का हमेशा ही, हर युग में परम कर्तव्य माना गया है, आप वहां जाओ तथा नागलोक के राजा महीधर की कन्या का धर्मपत्नी के रुप में शीघ्र ही वरण करो।

जैमिनिरुवाच

न्यवेदयत् प्रियां तस्मै माधवीं नागकन्यकाम्।
सत्यव्रता धर्मरता पुण्यसर्वस्वदायिनी ॥ ७ ॥

जैमिनी जी कहते हैं – तब महर्षि गर्ग ने महाराजा अग्रसेन को, उनकी भावी प्रिया, कुमारी, सत्यव्रत में तत्पर, धर्मपूर्ण आचरण करने वाली, पुण्यपथ गामिनी, तथा विवाह होने पर सर्व सुखों को प्रदान करनेवाली उस नागकन्या माधवी जी के संपूर्ण वृतांत की जानकारी दी।

गार्ग्य उवाच

रम्यं मणिपुरं गच्छ नागराजेन पालिताम्।

मनोरमा तापसी सा माधवी त्वामनुव्रता ॥ ८ ॥

महर्षि गर्ग ने कहा – हे राजन अग्र ! नागराज महीधर की तपस्विनी मनोरम छवियुक्त, वह नागकन्या माधवी, भविष्य में आपका ही अनुवर्तन करने वाली है, अतः नागराज महीधर द्वारा पालित उस रम्य मणिपुर में जाओ।

अग्रसेन उवाच

कथं समागमस्तस्याः तस्मिन् लोके भविष्यति।

तब, श्री अग्रसेन ने पूछा – हे महर्षे ! उस नागलोक में जाना तथा उनसे मिलना, भला किस प्रकार संभव हो सकता है ? (असंभव सा प्रतीत होता है)

गार्ग्य उवाच

मा वत्स कार्षीस्त्वं चिन्तां कार्यरूपं वदामि ते ॥ ९ ॥

उद्दालकः सखा मेऽस्ति मुनिर्मन्त्रविदां वरः।

सोऽग्र तेषां मनो युक्तम् अनुकूलं करिष्यति ॥ १० ॥

महर्षि गर्ग ने कहा – हे वत्स ! यह कार्य कैसे संभव होगा, मैं तुम्हें इसका उपाय बताता हूं। वत्स अग्रसेन ! मंत्र वेत्ताओं में श्रेष्ठ, नागलोक के परमपूज्य, महामुनि उद्दालक वहां विद्यमान हैं। वे मेरे सखा हैं। वीर अग्रसेन ! वहां वे ऐसी चेष्टा (प्रयत्न) करेंगे, जिससे उन नागों का मन, तुम्हारे प्रति, कृपायुक्त हो जायेगा।

नागराजपुरं गच्छ भार्यामिच्छ कुलैषिणीम् ।
प्रेषयामि सखायं मे पन्नगेशनिवेशनम् ॥ ११ ॥

हे राजन ! तुम मेरी आज्ञा से, (मैं तुम्हे स्वीकृति देता हूं) नागराज महीधर की पुरी, मणिपुर में, पन्नगराज महीधर के यहां जाओ। तुम्हारे कुल को विभूषित करने वाली, श्रेष्ठ पत्नी की प्राप्ति हेतु तुम वहां शीघ्र जाओ।

एषा ते श्रेयसी यात्रा भविष्यति कुलस्य च।
पौराणामथ पुर्याश्च देशस्य च सुखावहा ॥ १२ ॥

हे राजन अग्रसेन! तुम्हारी यह यात्रा तुम्हारे कुल के लिये, निश्चय ही कल्याणकारी होगी, साथ ही इस पुरी के लिये, पुरवासियों के लिये, तथा संपूर्ण आग्रेय गणराज्य के लिये भी सुखदायिनी होगी।

जैमिनिरुवाच

ततः स मन्त्रसहितं वचनं प्राह मौनिराट्।
आग्रेय पुत्रसात् कृत्वा पालये त्वां न चिन्तय ॥ १३ ॥

जैमिनी जी कहते हैं – हे महाप्राज्ञ जनमेजय ! तब राजर्षि महर्षि गर्ग ने, श्री अग्रसेन को इस प्रकार सलाह युक्त एवं आश्वस्ती प्रदायक वचन कहे, कि तुम (निश्चितता पूर्वक) जाओ, तुम्हारे वापिस आते तक इस आग्रेय गणराज्य का पालन व संरक्षण, मैं पुत्रवत करूंगा, तुम इस विषय में चिन्ता मत करो।

एतच्छ्रुत्वा वचस्तस्य गर्गस्य नरपुङ्गवः।
नमस्कृत्य तदाऽग्रस्तु प्रतस्थे मणिपूर्वरम् ॥ १४ ॥

महामुनि महर्षि गर्ग के इस प्रकार ,आश्वस्ति पूर्ण वचनों को सुनकर श्री अग्रसेन ने उनकी आज्ञा को (आदेश की तरह) शिरोधार्य करते हुए उन्हे नमस्कार किया और मणिपुर के लिये प्रस्थान किया।

दर्दश चातलं घोरं महासर्पविभूषितम्।
सर्वं तत् काञ्चनमयं रम्यं विपुलकाननम्॥ १५॥

श्री अग्रसेन ने अंग बंग को पार कर, नागलोक के द्वार ज्योतिषपुर से आगे बढ़कर, सबसे पहले वहां बड़े विशालकाय भयकारी नागों से विभूषित,'अतल लोक'को देखा, वहां सारा का सारा क्षेत्र अत्यन्त रमणीय तथा स्वर्णमय प्रतीत होता था।

वितलं च प्रविष्टोऽसौ दिव्यं चम्पकशोभितम्।
दिव्याभिर्नागकन्याभिर्वृतं तदतिशोभनम्॥ १६॥

उसे पार करके, उन्होंने, चंपा के पुष्पों से सुशोभित दिव्य 'वितल लोक' में प्रवेश किया, दिव्य नागकन्याओं से युक्त वह (वितल) अत्यन्त मनोहर प्रतीत हो रहा था।

मार्गे बहुविधान् देशानतिचक्राम सत्वरः।
अतिवेगवतीश्चैव सरितो विपुलाः पथि॥ १७॥

मार्ग में शीघ्रता पूर्वक चलकर उन्होंने, कई देशों को पार किया, अत्यन्त वेगवती बड़ी बड़ी नदियां भी मार्ग में आईं, उन्हे पार करते हुए वे आगे बढ़े।

सुतलं च शमीवृक्षैः काञ्चनैः फलितैः शुभैः।
पर्वतान् विविधान् रम्याञ्छिखरैरतिशोभितान्॥ १८॥

तत्पश्चात श्री अग्रसेन ने सुन्दर फलों से लदे हुए, स्वर्णमयी 'शमी' वृक्षों से सुशोभित 'सुतल' लोक को देखा, जो अपने शिखरों द्वारा सुशोभित रमणीय पर्वतों पर स्थित था।

वनानि समतिक्रम्य धीमान् अग्रश्चचार हि।
महातलं चाम्रवृक्षैः नानापक्षिविचित्रितैः ॥ १९॥

बुद्धिमान श्री अग्रसेन ने, अनेकों मनोहारी वनों को लांघकर, आगे बढ़कर नाना प्रकार के पक्षियों के बैठने से चित्र विचित्र लगते हुए, आम्रवृक्षों से युक्त 'महातल' को देखा।

सुवृत्तैः सरला दीर्घा नारिकेलद्रुमाः फलैः।
दृश्यन्ते बहुला यत्र वंशाः सत्पुरुषैरिव ॥ २० ॥

जहां बहुत से, सीधे तथा लंबे नारियल के वृक्ष दिखाई पड़ते थे, जोकि सत्पुरुषों द्वारा शोभित, कुल की भांति अपने सुन्दर गोलाकार (श्री) फलों से सुशोभित हो रहे थे।

रक्षन्ति स्वफलैर्नित्यं नरवक्त्राणि सर्वदा।
सर्वं कार्याणि कुर्वन्ति तत्र वै क्रमुकद्रुमाः ॥ २१ ॥

उन वनों में ऊगे हुए सुपारी के वृक्ष, अपने फलों द्वारा सदा मनुष्यों के मुख की शोभा बढ़ाते थे, इस प्रकार वे वृक्ष सर्वदा वहां निवास करने वालों के सभी संभावित कार्य पूर्ण करते थे।

अनन्तत्वं गता वृक्षाः खर्जूराणां सहस्रशः।
फलैः सङ्कुचितैरेव सर्वताः पापहारिणः ॥ २२ ॥

उस वन में खजूर के सहस्त्रों वृक्ष थे, जिनकी गणना नहीं की जा सकती, वे अपने सुकड़े हुए फलों से ही, सभी के ताप का हरण करने वाले थे।

विदीर्णैर्यत्र दाडिम्यः स्वफलैः शुकसंयुतैः।
बीजपुरैः सरागैस्तैः कुर्वन्ति जनताहितम् ॥२३॥

उस वन के, अनार के वृक्ष अपने फलों द्वारा प्रजा का हित साधन कर रहे थे। जो फल शाखाओं पर ही विदीर्ण हो गए थे उनके लाल दानों को देख कर, आसक्त हो, लोभ वश उन पर 'शुक' पक्षी बैठे हुए थे।

वृतं मरकतैरन्यैर्दिव्यैश्चन्दनकाननैः।
रसातलं तथाभूतं वीक्ष्य विस्मयमागतः॥ २४॥

उस दिव्य वन की आभा, मरकत (पन्ना) मणि की हरिताश्म आभा की भांति प्रकाशित हो रही थी, वहां चन्दन की अनुपम गंध मन को आल्हाद प्रदान कर रही थी, इस प्रकार की अनेकों शोभाओं से युक्त उस 'रसातल' नामक प्रदेश की अनुपम सुन्दरता को निहारकर श्री अग्रसेन आश्चर्य चकित हो गए।

पाताले च ददर्शाथ रम्यां मणिपुरञ्च ताम्।
रत्नालयं रौप्यशिलाबद्धं शीतजलं शिवम्॥ २५॥

तदनंतर वहां 'पाताल' नामक लोक में प्रवेश कर श्री अग्रसेन ने, उसकी राजनगरी 'मणिपुर ' को देखा, जहां ऐसे रत्नों के महल दिखाई देते थे, ज्यों चांदी की शिलाओं से बंधे हों, साथ ही वहां का पानी भी, अत्यन्त ही शीतल व पोषक था।

तत्र गत्वा लोहिताया नद्यास्तीरान्तमाश्रितम्।
अधस्तात् तरुपुञ्जस्य ददर्शोद्दालकं मुनिम्॥ २६॥

तब श्री अग्रसेन, वहां लोहित नदी के किनारे वृक्षराज 'वट' के नीचे विराजित महर्षि उद्दालक के निकट पहुंचे।

गौरभाग्निशिखाकान्तं तेजसा भास्करोपमम्।
दृष्ट्वा तु विनतस्तस्य पादमूले कृताञ्जलिः॥ २७॥

जटाजूट धारण किए हुए, गौरवर्ण महर्षि उद्दालक का दिव्य स्वरुप अग्निशिखा की भांति प्रकाशमान था। जो कि सूर्य के समान तेजस्वी दिखाई देते थे। उनका दर्शन कर श्री अग्रसेन ने नीति के अनुकूल हाथ जोड़कर, उनके चरणों में, अभिवादन कर उन्हे प्रणाम किया।

अग्रसेन उवाच

मुनेस्तपस्विन् गार्ग्यस्य शिष्योऽहं त्वामुपागतः।
मुनिपुङ्गव वन्देऽहं प्रीतोऽस्मि तव दर्शनात्॥ २८॥

श्री अग्रसेन ने कहा – हे महातपस्वी मुनिवर! मैं महर्षि गर्ग का शिष्य अग्रसेन, परम पूज्य गुरुदेव के आदेश से, यहां आकर आप मुनिश्रेष्ठ के दर्शन करके कृतार्थ हो गया। मैं प्रसन्नता पूर्वक आपकी वन्दना करता हूं।

कामाय समनुप्राप्तो मुनिश्रेष्ठ तवान्तिकम्।
प्रभो वद त्वं सूपायं गार्हस्थ्यस्य सुसाधनम्॥ २९॥

हे मुनिवर ! मैं आपके पास विशिष्ट कामना की पूर्ति हेतु, महर्षि गर्ग द्वारा भेजा गया हूं। प्रभो ! आप उस उपाय को मुझसे कहिये, जो मेरे लिये ग्राहस्थ कर्म का कारण बने।

कथं समागमः स्यान्मे व्रियात् नागसुता यथा।
कथं कर्तव्य उद्योगो यथाऽऽज्ञा ते पुरोहित॥ ३०॥

हे मुनिवर ! राज पुरोहित महर्षि गर्ग मुनि ने, नागराज महीधर जी की कन्या माधवी से विवाह का मुझे आदेश दिया है। यह किस प्रकार संभव होगा ? कि नागकन्या मेरा वरण करे। इस हेतु किस प्रकार का उपक्रम किया जाए ? तथा इस कामना की सिद्धि केलिये मेरा क्या कर्तव्य है ? हे मुनिश्रेष्ठ ! कृपया मुझे आप योग्य निर्देश दीजियेगा।

उद्दालक उवाच

श्रुत्वा वचः प्रीतिकरं धर्मसंहितमब्रवीत्।
शुभ कार्यार्थसिद्ध्यर्थं सम्प्रतीह यतेय ते ॥ ३१॥

महर्षि उद्दालक ने कहा – वत्स ! मैंने तुम्हारे द्वारा कहे गए, धर्म पूर्ण प्रीति वचन सुने। मैं तो, तुम्हारे इस महत कार्य की सिद्धि के लिए ही, अभी ही यहां आया हूं।

विदितो मे यथा वत्स स्वयं राज्यं त्वमेयिवान्।
वरं गुरुर्महालक्ष्मीः प्रसन्ना ते ददौ किल ॥ ३२ ॥

मुझे ज्ञात है, वत्स ! जिस प्रकार तुमने स्वयं अपने राज्य की स्थापना की। मुझे यह भी ज्ञात है कि, किस प्रकार तुम्हारे गुरु गर्ग मुनि की तुम पर, कृपादृष्टि है, और.. कैसे तुम्हे महालक्ष्मी की प्रसन्नता प्राप्त हुई।

तद् भविष्यत्यग्र मन्येऽहं कालयोगेन सा हि ते।
अध्याचर यथाकालं पार्थिवं वृत्तमुत्तमम् ॥ ३३ ॥

वत्स अग्रसेन ! मेरी मान्यता है कि – भविष्य, काल के योग संयोग के आधीन है, अतःहे नरश्रेष्ठ ! तुम्हे काल की गति के अनुरुप ही उत्तम आचरण करना चाहिए।

जैमिनिरुवाच

अब्रवीद् अग्रसेनोऽथ किं कर्तव्यं मयाऽधुना।
को नु मन्त्रस्तु सुखदो भविष्यति यशःप्रदः ॥ ३४ ॥

जैमिनी जी कहते हैं– तब, श्री अग्रसेन ने कहा – हे महामुने ! आपकी दृष्टि में, अब मेरा ? मुझे क्या करना चाहिये ? तथा कौन सा उपाय सुखदायी तथा यश प्रदान करने वाला होगा, भगवन ! आप अग्रसेन को यह बताने की कृपा कीजिये।

उद्दालक उवाच

श्रूयतां नागलोकेऽत्र रम्यं मणिपुरं तथा।
शेषं च वेत्सि बलिनं धरापर्वतधारिणम् ॥ ३५ ॥

महर्षि उद्दालक ने कहा – वत्स ! पर्वत सहित पृथ्वी मंडल को धारण करने वाले, महाबलशाली शेष के विषय में तो तुम जानते ही हो, सुना गया है कि नागलोक तथा यह रमणीयपुरी उनके द्वारा ही निर्मित की गई थी। (उनकी कृपा से ही बनी थी)

पुरेऽस्मिन् पन्नगपतिर्विख्यातो विषधारकः।
पातालोकनाम्ना यो राष्ट्रे चैव निवेशितः॥ ३६॥

इस नागलोक में, पहले नागपति विषधर के नाम से विख्यात थे, जिन्होने, इस पाताल लोक नामक राष्ट्र को बसाया।

नागानां वासुकिं चक्रे सर्पाणां तक्षकं प्रभुम्।
ततः क्रमेण राज्यानि व्यादेष्टुमुपचक्रमे॥ ३७॥

तदनंतर, वासुकी नागों का राजा बना, और तक्षक को, सर्पों का राजा बनाया। इसके उपरांत, क्रमशः राज्य का वितरण प्रारंभ किया गया।

यथा भुवि तथाऽधोऽपि सप्तद्वीपाऽधरा धरा।
महीधरोऽभिषिक्तस्तु राज्ये नागाधिपः स हि॥ ३८॥

उसी नागलोक के, अब नागराज महीधर अधिपति हैं। पर्वत मालाओं सहित सभी सातों द्वीपों (तल, अतल, वितल, सुतल, तलातल, रसातल, पाताल) का पालन करते हुए उनके द्वारा अलग अलग राज्यों पर, अलग अलग नागाधिपतियों का अभिषेक कर दिया गया है।

अहङ्कारपरो नित्यं प्रजितात्मातिमत्सरी।
बुध्द्या भवेद्वै यत् कार्यं तद् बलेन न जायते॥ ३९॥

हे वत्स अग्रसेन ! ये नाग जितात्मा हैं, किन्तु, मद मत्सर युक्त तथा अहंकारी हैं, इन्हे बल से जीता नहीं जा सकता। यह कार्य, केवल बुद्धि से ही, संभव है।

मणिपुर्यांस्थितोद्याने सुखं वत्स वने चर।
तद् गच्छ पन्नगस्यास्य सुतावासं पुरोत्तमम्॥ ४०॥

हे वत्स अग्रसेन ! तुम मणिपुर में स्थित, उसके उपवन में सुख पूर्वक विहार करो। वहीं तुम्हे नागराज सुता मिलेंगी, अतः तुम्हे श्रेष्ठ नागनगर मणिपुर जाना चाहिए।

जैमिनिरुवाच

एवं तेन तदा प्रोक्तः सोऽग्रसेनोऽविशद्वनम्।
दोलाभिरूढाभिराभिः पन्नगीभिर्विराजितम्॥ ४१॥

जैमिनी जी कहते हैं – परम जिज्ञासु जनमेजय ! तब, महर्षि उद्दालक के इस प्रकार कहने पर, श्री अग्रसेन ने, वहां से प्रस्थान कर, मणिपुर में प्रवेश किया, जहां नागकुमारियाँ, झूला झूल रहीं थीं, और वह नगर, उनसे और अधिक शोभायमान हो रहा था ।

सर्वैर्मनोरमैस्तत्र मण्डिताभिः कुचैर्घनैः।
स्तूयमानं च रम्याभिः पन्नगीभिर्निरन्तरम् ॥ ४२॥

वहां, मनोहर अंगो से सुशोभित, स्थूल एवं कठोर स्तनों वाली सभीं नागकुमारियाँ, भगवान हाटकेश्वर शिवशंकर का, चम्पा के द्विव्य पुष्पों से, पूजन कर, स्तुति वंदना कर रही थीं।

सन्तुष्टोऽभून्नमस्कृत्य स स्नात्वा लोहिताजले।
तत्पुरे परमं वीक्ष्य लिङ्गं तं हाटकेश्वरम्॥ ४३॥

तदनंतर, वहां लोहित नदी में स्नान करके, उस मणिपुरी में, भगवान शिव के परमोत्तम लिंग 'हाटकेश्वरम' के दर्शन कर, उन्हे नमस्कार कर श्री अग्रसेन ने परम प्रसन्नता प्राप्त की।

स ईशमभिगम्याथ प्रणिपत्याभिवाद्य च।
प्रसन्नवदनो भूत्वा पादयोः पतितो मुदा॥ ४४॥

तब श्री अग्रसेन ने भी, भगवान 'शिव' के समीप जाकर, उन्हें प्रणाम किया, तथा प्रसन्न मन से आनन्द से मगन होकर, शिवजी के चरणों में गिरकर उनका श्रृध्दापूर्वक अभिवादन किया।

पुरस्ताद् वाजिनं बद्ध्वा पाथेयं बुभुजे शनैः।
रसाले संनियम्याथ सोऽशेत प्रहरद्वयम्॥ ४५॥

तद्उपरांत, श्री अग्रसेन ने, वहां से उपवन में जाकर, घोड़े को एक वृक्ष से बांधकर, पाथेय (मार्ग में किया जानेवाला भोजन) ग्रहण किया, और भोजनोपरांत वे दो प्रहर विश्राम करने, वृक्ष के नीचे, वहीं सो गये।

॥ इति जैमिनीये जयभारते भविष्यपर्वणि अग्रोपाख्यानस्य
यद्विरचितम् श्रीमदग्रभागवते एकादशोऽध्यायः॥
॥ शुभं भवतु कल्याणम्॥

महर्षि जैमिनी विरचित जयभारत के भविष्यपर्व के अग्रोपाख्यानम् के
श्रीमद् अग्रभागवतम् स्वरूप का ग्यारहवां अध्याय पूर्ण हुआ ।
यह शुभकारी आख्यान सबके लिये कल्याणकारी हो ।

॥ श्री अग्र भागवत ॥

बारहवां अध्याय

अनुराग

जैमिनिरुवाच

महीधरस्य महिषी नागेन्द्रीति सुमध्यमा।
प्रासूत माधवीं कन्यां सुन्दरीं धर्मतत्पराम् ॥ १ ॥

जैमिनी जी कहते हैं – जनमेजय ! नागराज महीधर की परम सुन्दरी रानी थी, उस सुन्दर कटिवाली रानी का नाम था ' नागेन्द्री '। धर्म में सदैव तत्पर रहने वाली, उस 'नागेन्द्री' ने, एक कन्या को जन्म दिया जिसका नाम था– 'माधवी'।

सर्वलक्षणसम्पन्ना सा लोके पुरसुन्दरी।
वर्धमाना पितृगृहे रूपिणी बन्धुपूजिता ॥ २ ॥

वह कन्या, नागलोक की, परम सुन्दरी थी, समस्त शुभ गुणों से संपन्न धर्मपरायण नागसुता माधवी, बन्धु बान्धवों से सत्कृत होकर, पिता के घर नित्य पल बढ़ रही थी।

अतीव रूपसम्पन्नां त्रैलोक्यस्यापि मोहिनीम्।
महीधरस्तु तां वीक्ष्य कालेन कियता सुताम् ॥ ३ ॥

अत्यन्त रूपवती होने के कारण, वह कन्या तीनों लोकों (देव, नाग, नर) को, विमोहित कर रही थी। एक दिन, नागराज महीधर अपनी उस सुन्दर कन्या को विवाह के योग्य हुई देखकर विचार करने लगे।

कस्मै प्रदेया कन्येयमिति चिन्तापरोऽभवत्।
स्वयंवरां तां प्रपच्छ भर्ता कस्ते नु रोचते ॥ ४ ॥

वे चिन्ता में पड़ गए, कि वे इस गुणवती, परमसुंदरी, कन्या को किस योग्य पुरुष को समर्पित करें। तब उन्होने कन्या की इच्छा जानने की दृष्टि से, उस स्वयंवरा (स्वयं वर का चयन करने वाली –ज्ञातव्य है कि नाग संस्कृति के अनुसार कन्या स्वयं अपने योग्य वर का चयन करती थीं।) कन्या से पूछा – हे पुत्री ! तुम्हे कैसा पति रुचिकर है ?

महीधर उवाच

पन्नगाः पन्नगसुताः सन्ति पुत्रि सहस्रशः।
पट्टस्थान् पश्य वीरास्तांस्ततो ब्रूहि स्ववल्लभम् ॥ ५ ॥

तब नागराज महीधर ने कहा – पुत्री ! इस नागलोक में, सहस्त्रों पन्नग तथा नागपुत्र हैं। चित्रपटों में विराजमान, विशिष्ट वीर नागों की ओर, तुम दृष्टिपात कर लो, फिर उनमें तुम्हे जो प्रिय लगे, बता देना।

जैमिनिरुवाच

तं प्रत्युवाच पितरं माधव्यथ विलज्जिता।

जैमिनी जी कहते हैं – पिता नागराज द्वारा, इस प्रकार कहे जाने पर, नारी स्वभाव के अनुरुप ही, माधवीजी यह सुनकर लज्जित हो गई। फिर वह अपने पिता नागराज को प्रति उत्तर देती हुई कहने लगीं –

माधवी उवाच

न पन्नगं कामयेऽहं गरलावेष्टितं जनम् ॥ ६ ॥

माधवी जी ने कहा – हे पिताश्री ! मैं, नागों में किसी को भी अपना पति नहीं बनाना चाहती। क्योंकि वे सभी विषादि रसायनों को सिद्ध कर, मोह ग्रसित हो चुके हैं।

महीधर उवाच

देवराजं महाबाहुं वरं वरय शोभने।
आगमिष्यति लोकेऽत्र कामिनीकामुकः स्वयम्॥ ७॥

नागराज महीधर ने कहा – शोभने ! यदि तुम्हें नागों के प्रति रुचि नहीं, तो तुम देवताओं के राजा महाबाहु इन्द्र का, पति के रुप में वरण कर लो। वे तो कमनीय नारियों के प्रति सदैव कामुक रहते हैं, वे तो स्वयं ही, तुम्हे प्राप्त करने के लिए, इस लोक में चले आएंगे।

जैमिनिरुवाच

पितृवाक्यं समाकर्ण्य माधवी च तमब्रवीत्।

जैमिनी जी कहते हैं – पिता के इस तरह वचनों को सुनकर माधवी जी कहने लगी –

माधवी उवाच

इन्द्रं न कामये तात सर्वदोषस्य कारणम्॥ ८॥

माधवी जी ने कहा – हे पिताश्री ! मुझे इन्द्र की कदापि कामना नहीं है, क्योंकि वे तो सारे दोषों के कारण हैं ।

परोदयं न सहते तपोदानादिसाधितम्।
देवराजो गौतमस्य प्रियां कामयते स्म सः॥ ९॥

वे तपस्या और दान के फल स्वरुप प्राप्त होने वाली, दूसरों की उन्नति भी, नहीं सह पाते, पिताश्री ! ज्ञात है – देवराज ने ही तो, महर्षि गौतम की प्रियतमा पत्नी 'अहिल्या' की कामना की थी।

पदं यस्मान्महत् प्राप्तं कृतघ्नः किल वासवः।
मानुषं तु वरं तात मम योग्यं विचिन्तय॥ १०॥

ऐसे कृतघ्न इन्द्र को, भला कौन नारी अपना पति बनाना चाहेगी ? हे पिताश्री ! मनुष्य (वैष्णव) ही श्रेष्ठ हैं, इनमें ही आप मेरे योग्य, किसी का विचार कीजियेगा।

जैमिनिरुवाच

एवंविधं वचः श्रुत्वा विस्मितोऽभून्महाबलः।

जैमिनी जी कहते हैं – जनमेजय ! माधवी के इस प्रकार के वचनों को सुनकर महाबली नागराज महीधर आश्यर्च चकित हो गए।

महीधर उवाच

मानुषं न वरं मन्ये, वैष्णवं दोषभाजनम्॥ ११॥

महीधर ने कहा – पुत्री ! तुम वैष्णवों को किस प्रकार, श्रेष्ठ कहती हो, वे तो लोभी तथा सभी प्रकार के दोषों से युक्त होते हैं।

जैमिनिरुवाच

माधवी तत् समाकर्ण्य वचस्तस्य रुषाऽन्विता ।
कदाचिन्नागकन्या सा रतिं हसति या श्रिया॥ १२॥

जैमिनी जी कहते हैं – इसप्रकार नागराज के, वचनों को सुनकर माधवीजी बिना कुछ कहे, वहां से चली गईं। नागराज महीधर की वह कन्या अपनी दिव्य कांतिमयी शोभा से, रति का भी उपहास करती प्रतीत होती थी।

महीधरसुता माता जग्मतुः परिवारिते।
तदा वसन्ते पुष्पाढ्यं पुरोपवनमुत्तमम्॥ १३॥

तब, नागराज कन्या माधवीजी, सौ कन्याओं से घिरी हुई, मणिपुर के उत्तम उपवन में, विहार करने के लिए गई, जो वसंत के आगमन के कारण नए–नए खिले हुए पुष्पों से पूरित था।

पुष्पावचयमिच्छन्त्यः ययुः सर्वाश्च कन्यकाः।
सार्धपञ्चदशाब्दास्ता यौवनोद्भेदचञ्चलाः १४॥

वे सभी षोड़षी कन्याएं, तब वहां पुष्प चयन करने की इच्छा करने लगीं उनकी अवस्था साढ़े पंद्रह वर्ष की थी और यौवन की समीपता के कारण उनमें चंचलता प्रकट हो रही थी।

कौसुम्भाम्बरधारिण्यः स्फुरत्कञ्चुकपल्लवाः ।
नानाबिल्वफलाभाभ्यां स्तनाभ्यां समलङ्कृताः ॥ १५ ॥

राजन ! उनके शरीर पर, कुसुम्भी रंग के वस्त्र, शोभा पा रहे थे। और नव बिल्व फलों के समान उभरे हुए स्तनों से अलंकृत, उनकी चोली के ऊपर का आंचल हवा में उड़ रहा था।

रम्यमौक्तिकहारैश्च मण्डितास्ताः शनैर्ययुः ।
नृत्यन्त्यो नूपूररवैस्तालिकाशब्दकैः पथि ॥ १६ ॥

सुन्दर मोतियों के हारों से विभूषित, ऐसे उरोजों वाली, वे नागकन्याएं, मार्ग में ताली बजाती हुई, और पायल की झनकार के अनुकूल, धीरे धीरे मटक मटक कर चल रही थीं।

गायन्त्यः स्म हसन्त्यः स्म प्रापुः क्रीडावनं महत् ।
परस्परं हसन्त्यस्ताः प्राकुर्वन् पुष्पसञ्चयम् ॥ १७ ॥

वे हसंती हुई, गाती हुई, परस्पर हास – परिहास करती हुई, पुष्प संचय करते हुए, क्रीड़ा वन में आ पहुंची।

अथ पुष्पाण्युपादाय शिरस्याधाय निद्रिताम् ।
पुष्पावचित्त्या स्विन्नङ्गीं प्राहुर्नागेन्द्रजां हि ताः ॥ १८ ॥

तदनंतर, जब पुष्प चयन करते करते श्रम के कारण वे थक गईं, और नागराजकुमारी माधवी जी का शरीर पसीने से युक्त हो गया, तो वे, संचित फूलों के ढ़ेर को सिरहाने रख कर, आलस्य वश उसी पर लेट गईं, उस समय एक सखी ने नागेन्द्रसुता से कहा –

सख्य ऊचुः

भक्त्या प्रादुरभूतां ते स्वप्नं दत्वा रतिस्मरौ ।
कञ्चित् प्रार्थय पूजार्थमनयोर्लिङ्गयोः सखि ॥ १९ ॥

तब एक सखी ने विनोद करते हुए कहा –

हे रूपसी ! तेरी भक्ति से संतुष्ट होकर ही, तुझे इस आशय का स्वप्न देकर, वे दोंनो (रति और कामदेव) इस समय तेरे वक्षस्थल पर प्रकट हुए हैं, अतः तू इन्हे उनका प्रतीक मानकर, इनकी पूजा के लिए, किसी पूजक की प्राप्ति हेतु ईश्वर से प्रार्थना कर।

दृष्ट्वाऽऽगताः समालोक्य रूपयौवनसंयुताः ।
कन्यां तां गुणसम्पन्नामिदमिन्द्रो वचोऽब्रवीत् ॥ २० ॥

तभी, सहसा इन्द्र ने वहां आकर उन रुप तथा यौवन से संयुक्त सभी नाग कन्याओं को देखा, और गुणसंपन्न उस नागकन्या माधवी जी से देवराज इन्द्र कहने लगे –

शक्रः उवाच

अहं वः कामये सर्वा भार्या मम भविष्यथ ।
त्यज्यतां पान्नगो भावो दीर्घमायुरवाप्स्यथ ॥ २१ ॥

इन्द्र ने कहा – हे सुन्दरियों ! मैं तुम सबको अपनी पत्नियों के रुप में प्राप्त करने की कामना करता हूं, आप सभी अपने नागभाव को त्यागिये और देवांगनाओं की भांति, मुझे अंगीकार करके दीर्घ आयुष्य को प्राप्त कीजिए।

चलं हि यौवनं नित्यं नरे नागे विशेषतः ।
अक्षयं यौवनं प्राप्ता अमर्यश्च भविष्यथ ॥ २२ ॥

सुन्दरियों ! विशेषतः नर और नागों का यौवन, नित्य ही चलायमान रहता है, अर्थात धीरे धीरे यौवन ढल जाता है, यौवन की क्षीणता सौंदर्य को ग्रस लेती है। हे नागकन्याओं ! तुम मुझे वरण कर, अक्षय यौवन को प्राप्त करोगी। अमर हो जाओगी।

जैमिनिरुवाच

तस्य तद् वचनं श्रुत्वा शक्रं तं सुरसत्तमम्।
अपहास्य ततो वाक्यं नागकन्येदमब्रवीत्॥ २३॥

जैमिनी जी कहते हैं – तब, सुरश्रेष्ठ इन्द्र के वचनों को सुनकर उनके वचनों का उपहास करती हुई, नाग राजकन्या माधवी ने इस प्रकार कहा –

माधवी उवाच

मा भूत् स कालो दुर्मेधः भर्ताऽन्यो नो भविष्यति।

माधवी जी ने कहा – हे देवेन्द्र ! मैं भले ही मर जाऊं, किन्तु तुम्हे तो क्या ? मैं किसी भी देवता को, अपने पति के रुप में वरण नहीं करुंगी।

जैमिनिरुवाच

तस्यास्तु वचनं श्रुत्वा शक्रः कोपमुपेयिवान् ॥ २४॥

जैमिनी जी कहते हैं – नागसुता माधवी के इसप्रकार वचनों को सुनकर, देवराज इन्द्र कुपित होकर, वहां से चले गए।

सख्य ऊचुः

अलं पुष्पवनेनाद्य सन्तप्ता इन्द्रतो वयम्।
यामः शीतजलं यत्र तत् सरः कमलाकरम्॥ २५॥

तब, एक सखी ने कहा – हे सखि ! इन्द्र के वचनों से हम सभी संतप्त हो गई हैं, अतः अब इस पुष्प वन से, कमलों से परिपूर्ण शीतल जल वाले उस सरोवर की ओर हमें चलना चाहिए।

जैमिनिरुवाच

एवं तास्तत्सरः प्रापुः पद्मिनीखण्डमण्डितम्।
हंसा भीताः पलायन्त नुपूरश्रवणाद् वनात्॥ २६॥

जैमिनी जी कहते हैं – यों क्रीड़ा करती हुई वे नागकन्याएं कमलिनी के समूहों से सुशोभित, उस सरोवर पर जा पहुंची, उस समय उनके नूपुरों की झनकार सुनकर, हंस भयभीत होकर उस कमल वन से, भाग खड़े हुए।

अस्माकं मानसोल्लासि सरः कलुषितं भवेत्।
पुष्पवत्यो विशेषेण कन्या आयान्ति कामुकाः ॥ २७ ॥

मानों उन हंसो ने यह विचार किया हो कि– ये कमनीय नागकन्याएं, बहुत से पुष्प लिये जलक्रीड़ा करने के लिए यहां आ रहीं हैं, जिससे हमारे मन में उल्हास उत्पन्न करने वाला यह सरोवर, (गंदला) कलुषित हो जाएगा।

सरस्तीरे दुकूलानि नेतुं न क्षमतेऽनिलः।
तासां गुणमयैः पाशैर्बद्धो निश्चलतां ययौ ॥ २८ ॥

उस सरोवर के तट पर पहुंचकर, जब वे नागकन्याएं, अपने रेशमी तथा सूती वस्त्र उतारने लगीं, तो उन वस्त्रों से सिकुड़ने के कारण मरमराहट की आवाज उत्पन्न होने लगी।

सूक्ष्माण्यपि दुकूलानि नेतुं न क्षमतेऽनिलः।
तासां गुणमयैः पाशैर्बद्धो निश्चलतां ययौ ॥ २९ ॥

उस समय पवन, नागकन्याओं के उन अति महीन वस्त्रों को भी उड़ाने में समर्थ नहीं हो सका, जैमिनी जी कहते हैं – मानो उन कन्याओं के गुणमयी पाशों में बंधे होने के कारण जैसे वे निश्चलता को धारण कर लिये हों।

ताश्चम्पकाङ्ग्यो विविशुस्तत्सरः शिवलीलया।
परस्परं हाससूक्तीश्चक्रुस्ता अभितः सरः ॥ ३० ॥

तदनंतर, चंपा के समान गौरवर्ण वाली वे नागकन्याएं आनन्द पूर्वक क्रीड़ा करने की इच्छा से, उस सरोवर में उतर पड़ीं, उस सरोवर के जल में चारों ओर घूम घूम कर क्रीड़ा करती हुईं, वे परस्पर हास युक्त बातें करने लगीं।

अनन्तश्रीधरं तासां मुखचन्द्रैरलङ्कृतम्।
तत्सरः शुशुभेऽतीव रत्नाकरनिभं स्फुटम्॥ ३१॥

उन नागकन्याओं के मुख रुपी चंद्रमाओं से अंलकृत होने के कारण, वह सरोवर अनन्त शोभा से संपन्न हो गया। और तब .वह सरोवर, इन रत्नों को धारण कर, मानो रत्नाकर, की शोभा पाने लगा।

ततो हि जलपानार्थं गावो वत्ससमाकुलाः।
परिवव्रुः सरस्तत्र सवृषाश्च समन्ततः॥ ३२॥

तभी, जल पीने के लिये, सांडों सहित, गायों तथा बछड़ों का समूह, वहां आ पहुंचा और सरोवर को घेर लिया।

ततस्स कोऽपि व्याघ्रश्च घोरनादो बभूव ह।
तेनाकम्पन्त वत्साश्च गावः श्रान्तास्तथाऽऽतुराः॥ ३३॥

उसी समय, कोई हिंसक व्याघ्र (सिंह), भयावह घोरनाद करता हुआ वहां आ पहुंचा। जिसकी भीषण गर्जना से गायें, बछडों के साथ ही शांत हो गईं, और भयातुर आ पहुंचा। जिसकी भीषण गर्जना से गायें, बछड़ो के साथ ही शांत हो गईं, और भयातुर होकर कांपने लगीं।

स दृष्ट्वा चिन्तयित्वाऽग्रः सद्यः सत्यपराक्रमः।
श्रेष्ठो धनुष्मतां वीरो दयाभावसमीरितः॥ ३४॥

यह देखकर, (वहां विश्रांति कर रहे) सत्य सरंक्षक, पराक्रमी तथा श्रेष्ठ धनुर्धर, वीर, श्री अग्रसेन का हृदय दया भाव से भर गया और पीड़ित मन से, वे गौकुल के सरंक्षण हेतु विचार करने लगे।

ररक्ष विधिना गाश्च बाणैर्व्याघ्रमताडयत्।

शरसंनिचयस्थोऽयं तं गावः पर्यवारयन्॥ ३५॥

और...... तब, श्री अग्रसेन ने, उन गायों की रक्षा की भावना से, संरक्ष्य विधि से इसप्रकार बाण चलाए कि व्याघ्र के चारों ओर बाणों के समूह का घेरा खड़ाकर दिया, और सहसा आए इस संकट से, सब को (गौकुल, नाग कन्याएं व सिंह भी) मुक्त कर दिया।

ज्ञातव्य – 'अहिंसा' दयाभाव तथा जीवमात्र के प्रति ममता का ऐसा उदाहरण सकल सृष्टि में अन्यत्र कहीं उपलब्ध नहीं। हिंसक जीव की भी हिंसा ना करते हुए उसे केवल अवरुद्ध करके, उसके प्रति भी दया भाव दर्शाने वाले 'महाराजा अग्रसेन' का यह अद्भुत कर्म, मानवता का परम पोषक है एवं सकल मानवमात्र का मार्गदर्शक भी, वस्तुतः श्री अग्रसेन जी का यह उपक्रम जीवमात्र के प्रति उनकी, न केवल सहानुभूति, अपितु समानानुभूति का भी अनुपम व दिव्य उदाहरण है।

परित्रातं गोधनं तद् अतिदिव्यं कृतं प्रियम्।

समग्रं वैष्णवं तेजो विनिगूहति तत्र वै॥ ३६॥

जैमिनी जी कहते हैं – हे महाप्राज्ञ जनमेजय ! इस प्रकार गौवंश को परित्राण दिलानेवाला यह कृत्य, अत्यन्त दिव्यता पूर्ण तथा प्रीति उत्पन्न करने वाला था, जिसने श्री अग्रसेन के वैष्णव तेज को प्रकट किया। और... देखते ही देखते उन्हे नागराज कन्या का प्रिय बना दिया।

तां विहाय जलकेलिमुत्तमां
सा महीधरसुता तटस्थिता ।
अन्ववैक्षत हरिं यथा रमा
साऽग्रसेनमथ तत्सरस्तटे॥ ३७॥

उस उत्तम जलक्रीड़ा से निवृत्त होकर, तट पर आगत, नागराज महीधर की सुकन्या माधवी, सरोवर के किनारे स्थित श्री

अग्रसेन के इस अद्‌भुत, प्रियंकर कृत्य से इसप्रकार अभिभूत हो गई, कि वे र्निनिमेष टकटकी लगाकर उन्हे उसी प्रकार निहार रहीं थीं, जैसे जगदम्बा रमा, भगवान विष्णु को, निहार रही हों।

अग्रसेनं गुणनिधिं पश्यन्ती निश्चलं स्थिता।

पतिवत् माधवी तं हि दत्तदृष्टिरवैक्षत ॥ ३८ ॥

नागसुता माधवी जी, गुण के सागर श्री अग्रसेन को देखकर, निश्चल खड़ी रह गईं, तथा मन ही मन उन्हे अपने पति के रुप में निश्चय कर, उन्हें एकटक निहारने लगीं।

किं न याम्यथवा यामि सुन्दरं पुरुषं विना।

अमुं विवेकं मदनस्तदीयं व्यालुनाच्छरैः ॥ ३९ ॥

इस उपवन में, इस सुन्दर पुरुष (बाह्य सुन्दरता – अत्यन्त रुपवान, आंतरिक सुन्दरता– जो कि श्री अग्रसेन के इस कृत्य से झलकी) के निकट मैं जाऊं ? या न जाऊं ? (मन ही मन तर्क वितर्क करती हुई माधवी जी इसप्रकार विचार कर रहीं थीं) कि कामदेव के बाणों ने, उनके विवेक को छिन्न भिन्न कर दिया।

ततो ददर्श रुचिरं मनोहरमतीव सः।

पूजयामास नेत्रं स्वम् अग्रोप्यत्यन्तहर्षितः ॥ ४० ॥

तभी अचानक श्री अग्रसेन, अपनी ओर दृष्टिपात करती हुइ उस अतीव मनोहारी नागसुन्दरी को देखकर, विस्मित हो गये और अत्यन्त हर्षित मन से वे, उन (माधवी जी) की आंखों में, उनके हृदय को पढ़ने लगे।

अदृष्टपूर्वो देशोऽयं निशि स्वप्ने व्यलोकयम्।

न दृष्टा हीदृशी स्वप्ने कान्ता सा कामरूपिणी ॥ ४१ ॥

(आंखे परस्पर मिलते ही वे सोचने लगे) अरे ! ऐसा मनोहर देश व, ऐसी कामरुपिणी कन्या मैंने कभी पहले स्वप्न में भी नहीं देखी। यह सब तो निशा–स्वप्न की भांति प्रतीत हो रहा है।

पुनः पुनरपश्यत्ताम् अग्रसेनः स्ववल्लभाम्।

निर्निमेषं नृहर्यक्षं नागकन्याऽप्यवीक्षत ॥ ४२ ॥

वे (माधवी जी) बारंबार (मन में सुनिश्चित) अपने प्राण वल्लभ श्री अग्रसेन की ओर निहारतीं। अन्य नाग कन्याएं भी अपलक उन पुरुष सिंह को, निहारने लगीं।

पतिं तं स्वं प्रार्थयन्तं हृष्टा सा प्रियदर्शनात्।

निश्चलोऽभूत् स सा चापि पश्यन्ती प्राणवल्लभम्॥ ४३ ॥

नागराज सुता माधवी जी, अपने प्रिय, प्राणवल्लभ का अपलक दर्शन कर प्रसन्नता से विमुग्ध हुई जा रही थीं। साथ ही मन ही मन (देवी से मनोकामना पूर्ती हेतु) प्रार्थना करने लगीं।

ध्यायन्ती मनसा देवीं पार्वतीं शङ्करप्रियाम्।

भर्तारं देहि मे देवि दाक्षायणि नमोऽस्तु ते॥ ४४ ॥

मन ही मन, भगवान शंकर प्रिया पार्वती जी का ध्यान करती हुई, वे प्रार्थना करने लगीं – हे दक्षकुमारी ! मैं आपको नमन करती हूं ! हे देवी ! आप मुझे इन्हें ही पति के रुप में प्रदान कीजिएगा।

इति सञ्चिन्तयन्तीं तां वयस्या काचिदब्रवीत्।
मनोरथस्ते किं जातः किं चिन्तयसि कामिनि ॥ ४५॥

देवी माधवी इस प्रकार देवी का चिन्तन कर रही थीं, तभी कोई सखी पूछ बैठी – हे कामिनी ! तेरे हृदय में क्या इच्छा जागृत हो गयी है ? तू क्या सोच रही है सखी ?

इत्थं सखीनां वचनेन पन्नगी
प्रहर्षिताऽधोवदना लिलेख।
भूमिं यदाऽङ्गुष्ठनखेन भर्तुः
गुणानिवाग्र्यान् अथ माधवीति ॥ ४६ ॥

सखियों की ऐसी बातें सुनकर, नागसुन्दरी माधवी जी परम प्रसन्न हुईं और लज्जा से उनका मुख अवनत हो गया, तदनंतर वह विनीता, पैर के अंगूठे के नख से, पृथ्वी को इस प्रकार कुरेदने लगीं, मानो अपने प्रियतम के गुणों को लिख रही हों।

॥ इति जैमिनीये जयभारते भविष्यपर्वणि अग्रोपाख्यानस्य
यद्विरचितम् श्रीमदग्रभागवते द्वादशोऽध्यायः॥
॥ शुभं भवतु कल्याणम् ॥

महर्षि जैमिनी विरचित जयभारत के भविष्यपर्व के अग्रोपाख्यानम् के
श्रीमद् अग्रभागवतम् स्वरूप का बारहवां अध्याय पूर्ण हुआ ।
यह शुभकारी आख्यान सबके लिये कल्याणकारी हो ।

॥ श्री अग्र भागवत ॥

तेरहवां अध्याय

विभ्रम

जैमिनिरुवाच

यथा दृष्टमशेषेण चारैरावेदितं तथा।
नागसैन्यपतिं सोऽपि व्यादिदेश महीधरः॥ १॥

जैमिनी जी कहते हैं – हे जनमेजय ! श्री अग्रसेन के प्रति माधवी जी के सम्मोहन का वह प्रसंग, गुप्तचरों ने, जैसा देखा था वैसा सब शीघ्र ही, जाकर नागाधिपति महीधर से यथावत निवेदित किया, तो नागराज ने सेनापति चित्रांग को आदेश दिया।

महीधर उवाच

अहो बलमहो वीर्यं प्रविष्टो दुर्मतिस्तलम्।
यान्तु चान्ये च योद्धारः चित्राङ्ग त्वं विजेष्यसे॥ २॥

सेनापति चित्रांग ! अहो ! आश्चर्य है, वह कौन वीर विक्रमी है, जो इस सर्वतः सुरक्षित, तल (राज्य) में घुस आया है, वह निश्चय ही धृष्ट है (जो बिना आज्ञा के इस तरह व्यवहार करे।) अतः तुम अन्य योद्धाओं को साथ लेकर जाओ और उस पर शीघ्र विजय प्राप्त करो।

जैमिनिरुवाच

तस्य नागस्य निनदं श्रुत्वाऽगच्छत् स सैन्यपः।
सहसैवोत्थितः सोऽग्रः अहो किमिति हि ब्रुवन्॥ ३॥

जैमिनी जी कहते हैं – अपनी ओर आती हुई, उस नागसेना का कोलाहल सुनकर, श्री अग्रसेन 'अहो यह क्या है ?' इस प्रकार कहते हुए आश्चर्य पूर्वक, उठ खड़े हुए।

अथ सोऽपश्यदव्यग्रः सर्पान् प्रहरणोद्यतान्।
वमतो धमतश्चैव विषपूरप्रवर्षिणः॥ ४॥

तदनंतर, श्री अग्रसेन ने देखा, कि वहां उपस्थित वे नागगण उन पर प्रहार करने के लिए उद्यत हैं और विष प्रवाह की वर्षा करने वाले, वे सर्प विषमयी शब्द उगलने लगे।

तदा मणिधराः क्रुद्धा ये द्विशीर्षास्त्रिशीर्षकाः।
चतुष्पञ्चफणाश्चान्ये सैन्येन चतुरङ्गिणः॥ ५॥

उनमें से जिन नागों के मस्तक पर, दो, तीन व चार पांच फनों वाले मुकुट थे, वे सभी नाग तथा अन्य नाग भी कुपित होकर चतुरंगिणी सेना के साथ वहां एकत्रित हुए।

जैमिनिरुवाच

निर्ययुस्ते महावीरा दिव्यरूपवपुर्धराः।
धन्विनो दिव्यकवचा मत्तमातङ्गसंस्थिताः॥ ६॥

दिव्य रूप एवं अद्भुत शरीर, धारण करने वाले वे नाग महान वीर थे। दिव्य कवच से सुशोभित हो, धनुष बाण धारण किए हुए वे (नाग) मतवाले हाथियों पर आसीन थे।

हारकुण्डलकेयूरकिरीटघनमौक्तिकैः।
मस्तका भास्वरा येषां मणिरत्नैर्विभूषिताः॥ ७॥

वहां बहुत से सर्प हार, कुण्डल, बाजूबन्द, मुकुट और बड़े बड़े मोतियों के हारों से विभूषित थे, जिनके मस्तक मणियों और रत्नों से विभूषित होने के कारण चमक रहे थे।

सुविचित्राः सुवर्णस्य नानालङ्कारमण्डिताः।
हयै रथैर्ययुश्चान्ये पादाताश्च सहस्रशः ॥ ८॥

कुछ नाग स्वर्ण निर्मित नाना अलंकारों से सजे हुए, अत्यन्त ही सुन्दर लग रहे थे। कुछ घोड़ों तथा रथ पर सवार थे तथा अन्य पैदल ही चल रहे थे।

ततो व्याप्य स्थिता अग्रेऽग्रसेनमपतन्नभि।
तेषां मुखेभ्यो निष्पेतुर्घोरास्ता विषवृष्टयः॥ ९॥

वहां वे रणक्षेत्र में स्थित श्री अग्रसेन पर टूट पड़े तथा उस समय उनके मुखों से भयंकर विष की वर्षा होने लगी।

विस्फुलिङ्गसहस्रैस्तु दह्यमानं तु तद्बलम्।
निजं वीक्ष्य ह्यग्रसेनो ररक्षाथ स्वपौरुषम्॥ १०॥

तब, विषपूर्ण विषाग्नि की सहस्त्रों चिनगारियों से अपना बल क्षीण होता हुआ देख, श्री अग्रसेन अपने पुरुषार्थ के बल (आत्मबल) से स्वयं की रक्षा करने लगे।

नदन् मेघेष्विवार्कोऽग्रस्तेषां मध्ये व्यतिष्ठत।
सूर्यो दिवि चरन् मध्ये मेघानामिव सर्वशः॥ ११॥

और तब, वर्षाकाल के मेघों की तरह गर्जना करते हुए श्री अग्रसेन उनके मध्य खड़े हो गए और चारों ओर विचरण करने लगे, मानो आकाश में मेघ मंडल के भीतर सवत्र विचरण करता हुआ 'सूर्य' विद्यमान हो।

पन्नगश्रेष्ठभूयिष्ठं व्यादिष्टं तस्य निग्रहे।
अनीकं सुमहारौद्रं नानाप्रहरणोद्यतम् ॥ १२॥

तब, पन्नग श्रेष्ठ, सेनापति चित्रांग, ने श्री अग्रसेन को बंदी बनाने के लिए नाना प्रकार के अस्त्रों से सुसज्ज श्रेष्ठ नागवीरों की उस भयंकारी सेना को आदेश दिया।

अग्रसेनो रणे वीरः स च तानभ्यवर्तत ।
तदाश्चर्यं समभवद् यदेकस्स समागतः ॥ १३ ॥

वीर अग्रसेन, अकेले ही उन सबका सामना कर रहे थे, उन्होंने जिस प्रकार संपूर्ण सेना का अकेले सामना किया, हे राजन जनमेजय ! वह अत्यन्त आश्चर्य जनक है।

अयुध्यत महावीर्यः पन्नगैः सह संयुगे ।
तेषामेव च जग्राह परिघांस्तोमरानपि ॥ १४ ॥

वे श्री अग्रसेन, रणभूमि में उन पराक्रमी नागों के साथ युद्ध करने लगे, उन्होने, उनमें से अनेकों के परिघों और तोमरों को उनसे छीन लिये।

सोऽसिना विचरन् मार्गानेकः शत्रुनिबर्हणः ।
इति प्रकारान् द्वात्रिंशद् विचरन्नाभ्यदृश्यत ॥ १५ ॥

शत्रुसूदन अग्रसेन, तलवार से, बत्तीसों प्रकार के पैंतरे दिखलाते हुए, युद्ध में अकेले ही विचरण करते दिखाई देते थे। अर्थात उनके समक्ष कोई योद्धा टिक नहीं पाता था।

एकं सहस्रशश्चात्र ददृशू रणमूर्धनि ।
क्रीडन्ति बहुधा युद्धे व्यादितास्यमिवान्तकम् ॥ १६ ॥

उस रणभूमि में, युद्धस्थल पर अनेकों प्रकार से तलवार के वार करते हुए, एक ही अग्रसेन को शत्रुओं ने सहस्त्रों की संख्या में देखा (यह श्री अग्रसेन की तीव्रता के कारण उन्हे जहां तहां अग्रसेन ही अग्रसेन भासित हो रहे थे) उन्हे ऐसा लगने लगा मानो वहां काल मुहं बाएं खड़ा हो।

सम्प्रहृष्टस्ततो युद्धे तेजसा चाप्यपूर्यत।
असिचर्मधरो वीरः स्वस्थः संग्राममलालसः ॥ १७ ॥

श्री अग्रसेन उस युद्धस्थल में, हर्ष एवं उत्साह से परिपूर्ण, महातेज से संपन्न, ढाल तलवार धारण किये, स्वस्थ भाव से (उन्हे किसी प्रकार का भय, चिन्ता, दुख नहीं था) संग्राम में डटे हुए, अत्यन्त शोभायमान हो रहे थे।

तनुत्रेण विहीनश्च खड्गपाणिर्युवाग्रणीः।
अजेय इति तं मत्वा युद्धायाभिमुखः स्थितः ॥ १८ ॥

कवच से रहित, हाथ में केवल खड्ग (तलवार) धारण किये हुए भी वे युवा अग्रसेन, यह जानते हुए भी कि यह विपुल सैन्य अजेय है (महर्षि उद्यालक द्वारा पूर्व में ही उन्हे बताया जा चुका था कि वे बल से विजित नहीं किये जा सकते तथापि) वे, निशंक भाव से, उनके समक्ष युद्ध के लिये डटे हुए थे।

सोऽभिभूय रणे सर्पानग्रसेनः समास्थितः।
सिंहः प्रमुखतो दृष्ट्वा गजमेकं यथा वने ॥ १९ ॥

रणभूमि में, उन नागों का तिरिस्कर करते हुए, श्री अग्रसेन उसी तरह निर्भय खड़े रहे, जैसे वन में सिंह अपने सामने हाथियों को देखकर भी, अकेला भी निर्भय ही खड़ा रहता है।

ससर्ज पान्नगीं मायां विषज्वालासमाकुलाम्।
तया दहाम्यग्रसेनं ह्येष मायामयो नरः ॥ २० ॥

अन्तोगत्वा, महाबली अग्रसेन को, विषागनि से जला डालने का विचार कर, उस मायावी नागसैन्यपति चित्रांग ने विष ज्वाला से युक्त पन्नगीमाया की सृष्टि की।

ततः पन्नगबाणौघैर्मर्मभेदिभिराशुगैः ।
रुधिरौघप्लुतैगात्रैर्बाणवर्षैः समाहतः ॥ २१ ॥

तदनंतर, उस नागश्रेष्ठ चित्रांग ने शीघ्रगामी, तीव्र तथा मर्म भेदी बाणों से उन्हें आच्छादित कर दिया। तीव्र बाणों की वर्षा से आच्छादित श्री अग्रसेन के सारे ही अंग खून से, लथपथ हो गए।

सोऽतिविद्धो ह्यग्रसेनः सुसंक्रुद्धो व्यकम्पत ।
ततोऽवप्लुत्य सहसा रथपार्श्वे व्यवस्थितः ॥ २२ ॥

इसप्रकार, अत्यन्त घायल हो जाने पर भी, श्री अग्रसेन विचलित नहीं हुए, अपने हृदय में क्रोध को उत्पन्न कर, अचानक वे छलांग लगाकर, चित्रांग के विचित्र रथ के पिछले भाग पर जा स्थित हुए।

पन्नगैः सुमहाकायैर्वेष्टितो लोमहर्षणैः ।
येषां निश्श्वासवातेन प्रदीप्त इव संयुगे ॥ २३ ॥

उस रथ में, रोंगटे खड़े कर देने वाले विशालकाय सर्प लिपटे हुए थे। जिनकी निःश्वास वायु से वह रथ उस युद्ध स्थल में प्रदीप्त जान पड़ता था।

व्यथितोऽथ स चित्राङ्गः सैन्यं वचनमब्रवीत् ।
मायामाश्रित्य युध्यस्व प्रमादे किमुपेक्षसे ॥ २४ ॥

तब व्यथित होकर चित्रांग ने सैनिकों को आदेश दिया, कि तुम लोग अब माया का आश्रय लेकर युद्ध करो, अपने अजेय होने का अभिमान कर, प्रमादवश इसके बल की, उपेक्षा उपयुक्त नहीं।

मुमोच बाणान् सञ्छन्नो मायाधारी फणीश्वरः।
पौरुषेण समायुक्तः समैक्षत दिशो दश॥ २५॥

तब, वह मायाधारी पन्नग सैन्यपति छिपकर, श्री अग्रसेन को तीव्र बाणों से भेदने लगा। तथापि पुरुषार्थ से युक्त वीर अग्रसेन, अपनी व्रीवता से दशों दिशाओं में दिखाई दे रहे थे।

ततः कथञ्चित् चित्राङ्गः पान्नग्या मायया तया।
सर्पबाणैरग्रसेनं बबन्ध शरबन्धने॥ २६॥

अन्ततः. उस मायाधरी चित्रांग ने अपनी पन्नगी माया से श्री अग्रसेन को सर्पाकार बाणों से बंधन में बांध ही लिया।

स तु वेष्टितसर्वाङ्गो निष्प्रयत्नः कृतस्तदा।
न विव्यथे स भूतात्मा सर्वतः परिवेष्टितः॥ २७॥

सारे अंग सर्पबंध से वेष्टित एवं बद्ध हो जाने के कारण, श्री अग्रसेन चेष्टा विहीन, तथा कुछ भी प्रयत्न कर सकने में असमर्थ हो गए, तथापि अवरुद्ध हो जाने के उपरांत भी, वे सर्व भूतात्मा की तरह, मन में व्यथित नहीं हुए।

वध्यतामिति चित्राङ्गः प्रोवाचामर्षितो वचः।
इत्येवमुक्तं वचने महामात्रस्तदाऽब्रवीत्॥ २८॥

'इसे शीघ्र मार डालो' सेनापति चित्रांग के इसप्रकार अमर्ष (ईर्ष्या) युक्त कठोर वचन कहने पर, नागों के महामंत्री ने कहा –

विज्ञाय च वधं वाऽस्य पूजां वा त्वं करिष्यसि।
अयं हि पुरुषोत्कृष्टः सर्वथा मानमर्हति॥ २९॥

पहले इस पराक्रमी वीर के विषय में जान लिया जाए, कि यह कौन है ? यहां क्यों आया है ? तभी इसका वध या पूजन (दण्ड या सम्मान जिसका वह पात्र हो) किया जाना चाहिए, वैसे तो यह पुरुषश्रेष्ठ होने के कारण सर्वथा सम्मान किये जाने के योग्य प्रतीत होता है।

सर्वतो वेष्टिततनुर्न व्यथामेति भोगिभिः।
कुलशौण्डीर्यवीर्यैश्च सत्त्वेन च समन्वितः॥ ३०॥

यद्यपि इसके शरीर को सर्पों ने सभी ओर से जकड़ लिया, तथापि यह किंचित भी व्यथित नहीं हुआ, अपितु अपने कुल के अभिमान, बल पराक्रम के अनुकूल यह निश्चिन्त प्रतीत होता है।

सर्वसङ्ग्राममार्गज्ञो न चिन्तयति किञ्चन।
रक्ष्यतामिति चोक्ते तु तथेत्याह स सैन्यपः॥ ३१॥

इतना सब होने पर भी, युद्ध के सभी मार्गों का ज्ञाता, यह नीतिज्ञ हमें (भयातुर होने की अपेक्षा) कुछ भी नहीं समझता, निश्चिन्त स्थित है, अतः इसकी रक्षा की जानी चाहिए, महामंत्री के इस प्रकार नीतियुक्त वचनों के कहे जाने पर चित्रांग ने कहा – ठीक है, ऐसा ही होगा।

संरक्षिणस्ततो दत्त्वा ह्यग्रसेनस्य धीमतः।
नागराजस्य भवनं चित्राङ्गः फणिपो ययौ॥ ३२॥

तदनंतर, नागपाश में आबद्ध उन, धर्यवान श्री अग्रसेन को, पहरेदारों के संरक्षण में सौंपकर, नाग सैन्यपति चित्रांग नागराज महीधर के राजभवन की ओर चला गया।

जाग्रतो ह्यग्रसेनस्य सा निशा व्यत्यवर्तत ।
ततः प्रभाते विमले पक्षिव्याहारसङ्कुले ॥ ३३ ॥

श्री अग्रसेन की वह सारी रात, जागते हुए ही बीती, तदनंतर पक्षियों के कलरव से व्याप्त विमल प्रभात का उदय हुआ।

नैशाकरे रश्मिजाले क्षणदाक्षयसंहृते ।
नभस्यारुणसंस्तीर्णे पर्यस्ते ज्योतिषां गणे ॥ ३४ ॥

रात्री की समाप्ति के साथ ही, चन्द्रमा ने, अपनी किरणों के जाल को समेट लिया। आकाश में अरुणोदय की लालिमा छा गई। नक्षत्रों का समूह अस्त हो गया।

यदा नागैश्चेष्टितं तैरग्रः सूर्यमुदैक्षत ।
तदा निश्चलया दृष्ट्या मनसा प्रार्थयद्धरिम् ॥ ३५ ॥

तब, नागों के जाल में आबद्ध, चेष्टाहीन तथा कुछ भी कर सकने में असमर्थ श्री अग्रसेन, निश्चल अपलक दृष्टि से भगवान भास्कर (सूर्य) की ओर देखकर, बन्धन विमुक्ति हेतु उनसे प्रार्थना करने लगे।

अग्रसेन उवाच

नमः सवित्रे सूर्याय पूष्णे ज्योतिष्मते नमः ।
नमः सप्ततुरङ्गाय नित्यं व्योमचराय ते ॥ ३६ ॥

श्री अग्रसेन ने वन्दना की –

हे सूर्यदेव ! आप सविता (जगत को उत्पन्न करने वाले) और आप ही सूर्य (प्रेरक) हैं, मैं आपको नमस्कार करता हूं। पूषा, (पुष्टि प्रदायक) हे प्रकाश पुन्ज, मैं आपको प्रणाम करता हूं। आप नित्य ही, सात घोड़ों के रथ पर बैठकर व्योम(आकाश) में, विचरण करते हैं, मैं आपको नमन करता हूं।

मेषादीनामधीशाय मासि मासि नमो नमः ।
अयनद्वयकर्त्रे च प्रकाशाय नमोऽस्तु ते ॥ ३७ ॥

हे प्रभु ! आप प्रत्येक मास में, क्रमशः मेष आदि (बारह) राशियों के स्वामी होते रहते हैं, आपको बारंबार प्रणाम है। आप उत्तरायण तथा दक्षिणायन रूपी दो अयनों के प्रवर्तक और प्रकाश रूप हैं, आपको नमस्कार है।

मूकान्धबधिराणां च वाङ्नेत्रश्रोत्रदाय च ।
मूर्धार्तिशूलकुष्ठानां नाशकाय नमोऽस्तु ते ॥ ३८ ॥

आप गूंगों को वाक्शक्ति (वाणी), अंधो को दृष्टिशक्ति (नेत्र), तथा बधिरोंको श्रवण शक्ति प्रदान करने वाले, तथा सिर की पीड़ा, शूल, कुष्टादि रोगों के विनाशक हैं, आपको नमस्कार है।

नमः सुवर्णवर्णाय सहस्त्रकिरणाय च ।
जगतामेकनेत्राय भवते भास्कराय च ॥ ३९ ॥

भगवन्! आपकी कांति स्वर्ण के समान है, आप अपनी सहस्त्रों किरणों से, जगत के प्राणियों के लिये एकमेव नेत्र स्वरूप हैं। मैं ऐसे भगवान भास्कर को सादर नमस्कार करता हूं।

दिवाकराय पिङ्गाय पयःस्त्रष्ट्रे घनाय च ।
नमः पर्यायरूपाय जन्मत्राणक्षयाय ते ॥ ४० ॥

आप ही दिन के प्रवर्तक हैं, आपके शरीर की कांति पीली है, आप ही जल के सृष्टा और मेघ स्वरूप हैं, तथा आप ही युगों (सत्ययुग, त्रेता, द्वापर, कलयुग) के क्रम संस्थापक एवं जगत की उत्पत्ति, रक्षा और संहार करने वाले हैं। मैं आपको नमस्कार करता हूं।

ऋग्वेदरूपिणे तुभ्यं नमो ब्राह्मणरूपिणे ।

यजुःसामाथर्वकर्त्रे पुराणागमकारिणे ॥ ४१ ॥

हे भगवन्! ऋृग्वेद आपका ही स्वरूप है, आप ही ब्राह्मण रूप में प्रकट होकर यजुर्वेद, सामवेद, अथर्ववेद, पुराणों तथा आगमों के कर्ता हैं, प्रवर्तक हैं, प्रकाशक हैं। हे सूर्यदेव ! मैं आपको नमन करता हूं।

गाथेतिहासकर्त्रे ते नमो ब्रह्मस्वरूपिणे ।

नमो विश्वस्वरूपाय रुद्ररूपाय ते नमः ॥ ४२ ॥

आप इतिहास की गाथाओं का ज्ञान प्रदान करने वाले, ब्रह्म स्वरूप हैं, आपको नमस्कार है। आप ही विश्व के कारण स्वरूप हैं, रुद्र के भी रूप आप ही हैं, आपको बारंबार नमस्कार है।

विश्वस्य वाञ्छितकराय मनोरमाय

विश्वेश्वराय पुरुषाय सदाऽमलाय।

अद्याहवे जयकराय विमुक्तिदाय

हंसाय चण्डघृणये मणिकुण्डलाय ॥ ४३ ॥

हे भगवन् ! आप विश्व के समस्त प्राणियों के अभीष्ट दाता हैं, आप मानव मन में रमण करने वाले, विश्वेश्वर, आदि पुरुष, निर्मल, तथा हंस स्वरूप हैं। आप प्रचण्ड किरणों से युक्त एवं मणि कुण्डलों से विभूषित हैं। मैं आपके श्रीचरणों में नतमस्तक होकर प्रणाम करता हूं। हे सूर्यदेव ! केवल आप ही आज मुझे इस बन्धन से विमुक्ति प्रदान करवा सकते हैं। मैं आपकी वन्दना करता हूं।

स्तूयसे प्रपितः सूर्यः त्वं वरं सम्प्रयच्छ मे।
बन्धनात् संविमुच्येय सत्यमेतद् भवेदिति ॥ ४४ ॥

हे प्रपितामह ! (ज्ञातव्य– श्री अग्रसेन सूर्य के ही वंश में उत्पन्न हुए हैं, अतः उन्हे प्रपितामह संबोधित किया जाना यहां स्पष्ट है) सूर्यदेव ! जब किसी के भी द्वारा, आपकी स्तुति की जाती है, तब आप उसे सदैव उत्तम वर प्रदान करते हैं। मैं (नागपाश से आवेष्ठित) बन्धन में पडा हूं, आपकी कृपा से मैं इससे विमुक्त हो जाऊं, मेरी यह मनोकामना पूर्ण हो।

जैमिनिरुवाच

अदात्स्तोत्रेण सन्तुष्टो देवोऽर्कः श्रेय उत्तमम्।
रविप्रसादं स प्राप्य नागपाशाद् व्यमुच्यत ॥ ४५ ॥

जैमिनी जी कहते हैं – हे मनस्वी जनमेजय ! इस स्तोत्र के द्वारा स्तवन करने से, सूर्य देव परम संतुष्ट हो गए और भगवान भास्कर की कृपा से, श्री अग्रसेन नागपाश के बन्धन से तत्क्षण विमुक्त हो गए।

सूर्यस्तवमिदं पुण्यं यः पठेत् सुसमाहितः।
बन्धनस्थो विमुच्येत सत्यं व्यासवचो यथा ॥ ४६ ॥

हे जनमेजय ! जो एकाग्र चित्त होकर, श्री अग्रसेन द्वारा किए गए, इस पवित्र 'सूर्य स्तोत्र' का पाठ करता है, वह श्री अग्रसेन जी की भांति ही सभी बन्धनों से विमुक्त हो जाता है, यह व्यास मुनि का सत्य वचन है।

॥ इति जैमिनीये जयभारते भविष्यपर्वणि अग्रोपाख्यानस्य
यद्विरचितम् श्रीमदग्रभागवते त्रयोदशोऽध्यायः ॥
॥ शुभं भवतु कल्याणम् ॥

महर्षि जैमिनी विरचित जयभारत के भविष्यपर्व के अग्रोपाख्यानम् के
श्रीमद् अग्रभागवतम् स्वरूप का तेरहवां अध्याय पूर्ण हुआ ।
यह शुभकारी आख्यान सबके लिये कल्याणकारी हो ।

॥ श्री अग्र भागवत ॥

चौदहवां अध्याय

आराधन

जैमिनिरुवाच

जलक्रीडाविहारश्च मातुरग्रे निवेदितः।
नागराजकुमारी च तदा मूका व्यलक्ष्यत ॥ १ ॥

जैमिनी जी कहते हैं – राजन ! जलक्रीड़ा विहार करके, राजभवन लौटी सखियों ने, नागमाता नागेन्द्री के समक्ष निवेदित किया, – हे माते ! ऐसा लगता है, कि नागराज कुमारी माधवी (उपवन में उस दिव्य पुरुष के अद्‌भुत कृत्य से विमोहित हो गई थी) तभी से वह मौन सी गुमसुम हो गई है।

नागेन्द्री उवाच

का व्यथा किमिदं कष्टं माता पृच्छति ते मुहुः।
कस्मादिदं समुत्पन्नं दुःखसाध्यं मनोरमे ॥ २ ॥

तब माधवीजी के पास जाकर, नागेंद्री ने कहा – हे मनोरमे ! तुम्हे क्या व्यथा है ? तुम्हे क्या हुआ है ? इसप्रकार माता बार बार पूछती हैं कि – यह दुसाध्य रोग तुम्हे कहां ? कैसे ? कब ? लग गया।

महावीरस्तव पिता देवानामपि दुर्जयः।
किं व्यथा त्वन्मुखे स्वेदो नासाग्रे च विराजते ॥ ३ ॥

नागकन्ये ! तुम्हारे पिता महान वीर हैं, देवताओं के लिये भी दुर्जय हैं, फिर तुम्हे किस बात का भय या आशंका है, तुम्हारी क्या व्यथा है ? जिसके कारण तुम्हारे मुख और नासिका के अग्रभाग पसीने से तर हो गये।

सम्पूर्णचन्द्रप्रतिमं मुखं चन्द्रो यथा घने।
श्वासान् मुञ्चसि वत्से त्वं न रतिं यासि च क्वचित्॥ ४॥

हे पुत्री ! पूर्ण चन्द्रमा के समान, तुम्हारा उज्जवल मुख, बादलों में छिपे चन्द्रमा की भांति, न दिखाई देने के कारण, शोभाहीन प्रतीत हो रहा है, अर्थात दुःख के बादलों की छाया मुख चंद्र पर विराजमान होने के कारण, तुम्हारा पूर्णचंद्र की भांति उज्जवल मुख, कांतिहीन प्रतीत हो रहा है। तुम लम्बी लम्बी सांसे छोड़ रही हो। रति की प्रतिरूपा, सुकन्ये ! तुम्हारी यह दशा मुझे रुचिकर नहीं लग रही। इसका क्या कारण है ? मुझसे कहो पुत्री।

जैमिनिरुवाच

सर्वम् उक्त्वा च कामेन मोहिता परिपीडिता।
स्मरन्ती पतिभावं सा नागपुत्री रुरोद हि॥ ५॥

जैमिनी जी कहते हैं – पतिभाव का मन में स्मरण करते हुए, विलाप करती हुई वह नागसुता, अपने विमोहित मन तथा काम पीड़ित तन की, उस व्यथा को माता से कहने लगी।

जैमिनिरुवाच

लज्जावती महाभागा मातरं भृशमाऽऽरुदत्।

जैमिनी जी कहते हैं – राजन ! तब, लज्जाशील, महाभागा माधवी जी विलाप करते हुए, माता से कहने लगीं –

माधवी उवाच

लज्जाकरं हि नारीणां यौवनं क्लेशकारणम्॥ ६॥

माधवी जी कहती हैं – हे माते ! युवा अवस्था ही, प्रायः नारियों के लिए लज्जा का कारण हुआ करती है।

सरस्तीरे यथा कोऽपि पुरुषोऽवगतो हि मे ।
मनुष्याणां च सर्वेषां यो विशिष्टतमो नरः ॥ ७ ॥

माते! मुझे सरोवर के किनारे कोई ऐसा पुरुष दिखाई दिया जो न केवल मानवों में, अपितु सभी (देव, नाग, नर, गंधर्व, यक्ष, ऋृषि आदि) में श्रेष्ठ, तथा कोई विशिष्ट ही पुरुष था। जिसे मैं मन से बहुत चाहने लगी। हे माते! मुझे पति स्वरूप में, वे ही अभीष्ट हैं।

नागेन्द्री उवाच

न हि यस्य कुलं पुत्रि न कीर्तिर्नापि पौरुषम् ।
कश्चिज्जानाति तत्त्वेन किमिदं त्वं विमुह्यसे ॥ ८ ॥

माता ने कहा – पुत्रि ! तुझे न जिसके कुल का पता, न जिसकी कीर्ति का ज्ञान, ना ही जिसके पुरुषार्थ का ही कोई ज्ञान । फिर भला किन तत्वों के आधीन, तुम इस प्रकार विमुग्ध हो रही हो ? मैं नहीं जानती (मैं नहीं समझ पा रही।)

माधवी उवाच

शिष्टतारूपसम्पन्नो मनोज्ञः प्रियदर्शनः ।
देवतानामृषीणां वा नेदृशो फणिनामुत ॥ ९ ॥

माधवी जी ने कहा – माते ! वे शिष्ट हैं ! रूपवान हैं ! मनोहर हैं ! देखने में ही प्रिय लगते हैं। ऐसा मनमोहक दिव्य पुरुष, न देवों में, न ऋृषियो में, न ही नागों में, पहले कभी देखा गया होगा।

न ह्यसौ प्राकृतः कश्चिद् यः प्रविष्टोऽत्र युध्यति ।
लोकेऽन्यलोके विख्यात एकः शत्रुनिर्बहणः ॥ १० ॥

माते ! वे कोई साधारण जीव नहीं हो सकते, जिसने तुम्हारे इस विख्यात सर्वथा संरक्षित, नागलोक में अकेले ही स्वबल पूर्वक आगमन कर लिया हो, वे निश्चित ही शत्रुमर्दन शूरवीर ही हैं।

स पन्नगैः शतगुणं विशिष्टश्चारिसूदनः ।
सम्प्रविष्टो मणिपुरं मूर्ध्नां चित्राङ्गमाक्रमत् ॥ ११ ॥

हे माते ! नागगण यदि, अपनी शक्ति को सौ गुना भी कर लें, तो भी वे जिन्होने, नाग सैन्यपति चित्रांग के मस्तक पर पैर रखकर, मणिपुर में प्रवेश किया, है, वे ही, इन सब से अधिक शक्तिशाली और शत्रुसूदन प्रमाणित होंगे।

कान्तः पद्मपलाशाक्षो मत्तमातङ्गविक्रमः ।
त्यक्षाम्यहं ततः प्राणानचिरात् स पतिर्न चेत् ॥ १२ ॥

हे नागराजणी माते ! वे अत्यंत ही कमनीय हैं, उनके नेत्रकमल प्रफुल्ल कमल दल के समान सुन्दर, चाल मतवाले हाथी के समान है। यदि मैं उन्हे पुनः नहीं देख पाऊंगी, तो हे माते ! मैं अपने प्राणों का ही परित्याग कर दूंगी।

नान्यं देवं नासुरं वा गन्धर्वं वा मनोरमम् ।
वरयामि, वरो लोके विना तं मे न रोचते ॥ १३ ॥

माते ! मुझे सारे संसार में, एक वे ही, सर्वथा प्रिय (पसंद) हैं। मैं उनके अतिरिक्त अन्य किसी देवता, नाग, नर, असुर, या गंधर्व को पति रूप में कदापि वरण नहीं करूंगी।

जैमिनिरुवाच

अग्रसेनस्य रूपेण शरैर्मन्मथचोदितैः ।
अतिविध्दा च मनसा मन्मथेन प्रदीपिता ॥ १४ ॥

जैमिनी जी कहते हैं – श्री अग्रसेन के (आंतरिक दयालुतामयी तथा बाह्य दोनों ही) रूप – स्वरूप के सौन्दर्य से प्रभावित उस नागकन्या माधवी जी का हृदय कामदेव के बाणों द्वारा अत्यंत घायल हो चुका था। वे मदनाग्नि से दग्ध हो रहीं थीं।

चित्तसङ्कल्पभावेन सुचित्ताऽनन्यमानसा ।
मनोरथेन सम्प्राप्तं रमतेऽन्यत्र न स्म सा ॥ १५ ॥

उनका हृदय, प्रियतम के चिन्तन में ही एकाग्र था। उन्हे अपने मन की भावनाओं में ऐसा प्रतीत हो रहा था, मानो श्री अग्रसेन उनके पास आ गए हों, और वो उनके साथ रमण कर रही हों। (वस्तुतः मनस्थिति की एकाग्रता में चिन्तन, जाग्रत स्वप्न सा और कल्पनाएं मूर्त रूप सी लगती हैं।)

इति सञ्चिन्तयन्तीं तां माधवीमब्रवीत् सखी ।

जैमिनी जी कहते हैं – हे जनमेजय ! जब नागकन्या माधवी जी इस प्रकार स्वप्निल विचारों में खोई हुई थीं, तभी एक सखी ने उनसे पूछा –

सखी उवाच

मनोरथस्ते को जातः किं चिन्तयसि पन्नगि ॥ १६ ॥

सखी ने पूछा – क्यों ? नागकन्ये ! किन इच्छाओं को मन में जागृत कर रही हो ? तुम क्या सोच रही हो ?

कन्दर्पः स च रूपेण मूर्तिमान् भवति स्वयम् ।
मनोहरश्च कान्तश्च प्रियश्च तव नान्यथा ॥ १७ ॥

श्रुतः पूर्वं न चास्माभिर्दृष्टपूर्वश्च नस्तथा ।
यदीष्टं तस्य भार्यात्वं भजेथा वरवर्णिनि ॥ १८ ॥

सखी ने कहा – हे प्रिय सखे ! यह सच है, उनका कामदेव जैसा रूप, कामदेव का साक्षात प्रतिमान है, वे अद्भुत कांतिमय, मन को क्षण भर में ही हर लेने वाले हैं, कामना को जगा देने वाले हैं, ऐसा प्रिय पुरुष आज तक तो हमारी दृष्टि में दूसरा और कोई नहीं आया। सखी ! तुम्हे यदि ऐसे पुरुष की पत्नी होने का सौभाग्य मिले, तो अपने इस जीवन को सफल (धन्य) ही समझो।

जैमिनिरुवाच

एवमुक्ता स्मितं कृत्वा सम्मानं बहुमान्य च ।
माधवी प्रत्युवाचैनां सम्प्रीता सख्यनिन्दिता ॥ १९ ॥

जैमिनी जी कहते हैं – अपनी सखी के मुख से इस प्रकार, श्री अग्रसेन की प्रशस्ति युक्त प्रियवचन सुनकर, माधवी देवी के अधरों पर मुस्कान दौड़ गई। उनने सखी के वचनों को अपनी 'पसंद' का सम्मान माना। अनन्त सुन्दरी नागकुमारी माधवी उस समय अत्यंत प्रसन्न हो, सखी से इस प्रकार कहने लगीं –

माधवी उवाच

यस्त्वस्य कथितः सत्यो गुणोद्देशस्त्वया मम ।
तं श्रुत्वाऽग्रं पुनश्चाग्र्यं कथं न वृणुयाम्यहम् ॥ २० ॥

माधवी जी बोलीं – हे सखी ! वे तो अनन्त गुणों के भंडार हैं, तुमने मेरे सामने जो उनके लेश मात्र गुणों का बखान किया, वे सब सत्य ही हैं। मैं दूसरों के मुख से भी, उनकी प्रशंसा सुनकर व्यथित हो उठती हूं। हे सखी ! मैं इससे अधिक उनका कैसे वरण करूं ? अर्थात् मैंने तो मन से, उनका वरण कर ही लिया है।

जैमिनिरुवाच

तदाऽऽगता तु नागेन्द्री पन्नगेश्वरमब्रवीत् ।

जैमिनी जी कहते हैं – तब, पुत्री की भावनाओं को जानकर, नागेन्द्री अपने पति नागराज महीधर के पास आकर उनसे कहने लगीं –

नागेन्द्री उवाच

समीक्ष्य कार्यं ते नाग पुत्री संप्राप्तयौवना ॥ २१ ॥

नागेन्द्री ने कहा – हे नागराज शिरोमणि! अपनी पुत्री युवा अवस्था में प्रवेश कर चुकी है, आपका क्या कर्तव्य है ? कृपया विचार कीजिये।

माधवी तु तथा दृष्ट्वा वने कञ्चिन्नरेश्वरम् ।
ततः प्रभृति न स्वस्था तस्मिन् सक्ता बभूव सा ॥ २२ ॥

हे नागेन्द्र ! माधवी ने वन में जबसे किसी पुरूष को देखा है, तब से वह उसके प्रति इतनी अधिक अनुरुक्त हो गई है, कि इस कारण वह अस्वस्थ तक हो गई है।

महीधर उवाच

विस्मयोऽत्र न कर्तव्यः कन्या वक्तीदृशं वचः ।
अत्यारूढः कुमारीणां कालज्ञो हि मनोभवः ॥ २३ ॥

तब, नागराज ने कहा – हे नागेन्द्री ! यह माधवी अभी अल्प वयस्का कन्या है, इसलिये ऐसी बातें कह रही है, इस विषय में हमें किसीप्रकार का आश्चर्य नहीं करना चाहिये। कौमार्य अवस्था में जब आसक्ति जागृत होती है, तब उन्हें उस समय, उचित अनुचित का किंचित भी ध्यान नहीं रहता।

धर्मात्मानं महात्मानं दैत्यदानवमर्दनम् ।
नागमित्रं महेन्द्रेज्यं का तं न वरयेत् पतिम् ॥ २४ ॥

नागराज ने कहा – प्रिय नागेन्द्री ! दैत्यों और दानवों का मान मर्दन करने वाले, धर्मात्मा और महामना देवराज इन्द्र नागों के परम मित्र हैं (नागों और देवों का परस्पर गहन सम्बंध है) ऐसे महेन्द्र का भला कौन कामिनी पति के रूप में वरण न करना चाहेगी ?

एतदर्थे तु सन्देशः शक्रेण प्रेषितः स्वयम् ।
कथं ह्यहं प्रतिश्रुत्य देवं किं नु विधीयताम् ॥ २५ ॥

हे नागेन्द्री ! तद्हेतु हमें स्वयं देवोत्तम इन्द्र की ओर से संदेश प्राप्त हुआ है, जो कि हमारे लिए गौरव की बात है। मैंने इस हेतु देवराज को वचन भी दे दिया है, और...उसी के अनुरूप ही किया जाएगा।

तिष्ठत्सु देवदेवेषु कथं मानुषमिच्छति ।
विरुद्धं ह्याचरन् मर्त्यो देवानां मृत्युमृच्छति ॥ २६ ॥

हे नागरानी ! विचार करो ! देवराज स्वयं, इस संबंध के लिये लालायित हैं, तो एक साधारण मनुष्य को वरण करने की कामना भला कैसे उचित कही जा सकती है। इस प्रकार देवताओं के विरूद्ध चेष्टा करने वाला मानव, क्षण में ही, मृत्यु को प्राप्त हो जाता है।

कृतघ्नाः वैष्णवाः सर्वे नेष्यन्ति हि सुधामपि ।
सततं वैनतेयेन विग्रहः को नु सम्भवः ॥ २७ ॥

हे नागेन्द्री ! ये सभी वैष्णव हमेशा कृतघ्न ही होते हैं। नागकन्या से विवाह होने पर तो वे, हमारे पूज्यनीय हो जाएंगे और तब इस लोक में संरक्षित अमृत नष्ट हो जाएगा और जिनसे हमारा सदैव विग्रह है (नागों अर्थात शैवों तथा नरों अर्थात वैष्णवो में निरंतर शत्रुता विद्यमान थी) ऐसी परिस्थिती में – (एक ओर नागमित्र देवराज के प्रस्ताव को प्रदत्त स्वीकृति दूसरी ओर शत्रुपक्ष के मानव से संबंध) तुम्ही विचार करो! यह संबंध कैसे संभव है ? अर्थात कदापि संभव नहीं।

नागराजेनैवमुक्ता पन्नगेन्द्री वचोऽब्रवीत् ।

नागेन्द्री उवाच

को दण्डभयतो देव नागग्रामे समागतः ॥ २८ ॥

नागराज महीधर के इसप्रकार कहे जाने पर, प्रतिकार करते हुए, नागेन्द्री ने पूछा – हे नागेश्वर ! देवों का कौन सा दण्ड भय इस नागलोक में आ गया है, जो आप इस प्रकार कह रहे हैं।

एष धर्मो नागलोके कन्या तु स्यात् स्वयंवरा ।
मानुषं कृतसङ्कल्पा वृणीते पन्नगात्मजा ॥ २९ ॥

हे नागराज ! इस नागलोक का यही धर्म है, कि यहां कन्या स्वयंवरा (**स्वयं वर का चयन करने वाली**) होती हैं आपकी पुत्री माधवी ने, उस (**वैष्णव**) पुरुष में ही, अपना मानसिक संकल्प रखकर, उसका मन में वरण कर लिया है। (देवराज को तो वह पहले ही नकार चुकी थी।)

विवाहं कुरु विश्रब्धं न दोष इति मे मतिः ।

हे नागेश्वर ! विश्वस्त होकर, अपनी स्वयंवरा कन्या का विवाह उसके अनुकूल, कीजिये, मेरे विचार से तो इसमें किसी प्रकार का कोई दोष नहीं है ।

जैमिनिरुवाच

एवं विधिवचः श्रुत्वा प्रत्युवाच फणीश्वरः ॥ ३० ॥

मया प्रोक्तमिदं ब्रूहि कन्यामन्यन्न विद्यते ।
ततो जगाम भग्नाशा सा पुनः स्वनिवेशनम् ॥ ३१ ॥

जैमिनी जी कहते हैं – नागरानी के इस प्रकार अभिमत को सुनकर, प्रतिउत्तर में नागराज ने उनसे कहा –

हे नागेन्द्री! (ध्यान रहे!) मेरे द्वारा जिस प्रकार पहले कहा जा चुका है, वह वैसा ही होगा। तब, वह पन्नगी श्रेष्ठ नागेन्द्री, आशाओं के टूट जाने से, निराश हो पुनः महल में लौट आईं।

नागेन्द्रस्य वचः श्रुत्वा माधवी शोकजाश्रुभिः ।
समाप्लुताभ्यां नेत्राभ्यां मातरं तां वचोऽब्रवीत् ॥ ३२ ॥

तब, अपनी माता नागेन्द्री से, नागराज के इस कठोर निर्णय को सुनकर, शोकाश्रुओं से भरे नयनों वाली वे माधवी देवी, माता की ओर देख कर कहने लगीं –

माधव्युवाच

को नु मे जीवितेनार्थस्तमृते शोककारिणा ।
नाहं पतित्वे वाञ्छामि तमृते पुरुषर्षभम् ॥ ३३ ॥

माधवी जी बोलीं – हे माते ! उन पुरुष रत्न को मैं, यदि पति के रुप में वरण नहीं कर पाऊंगी तो फिर, दुख पूर्ण मेरे ऐसे जीवन का भला क्या प्रयोजन ? अर्थात मैं जीकर क्या करुंगी ? प्राणों को ही विसर्जित कर दूंगी।

जैमिनिरुवाच

अदृष्टपूर्वदुःखार्ताः सतर्का नागकन्यकाः ।
वयमाश्वासयामोऽद्य कर्तुं किमपि साम्प्रतम् ॥ ३४ ॥

जैमिनी जी कहते हैं – सुकन्या माधवी जी की सखियों ने, उन्हे पहले कभी इसप्रकार दुखी या उदास नहीं देखा था। उन नागकन्याओं ने आपस में विचार कर, निश्चय किया कि हमें किसी भी उपाय से, अपनी सखी के मन अभिलाषित, प्रिय कार्य को पूर्ण करने का, चलकर उन्हे आश्वासन देना चाहिए ।

नागकन्यकाः ऊचुः

कथं नु खलु दुःखस्य पारं यास्यति वै शुभा ।
कथं भर्त्रा सङ्गमोऽस्याः रोहिणीचन्द्रयोर्यथा ॥ ३५ ॥

नाग कन्याओं ने आपस में कहा – हे सखि ! जैसे रोहिणी चन्द्रमा के संयोग से ही सुखी होती है, उसी प्रकार यह शुभ लक्षणा नागराज कुमारी, अपने पति के मिलन बिना इस दुख के अपार समुद्र से भला कैसे पार होगी ?

तुल्यशीलवयोयुक्तां तुल्याभिजनसंवृताम् ।
किमुपायास्तोषयामः पतिदर्शनलालसाम् ॥ ३६ ॥

नागराज कुमारी माधवी जी और पुरुष श्रेष्ठ श्री अग्रसेन का, समान शील है, योग्य अवस्था है। उन्ही के तुल्य उत्तम कुल सुशोभित है, अतः हमें, पति के रुप में उनके दर्शन को उत्कंठित, अपनी प्रिय सखी माधवी का, यह हितकारी कार्य संपन्न करवाने का कोई योग्य उपाय करना ही चाहिए।

जैमिनिरुवाच

ततस्तास्तां परिष्वज्य प्रियाख्यानैरतोषयन्।

मा माधवि भयं शीघ्रं भर्त्रा सह हि रंस्यसे ॥ ३७ ॥

सङ्क्रीडते यथा शम्भुः पार्वत्या सह सर्वदा।

एवमुक्ते तदा सख्या वाक्ये चिन्ताऽऽविलेक्षणा ॥ ३८ ॥

जैमिनी जी कहते हैं – इस प्रकार निश्चय कर, उन सखियों ने माधवी जी को हृदय से लगाकर, उन्हे प्रिय वचनों से संतुष्ट किया और आश्वस्त किया कि– हे सखी माधवी ! तुम भी शीघ्र ही अपने मनवांच्छित पति के साथ उसी प्रकार रमण करोगी, जिस प्रकार भगवान शंकर पार्वतीजी के साथ सदा मधुर क्रीड़ा में मग्न रहते हैं।

सखियों के ऐसा कहने पर माधवी जी की आंखें इस चिंता से मुंद गई कि पता नहीं यह सौभाग्य कब ? और किस तरह ? संभव होगा।

माधवी तु तदा भावं चक्रे रंस्ये कथं कदा।

तदा चित्रा माधवीं तां सम्प्रहस्येदमब्रवीत् ॥ ३९ ॥

उस समय उन सखियों के वचन से आशावती माधवी जी, मन ही मन पति के संग की कल्पनाओं में खो गईं, तभी सखी चित्रा उनसे हंसकर इसप्रकार कहने लगी – सुनो !

नागकन्यकाः ऊचुः

अद्य देव्याः प्रसादस्ते ह्यनुकूलो भविष्यति।

मनोरथं पूरयिष्यत्येषा ते नात्र संशयः ॥ ४० ॥

नाग कन्याओं ने कहा – अब देवी पार्वती का कृपा प्रसाद, तुम्हारे अनुकूल हो जाए तो, जो सोचा है वह सहज संभव है, सखी माधवी ! देवी पार्वती निश्चित ही तुम्हारे मनोरथ को पूर्ण करेंगी, इसमें किसी प्रकार का संशय नहीं।

जैमिनिरुवाच

सखीभ्याम् एवमुक्ता सा पर्यवस्थितचेतना ।
आराधनायोपगता सख्या सह तु माधवी ॥ ४१ ॥

जैमिनी जी कहते हैं – सखी चित्रा के ऐसा कहने पर माधवी जी की चित्तवृति स्थिर हुई और तब सभी मनोकामना को पूर्ण करने वाली देवी पार्वती की, आराधना करने के लिये, सखियों सहित वे, नदी के तट पर, पार्वतीजी के मंदिर में जा पहुंचीं।

ततः पल्लविता आसन् द्रुमास्तस्मिन् मधौ सति ।
तस्मिन् पल्लवितेऽत्यन्तं कोकिला मधुरं जगुः ॥ ४२ ॥

उस समय, वसंत ऋृतु के आगमन के कारण, उस नदी तट के सभी वृक्षों में नवपल्लव निकल आए थे, नवीन एवं सुकोमल पल्लवों वाले – आम के वृक्षों पर कोयलें अत्यन्त मधुर स्वर में गा रही थीं।

मालतीयूथिकाजात्यः पुष्पस्तनभरानताः ।
केतक्यः पुष्पवर्षेण समर्चन्ति स्म ताः पतिम् ॥ ४३ ॥

वहां मालती, जुही, और जाती, मानो अपने पुष्प रुपी स्तनों के भार से झुकी जा रही थीं। केतकियां प्रसन्नता से पुष्पों की वर्षा कर अपने प्रियतम वसंत का स्वागत कर रहीं थी।

माधवी स्वसखीनां तद् वाक्यं प्रीत्याऽभ्यपूजयत् ।
सा देवीं प्राञ्जलिर्भूत्वा नमस्कृत्वाऽब्रवीद्वचः ॥ ४४ ॥

माधवी देवी, अपनी सखियों के उस कथन का विधिवत आदर करते हुए, महादेवी पार्वती को दोनों हाथ जोड़कर नमस्कार कर, अपनी मनोकामना की पूर्ति हेतु आराधना करने लगीं।

माधवी उवाच

यद्यहं समनुग्राह्या गौरि स्यात् प्रियसङ्गमः ।
एषोऽञ्जलिर्मया बद्धः सत्यं मे कामनां कुरु ॥ ४५ ॥

माधवी जी ने कहा – हे गौरी मैया ! यदि मैं आपके अनुग्रह की पात्र हूं, तो प्रियतम की कामना से, मैंने तुम्हारे सामने, अंजुरी बांध रखी है, आप कृपा करो और मेरी इस कामना को सत्य कर दिखाओ।

यथा गौरि स मे भर्ता विहितो हि नराधिपः ।
तेन दाक्षायणि प्रीता भर्तारं देहि मेऽचिरम् ॥ ४६ ॥

हे गौरी मैया ! यदि आपने उन नरेश को ही, मेरा पति निश्चय किया है, तो हे दक्षकुमारी ! कृपया उस सत्य के प्रभाव से ही, आप मुझे उन्हें पति रुप में प्रदान करें।

यदिदं व्रतमारब्धं तस्मा आराधनं मया ।
तेन व्रतेन कुर्यान्मां देवी पूर्णमनोरथाम् ॥ ४७ ॥

हे माते ! यदि, मैने उनकी आराधना के लिये ही यह व्रत, प्रारंभ किया हो, तो उस व्रत के प्रभाव से ही, हे देवी पार्वते ! आप मेरे मनोरथ को पूर्ण करें।

जननीं सिद्धसेनस्य सिद्धचारणसेविताम् ।
चरीं कुमारप्रभवां पार्वतीं पर्वतात्मजाम् ॥ ४८ ॥

सिद्ध और चारण, जिनकी सेवा में लगे रहते हैं, जो कार्तिकेय की जननी हैं, जिनसे कुमार की उत्पत्ती हुई है, तथा जो पर्वत श्रेष्ठ हिमालय की पुत्री हैं, उन देवी पार्वती को मैं प्रणाम करती हूं।

नमोऽस्तुते जगन्नाथे प्रिये दान्ते महाव्रते ।
भक्तिप्रिये जगन्मातः शैलपुत्रि वसुन्धरे ॥ ४९ ॥

जगत की रक्षा करने वाली, प्रिय देवी ! पार्वती ! आपको नमस्कार है। मन तथा इन्द्रियों को वश में रखने वाली महाव्रत धारिणी ! हे भक्तप्रिये! हे जगतमाता! हे गिरिराज नन्दिनी ! हे वसुन्धरे ! मैं तुम्हें नमस्कार करती हूं।

रुद्रप्रिये महाभागे भक्तानामार्तिनाशिनि ।
नमोऽस्तु ते सर्वहिते गौर्यै देव्यै नमोस्तु ते ॥ ५० ॥

हे रुद्रप्रिये! भक्तों की पीड़ा हरने वाली! हे महाभागे ! तुम्हे नमस्कार है। सबका हित करने वाली, हे गौरी मैया! मैं आपको नमन करती हूं।

नमामि शिरसा देवीं पार्वतीं शङ्करप्रियाम् ।
मनोरथं हि भर्तारं गौरि देहि नमोऽस्तु ते ॥ ५१ ॥

शिवप्रिया देवी पार्वती के श्रीचरणों में, अपना यह मस्तक रखकर, मैं नमस्कार करती हूं, हे गौरी मैया ! आप मेरे मनोरथ को पूर्ण कीजिये, मैंने जिनकी कामना की है, हे जगन्माते ! उसे ही मेरे पति के रुप में मुझे प्रदान कीजिये। मैं तुम्हे नमस्कार करती हूं।

जैमिनिरुवाच

माधव्यास्तत् सकरुणं निशम्य पतिदेवता ।
निश्चलं प्रेम तत् तथ्यमनुरागं च देव्यदात् ॥ ५२ ॥

जैमिनी जी कहते हैं – माधवी जी का यह करुण निवेदन सुनकर, तथा श्री अग्रसेन जी के प्रति उनके दृढ़ निश्चय एवं वास्तविक अनुराग और अविचल प्रेम को देखकर, देवी पार्वती ने माधवी जी की जैसी अभिलाषा थी, उसी के अमुरूप ही किया।

विज्ञाय तमभिप्रायं माधव्याः सा शिवप्रिया ।
प्राह देवी ततो वाक्यं हर्षयन्ती शनैश्च ताम् ॥ ५३ ॥

माधवी जी के उस अभिप्राय को जानकर, शिवप्रिया देवी पार्वती साक्षात प्रकट हो, उन्हे हर्ष प्रदान करती हुई, धीरे से बोलीं –

उमा उवाच

माधवि त्वं प्राप्स्यसीह यथाभिलषितं वरम् ।
यथा मनोरथं चक्रे पार्वती सन्निधौ शिवम् ॥ ५४ ॥

जगदम्बा उमा कहने लगीं – माधवी ! तुम शीघ्र ही, जैसी तुम्हारी मन अभिलाषा है, वैसा ही पाओगी। तब, जगतमाता पार्वती के इसप्रकार वर देने पर, माधवी जी ने देवी के समक्ष ही अपने मन का यह संकल्प कहा –

माधवीसंकल्पः

त्वत्प्रियार्थं करिष्यामि गौरि वासन्तिकं व्रतम् ।
शुक्लपक्षे तृतीयायां कृत्वा भक्त्या सुपूजनम् ॥ ५५ ॥

माधवी देवी ने संकल्प किया – 'हे माते ! आपकी प्रसन्नता के लिये, मैं वसंत आगमन के, शुक्ल पक्ष की, तृतीया तिथी को आपका विस्तृत पूजन – अर्चन करूंगी।'

पुष्पमण्डपिकां कृत्वा मूर्तिं चित्रमयीं शुभाम् ।
तोषयिष्यामि तुष्टा स्याः शङ्करप्राणवल्लभे ! ॥ ५६ ॥

पुष्प मंडप तैयार करके, उसमें आपकी चित्रमयी मूर्ति स्थापित कर, हे शंकर प्रिया ! मैं अपने भक्तिपूर्ण पूजन से, आपको सदैव संतुष्ट करुंगी। माधवी जी ने इस प्रकार मानसिक संकल्प किया।

जैमिनिरुवाच

ततः सखीभिर्हृष्यन्ती हर्षेणोत्फुल्लमानसा ।
तालिकासन्निपातैश्च ह्यन्योन्यं जघ्नुरूर्जिताः ॥ ५७ ॥

जैमिनी जी कहते हैं – माता पार्वती की इस प्रकार प्रसन्नता प्राप्त होने पर, सखियां नागकुमारी के साथ परिहास करने लगीं। माधवी जी का हृदय हर्ष से प्रफुल्लित हो खिल उठा, वे सब उत्साह में भरकर एक दूसरे के हाथ पर तालियां देने लगीं।

गौरीस्तवं व्रतं चेदं कुरुते या हि कामिनी ।
यथाभिलाषं वरदा करोति जनमेजय ॥ ५८ ॥

जैमिनी जी कहते हैं – हे जनमेजय ! जो कन्या माता पार्वती का इसप्रकार, इस स्तवन का पाठ एवं उसका व्रत करती हैं, उसे शंकरप्रिया पार्वती प्रसन्न होकर मनोभिलाषा के अनुरूप ' वर ' प्रदान करती हैं, उसकी मनोकामना अवश्य पूर्ण करती हैं।

॥ इति जैमिनीये जयभारते भविष्यपर्वणि अग्रोपाख्यानस्य
यद्विरचितम् श्रीमदग्रभागवते चतुर्दशोऽध्यायः ॥
॥ शुभं भवतु कल्याणम् ॥

महर्षि जैमिनी विरचित जयभारत के भविष्यपर्व के अग्रोपाख्यानम् के
श्रीमद् अग्रभागवतम् स्वरूप का चौदहवां अध्याय पूर्ण हुआ ।
यह शुभकारी आख्यान सबके लिये कल्याणकारी हो ।

पन्द्रहवां अध्याय

मन्थन

जैमिनिरुवाच

अग्रस्य मोक्षं श्रुत्वा वै पन्नगो नागपाशतः ।
मनोगतं च नागेन्द्रया इन्द्रस्य क्रोधकारणम् ॥ १ ॥

जैमिनी जी कहते हैं कि – श्री अग्रसेन के नागपाश से विमुक्त हो जाने का, समाचार सुनकर नागराज महीधर को बड़ी चिन्ता हुई। वे विचार करने लगे कि – माधवी तथा महारानी नागेन्द्री का जो विचार है, वह निश्चित रुप से देवेन्द्र के कोप का कारण बनेगा, क्योंकि महीधर उन्हें आश्वस्त कर चुके थे।

महीपश्चिन्तयामास सङ्कटोऽयम् उपस्थितः ।
ततः स मन्त्रयामास भ्रातृभिः सह पन्नगैः ॥ २ ॥

इस संकट से किस प्रकार विमुक्त हुआ जा सकता है ? नागराज महीधर इसी चिन्ता में ग्रस्त थे, अतः उन्होंने अपने नागबंधुओं तथा सभी श्रेष्ठ नागों से इस संकट से विमुक्ति के विषय में मंत्रणा की।

महीधर उवाच

सङ्कटो हि यथा दृष्टो विदितं वस्तथानघाः ।
तन्मोक्षार्थं मन्त्रयित्वा प्रतिघातो विधीयताम् ॥ ३ ॥

नागराज महीधर ने कहा – हे नागगणों ! जिस प्रकार यह संकट आज उपस्थित हुआ है, वह सब आप लोंगों को विदित ही है, इस आसन्न संकट से विमुक्त होने का क्या उपाय हो सकता है ? एवं किस प्रकार इसका प्रतिकार संभव है ? इस विषय में आप लोगों के क्या विचार हैं ?

तस्मात् सम्मन्त्रयामोऽद्य पन्नगानामनामयम् ।
यथा भवेद्धि सर्वेषां मा नः कालोऽत्यगादयम् ॥ ४ ॥

इसलिये, हमें अभी ही, अच्छी तरह से विचार कर लेना चाहिए, कि किस किस उपाय से, हमारा हित संभव है। जिससे हम सभी नाग कुशलता पूर्वक रह सकें। अब हमें समय को व्यर्थ नहीं गंवाना चाहिए।

मणिनाग उवाच

नागसुतोद्वाह एव भुजङ्गभयकारणम् ।
यथा विवाहो न भवेद् तथा कार्यं भुजङ्गम ॥ ५ ॥

तब, मणिनाग ने कहा – हे भुजंगपति ! नागों के विनाश का एकमात्र कारण नागराज सुता का विवाह ही होगा (क्योंकि श्री अग्रसेन से विवाह न करने पर नागसुता अपने प्राणों की आहूति देने को आतुर हैं, और नागेन्द्री रुष्ट होंगी, जिससे नागलोक में व्यापक असंतोष व्याप्त हो जाएगा और यह लोक विनाश की ओर प्रवत्त होगा और यदि श्री अग्रसेन से विवाह कर दिया जाए, तो इन्द्रदेव रुष्ट होंगे। तो देवों से मैत्री संबंध समाप्त हों जायेंगे और दैवों से यह शत्रुता विनाश का कारण बनेगी। विनाश तो निश्चित ही है) अतः हमें ऐसा कोई उपाय सोचना चाहिए, जिससे ये विवाह अभी टल जाये या इसमें कोई विघ्न पड़ जाए।

अनन्तनाग उवाच

हेतुभिः कारणैश्चैव दर्शयन्त्यगुणान् बहून् ।
यथा विवाहो न भवेत्प्रेत्य चेह च दारुणम् ॥ ६ ॥

अनन्तनाग ने अपना मन्तव्य व्यक्त करते हुए कहा – हे पन्नगश्रेष्ठ ! हमें युक्ति और कारणों द्वारा यह दिखाना चाहिए, कि इस (अग्र –माधवी) विवाह से, नागलोक और मानव लोक, अर्थात शैव और वैष्णव दोनों संस्कृतियों में, अनेक भयंकर दोष उत्पन्न होंगे, साथ ही वे सब कारण दर्शाये जाएं जिनके अनुरुप यह विवाह संभव न हो सके।

कल्माष उवाच

तं गत्वा दशतात्कश्चिद् भुजङ्गः स मरिष्यति ।
तस्मिन् मृते हि पुरुषे विवाहो न भविष्यति ॥ ७ ॥

कल्माष ने कहा – हे पन्नगराज ! वह (अग्रसेन) जहां हो, वहां जाकर कोई नाग उसे विष दंशित करे। विष के प्रभाव से वह निश्चित ही मर जायेगा। तब उस मृतक पुरुष से विवाह ही कैसे संभव होगा ?

जैमिनिरुवाच

अपरे त्वब्रुवन्नागाः धर्मात्मनो दयालवः ।
अधर्मोत्तरता नाम कृत्स्नं व्यापादयेज्जगत् ॥ ८ ॥

जैमिनी जी कहते हैं कि – नागों के इस प्रकार के विचारों को सुनकर, अन्य दूसरे दयालु तथा धर्मात्मा नागों ने, उन्हें सचेत करते हुए कहा – संकट से बचने के लिए उत्तरोत्तर अधर्म की प्रवृत्ति तो संपूर्ण जगत का ही नाश कर डालेगी।

मायायोगाद् वञ्चनीयः एकोपायः स एव हि ।
इत्युक्त्वा समुदैक्षन्त महीध्रं पन्नगोत्तमम् ॥ ९ ॥

'फिर तो माया के योग से, मोह में आवेष्टित करके, उसे ठग लिया जाए, यही एक उपाय दिखता है।' ऐसा कहकर वे पूर्व वक्ता सर्प नागराज महीधर की ओर देखने लगे।

कर्कोटक उवाच

भयस्य कारणं दैवम् इदं पन्नगसत्तमाः ।
दैवमेवाश्रयोऽस्माकं नान्यदत्रपरायणम् ॥ १० ॥

कर्कोटक ने कहा – पन्नगश्रेष्ठ ! हमारे ऊपर आच्छादित इस भय में, देव भी विशेष रुप से कारणीभूत हैं। यदि देवों का भय न हो, तो निःसंकोच स्वयंवरा माधवी जी, अभिलाषित वर से विवाह की न्यायवत् अधिकारिणी हैं ऐसी परिस्थिति में, हमें देवों की ही शरण लेना चाहिए, इसके सिवा अब यहां कोई और दूसरा उपाय नहीं है।

महीधर उवाच

ज्ञातिवर्गस्य सौहार्दादात्मानः पन्नगोत्तमाः ।
न च जानाति मे बुद्धिः किञ्चित् कर्तुं वचो हि वः ॥ ११ ॥

तब नागराज महीधर ने कहा – हे पन्नग गण ! अपने जाति बंधुओं! आत्मीयों! हितैषियों! एवं सभी नाग श्रेष्ठियों! आपके कथनानुसार कोई भी उपाय मुझे हितकर प्रतीत नहीं होता।

नागाचार्य उवाच

कथं दुर्बलतां प्राप्तो निर्विषाः फणिनो यथा ।
क्व ते पुरुषमानित्वं क्व ते वाचस्तथाविधाः ॥ १२ ॥

तब, नागाचार्य ने (फटकारते हुए) कहा – नागों ! तुमने किसलिए जलसर्पों की भांति विवशता को धारण कर लिया है ? क्या सचमुच तुम्हारी विषशक्ति विनिष्ट हो गई है, कहां गया तुम्हारा पौरुष्य का अभिमान ? कहां गई तुम्हारी दर्भ भरी बातें ?

किं कृतं तेन राज्ञा हि तवाऽनिष्टं फणीश्वर ।
किं दण्डभयमायातं नानुरूपं नृपात्मजात् ॥ १३ ॥

हे पन्नगेश्वर ! (महीधर) उस राजा (अग्रसेन) ने तुम्हारा क्या अनिष्ट किया है ? तुम्हे देवताओं के किस दंड का भय है ? (अर्थात तुमने देवताओं का क्या अपराध किया है ? जो वे तुम्हे या राज्य को अकारण ही दंड दे सकें) तुमने देवताओं के अनुरूप क्या नहीं किया है ? फिर देवों का व्यर्थ भय क्यों ?

जैमिनिरुवाच

परं भुजङ्गभवनं संवीक्ष्य स मनोरमम् ।
अग्रसेनो विवेशाथ महीधरकमन्दिरम् ॥ १४ ॥

जैमिनी जी कहते हैं – हे परम जिज्ञासु जनमेजय ! जब नागराज के राजभवन में इस प्रकार विचार विमर्श चल रहा था, तभी अपने लक्ष को दृष्टिगत रखते हुए, नागपाश से विमुक्त हुए, निर्द्वन्द श्री अग्रसेन

वहां आ पहुंचे। नागराज महीधर के उस मनोहारी विशाल राजमहल में श्री अग्रसेन ने प्रवेश किया तथा देखा कि–

विमलैः पद्मगन्धैश्च महापातकनाशनैः ।
दिव्यैर्वृक्षैर्लताभिश्च शोभितं चामृतेन च ॥ १५ ॥

नागराज का वह भवन, महान पातकों का विनाश करने वाले – कमल की सुगन्ध से परिपूर्ण, निर्मल तथा दिव्य वृक्षों और लताओं से युक्त तथा अमृत से सुशोभित था।

नवकुण्डैः सुधापूर्णैर्महानागैः सुरक्षितम् ।
नानाभावैर्विचित्रं हि सर्वतश्चारु शोभनम् ॥ १६ ॥

वहां, अमृत से भरे, नव कुण्ड रखे थे, जिनकी रक्षा में विशालकाय नाग नियुक्त थे। सब ओर से नाना प्रकार के भावों को प्रदर्शित करने वाले विचित्र दृश्यों से वह राजभवन अत्यन्त सुन्दर लग रहा था।

नानारत्नमयं दिव्यं नानासद्मविराजितम् ।
मण्डितं तन्महीशेन फणाद्वादशकार्चिषा ॥ १७ ॥

अनेक प्रकार के रत्नों से बना हुआ वह दिव्य भवन, अनेक सदनों (कक्षों) से सुशोभित था, जहां बारह फनों वाले नागछत्र के आसन पर नागराज महीधर विराजमान थे।

उपविष्टं ददर्शैनं प्रभया परया युतम् ।
सजीवा इव लक्ष्यन्ते नागराजाः सदस्स्थिताः ॥ १८ ॥

वहां श्री अग्रसेन ने उत्कृष्ट प्रभा से युक्त, नागराज की उस काल्पनिक सी लगने वाली विचित्र शोभा को प्रत्यक्ष देखा। जहां नागराज के साथ ही नाग गण विराजिमान थे।

सभा तस्य विचित्रैव रत्नचित्रा हिरण्मयी ।
अयुतस्तम्भसंयुक्ता नानाभावप्रदर्शिका ॥ १९ ॥

स्वर्णमयी दीवारों पर रत्नों की चित्रित वह विचित्र, आश्चर्यजनक सभा जो अनेकों प्रियदर्शी स्तंभो से युक्त थी, अनेकों प्रकार के भावों का प्रदर्शन कर रही थी।

कर्पूरदीपैः शतशो भासिता वीथिकान्विता ।
दीपाश्चन्दनतैलेन केचित् सिक्ताः प्रभान्विताः ॥ २० ॥

वह नागराज भवन, सैकड़ों जलती हुई कर्पूर दीपों से उद्भासित हो रहा था। संध्याकाल के सूचक तथा चन्दन के तेल से भरे कुछ दीपक, वहां अपनी प्रभा के साथ ही सुगंध भी बिखेर रहे थे।

नानाव्यालसमाकीर्णैः शिखरैरिव मन्दिरम् ।
अग्रसेनो विस्मितोऽथ नागाऽधिपमथैक्षत ॥ २१ ॥

तब श्री अग्रसेन, वहां, नागाधिपति महीधर, जो नाना प्रकार के सर्पों से युक्त अनेकों शिखरों वाले, मंदराचल पर्वत की भांति शोभायमान हो रहे थे, उन्हें विस्मय के साथ देखकर आश्चर्य चकित हो गए।

भ्राजमानं ततो दृष्ट्वाऽग्रसेनो भुजगेश्वरम् ।
मनसा चिन्तयामास तेजसा तस्य मोहितः ॥ २२ ॥

उन दीप्तिवान भुजंगराज महीधर, को अच्छी तरह देखकर, उनके तेज से मोहित हो, श्री अग्रसेन मन ही मन इस प्रकार विचार करने लगे –

अहो रूपमहो धैर्यमहो सत्त्वमहो द्युतिः ।
अहो पन्नगराजस्य सर्वलक्षणयुक्तता ॥ २३ ॥

अहो ! पन्नगराज का कैसा अद्‌भुत स्वरूप है! कैसा अनोखा धैर्य है! कैसी अनुपम शक्ति है! कैसा आश्चर्यजनक तेज है! इनका इस तरह संपूर्ण राज्योचित श्रेष्ठ लक्षणों से युक्त होना, सचमुच ही आश्चर्यजनक है।

जैमिनिरुवाच

शङ्कात्मा चिन्तयामास नागेन्द्रस्तेजसावृतम्।
षडाननः किमेषोऽयं भवेत् साक्षादिहागतः ॥ २४ ॥

जैमिनी जी कहते हैं – हे जनमेजय ! एक ओर श्री अग्रसेन इसप्रकार नागराज के व्यक्तित्व से अत्यन्त प्रभावित थे, वहीं श्री अग्रसेन को देखकर, वे शंका ग्रसित नागराज, मन में तरह तरह के विचार करने लगे, कि – इस तेजस्वी के रूप में कहीं कुमार कार्तिकेय तो यहां नहीं पधारे हैं। श्री अग्रसेन की तेजस्विता से उन्हें मन में श्री अग्रसेन में कुमार कार्तिकेय का भान हो रहा था – यह अत्यंत ही शुभ लक्षण था।

अग्रसेनः पुरः स्थित्वा प्रत्युवाच फणीश्वरम्।
काम्यया शरणं प्राप्तो भवन्तं पन्नगेश्वरम् ॥ २५ ॥

हे जनमेजय ! तत्पश्चात, नागराज महीधर के सामने, अपनी उपस्थिति को अभिव्यक्त करते हुए श्री अग्रसेन ने कहा – हे नागराज ! मैं विशिष्ट कामना से यहां आपकी शरण में आया हूं।

अग्रसेनस्तदाऽऽसीनः परमे पन्नागासने ।
द्विजिह्वपतिरव्यग्रो महीध्रोप्यभ्यभाषत ॥ २६ ॥

तदनंतर, नागों द्वारा दिए हुए उस चित्रित श्रेष्ठ आसन पर, जब महाराजा अग्रसेन विराजमान हो गए, तब नागराज महीधर ने उनसे शांत भाव से कहा –

महीधर उवाच

कुतस्त्वं कोऽसि कस्यासि किमिहास्ति प्रयोजनम् ।
नैवंविधः परिज्ञातो दृष्टपूर्वोऽत्र वै नरः ॥ २७ ॥

तब, नागराज महीधर ने पूछा – आप कहां से आए हो ? कौन हो ? किसके पुत्र हो ? यहां आने का आपका प्रयोजन क्या है ? हमारे द्वारा आपके जैसा पुरुष, यहां इस नागलोक में पहले कभी नहीं देखा गया। (आप सर्वथा नये आये हो)

अग्रसेन उवाच

अहं सूर्यकुलोद्भूतो वल्लभस्य सुतस्तथा ।
महालक्ष्मीप्रसादाय गार्ग्येनाथानुदीक्षितः ॥ २८ ॥

श्री अग्रसेन ने कहा – हे नागराज ! सर्वलोकों (देव, नाग, नर, यक्ष, किन्नर, गंधर्व आदि) में विख्यात सूर्यकुल में उत्पन्न महाराज वल्लभसेन का मैं पुत्र हूं, जिसे महर्षि गर्ग ने दिशा प्रदान की, जिससे महालक्ष्मी की महत् कृपा से मेरे द्वारा स्वयं के राज्य की संरचना की गई है।

वृणुयाद् नागकन्या मां, कामयानोऽहमागतः ।
गच्छेयं तामनुप्राप्य वर एष वृतो मया ॥ २९ ॥

हे नागराज ! मैं नागराज सुता माधवी देवी को वरण करने की कामना से ही, यहां इस नागलोक में आया हूं और उनके साथ विवाह करके ही यहां से जाऊंगा। यही मेरा अनुष्ठान (व्रत) है।

जैमिनिरुवाच

एतच्छ्रुत्वा तु वचनं तमुवाच फणीश्वरः ।
पुङ्गवेदं दुर्लभं ते कथं नागसुताऽर्थ्यते ॥ ३० ॥

जैमिनी जी कहते हैं – जनमेजय ! श्री अग्रसेन की, यह बात सुनकर नागराज महीधर ने कहा – मनुजश्रेष्ठ ! तुम जो इस प्रकार नागपुत्री हेतु प्रार्थना कर रहे हो वह, तुम्हारे लिए सर्वथा दुर्लभ है।

शिवस्यायं द्वेष इति चिन्तयन् पन्नगेश्वरः ।
विष्णुद्वेषादिदानीञ्चैवान्तरं प्रेप्सुरब्रवीत् ॥ ३१ ॥

जैमिनी जी कहते हैं – राजन जनमेजय ! नागराज महीधर, वैष्णवों से द्वेष भाव रखते थे, वे ये सोचते थे कि वैष्णव शिवद्रोही हैं, तथा (नाग संस्कृति के पोषक नागराज नागों का, विष्णु वाहन गरूढ़ से स्थाई वैर की भावना से वशीभूत) नागेन्द्र सदैव वैष्णवों के, दोष ही ढूंढते रहते थे।

महीधर उवाच

जानामि शीलं लोकेषु ज्ञात्याचरणमप्यहम् ।
हृष्यन्ति व्यसनेष्वेते ज्ञातीनां ज्ञातयः सदा ॥ ३२ ॥

तब, महीधर ने कहा – तुम्हारे लोक में तुम्हारे सजातीय बंधुओं का जो स्वभाव है, तथा आचार व्यवहार है, उसे मैं अच्छी तरह जानता हूं। तुम्हारे यहां स्व–जातीय जन सर्वदा अपने अन्य सजातीय बंधुओं के दुख में या आपत्ति में पड़ने पर ही, हर्ष मनाते हैं।

यथा पुष्करपत्रेषु पतितास्तोयबिन्दवः ।
तथा न श्लेषमिच्छन्ति ज्ञातयः स्वेषु सौहृदम् ॥ ३३ ॥

जैसे कमल के पत्तों पर पर गिरी हुई पानी की बूंदे, उसमें अधिक देर नहीं टिकती, वैसे ही आर्यों के हृदय में, परस्पर सौहाद्र अधिक देर नहीं टिकता।

श्रूयन्ते ज्ञातयोऽप्येवं परं परिभवन्ति च ।
कृत्स्नाद् भयाज्ज्ञातिभयं कुकष्टं विहितं च नः ॥ ३४ ॥

सुना है, वहां कुटुम्बी जन आपस में एक दूसरे को अपमानित करने और एक दूसरे को नीचा दिखाने की चेष्टा करते रहते हैं, वहां दूसरे भयों से अधिक स्वयं जाति भाईयों से प्राप्त होने वाला भय ही अधिक कष्टदायक होता है।

नागकन्यां प्रार्थयानस्त्वं नाप्यामकृतात्मभिः।
विनशिष्यसि दुर्बुद्धे तदुपारम मा चिरम्॥ ३५॥

वैष्णव, जिनका अन्तःकरण शुध्द नहीं है, अथवा जो पुण्यात्मा नहीं है, उनके लिये नागकन्या की प्राप्ति असंभव है। हे दुर्बुद्धे ! तुम नागकन्या की प्राप्ति के लिये, याचना करते करते विनाश को प्राप्त हो जाओगे, तो भी तुम उसे प्राप्त नहीं कर सकते। अतः इस दुराग्रह को छोड़कर, जितना शीघ्र हो सके, तुम यहां से चले जाओ।

न पद्माङ्का न चक्राङ्का न वज्राङ्का हि वैष्णवाः।
लिङ्गाङ्कका भगाङ्काश्च तस्माच्छैवाः समे जनाः॥ ३६॥

ब्रूहि श्रेष्ठः कोऽत्र कस्मात् शैववैष्णवयोः परः।
कथं प्राप्या नागकन्या ? ज्ञातिना पुङ्गव व्रज॥ ३७॥

तब, नागेन्द्र महीधर ने कहा – तुम वैष्णव कहलाने वाले विष्णु के भक्तों के शरीरों में, न तो कहीं पद्म का चिन्ह दिखाई देता, न चक्र का, न ही वज्र का ही, (फिर तुम कैसे वैष्णव हो ?) किन्तु शैवों के आराध्य शिव – शिवा के प्रतीक चिन्ह लिंग तथा भग तो सारी सृष्टि के स्त्री–पुरुषों में विद्यमान हैं। कहो, वैष्णवों और शैवों में कौन श्रेष्ठ है ? कैसे श्रेष्ठ है ? (अर्थात वैष्णव से शैव परम श्रेष्ठ हैं) फिर, हे आर्य जाति के पुरुष ! (जब तुम हमारे समकक्ष नहीं हो) तो तुम्हें नागकन्या किस तरह प्राप्त हो सकती है ? अतः इस दुराग्रह को छोड़कर तुम तुरंत लौट आओ।

अग्रसेन उवाच

भवान् मान्यः पितृसमो न च धर्मपथे स्थितः।
स त्वं भ्रान्तोऽसि मे ब्रूहि यदिच्छसि करोमि ते॥ ३८॥

तब, श्री अग्रसेन ने कहा – हे नागपति ! आप मेरे लिये पिता तुल्य आदरणीय हैं, आप कुछ भी कह सकते हैं, किन्तु आपके कथन से ऐसा प्रतीत होता है, कि आपकी बुद्धि भ्रम में फंसी हुई है, अतः आप धर्म पथ पर स्थित नहीं हैं, आपका यह कथन सही नहीं है, आप यदि स्वीकृति दें, तो मैं यह स्पष्ट कर सकता हूं।

मतिमान् शास्त्रवित् प्राज्ञः विज्ञानी चासि पन्नग।
त्यजेमां प्राकृतां बुद्धिं कृत्वाऽऽत्मार्थप्रदूषणीम् ॥ ३९ ॥

हे नागेन्द्र ! आप परम बुद्धिमान हैं, शास्त्रों के ज्ञाता हैं, विचार कुशल हैं, विशेष ज्ञान संपन्न हैं, अतः आप कृतात्मा पुरुषों की भांति, इस अर्थदूषक प्राकृत बुद्धि का परित्याग करें।

कथं श्रेष्ठः स यो मानी नरो वाऽन्योऽन्यनिन्दकः।
आन्वीक्षिकीं तर्कविद्यामनुरक्तो निरर्थकाम् ॥ ४० ॥

जो नर या नाग, व्यर्थ अभिमान करके, आन्वीक्षिकी (छिद्रन्वेशी) तथा निरर्थक तर्क विद्या (बुद्धिविलास) में अनुरुक्त होकर, अपने को श्रेष्ठ सिद्ध करने के लिये, दूसरों की निन्दा करते हैं, वे किसप्रकार श्रेष्ठ कहे जा सकते हैं ?

देवेषु नागमर्त्येषु सर्वभूतेषु सर्वदा।
सर्वे पूज्याश्च मान्याश्च श्रुतवन्तोऽनसूयकाः ॥ ४१

महामने ! अच्छी और बुरी प्रकृति के लोग सर्वत्र विद्यमान हैं, तथापि देवों में, नागों में, मनुष्यों में, तथा अन्य सभी लोकों में, विद्वान और दोष रहित पुरुष ही, देव, नाग, नर ,गंधर्व, यक्ष चाहे कोई हो, सदा ही पूजनीय और माननीय रहतें हैं।

अक्रोधः सत्यवचनो न हिंस्त्रो दान्त आर्जवी ।
अद्रोहोऽनभिमानश्च तितिक्षुः शान्त उत्तमः ॥ ४२ ॥

यस्मिन्नेतानि दृश्यन्ते न चाकार्याणि नागप ।
स्वभावतो निविष्टानि तत्पात्रं मानमर्हति ॥ ४३ ॥

हे नागेन्द्र ! जिनमें क्रोध का अभाव, सत्यभाषण, अहिंसा की भावना इन्द्रिय संयम, सरलता, द्रोह हीनता, अंहकार शून्यता, लज्जा, सहनशीलता, धैर्य और मनोनिग्रह ये गुण संभवतः दिखाई देते हों तथा जिनके कार्य धर्म विरुद्ध न हों, वस्तुतः वे ही सम्मान के अधिकारी होते हैं और कन्यादान के योग्य पात्र भी। यही श्रुतियों का श्रेष्ठ मत है।

भक्तिज्ञाने न भिन्ने ते न भिन्नौ शिवकेशवौ ।
तस्माद् भेदो न कर्तव्यस्तदकर्तुः सदा सुखम् ॥ ४४ ॥

हे नागेन्द्र ! जिस प्रकार भक्ति और ज्ञान भिन्न नहीं होते, भक्ति बिना ज्ञान नहीं होता, और ज्ञान बिना भक्ति नहीं होती, शिवजी ज्ञान के प्रतीक हैं और विष्णु भगवान भक्ति के। उसी प्रकार शिव और विष्णु भिन्न भिन्न नहीं आपका ईश्वर के रुप में भेद करना उचित नहीं।

कः शिवः को हरिः को वा रुद्रः को वा विधिश्च कः ।
एतेषु निर्गुणः को वा ह्येतं नश्छिन्धि संशयम् ॥ ४५ ॥

शिव कौन है ? विष्णु कौन है ? रुद्र कौन है ? ब्रम्हा कौन है ? इस विषय में, भ्रांतियों के कारण, हमारे मनों मे बड़ा संदेह है, हे नागराज! आप इन संशयों से मुक्त हों। वस्तुतः ईश्वर तो एक ही है।

यच्चादौ हि समुत्पन्नं निर्गुणात्परमात्मनः ।
तदेव शिवसञ्ज्ञातं वेदवेदान्तिनो विदुः ॥ ४६ ॥

हे नागेन्द्र ! इस सृष्टि के आरंभ में, जो निर्गुण, निराकार परमात्मा हुए, उन्हें ही वेदों, तथा वेदान्त के ज्ञाताओं ने 'शिव' नाम से जाना है।

तस्मात्प्रकृतिरुत्पन्ना पुरुषेण समन्विता ।
ताभ्यां तपः कृतं तत्र जलस्थाभ्यां पुरा सुधीः ॥ ४७ ॥

हे नागराज ! उन्ही शिव से प्रकृति सहित पुरुष का उद्भव हुआ और फिर उन दोनों ने जल में स्थित होकर तपस्या की।

सम्भाव्य मायया युक्तस्तत्र सुप्तो हरिः स वै ।
नारायणेति विख्यातः शक्तिर्नारायणी मता ॥ ४८ ॥

यह जानकर 'श्री विष्णु' अपनी माया के साथ उसी जल में शयन करने लगे और तब पुरुषरूपा वे 'हरि' ही 'नारायण' नाम से विख्यात हुए तथा प्रकृति ही 'नारायणी' के रुप में पूजित हुईं।

उभयोर्वामशयने यद्रूपं दर्शितं तदा ।
महादेवेति विख्यातं निर्गुणं सा शिवा मता ॥ ४९ ॥

हे पन्नगपति ! निर्गण स्वरुप वाले भगवान 'शिव' ने ही, ब्रह्मा और विष्णु के मध्य उपजे, इसी श्रेष्ठता के पारस्परिक विवाद को शांत करने के लिये, अपने जिस स्वरुप का प्रदर्शन किया था, वही स्वरुप 'महादेव' के नाम से विख्यात हुआ।

शिवे त्रिगुणराहित्यं हरौ तु गुणधामता ।
वस्तुतो न हि भेदोऽस्ति स्वर्णे सा भूषणे भिदा ॥ ५० ॥

इस प्रकार, हे नागेन्द्र ! माया के तीनों गुणों से रहित होकर, स्थित निराकारी भगवान 'शिव' तथा माया से संयुक्त सगुण साकार रुप भगवान 'श्री विष्णु' में, उसी तरह कोई भेद नहीं है, जिस प्रकार स्वर्ण में और स्वर्ण से निर्मित आभूषण में कोई भेद नहीं होता। उसी प्रकार हे नागेन्द्र ! वस्तुतः ईश्वर तो एक ही है।

समरूपसुकर्माणौ समं भक्तगतिप्रदौ ।
समानावखिलैः सेव्यौ नानालीलाविहारिणौ ॥ ५१ ॥

ये दोनों ही समान स्वरूप तथा समान कर्मों वाले अनेक प्रकार की लीलाएं करने तथा अपने भक्तों को समान रूप से सद्‌गति प्रदान करने वाले, और सभी के द्वारा, चाहे वे शैव हों या वैष्णव, दोनों ही समान भाव (ऐकात्म भाव) से सेवा पूजा किये जाने के योग्य हैं। इस प्रकार यह सिद्ध है, कि ईश्वर तो एक है।

यथैक एव सूर्योऽयं ज्योतिर्नानाच्यते जनैः ।
जलादि च विशेषेण दृश्यते तत्तथैव तौ ॥ ५२ ॥

हे पन्नगपति ! जिस प्रकार एक ही सूर्य के लोगों को, चंचल जल में अनेक सूर्य दिखाई देते हैं, उसी प्रकार वह परम पिता परमात्मा एक होते हुए भी भ्रांति के कारण ही, अनेक रुपों में भासमान होते हैं, वस्तुतः ईश्वर तो एक ही है।

विश्लेषण ––

उर्ध्व रेता का एक अर्थ होता है – तपस्वी, और दूसरा ऊपर देखने वाला दोनों को सूर्य (ईश्वर) एक ही दिखाई देता है, किन्तु सागर की लहरों के किनारे बैठने वाले व्यक्ति को, जिस प्रकार हर लहर के साथ सूर्य के भिन्न स्वरुपों का भास होता है, उसी प्रकार संसार सागर में, मन की चंचल लहरों के कारण ईश्वर भिन्न दिखाई देते हैं, किन्तु स्थिर जल में अर्थात् आत्मदर्शी होने पर सूर्य (ईश्वर) एक है, स्पष्ट आभास हो जाता है।

इति नो विविधं वाक्यमृषीणां च समागतम् ।
इत्येवञ्च समाख्यातं यत्पृष्टं पन्नगानघ ॥ ५३ ॥

हे निष्पाप नागेन्द्र ! अपकारी होकर ! आपने भगवान शिव –विष्णु में जिस प्रकार भेद प्रदर्शित करते हुए, जो कुछ पूछा था, मैने ऋृषियों के सतसंग से प्राप्त ज्ञान के आधार पर, आपको स्पष्ट कर दिया कि ईश्वर तो एक ही है।

हरस्याभूषणं शेषं धरापर्वतधारिणम्।
नारायणः स्वासनं तं कुरुते श्रीकरं सुखम्॥ ५४॥

हे नागराज ! पर्वतों सहित धरा मंडल को धारण करने वाले नागेश्वर शेषनाग, एक ओर भगवान शिवशंकर के आभूषण स्वरुप हैं, उसी प्रकार भगवान विष्णु के – छत्र सहित आसन भी, जिन पर श्री लक्ष्मी जी सहित भगवान विष्णु सुख पूर्वक विराजमान हैं। आप तो स्वयं दोनों संस्कृतियों के सम्मलित स्वरुप के प्रतीक हैं नागेन्द्र ! अतः कृपया अपनी भेद दृष्टि का परित्याग कीजिएगा।

महीधर उवाच

विस्मयो मे महान् श्रुत्वा राजन् ते परमाद्भुतम्।
एतद् रहस्यं विज्ञातं याथातथ्येन हि त्वया॥ ५५॥

तब, नागेन्द्र महीधर ने कहा – हे राजन ! इस परम रहस्य को आपके द्वारा जिस प्रकार तथ्यों सहित शिव – विष्णु के एकात्म रुप में दर्शाया गया, उस परम अद्भुत यर्थात स्वरुप को, आपसे सुनकर मुझे महान आश्चर्य हुआ। वस्तुतःईश्वर एक ही है, इनमें विभेद करना भ्रम ही है। आपने आज हमारे ज्ञान चक्षु खोल दिये।

जैमिनिरुवाच

युवा मतिमतां श्रेष्ठो ज्ञानविज्ञानकोविदः।
सर्वानेव निजग्राह चकार च निरुत्तरान्॥ ५६॥

जैमिनी जी कहते हैं – हे महामनीषी जनमेजय ! श्री अग्रसेन युवा होकर भी, श्रेष्ठ बुद्धि से युक्त तथा ज्ञान विज्ञान में प्रवीण थे, इसीलिये उन्होंने, अपने तर्क पूर्ण आग्रह वचनों से, सभी को निगृहीत करते हुए निरुत्तर कर दिया।

अग्रसेन उवाच

नरनागविरोधेन भविता कुलसङ्करः।
पौत्रस्ते भविता नागस्तेजोवीर्यसमन्वितः॥ ५७॥

तब, श्री अग्रसेन ने कहा – हे नागेन्द्र ! नर और नागों में विरोध होने के पर (युद्धादि के कारण) दोनों ही कुलों में संकरता आ

जायेगी। (महर्षि गर्ग एवं ऋषिश्रेष्ठ उद्दालक द्वारा प्रेरित इस उपक्रम का वास्तविक कारण है कि) – नागवंश की इस सुकन्या से, हमारे वंश में तेजस्विता का संचार होगा। जिससे दोनों ही कुल यशस्वी होंगे।

नारी कुलं वर्धयति नारी पुष्टिर्गृहे परा।
नारी लक्ष्मीः रतिः साक्षात् प्रतिष्ठा सन्ततिस्तथा ॥ ५८ ॥

श्रेष्ठ नागेन्द्र ! नारी ही कुल की वृद्धि करती है, वह घर में परम पुष्टि स्वरुपा होती है, तथा नारी ही घर की लक्ष्मी कही गयी है, वही रति है, वही मूर्तमती प्रतिष्ठा तथा संतान परंपरा का आधार है।

महाकुलानां चरितं तनोति निकषोपमम्।
दातारं हव्यकव्यानां प्रसूते पुत्रकञ्च या ॥ ५९ ॥

पत्नी के स्थान पर प्रतिष्ठित होकर, नारी देवों तथा पितरों को हव्य कव्य प्रदान करने वाले, पुत्रों को जन्म देती है, वही अपने सदाचार के द्वारा उच्चकुलों के चरित्र की कसौटी समझी जाती है।

ततस्ते वंशकार्यार्थमहं त्वां समुपागतः।
एवं मनो दृढं कृत्वा त्वयि सर्वं निवेदितम् ॥ ६० ॥

हे नागराज! इसीलिये दोनों कुलों के तेज से संभूत वंश के विकास की कामना अभिपूर्ति हेतु, मैं आपके इस नाग लोक में आया हूं और अपने हृदय के इस दृढ़ निश्चय के साथ, आपकी पुत्री नागकन्या माधवी देवी के साथ, विवाह का प्रस्ताव आपके समक्ष पुनः रख रहा हूं।

जैमिनिरुवाच

तामुवाच तु नागेन्द्रः कथं त्वां प्रीणयाम्यहम्।
कथं ह्यहं प्रतिश्रुत्य महेन्द्राय विशेषतः ॥ ६१ ॥

जैमिनी जी कहते हैं – श्री अग्रसेन जी की तात्विक बातों से अत्यंत प्रभावित होने के बावजूद, नागेन्द्र महीधर ने उनसे कहा कि – हे राजन ! किन्तु मैं माधवी का पाणिग्रहण तुम्हारे साथ कैसे कर सकता हूं ? मैं देवराज इन्द्र से, इस हेतु वचन बद्ध होकर, अब इस प्रकार तुमसे उसका विवाह नहीं कर सकता।

तेन वैरं त्वया सार्धं कर्तव्यं नात्र संशयः।
न तस्य पादरजसा तुल्योऽहं प्रीणयामि वा ॥ ६२ ॥

ऐसा करने पर, देवराज इन्द्र आपके साथ वैर कर सकते हैं। इसमें कोई संशय नहीं कि तुम उनके पैरों के धूल के समान भी नहीं हो, फिर तुम्हारे साथ किस प्रकार मैं अपनी कन्या का विवाह कर दूं?

एवं चिन्तयमानस्य श्रुत्वा वाचमहीशितुः।
अग्रसेनोऽब्रवीद् वाक्यमर्थशास्त्रविशारदः ॥ ६३ ॥

ऐसा विचार करने वाले नागराज महीधर के उन वचनों को सुनकर, तब अर्थयुक्त वचन बोलने में प्रवीण श्री अग्रसेन ने तब इस प्रकार कहा –

अग्रसेन उवाच
नाकृतज्ञा न च क्लीबा नावलिप्ता न बालिशाः।
न देवाः क्षुद्रकर्माणः मा मैवं नागराड्वर ॥ ६४ ॥

श्री अग्रसेन ने कहा – हे तात ! कृपया ऐसी बात न कहिए, देवता ऐसा छुद्र, निम्न स्तरीय कर्म करने वाले नहीं होते। वे न तो कृतघ्न होते, न कायर, न ही अहंकारी और न मूर्ख ही।

तत्परस्तन्मनाश्चास्मि तद्भक्तस्तत्प्रिये रतः।
कथं पापं करिष्यन्ति विज्ञायैवंविधं हि माम् ॥ ६५ ॥

मैं, शरीर से सत्याचरण द्वारा उन देवताओं के हित कार्यों में, जिनसे दैव प्रसन्न होते हैं, सदैव तत्पर रहता हूं। मन में उनका निरंतर चिन्तन करता हूं, उनमें भक्ति भाव रखता हूं, सदैव उनकी प्रियता में रत रहता हूं। यह जानकर भी वे मेरे साथ अकारण पापपूर्ण दुर्व्यवहार क्यों करेंगे?

जैमिनिरुवाच

इत्येवमुक्ते वचनेऽग्रेण वै नागमण्डले ।

उदतिष्ठन्महान् नादः प्रशंसन् अग्रसेनकम् ॥ ६६ ॥

जैमिनी जी कहते हैं – श्री अग्रसेन के इस प्रकार, आश्वस्ति प्रदायक वचनों को सुनकर वहां नाग मंडल में, श्री अग्रसेन की प्रशंसा से युक्त हर्ष पूर्ण तीव्र कोलाहल होने लगा।

उद्दालक उवाच

अग्रसेनो महाबाहुर्योद्धा तादृङ् न विद्यते ।

अमी नागसुतास्तस्य कलां नार्हन्ति षोडशीम् ॥ ६७ ॥

इसप्रकार घटना क्रम की निरंतरता के मध्य, वहां नागों के पूज्य महर्षि उद्दालक पधारे। महर्षि उद्दालक ने कहा – ये श्री अग्रसेन जिस तरह शास्त्रों में विशेष पारंगत हैं, उसी तरह ये महान योद्धा भी हैं। जो तुम देख ही चुके हो नागराज! इस नागलोक में इनकी सोलहंवी कला के बराबर भी कोई नहीं है।

वैष्णवानां प्रभावोऽयं न केन विदितः पुरा ।

देवतानां सकाशं च ये गच्छन्ति निमन्त्रिताः ॥ ६८ ॥

हे नागराज ! ऐसा और कौन है ? जिसे इन आर्यों (वैष्णवों) के उस प्रभाव का ज्ञान नहीं, कि ये ही आर्ष पुरुष देवताओं द्वारा निमंत्रित होने पर देवासुर संग्राम में देवों की सहायता के लिये जाते हैं।

देवतार्थं नृणां यत्नः सदा दानवसङ्क्षये ।

तेषां प्रियार्थं संग्रामे युज्यन्ते नरपुङ्गवाः ॥ ६९ ॥

देवत्व जीवन्त करने के लिये, देवताओं के लिये ही श्रेष्ठ नर देवों की ओर से देवासुर संग्राम में जूझते हैं।

सदृशो धर्मसम्बन्धः सदृशो गुणसम्पदा ।
सम्बन्धेनानुबध्येतां भवन्तौ पुण्यकर्मणा ॥ ७० ॥

नागराज! 'अग्रसेन और माधवी का विवाह' सम्बंध सर्वथा धर्म पूर्ण तथा परम पुण्य दायक कर्म होगा। गुण, रूप, संपदा में दोनों ही समान हैं। और दोनों ही कुल समान रूप से धर्म को मानने वाले हैं। अतः इन्हे एकसूत्र 'परिणयसूत्र' में बांध दिया जाना चाहिये।

प्राप्तः सुरामयः स्वामिन् मनो मार्गाच्च्युतं तव ।
भविष्यति श्रेयसीह सर्वलोकहितावहे ॥ ७१ ॥

हे नागराज ! इस सौभाग्यशाली समय में तुम्हारा हृदय श्रेयस मार्ग से विचलित हो रहा है। यह 'माधवी अग्रसेन' का विवाह वृहत यश प्रदायक, तथा देव, नाग, नर सभी लोकों के लिये हितकारी है, अतः आप देवों की ओर से पूर्ण निश्चिंत होकर, प्रसन्न मन से सुसम्बन्ध स्वीकार करें।

जैमिनिरुवाच

सोऽहर्षयत् तु सर्वेषां मधुरोऽश्रुयुतस्वनः ।
नागेन्द्री नागकन्या च सभाभवनमागते ॥ ७२ ॥

जैमिनी जी कहते हैं – तभी सबके हर्ष को बढ़ाता हुआ वह मधुर घोष सब ओर सुनाई देने लगा। महर्षि के वचनों के अनुकूल, नागराज की स्वीकृति स्वरूप वहां राजभवन में नागेन्द्री और नागकन्या माधवी जी आ पहुंचीं।

माधवी प्रसमीक्ष्यैनमग्रं लज्जितमानसा ।
आश्वासयद् वरारोहां स हृष्टेनान्तरात्मना ॥ ७३ ॥

और तब, नागसुता माधवी जी ने लजाते हुए, श्री अग्रसेन जी की ओर दृष्टिपात किया तो श्री अग्रसेन ने, उल्हासित अन्तरमन से उस सुन्दरी को नयनों से आश्वस्त किया।

तौ परस्परसम्प्रीतावविवन्देतां कृताञ्जली ।

प्रशंसताम् अग्रसेनं शब्दोऽभूद् विस्मयावहः ॥ ७४ ॥

वे दोनों 'अग्रसेन और माधवी' एक दूसरे को पाकर बड़े प्रसन्न दिखाई दे रहे थे, तथा उपस्थितों का हाथ जोड़कर अभिनंदन कर रहे थे, सबही हर्षित होकर, श्री अग्रसेन जी की प्रशंसा कर रहे थे और इनके भाग्य को, सराह रहे थे।

जैमिनिरुवाच

नो शक्यमग्रसेनेन जनमेजय यत् कृतम् ।

यत्र धीर्ह्रीः स्थिता तत्र श्रीश्च लभ्याऽनपायिनी ॥ ७५ ॥

जैमिनी जी कहते हैं – हे जनमेजय ! अद्‌भुत एवं सर्वथा असंभव सा प्रतीत होने वाला यह कार्य, जैसा श्री अग्रसेन द्वारा किया गया, भला इनके सिवाय और कौन पुरुष कर सकता था ? अर्थात और कोई नहीं।

जैमिनी जी कहते है – यह सत्य ही है कि जहां बुद्धि है वहां – श्री विद्यमान है और जहां श्री विद्यमान है वहां क्या अलभ्य है ?

॥ इति जैमिनीये जयभारते भविष्यपर्वणि अग्रोपाख्यानस्य

यद्विरचितम् श्रीमदग्रभागवते पञ्चदशोऽध्यायः ॥

॥ शुभं भवतु कल्याणम् ॥

महर्षि जैमिनी विरचित जयभारत के भविष्यपर्व के अग्रोपाख्यानम् के श्रीमद् अग्रभागवतम् स्वरूप का पंद्रहवां अध्याय पूर्ण हुआ ।

यह शुभकारी आख्यान सबके लिये कल्याणकारी हो ।

॥ श्री अग्र भागवत ॥

सोलहवां अध्याय

गरल

जैमिनिरुवाच

अथैवं पूजितो हैष वसत्यतिथिमन्दिरे।
नावं लब्ध्वैव पारैषी सोऽहृष्यच्चाग्रसेनकः ॥ १ ॥

जैमिनी जी कहते हैं – नाग कन्या से विवाह सुनिश्चित हो जाने पर नागराज एवं सकल नागलोक, तथा सकल नाग समूह, द्वारा इस प्रकार पूजित होकर श्री अग्रसेन वहां अतिथी गृह में, निवास करते हुए उसीप्रकार हर्षित थे, जैसे नदी पार जाने की कामना करने वाले व्यक्ति को नाव मिल जाने से प्रसन्नता होती है।

ददर्श वै रवेः रूपं सन्ध्याभ्रारक्तकं तदा।
नवोदिते गुणास्तत्र चन्द्रपादसुशोभिताः ॥२॥

वहां श्री अग्रसेन जी ने देखा कि सूर्य का रुप संध्या की लाली से लाल हो गया है। और तब वे नवोदित चंद्रमा की चांदनी से शोभित होने वाले उस मनोरम प्रदेश की नैसर्गिक छटा को निहारने लगे।

विचित्रमणिमुक्ताभिर्भवनैःस्वर्णतोरणैः।
स्वयं प्रभाभिर्मणिभिर्वज्रैर्भूमिश्च भूषिता ॥३॥

वह अतिथि भवन, विचित्र मणियों, मोती की झालरों और सोने की तोरणों से अलंकृत था, जिसमें स्वयं प्रकाशित होने वाली मणियां अपनी अद्भुत छटा बिखेर रहीं थीं।

मधुपुष्परजःपृक्तं गन्धमादायपुष्कलम् ।
सुखोऽनिलोऽवासयच्च मनस्तुष्टिविवर्धनम् ॥४ ॥

वसंत ॠतु के विविध कुसुमों की मधुर मकरंद तथा पराग से मिश्रित प्रचुर सुगंध लेकर बहती हुई सुखद वायु, मन के आनन्द को बढ़ा रही थी।

एतस्मिन्नन्तरे चन्द्रप्रगाढे रजनीमुखे ।
भुजङ्गिनी समायाता पृथुश्रोणी मनोरमा ॥ ५ ॥

तब चंद्रमा के निशा के आगोश में चले जाने पर, छिटकी हुई चांदनी की प्रकाश छटा में, वहां विशाल नितम्बों वाली एक नागकन्या आ पहुंची।

मृदुकुञ्चितदीर्घेण कुमुदोत्करधारिणा ।
केशहस्तेन राजन्ती साऽऽजगाम तु कामिनी ॥ ६ ॥

उसके कोमल लंबे और घुंघराले केशों का समूह, वेणी के रुप में आबद्ध था। जिनमें कुमुद पुष्पों के गुच्छ शोभायमान हो रहे थे, इसप्रकार सुशोभित वह कामिनी, श्री अग्रसेन के निवासित स्थल की ओर बढ़ी आ रही थी।

चक्षुर्मनोहरं पीनं मेखलादामभूषितम् ।
समुद्वहन्ती जघनं रतिप्राभृतमुत्तमम् ॥ ७ ॥

मनोहारी नेत्रों वाली उस नागकन्या की, कंचन लाड़ियों से विभूषित कटि करधनी, उसके पीन जघन स्थल को मानो रति के उत्तम उपहार के रुप में धारण किए हुए हो।

विक्षेपालापमाधुर्यैः कान्त्या सौम्यतयाऽपि च।
शशिनं वक्त्रचन्द्रेण साऽऽह्वयन्तीव सम्बभौ ॥ ८ ॥

भौहों की भंगिमाओं, आलाप की मधुरता, उज्जवल कान्ति और सौम्य भावों से संपन्न, अपने मनोहारी चंद्रमुख द्वारा, मानो चंद्रमा को चुनौती सी देती हुई वह नागकन्या, अतिथी भवन के पथ पर अग्रसर थी।

नीलं सतोयमेघाभं वस्त्रं समवकुण्ठितम्।
बभावन्यतमेव श्रीः कान्तिश्रीद्युतिकीर्तिभिः ॥ ९ ॥

वह भुजंगिनी, सजल जलधर के समान, नील आभा से युक्त वस्त्रों से अपने अंगों को ढके हुए, अपनी अलौकिक कांति (शोभा) युत एवं सौंदर्य कीर्ति से युक्त साक्षात ऐश्वर्या के समान प्रतीत हो रही थी।

गच्छन्त्या हाररुचिरौ स्तनौ तस्या ववल्गतुः।
स्तनोद्वहनसंक्षोभान्नम्यमाना पदे पदे ॥ १० ॥

उस नागकन्या के चलते समय, सुन्दर हारों से विभूषित, उठे हुए स्तन जोर जोर से हिल रहे थे, मानों दीर्घस्तनों के भार को वहन करने के कारण, वह थक थक कर, पग पग पर झुक झुक जाती हो।

ऊरू करिकराकारौ करौ पल्लवकोमलौ।
त्रिवलीदामचित्रेण मध्येनातीव शोभना ॥ ११ ॥

उस नाग सुन्दरी के दोनों हाथ, ऐसे कोमल थे मानों देह रुपी वृक्ष की डाल के नव पल्लव हों, जांघो का उतार चढ़ाव हाथी की सूंड के समान और उसका अत्यन्त सुन्दर मध्य भाग (कटिप्रदेश) त्रिवली रेखा से विचित्र शोभा को धारण किए हुआ था।

अधोभूधरविस्तीर्णनितम्बानतपीवरम्।
मन्मथायतनं तस्याः रशनादामभूषितम्॥ १२॥

नाभि के नीचे के भाग में, उन्नत और स्थूल विशाल नितम्ब, पर्वत के समान प्रतीत होते थे। जैसे वह कामदेव का उज्वल मंदिर जान पड़ती थी।

विलासैर्विविधैः सा तु प्रेक्षणीयतराभवत्।
ऋषीणामपि दिव्यानां मनोव्याघातकारणम्॥ १३॥

इसप्रकार विविध विलासिताओं से युक्त, उस कामिनी का अत्यन्त मोहक दर्शनीय स्वरुप, देवताओं और ऋृषियों के चित्त को भी मोहित कर देने वाला था।

सुसूक्ष्मेणोत्तरीयेण तुष्टिदा मदनस्य च ।
तनुवस्त्रावृताऽऽयाता पन्नगी सा विलासिनी॥ १४॥

भवन की ओर आती हुई वह विलासिनी नागकन्या, अत्यन्त ही महीन उत्तरीय धारण किए हुए थी। सुन्दर अंगों वाली वह कन्या, अपने शारीरिक सौंदर्य से मानो कामदेव को संतुष्ट कर रही थी।

सा शङ्कितमनाः प्रत्युदगच्छत् तं तदा निशि।
दृष्ट्वैव पन्नगीम् अग्रसेनो लज्जालुलोचनः ॥ १५॥

उस अतिथी भवन में, रात्रि में (अनायास) आई, उस पन्नगी के समक्ष श्री अग्रसेन अत्यन्त शंकित ह्रदय से उपस्थित हुए। उसे अकारण इस प्रकार कामुक स्वरुप में आई हुई, देखकर उनके नयन लज्जा से मुंद गए।

तमेकं रहिते दृष्ट्वा पन्नगी चारुहासिनी।
प्रत्युद्गताञ्जलिं कृत्वा राजानं वाक्यमब्रवीत्॥ १६॥

तब उस मनोहर हासवाली पन्नगी ने उन्हें अकेला देखकर, आगे बढ़कर हाथ जोड़कर महाराजा अग्रसेन से यह बात कही –

पन्नगी उवाच

कामेन मोहिता चाहं त्वां भजन्तीं भजस्व माम्।
त्वामुद्दिश्य तु मे सर्वं विभूषणमिदं कृतम्॥ १७॥

उस पन्नगी ने कहा – हे राजन ! आपसे मोहित मैं, काम के वशीभूत होकर, आपकी सेवा में आई हूं, आप मुझे स्वीकार करें, मैने यह सारा श्रृंगार आपके लिये ही धारण किया है।

मयाऽऽननरसस्याद्य पद्मोत्पलसुगन्धिनः।
माधुर्यममृतस्येव त्वां तृप्तिं प्रापयिष्यति॥ १८॥

कमल तथा उत्पल की गंध से युक्त, मेरे मुखारविंद का रस अमृत से भी श्रेष्ठ सुधारस है। राजन ! आप आज इस सुधा सौरभ के आस्वदन से, तृप्त हो जाइये।

सुवर्णचक्रप्रतिमं स्वर्णभूषार्चितं पृथु।
अध्यारोह त्वमद्यैतद् जघनं स्वर्गरूपि मे॥ १९॥

हे राजन ! आप निश्चिन्त होकर, सोने की लाड़ियों से विभूषित, स्वर्ण चक्र के समान विपुल विस्तार से युक्त, पीन जघन स्थल पर मूर्तिमान सुखद स्वर्ग पर, आरोहण कीजिए।

सर्वान् कामानुपाश्नीमो ये नागानां न वा नृणाम्।
प्रार्थिनीम् उपगूहैनां मां कामार्तां भृशं त्वयि ॥ २० ॥

हे राजन ! हम लोग यहां नाग लोक तथा मनुष्य लोक के सभी भोगों का उपभोग करेंगे। मैं आपसे प्रार्थना करती हूं, कि आप मेरा आलिंगन कीजिए। मैं आपके प्रति अत्यन्त कामातुर हूं।

जैमिनिरुवाच

तथा ब्रुवन्तीं तां श्रुत्वा भृशं लज्जानतोऽग्रणीः।
उवाच कर्णौ हस्ताभ्यां पिधाय भुजगालये ॥ २१ ॥

जैमिनी जी कहते हैं – हे राजन ! नागलोक के उस अतिथिभवन में उस नागसुन्दरी की, इस प्रकार लज्जाहीन, एवं कामज बातें सुनते ही, श्री अग्रसेन अत्यन्त लज्जा से संवृत्त होकर, दोनों हाथों से अपने कानों को मूंदकर कहने लगे –

अग्रसेन उवाच

दुःश्रुतं मेऽस्तु सुभगे यन्मां वदसि भामिनि।
त्वं स्वसुर्मे समा मन्ये निश्चयेन वरानने ॥ २२ ॥

श्री अग्रसेन ने उस कामिनी से कहा – हे सौभाग्यशालिनी ! भाविनी ! तुमने जिस प्रकार की बातें कहीं, वे सब सुनना भी मेरे लिये अत्यंत दुख की बात है। हे वरानने ! निश्चय ही, तुम मेरी दृष्टि में बहिन के समान हो।

पन्नग्युवाच

त्वं प्रसीद न मामार्तां विसर्जयितुमर्हसि।
हृच्छयेन च संतप्तां भक्तां च भज मानद ॥ २३ ॥

तब पन्नगी ने कहा – हे माननीय ! आप मुझ पर प्रसन्न होइये। मैं कामवेदना से पीड़ित हूं, इस तरह मेरा त्याग न कीजिये राजन ! मैं तुम्हारी, भक्त हूं, और मदनाग्नि से दग्ध हो रही हूं, अतः मुझे अंगीकार कीजिये।

समावेतौ मतौ राजन् पतिः सख्याश्च यः पतिः।
समं विवाहमित्याहुः सख्या मेऽसि वृतः पतिः॥ २४॥

हे राजन ! अपना तथा अपनी सखि का पति, दोनों ही समान माने गए हैं, सखी के साथ ही उसकी सेवा में रहने वाली, दूसरी कन्यायें भी, पत्नी स्वरुप ही होती हैं। मेरी सखी (माधवी) ने आपको अपना पति निश्चित किया है। अतः मैने भी मन से आपको अपना पति स्वीकार कर लिया है।

सा त्वां प्रसाद्याहमृतुं फलयामि नराधिप।
प्रहृष्टा भव हे राजन् समागच्छ मया सह॥ २५॥

हे नरपति ! मैं आपको प्रसन्न करके प्रार्थना करती हूं कि आप मुझे – प्रसाद स्वरुप नारी जीवन का अमृत प्रदान करें। हे राजन ! आप प्रसन्न हों तथा मेरे साथ समागम करें।

जैमिनिरुवाच

स्त्रीणां न कामतोऽन्योऽस्ति पुरुषार्थो नराधिप।
नातः पुरुषसंसर्गान्नारीणां हि प्रियं परम्॥ २६॥

जैमिनी जी कहते हैं – हे महाप्राज्ञ जनमेजय ! पुरुष को अपने समीप पाकर, स्त्री को उससे कामाचार को छोड़कर अन्य किसी कृत्य से संतुष्टि नहीं होती। स्त्रियों के लिये पुरुष के संसर्ग से बढ़कर और कुछ भी उतना प्रिय नहीं होता।

आत्मच्छन्देन वर्तन्ते नार्यो मन्मथचोदिताः।
लीलायन्त्यः कुलं घ्नन्ति कूलानीव सरिद्वराः॥ २७॥

काम से प्रेरित नारियां, सदा अपनी इच्छा के अनुसार (स्वेच्छाचार – पूर्ण) व्यवहार करती हैं, रति की इच्छा से ये कुल की समस्त मर्यादाओं का नाश कर डालती हैं। ठीक उसी तरह, जिस तरह उफनती नदी, अपने तटों को तोड़ डालती है।

निर्विकारोऽग्र एकाग्रः पन्नगीं प्रत्यभाषत।

जैमिनी जी कहते है – इस प्रकार काम के वशीभूत निर्लज्ज हुई उस पन्नगी को निर्विकार श्री अग्रसेन ने तब एकाग्रचित होकर कहा –

अग्रसेन उवाच

आस्यतां रुचितश्छन्दः किं च कार्यं मया वद॥ २८॥

श्री अग्रसेन ने कहा – चुप रहो ! भोग कामना से स्वेच्छाचारिणी हुई पन्नगी ! इसके अतिरिक्त यदि कोई काम हो तो कहो, यह मुझसे संभव नहीं।

जैमिनिरुवाच

एवमुक्ताऽग्रसेनेन पन्नगी क्रोधमूर्छिता ।
वेपमानभ्रुकुटिकाऽथाग्रसेनम् उवाच ह॥ २९॥

जैमिनी जी कहते हैं – श्री अग्रसेन के ऐसा कहने पर, वह पन्नगी क्रोध से अत्यन्त व्याकुल हो उठी, उसका शरीर कांपने लगा, भौहें तेढ़ी हो गईं और तब वह श्री अग्रसेन से, रोष पूर्वक इस प्रकार कहने लगी –

पन्नगी उवाच

यस्मान्मां नाभिनन्देस्त्वं कामबाणवशं गताम्।
दानं धर्मच्छलं कृत्वा षण्ढवत्तु त्वया कृतम्॥ ३०॥

पन्नगी बोली – राजन ! कामबाण से घायल नारी का, तुमने निरादर किया है। तुम्हारा यह कृत्य नंपुसकों की तरह (पौरुषहीन) है, तुमने याचना करने पर भी, रतिकर्म न करके, सर्वोत्तम दान (रतिदान) के धर्म स्वरुप के साथ छलना की है अर्थात तुम धर्मशील नहीं हो।

न वक्ष्यामि वृथा वाचं त्वयाऽग्र न रता यदि।
विषास्त्रैः पातयिष्यामि विजेष्यामि रतेन वा ॥ ३१ ॥

हे अग्र ! मै व्यर्थ (झूठ) नहीं कहती (आज विजय मेरी ही होगी) यदि मैं तुमसे रमण नहीं कर सकी, तो मैं तुम्हें तीक्ष्ण विषबाणों से बींधकर गिरा कर, तुम्हे जीतूंगी अथवा प्रेम से समागम द्वारा जीतूंगी। यह मेरा यह दृढ़ निश्चय है।

मत्सङ्गतः सुखावाप्तिर्यन्न प्राप्ता त्वया पुरा।
गरलैः पीड्यमानोऽथ मृतो व्यर्थं गमिष्यसि ॥ ३२ ॥

हे राजन! ऐसी स्थिती में, मेरा संग करने से तुम्हें, ऐसे अपूर्वसुख की प्राप्तियां होंगी, जो तुम्हे पहले कभी प्राप्त नहीं हुआ होगा अन्यथा गरल से घायल होकर व्यर्थ ही मारे जाओगे।

जैमिनिरुवाच

अग्रसेनस्तदा वीक्ष्य ब्रुवन्तीं कामपीडिताम्।
चिन्तयामास तां शूर्पणखां लक्ष्मणवद् हृदि ॥ ३३ ॥

जैमिनी जी कहते हैं – हे धर्मज्ञ जनमेजय! उस समय, उस कामपीड़िता पन्नगी के इसप्रकार आचरण को देखकर श्री अग्रसेन अपने हृदय में श्री लक्ष्मण जी और सूर्पनखा के उस प्रसंग का विचार करने लगे।

अग्रसेन उवाच

हरन्ति दोषजातानि नरं जातं यथेच्छकम्।
प्रभुर्वरा धृतिः शक्तिः भद्रे स्वभवनं व्रज ॥ ३४ ॥

तब श्री अग्रसेन ने विनम्रतापूर्वक समझाते हुए उससे कहा – हे भद्रे ! स्वेच्छाचारियों को ही, सदैव सब प्रकार के पाप समूह अपनी ओर खींचते हैं, अतः हे पन्नगी ! आप शक्ति और धृति के सहारे धैर्य धारण करें, और आप अपने घर लौट जाएं।

मन्मथाऽऽसादिता नारी त्वं प्रणष्टसुचेतना ।
प्राप्यात्मबलमेवैकं भद्रे स्वभवनं व्रज ॥ ३५ ॥

हे नाग सुकन्ये ! रति की तीव्र इच्छा से कामान्ध होने के कारण ही, आपका धर्म और अधर्म के निणर्य का विवेक नष्ट हो गया है, अतः अपने आत्मबल के सहारे आप, सामान्य हों, धैर्य स्थापित कर अपने घर को लौट जाएं।

पन्नगी उवाच

जिज्ञासेयं प्रयुक्ता मे दृष्टं स्त्रीचापलं न ते ।
अव्युत्थानेन ते लेकाः जिताः सत्यपराक्रम ॥ ३६ ॥

तब उस पन्नगी ने कहा – हे नर श्रेष्ठ ! मैंने आपकी परीक्षा लेने के उद्देश्य से ही, यह कार्य किया। नारी की चपलता का भी आपको दर्शन कराया (प्रेम, कामना, याचना, रोष, व्यंग, बदला, भय आदि अनेक रूप) तथापि हे सत्य पराक्रमी नरेन्द्र! आपने अपने धर्म से विचलित न होकर, सभी पुण्य लोकों को जीत लिया।

जैमिनिरुवाच

प्रत्यागता चैवमुक्त्वा कामिनी गृहमात्मनः ।
रेमे स नागभवने तथाग्रः परवीरहा ॥ ३७ ॥

जैमिनी जी कहते हैं– राजन ! जनमेजय ! श्री अग्रसेन से इस प्रकार वास्तविकता कहकर, वह नाग रूपसी कामिनी स्वयं ही अपने घर को लौट गई, और तब श्री अग्रसेन उस अतिथि भवन में सुख पूर्वक रहने लगे।

(**विचारणीयः**- ।।३३।। वें श्लोक में महाराजा अग्रसेन की उस स्थिति का विश्लेषण किया गया है, जब कामाचारिणी पन्नगी के आचरण को देख वे, श्री लक्ष्मण और सूर्पनखा के पूर्व में घटित इसीप्रकार के प्रसंग को ध्यान कर 'विचार करने लगे' और विचार कर उन्होंने जो निर्णय लिया वह उनकी मानवीय गरिमा को बढ़ाने वाला साबित हुआ। महाराजा श्री अग्रसेन ने उस परिस्थिति का प्रतिकार अपनी धैर्य बुद्धि से कामाचारिणी पन्नगी को शांतिपूर्ण ढंग से समझाकर ही दिया। रोषित या कुपित होकर नहीं।) **संकट के समय, धैर्य धारण कर, विवेकपूर्ण निर्णय लेने से अनिष्ट का विनाश होता है।**

नैशाकरे रश्मिजाले क्षणदाक्षयसंहृते।
नभस्यरुणसन्तीर्णे पर्यस्ते ज्योतिषां गणे ॥ ३८ ॥

जैमिनी जी कहते हैं – रात्रि की समाप्ति के साथ ही चंद्रमा ने, अपनी किरण जाल को समेट लिया, तब आकाश में अरुणोदय की लाली छाते ही नक्षत्रों का समूह अस्त हो गया।

सर्पदंशस्याथ भृत्याः जग्मुस्तत्र सहस्रशः।
वमन्तश्च धमन्तश्च विषपूरप्रवर्षिणः ॥ ३९ ॥

तदनंतर वहां 'सर्पदंश' नामक नाग, सहस्त्र नागों के साथ आया और उसी समय विष प्रवाह की वर्षा करने वाला वह अपने तीखे शब्दों से विषवमन करने लगा।

सर्पदंश उवाच

नृणां शरीरान्तकरो नागलोकस्य सैन्यपः।
प्राप्तुमिच्छन्माधवीं तां तत्पतित्वं वृणोम्यहम् ॥४०
त्वं वै समागतानस्मान् माधव्यै विनिवेदय।

सर्पदंश बोला– (अग्रसेन !) मैं इस नागलोक का भुजंगपति सर्पदंश हूं जो अपने विषदंश से प्राणियों का पलभर में ही विनाश कर देता हूं, नागराज पुत्री को पहले से ही, मैं प्राप्त करना चाहता हूं और माधवी को मुझे ही पतिरूप में वरण करना होगा। इस बात को तुम माधवी के पास जाकर, मेरी ओर से कह दो।

अग्रसेन उवाच

कथं त्वं जातसङ्कल्पं प्रेषयेः परमीदृशम् ॥ ४१ ॥

श्री अग्रसेन ने कहा – विषधर ! जिसने किसी नारी को वरण करने का संकल्प कर लिया हो, वह इस प्रकार अपनी पत्नी को भला दूसरे के लिये कैसे छोड़ सकता है।

जैमिनिरुवाच

ततः प्ररुद्धो बहुभिः समन्तात् तैर्महाविषैः ।
शुशुभे यमुनावारि गतो नन्दात्मजो यथा ॥ ४२ ॥

जैमिनी जी कहते हैं – तदनंतर उन बहुसंख्यक महाविषैले नागों ने चारों ओर से श्री अग्रसेन को घेर लिया, उस समय ऐसा प्रतीत होने लगा, मानो यमुना के जल में प्रवेश करने पर, कलिया नाग से घिर जाने पर नन्दकिशोर श्रीकृष्ण शोभित हो रहे हों।

अथ भस्मनिभं वीक्ष्य जातं सर्वत्र फुत्कृतैः ।
फणावायुजवैरग्रसेनोऽदग्धो व्यचिन्तयत् ॥ ४३ ॥

तत्पश्चात जब श्री अग्रसेन ने देखा, कि उन विषधरों के फनों से सभी ओर से उत्पन्न विषाक्त वायु के वेग से संयुक्त फूत्कारों से, उनकी आत्मा विदग्ध होने लगी है, तो ––

विषजं कश्मलं देहेऽविशद् घोरम् अथाग्रणीः ।
स घूर्णमानहृदयः सेवकानिदमब्रवीत् ॥ ४४ ॥

तो विष जनित प्रहारों के प्राप्त होने से, श्री अग्रसेन पर मोह सा छा गया, उन्हे चक्कर सा आने लगा, तब उन्होने सेवकों से इस प्रकार कहा –

दहन्त्यङ्गानि मे नागा न दिशः प्रतिभान्ति च ।
सीदामीव च सम्मोहात् घूर्णतीव च मे मनः ॥ ४५ ॥

दृष्टिर्भ्राम्यति मेऽतीव हृदयं दीर्यतीव च ।
ब्रूताशुदेवं नागेन्द्रं पतिष्याम्यवशोऽस्म्यहम् ॥ ४६ ॥

'हे रक्षक नागों ! मेरे अंगों में तीव्र जलन हो रही है ।' दिशाएं मुझे बराबर नहीं सूझ रही, मैं शिथिल हो रहा हूं और मोहवश मेरे मस्तिष्क में चक्कर सा छा रहा है, मेरे नेत्र घूम रहे हैं, हृदय अत्यन्त विदीर्ण हुआ जा रहा है, मैं अभी ही विवश होकर गिर पडूंगा, यह सब तुम शीघ्र ही नागराज को बता दो।

ततः पिपीलिकास्त्रं तद् अग्रसेनेन तु स्मृतम् ।
ताभिर्विलिप्तगात्रास्ते ततस्तं विजहुस्तदा ॥ ४७ ॥

तदनंतर वीर अग्रसेन ने, पिपीलिका अस्त्र का प्रयोग किया, उस अस्त्र से निकली हुई चीटियां, उन नागों के शरीर से लिपट गई, तब वे नाग उस स्थान को छोड़कर भाग खड़े हुए।

सर्पदंशस्य सर्वाङ्गं जातं पलविवर्जितम् ।
भित्त्वाऽस्थीनि पुनर्मज्जा पन्नगस्य पिपीलिकाः ॥ ४८ ॥

भुजंगपति सर्पदंश नाग का, जब सारा शरीर मांस हीन हो गया, तब चीटियां पुनः उसकी हड्डियों को फोड़कर उसकी चर्बी चाटने लगीं।

अस्थीनि चिञ्चाफलवत् कोटरं प्रत्यकुर्वत ॥ ४९ ॥

उस समय, चीटियों ने उसकी हड्डियों को इमली के फल के समान खोखला कर दिया था ।

नागेन्द्रो मुनिना तत्र सम्प्राप्तस्तावदब्रवीत् ।
भव स्वस्थमना राजन् न हि ते विद्यते भयम् ॥ ५० ॥

तभी, नागराज महीधर के साथ ही, वहां महामुनि उद्दालक भी आ पहुंचे। तथा श्री अग्रसेन को देखकर, महामुनि ने नागराज को आश्वस्त करते हुए कहा – हे नागप्रवर ! भयभीत न हों, निश्चित रहें, आपका हित ही होगा ।

नागेन्द्रस्तान् प्रभिन्नाङ्गान् प्रत्युवाच हसन्निव ।
पलायनं कथं वोऽस्मान्मानुषाद् युद्धकोविदाः ॥ ५१ ॥

भुजंगपति सर्पदंश के इसप्रकार सारे ही अंगो को विकृत हुआ देखकर नागराज महीधर हंसने लगे और हंसते हुए बोले – भुजंगपति ! आप तो युद्धकला के विशेषज्ञ हैं, फिर इस (साधारण) मनुष्य के सामने आप कैसे भागने लगे ?

जैमिनिरुवाच

अग्रसेनमपानीय तं च घोरं महाज्वरम्।
व्यनाशयद् विषोत्पन्नमुद्दालकमुनिः क्षणात्॥ ५२॥

जैमिनी जी कहते हैं – हे जनमेजय ! तदनंतर, श्री अग्रसेन की, उस भयंकर चिन्ताजनक विषाक्त अग्नि से उत्पन्न हृदय की पीड़ा को, महामुनि उद्दालक ने (अपनी मंत्र शक्ति से) क्षणभर में ही नष्ट कर दिया।

उद्दालक उवाच

दिष्ट्या बुद्धिस्त्वया धर्मे निविष्टा हि नरोत्तम।
भूयो भूयश्च ते बुद्धिधर्मे भवतु सुस्थिरा॥ ५३॥

महर्षि उद्दालक ने (श्री अग्रसेन जी को आशीवार्द देते हुए) कहा – हे नरोत्तम अग्रसेन ! यह सौभाग्य की बात है, कि तुम्हारी बुद्धि दृढ़ता पूर्वक धर्म में लगी हुई है। मैं तुम्हें आशीर्वाद देता हूं कि तुम्हारी बुद्धि, समस्त जीव मात्र के प्रति धर्म में सदैव स्थिर रहे।

॥ इति जैमिनीये जयभारते भविष्यपर्वीणि अग्रोपाख्यानस्य
यद्विरचितम् श्रीमदग्रभागवते षोडशोऽध्यायः॥
॥ शुभं भवतु कल्याणम् ॥

महर्षि जैमिनी विरचित जयभारत के भविष्यपर्व के अग्रोपाख्यानम् के
श्रीमद् अग्रभागवतम् स्वरूप का सोलहवां अध्याय पूर्ण हुआ ।
यह शुभकारी आख्यान सबके लिये कल्याणकारी हो ।

॥ श्री अग्र भागवत ॥

सत्रहवां अध्याय

अमृत

जैमिनिरुवाच

ततो व्यपेते तमसि सूर्ये विमलरश्मिके ।
शुभे मुहुर्ते सम्प्राप्ते मृद्वर्चिषि दिवाकरे ॥ १ ॥

जैमिनी जी कहते हैं – इसप्रकार, रात्री का घोर अंधकार दूर हुआ और निर्मल आकाश में सूर्यदेव के उदित होने पर, उनकी कोमल रश्मियां सभी ओर बिखर गईं।

महीधरो मङ्गलया पुण्यवाचा प्रियातिथिम् ।
शुभैः परमसत्कारैः पूजनार्हमपूजयत् ॥ २ ॥

तब, नागराज महीधर ने, विवाह में सम्मलित होने के लिये वर पक्ष के आगत, अपने प्रिय अतिथियों की, मंगलकारक, पुण्य वचनों से, परम सत्कार के साथ, आवाभगत की।

अग्रसेनाय दातुं तां प्रीतोदुहितरं स्वकाम् ।
राजानमृषिभिः सार्धं मन्त्रिभिः स्वयमानयत् ॥ ३ ॥

अग्रसेनं समीप्याथ जनैः सह पुरोहितैः ।
विधिप्रयुक्तसत्कारैः प्राञ्जलिः पन्नगेश्वरः ॥ ४ ॥

महाराजा श्री अग्रसेन के साथ, अपनी पुत्री का वाग्दान करके, नागराज महीधर अत्यंत प्रसन्न थे। विवाह में सम्मलित होने के लिये

महर्षि गर्ग के साथ मित्र देशों के राजाओं, ॠषि–मुनियों के साथ ही, आग्रेय गणराज्य के मंत्री गणों एवं आगत राज्य के नागरिकों का नागराज महीधर ने हाथ जोड़कर, विधिवत सत्कार किया।

उवाच वचनं श्रेष्ठं भुजङ्गश्रेष्ठमुन्मुदा ।
भवतो दर्शनेनैवप्यस्तं लोके परं तमः ॥ ५॥

नागों में श्रेष्ठ नागेन्द्र महीधर ने, आनंद मग्न पुरुषप्रवर श्री अग्रसेन एवं ॠषिप्रवर महर्षि गर्ग से कहा – महोदय आप जैसे तेजस्वियों के दर्शन से, इस नागलोक का (आत्म) अंधकार दूर हो गया।

महीधर उवाच

दिष्ट्या प्राप्तो महातेजा अग्रसेनो नृपङ्गवः ।
सह सर्वैर्द्विजश्रेष्ठै र्देवैरिव शतक्रतुः ॥ ६ ॥

नागेन्द्र महीधर ने कहा – महोदय जी! महातेजस्वी नरश्रेष्ठ श्री अग्रसेन ने, हमारे सौभाग्य से ही, यहां पदार्पण किया है, ये आप सभी द्विजों, ज्ञानियों और वीरों के साथ, उसीप्रकार शोभायमान हो रहे हैं, जैसे देवताओं के संग इंद्र सुशोभित होते हैं।

दिष्ट्या मे निर्जिता विघ्ना संवर्तयितुमर्हसि ।
मध्याह्नेऽत्र नृपश्रेष्ठ विवाहमृषिसत्तमैः ॥ ७ ॥

सौभाग्य से, मेरी समस्त विघ्न बाधाएं पराजित हो गईं। हे नरश्रेष्ठ आप मध्यदिवस के अन्तिम चरण में, इन महात्माओं के साथ हमारे भवन में पधार कर विवाह के पुनीत शुभ कार्य को सम्पन्न करें।

जैमिनिरुवाच

नागेन्द्रस्य वचः श्रुत्वा प्रत्युवाचर्षिपुङ्गवः।
यथा वक्ष्यसि धर्मज्ञ तत् करिष्यामहे वयम् ॥ ८ ॥

जैमिनी जी कहते हैं – नागराज के, इस प्रकार मधुर प्रिय वचनों को सुनकर, प्रति उत्तर में महर्षि गर्ग ने कहा –' ठीक है नागेन्द्र ! आप तो स्वयं ही धर्म के ज्ञाता हैं, आप जैसा बताएंगे हम वैसा ही करेंगे।

ततो रथं समानीतं वृहन्तं चारुदर्शनम्।
मणिहेमविचित्राङ्गं सुध्वजच्छत्रकेतनम् ॥ ९ ॥

तब मध्यान्ह काल में, विवाह यात्रा (बारात) के लिये, योजित वह विशाल रथ, जो देखने में अत्यंत ही मनोहारी था, सुन्दर ध्वजा, छत्र और पताकाओं से युक्त, स्वर्ण और मोतियों से जड़ित, वह विशाल और दर्शनीय रथ जोता गया।

आरुरोहाग्रसेनोऽथ माङ्गल्यैर्त्रर्षिभिर्युतः।
माङ्गल्यार्थप्रदैः शब्दैरन्वयुज्यत सादरः ॥ १० ॥

विवाहार्थ मंगल यात्रा हेतु, जब श्री अग्रसेन, उस दिव्यरथ पर आरूढ़ हुए, तो मंगल सूचक (मंगलता के प्रतीक) ऋृषिगण, उनके दाहिनी ओर थे, तथा (बारात में) आए हुए शेष सभी लोग उनके पीछे–पीछे, मंगल गान करते हुए चलने लगे।

ततः शङ्खाश्च भेर्यश्च गोमुखा नादितास्तदा।
ववर्ष पथि पर्जन्यः पुष्पवर्षं च भूरिशः ॥ ११ ॥

उस मंगल यात्रा में, शंख, भेरु, नगाड़े, गोमुख, डमरू आदि, भांति भांति के वाद्य बजाए जा रहे थे। समतल पथों से जा रही, मंगलयात्रा पर नागलोक के निवासियों द्वारा, खिले हुए पुष्पों की, भारी वर्षा की जा रही थी।

पताकाध्वजमालाढ्याः पूर्णकुम्भाः समन्ततः ।
राजमार्गे सवस्त्रा भूश्चन्दनोदकसेचिता ॥ १२ ॥

वहाँ, राजमार्गों पर, चंदनयुक्त जल का छिड़काव करवाया गया था, और पांवड़ों के रूप में, मार्ग में वस्त्र बिछा दिया गया था। वहां मार्ग के दोनों ओर जल से पूरित कलश रखे गए थे, जो कि ध्वज पताकाओं और मालाओं से अलंकृत थे।

नरनागमहिष्यश्च गायद्भिः स्तुतिमङ्गलैः ।
स्वस्थानेषु प्रतीक्षन्ते स्माग्रसेनाय योषितः ॥ १३ ॥

मार्ग में जगह जगह, नागों की स्त्रियां और पुरुषों के समुदाय, स्तुति और मंगल गान कर रहे थे, इस के साथ ही, स्थान स्थान पर नागयुवतियां अपने अपने घरों पर, श्री अग्रसेन के आगमन की, उनके दर्शन की लालसा से बाट जोह रही थीं।

दृष्ट्वाऽऽग्रसेनं तं रम्ये दिव्यरत्नविभूषितम् ।
अङ्गेष्वाभरणं धृत्वा तपन्तमिव भास्करम् ॥ १४ ॥

उन कन्याओं ने, दिव्य रत्नमय आभूषणों से अलंकृत, रम्य विभूषित सर्वांग सुंदर श्री अग्रसेन की, उस रमणीय छवि को निहारा। श्री अग्रसेन उन नागतरुणियों को, अपनी तेजस्विता से, तपते हुए सूर्य की भांति, प्रतीत होते थे।

सचामरं सव्यजनं सच्छत्रं सरविध्वजम् ।
श्रिया विभूतं मर्त्येषु दुर्निरीक्ष्यतरं परम् ॥ १५ ॥

श्री अग्रसेन जी के दोनों पार्श्वों में, व्यजन डुलाए जा रहे थे। सिर पर छत्र तना था। रथ पर ऊंचा सूर्यांकित ध्वज फहरा रहा था। अद्भुत शोभा से व्याप्त अग्रसेन की तेजस्विता के समक्ष, उन नागकन्याओं को, उनकी ओर सतत देखना भी, अत्यंत कठिन प्रतीत हो रहा था।

पन्नगाः भुजगाः नागाः नागलोकनिवासिनः।
आर्चयामासुरर्चार्हं लोकातिथिमुपस्थितम्॥ १६॥

नागगण, भुजंगगण, पन्नगगण, व सभी नागलोक निवासी, अपने लोक के पूज्यनीय अतिथि महाराजा श्री अग्रसेन को, समीप आते देख निकट जाकर, उनका यथावत पूजन करते।

तथा दूतैः समाज्ञाय ह्यग्रणीं मण्डपागतम्।
नागराजोऽब्रवीद् वाक्यं हृष्टरोमाऽग्रसेनकम्॥ १७॥

जब, दूतों ने श्री अग्रसेन जी के मण्डप में पहुचने का समाचार, नागराज से कहा, तो उनके शरीर में हर्ष पूर्ण रोमांच हो आया और वे वहां उपस्थितों से कहने लगे –

महीधर उवाच

स मान्यतां नरश्रेष्ठः पूजार्थं संविधत्स्व च।
स नो मान्यश्च पूज्यश्च ह्यग्रसेनोऽत्र सर्वथा॥ १८॥

नागेन्द्र महीधर ने कहा –

उन नर श्रेष्ठ श्री अग्रसेन जी का यहां योग्यतम सम्मान होना चाहिये, उनके स्वागत सत्कार की अभी तत्काल तैयारी करो। वे हम लोगों के माननीय और सब प्रकार से पूजनीय हैं।

समृद्धिभृद्बन्धुजनाधिरुढैर्वृन्दैर्गजानां बहुभिः सहस्रैः।
प्रत्युज्जगामागमनप्रतीतः प्रसन्नचित्तस्स तु पन्नगेशः॥ १९॥

इस प्रकार श्री अग्रसेन जी के आगमन से अत्यंत प्रसन्न, नागराज महीधर, अपने उन घनिष्ट कुटम्बियों को हाथी पर बैठाकर, उन्हें साथ ले श्री अग्रसेन जी की अगवानी के लिये चले।

वर्गावुभौ नागनराधिपानां द्वारेऽपिधाने ह्युभयप्रदेशात्।
समीयतुर्द्वावपि भिन्नवेषौ भिन्नैकसेतू पयसामिवोघौ॥ २०॥

जब, वर और कन्या दोनों पक्ष वाले, वे नाग और नर (दो भिन्न संस्कृतियां) एक द्वार पर आकर मिले, तो ऐसा लगने लगा कि जैसे – बांध के टूट जाने पर अलग – अलग नदियों की दो धाराएं आकर परस्पर मिल गई हों।

जैमिनिरुवाच

वैवाहिके कौतुकसंविधाने वर्गावुभौ नागनराधिपानाम्।
एकीकृतौ सानुमतोऽनुरागादस्तान्तरावेककुलोपमेयम्॥ २१॥

जैमिनी जी कहते हैं – विवाह के इस उत्सव में, नाग और नर दोनों ही वर्ग, वहां प्रेममय, एकरस होकर इस प्रकार मिल रहे थे, कि सभी विभेद मिट गए। तब ऐसा लगने लगा कि, जैसे वे एक ही कुल के हों।

ततोऽग्रसेनं दृष्ट्वा ताः सम्भ्रान्ताः पन्नगाङ्गनाः।
आसनेभ्यः समुत्पेतुस्तेजसा तस्य धर्षिताः॥ २२॥

वहां पधारे, श्री अग्रसेन जी को निरखते ही, अन्तःपुर की सभी नागसुन्दरियां चकित हो गईं, और मानों उनके तेज से तिरस्कृत होकर वे अपने आसनों से उठकर खड़ी हो गई हों।

प्रशंशंसुश्च सुप्रीता अग्रं ता विस्मयान्विताः।
तेजसा धर्षितास्तस्य लज्जावत्यो भुजाङ्गनाः॥ २३॥

विस्मित सी उन सबने, अत्यंत प्रसन्नता पूर्वक महाराजा श्री अग्रसेन के सौंदर्य की प्रशंसा (गुणगान) की। उनके तेज से वे लजीली नागकन्याएं एवं नागिनी प्रतिहत थीं।

माधवीं परिवार्यैता नागकन्यामलङ्कृताम् ।
रूपवत्यः सुतास्तस्य पुरस्कृत्योपतस्थिरे ॥ २४ ॥

उससमय, नागराज कुमारी माधवी जी वस्त्र आभूषणों से अलंकृत अत्यंत शोभायमान हो रहीं थी। नागेन्द्र महीधर की वह रूपमती सुकन्या माधवी परिवार की स्त्रियों से घिरी, वहां (लग्न मण्डप में) उपस्थित हुईं।

कनकस्तम्भरुचिरं तोरणेन विराजितम् ।
माधवी मण्डपं भद्रं प्रविवेश शुभानना ॥ २५ ॥

लग्न मण्डप, सोने के खम्भों से सुशोभित था। तोरणों से उसकी शोभा और बढ़ गई थी। तब सुन्दर मुख वाली नागकन्या माधवी देवी ने उस लग्न मंडप में प्रवेश किया।

स्कन्धदेशेऽसृजत्कन्या स्रजमग्रस्य शोभनाम् ।
वरयामास चैवैतं पतित्वे सा स्वयंवरा ॥ २६ ॥

तब स्वयंवरा नागकन्या ने, श्री अग्रसेन जी के ऊंचे कन्धों के मध्य शोभित गले में, परम सुन्दर फूलों का हार डालकर, उनका पति रूप में वरण कर लिया।

पुष्पवृष्टिर्महत्यासीदन्तरिक्षात् सुभास्वरा ।
दिव्यदुन्दुभिनिर्घोषैर्गीतवादित्रनिःस्वनैः ॥ २७ ॥

उस समय अन्तरिक्ष से फूलों की बहुत अधिक वर्षा हुई, जो कि बड़ी सुहावनी लग रही थी। दिव्य दुंदुभियों का दीर्ध घोष, गीतों के मनोहर शब्द और वाद्यों के मधुर स्वर वहां आनंद बिखेर रहे थे।

महीधर उवाच

माधवीयं मम सुता सहधर्मचरी तव ।
प्रतीच्छ चैनां भद्रं ते पाणिं गृह्णीष्व पाणिना ॥ २८ ॥

तब, नागराज महीधर ने कहा – हे राजेन्द्र ! मेरी यह सुपुत्री माधवी अब, आपकी सहधर्मिणी तथा सहचरी है। इसे स्वीकार कीजिये और इसका हाथ अपने हाथों में लीजिये ।

इमाश्चाऽपि वराः कन्याः सानुरागाः सभक्तिकाः ।
गृहाण पाणिमेतासामपि मन्त्रपुरस्कृतः ॥ २९ ॥

जैमिनी जी कहते हैं – हे जनमेजय ! तदनंतर, नागराज महीधर ने, अपनी अन्य कन्याओं को सम्मुख करते हुए कहा – जंवाईराज! श्री अग्रसेन! आप मेरी इन अनुराग तथा उत्तम भक्ति से युक्त अन्य कन्याओं के साथ भी मंत्रोच्चार सहित पाणिग्रहण कीजिये।

जैमिनिरुवाच

प्रतीच्छेमाः स्वधर्मेण प्राजापत्येन कर्मणा ।
एता अदात् कन्यकास्ते प्रीतोऽयं पन्नगेश्वरः ॥ ३० ॥

जैमिनी जी कहते हैं– उन नागकन्याओं को, नागशिरोमणि महीधर ने, प्रीति के साथ सौंपते हुए कहा हे राजन ! आप अपने धर्म (वैष्णव धर्म के अनुकूल) के अनुसार इन नागकन्याओं को भी स्वीकार करें।

श्रुत्वा तु नागराजस्य मतमग्रोऽतिलज्जितः ।
सम्भ्रान्तो व्यथितो भूत्वा नागेन्द्रमिदमब्रवीत् ॥ ३१ ॥

नागराज महीधर के इस प्रस्ताव को सुनकर, श्री अग्रसेन जी ने लज्जा की अनुभूति की। और तब.. व्याकुलता से व्यथित होकर श्री अग्रसेन ने नागेन्द्र से इस प्रकार कहा –

अग्रसेन उवाच

कथं नु वा मनस्विन्याः माधव्याः पाणिपङ्कजम् ।
गृहीत्वा नागदुहितुर्लोकेऽधर्मं चराम्यहम् ॥ ३२ ॥

श्री अग्रसेन ने कहा – हे नागराज ! मैं मन को वश में रखने वाला मनस्वी पुरुष, लोकधर्म का उत्तम आचरण करने वाला, नागराज की दुहिता माधवीदेवी का वरण कर लेने के उपरांत अब, अन्य का पाणिग्रहण भला कैसे कर सकता हूं ? **(अर्थात् कदापि नहीं कर सकता।)**

अनियोज्ये नियोगे मां न नियुङ्क्ष्व महामते।
भगिन्यो धर्मतो या मे तत्स्पर्शं त्वं कथं वदेः॥ ३३॥

हे श्रेष्ठ ज्ञान सम्पन्न नागेन्द्र ! इस प्रकार तो आप मुझे ऐसे अनुचित कार्य में लगाना चाह रहे हैं, जो कदापि योग्य नहीं है, पत्नी की अन्य बहिनें, ये सब मेरे लिये धर्म की दृष्टि से बहिनें ही हैं, अतः आप मुझसे भला इस प्रकार कैसे कह रहे हैं। अर्थात् आपका यह कथन कदापि उपयुक्त नहीं।

आर्षं धर्मं ब्रुवाणोऽहं नागाधिप यथा भवान्।
अधर्मात् पाहि नागेश मां धर्मं प्रतिपादय॥ ३४॥

हे निष्पाप नागेन्द्र ! मैं आपसे जो आर्षधर्म है वह स्पष्ट कह रहा हूं, नागेश आप मुझे इस तरह अधर्म में न डालें, आप अधर्म से बचाइये और मुझे धर्म का पालन करने दीजिये, मुझे धर्म पथ पर चलने दीजिये।

महीधर उवाच

स्त्रियः पवित्रा अतुला नरेन्द्र ननु धर्मतः।
अस्मिन् विवाहे मा म्लासीरहं पापं नुदामि ते॥ ३५॥

महीधर ने कहा – हे नरेन्द्र ! स्त्रियां अनुपम एवं पवित्र वस्तुएं हैं। यह धर्मतः स्वीकार किया गया है। (अन्य कन्याओं से विवाह अर्थात् बहु विवाह) अतः इसप्रकार विवाह को लेकर आपके मन में किसी भी प्रकार का ग्लानि भाव नहीं होना चाहिये। इस प्रकार (बहु) विवाह से आपको यदि कहीं पाप की प्रतीति होती हो, तो मैं (अपनी तपशक्ति के बल से) आपको उस पाप से विमुक्त करता हूं।

नृपस्य बह्व्यो विहिता महिष्यो लोकसम्मताः ।
श्रूयन्ते बहवः पुंसः एकस्याः पतयोऽपि च॥ ३६॥

हे राजन! नरलोक के राजाओं की अनेक रानियां होना तो लोकमान्य है ही, किन्तु हमने तो सुना है कि वहां एक ही कमनीय नारी के अनेक पुरुष पति भी होते हैं ? क्या यह सच नहीं ?

एवं प्रव्याहृतं पूर्वम् आनुपूर्व्येण ता भज।
मा च शङ्का तु तेऽत्र स्यात् कथञ्चिदपि मानुष॥ ३७॥

हे नरेन्द्र ! मैं आपको बहु विवाह की अनुमति प्रदान करता हूं। आप किंचित भी संकोच न करें, इन सबका क्रमशः पाणिग्रहण करें। आपको इस विषय में किसी प्रकार (पाप–पुण्य, लोककथन, नीति, धर्म आदि) की चिन्ता नहीं करना चाहिये।

अग्रसेन उवाच

अधर्मोऽयं मतो मेऽद्य विरुद्धो लोकगर्हितः।
ततोऽहं न करोम्येव व्यवसायं क्रियां प्रति॥ ३८॥

श्री अग्रसेन ने कहा – हे नागराज ! (जैसा आपने कहा) मेरी राय में तो, यह अधर्म ही है, और यह लोक तथा लोकहित दोनों के ही विरुद्ध है, इसलिये मैं लोकधर्म विरोधी ऐसे आचरण को, कदापि व्यवहार में नहीं ला सकता।

आत्मनो यः श्रुतो धर्मः स धर्मो रक्षति प्रजाः।
शरीरं लोकयात्रां च धनं स्वर्गमृषीन् पितृन्॥ ३९॥

हे नागराज ! पत्नी, पति का आधा अंग होती है, यह श्रुति का स्पष्ट वचन है। वह धर्म सहित, प्रजा, शरीर, लोकजीवन, धन, स्वर्ग, ऋृषि तथा पितरों आदि इन सबकी रक्षा करती है।

कृतदारोऽस्मि नागेन्द्र भार्येयं दयिता मम।
पुरुषाणां च नारीणां सुदुःखा ससपत्नता॥ ४०॥

हे नागेन्द्र ! मैं विवाह कर चुका हूं। यह मेरी प्रिय पत्नी (माधवी जी) विद्यमान हैं। सौत का रहना केवल नारी के लिये ही अत्यंत दुःखों का कारण नहीं! अपितु पत्नी की सौत का होना, पुरुष के लिये भी सदा ही दुःख का कारण होता है।

वरं कूपशताद् वापी वरं वापीशतात् क्रतुः।
वरं क्रतुशताद् भार्या पत्न्येका स्त्रीशताद् वरम्॥ ४१॥

हे नागराज ! सौ कुएं खुदवाने की अपेक्षा एक बावड़ी बनवाना उत्तम है, सौ बावड़ियों की अपेक्षा एक यज्ञ कर लेना श्रेयस्कर कहा गया है। सौ यज्ञ करने से, पत्नी उपलब्ध कर ग्रहस्थ धर्म का पालन करना उत्तम माना गया है, उसमें भी, सौ की अपेक्षा एक ही पत्नी होना सर्वोत्तम है।

न चान्यासां पतिरहं सत्यमेतद् वचो मम॥ ४२॥

(इन माधवीदेवी के अतिरिक्त) मैं अब अन्य किसी का पति नहीं हो सकता। यह मेरा सत्य वचन है।

जैमिनिरुवाच

इत्युक्त्वाऽथ स जग्राह माधव्यास्स करं वरम्॥ ४३॥

जैमिनी जी कहते हैं – हे महाप्राज्ञ जनमेजय ! इस प्रकार अपना स्पष्ट निर्णयात्मक मत अभिव्यक्त करते हुए श्री अग्रसेन ने नागकन्या माधवी जी के आभूषण युक्त कोमल हाथ अपने हाथों में ले लिये।

विलज्जमानाऽऽयतलोचनौ तौ।
बद्धाञ्जली कुङ्कुमचर्चिताङ्गौ।
तौ दम्पती तर्पितमाज्यपूरैः ।
हुताशनं सप्तपदान्ययास्ताम्॥ ४४॥

तदनंतर, विशाल नेत्रों वाली उन नागसुता माधवी जी ने लजाते हुए, श्री अग्रसेन के उत्तरीय का छोर अपने हाथों में थाम लिया। फिर वे दोनों पति–पत्नी (श्री अग्रसेन और माधवी जी) जिनके शरीर कुंकुम से चर्चित थे, ने अपनी अंजली बांध कर यज्ञवेदी के निकट आए। वहां उन दोनों ने, घी की आहूति से भली – भांति तृप्त किए गए अग्निदेव की परिक्रमा की। फिर वे दोनों, सात पग साथ साथ चले।

विवाहो नागकन्यायास्त्वग्रसेनेन तत्र वै।
सम्पन्नो नरनागानां बभूव परमोत्सवः॥ ४५॥

जैमिनी जी कहते हैं – हे धर्मज्ञ जनमेजय ! इसप्रकार, नागराज कुमारी माधवी देवी का श्री अग्रसेन के साथ विवाह सम्पन्न होने पर, उससमय नर तथा नागों (शैवों – वैष्णवों) के मन, हर्ष से प्रफुल्लित हो गए।

ततो महीधरो हृष्टः प्रददौ कन्यकाधनम्।
हिरण्मयस्य स्वर्णस्य मुक्ताया विद्रुमस्य च ॥ ४६॥

तदनंतर, नागराज ने अपनी प्रसन्नता से कन्या के निमित्त कन्या धन (दहेज) में बहुत सारा धन दिया। विपुल स्वर्ण, रजत, मोती, मूंगे आदि कन्याधन (दहेज) के रूप में प्रदान किया।

तदाऽग्रसेनो धर्मात्मा विवाहे निर्वृते शुभे।
ब्राह्मणेभ्यो ददौ वित्तं यदुपाहरदच्युतम्॥ ४७॥

विवाह सम्पन्न हो जाने पर, नागराज द्वारा समर्पित (दहेज) में से धर्मवीर महाराजा अग्रसेन ने, बहुत कुछ ब्राम्हणों को दान कर दिया।

दत्त्वा महीधरो दध्यौ किमस्मै दीयते मया।
अग्रसेनाय तल्लोकमर्पयामीति मे मतिः॥ ४८॥

इस प्रकार जो कुछ दिया गया था (उतने मात्र से नागराज महीधर को संतुष्टि अनुभूत नहीं हुई) नागराज महीधर ने अपने मन में विचार किया कि मैं अपने जामाता महाराजा अग्रसेन को क्या दे रहा हूं ? (अर्थात् मात्र यह तो कुछ उपयुक्त नहीं है) इसलिये मेरी मति में यह उपयुक्त लगता है कि मैं (नागलोक के तल, अतल, वितल, सुतल, तलातल, रसातल, व पाताल इन सात लोकों में से) एक तल (राज्य) श्री अग्रसेन को अर्पित कर दूं।

पश्यतां सर्वनागानां नागराजोऽब्रवीद्वचः ।

ऐसा मन में निश्चय कर नागराज महीधर ने, सभी नागों के समक्ष यह घोषित किया –

महीधर उवाच

अग्रस्य नाम्ना भाषेरन् इमं लोकं तलोत्तमम् ॥ ४९॥

नागराज महीधर ने कहा – इस नागलोक का यह उत्तम तल (राज्य) आज से श्री अग्रसेन के नाम से पुकारा जाएगा ।

सुसंस्कृतेभ्यः सर्वेभ्यः रमणीयो भविष्यति ।
इदमग्रतलं नाम्ना त्रिषु लोकेषु विश्रुतम् ॥ ५० ॥

दोनों संस्कृतियों (शैव और वैष्णव संस्कृति) का यह सम्मलित केन्द्र_अत्यंत मनोहर प्रदेश " अग्रतल " के नाम से तीनों (देवलोक, नागलोक, मानवलोक) लोकों में प्रसिद्ध होगा ।

सर्वरत्नाकरवती सर्वकामफलद्रुमा ।
सर्वाश्रमाधिवासा साऽग्रतलाख्या गुणैर्युता ॥ ५१ ॥

इस तल पर जो नगर बसेगा (बसाया जाएगा) वह सब प्रकार के रत्नों की खान होगा। यहां के वृक्ष सम्पूर्ण मनोवांच्छित कामनाओं को, फल के रूप में प्रदान करने वाले होंगे। सभी आश्रमों के लोग यहां निवास करेंगे। यह नगर समस्त अभिलाषित गुणों से परिपूर्ण होगा ।

यथायम् अग्रसेनो मे जामाता माधवीयुतः ।
पुत्रैः पौत्रैः परिवृतश्चिरकालं प्रशास्त्विमाम् ॥ ५२ ॥

(श्री अग्रसेन के मंगल की पुनः कामना करते हुए नागराज ने कहा) – नागकन्या माधवी सहित मेरे जामाता श्री अग्रसेन पुत्र – पौत्रादिकों से संपन्न होकर, चिरकाल तक पृथ्वी पर शासन करें ।

जैमिनिरुवाच

नानालङ्करणैर्गार्ग्यं पूजयित्वाऽहिपो गुरुम्।
प्रददौ चाखिलेभ्योऽपि रत्नश्रीकाञ्चनं बहु ॥ ५३॥

जैमिनी जी कहते हैं – हे जनमेजय ! तदनंर, नागराज ने महर्षि गर्ग का नाना अलंकारों, वस्त्रादिकों से पूजन किया तथा शेष सभी को बहुत सारा स्वर्ण, रत्न, इत्यादिक प्रदान किये।

नागराजस्य लोके तु स महः सुमहानभूत्।
माधव्या अग्रसेनस्य समे विघ्नाः पराजिताः ॥ ५४ ॥

नागराज महीधर का वह नाग लोक, विवाह के इस महोत्सव से अत्यंत सुशोभित हो रहा था। जहां विघ्नों को पराभूत कर नागकन्या माधवी का श्री अग्रसेन से विवाह सम्पन्न हुआ।

विवाहेऽत्यद्भुतं किं वा वक्तुं शक्नुमहे वयम्।
न श्रुतं न च वा दृष्टं तेन मन्यामहेऽद्भुतम्॥ ५५॥

जैमिनी जी कहते है – हे महाप्राज्ञ परमजिज्ञासु जनमेजय ! श्री अग्रसेन तथा नागसुता माधवी जी का यह अद्भुत विवाह प्रसंग जिस प्रकार (दो संस्कृति का समन्वय, नारी भोग की वस्तु नहीं, अपितु सहधर्मिणी, एक पत्नी व्रत आदि घटनाओं से युक्त) पूर्ण हुआ। जिसका यथावत वर्णन करना भला कैसे संभव है ? क्योंकि ऐसा अन्यत्र न तो किसी ने कभी देखा था और न ही कभी पहले सुनने में ही आया इसलिये मैं इस विवाह प्रसंग को अत्यन्त ही अद्भुत मानता हूं।

॥ इति जैमिनीये जयभारते भविष्यपर्वणि अग्रोपाख्यानस्य
यद्विरचितम् श्रीमदग्रभागवते सप्तदशोऽध्यायः॥
॥ शुभं भवतु कल्याणम् ॥

महर्षि जैमिनी विरचित जयभारत के भविष्यपर्व के अग्रोपाख्यानम् के
श्रीमद् अग्रभागवतम् स्वरूप का सत्रहवां अध्याय पूर्ण हुआ ।
यह शुभकारी आख्यान सबके लिये कल्याणकारी हो ।

॥ श्री अग्र भागवत ॥

अट्ठरहवां अध्याय

हर्ष

जैमिनिरुवाच

मुक्ताफलचतुष्केऽथ तेऽग्रसेनञ्च माधवीम् ।
सभायां नागराजस्य ह्युपावेश्याभ्यपूजयन् ॥ १ ॥

जैमिनी जी कहते हैं – विवाह के उपरांत, नागराज महीधर की उस सभा में, मोतियों की चौकी पर, नागकन्या माधवी को, जामाता श्री अग्रसेन सहित बैठाकर, उनका पूजन सत्कार इत्यादि किया गया।

तदा स्वल्पेन कालेन गार्ग्येण सह दम्पती ।
अथाध्वविधिना तौ तु सप्तरात्रोषितौ पथि ॥ २ ॥

विदाई के पश्चात, वे दोनों,(श्री अग्रसेन और माधवी जी) महर्षि गर्ग को आगे कर (नेतृत्व में) सभी सहयोगियों के साथ (आग्रेय वापिस पहुंचने हेतु यात्राकरने लगे। मार्ग में नियमानुसार चलते हुए उन्होने बीच बीच में, सात रात्री विश्राम किया।

जग्मतुः सहितौ सर्वैर्मुदा परमया युतौ ।
पुरम् आग्रेयमाप्तौ तावग्रसेनश्च माधवी ॥ ३ ॥

इसप्रकार, परमानन्द से सम्पन्न, वे दोनों उन सभी के साथ, थोड़े ही दिनों में अपने गणराज्य में जा पहुंचे।

यथोचितं पुरी सैव यथा सम्यग्व्यशोभत ।
तयोर्नवोढयोर्हेतोर्यथैवेन्द्रपुरी तथा ॥ ४ ॥

सर्वा पुरी सा प्रहृष्टा मुदिता परमशोभत ।
मुदितास्ते स्म गायन्ति राजमार्गेषु गायकाः ॥ ५ ॥

वह आग्रेय पुरी, यथोचित रीति से उनके स्वागत में जुटी थी। उस नवदम्पत्ति के आगमन से, वह पुरी इन्द्रोत्सव के समान शोभा से सम्पन्न हो हर्ष से खिल उठी। वहां सर्वत्र अति आनंद छाया हुआ था। राज्य मार्ग पर गायक प्रसन्नता पूर्वक मंगल गान कर रहे थे।

माधवी चाग्रसेनश्च सम्प्राप्तौ लोकविश्रुतौ ।
विचेता मलिनो दीनो न कश्चिद् तत्पुरे तदा ॥ ६ ॥

लोक विख्यात यह नव दम्पत्ति श्री अग्रसेन और नागसुता माधवी देवी दीन, मलिन व उदास चित्त लोगों से सर्वथा रहित, अपनी आग्रेय पुरी में पधारे।

ततः काले शिवे पुण्ये ह्यग्रसेनस्य तौ पुरा ।
प्रविष्टौ हृष्टवदनौ चन्द्रादित्याविवाचलम् ॥ ७ ॥

तदनंतर, मंगलमय पुण्य मुहुर्त में, उन्होने आग्रेय नगरी में उसी प्रकार प्रवेश किया जिस प्रकार मानो सूर्य और शशि सुमेरू पर्वत की गुफा में प्रवेश कर रहे हों। उस समय उन दोनों के मुख प्रसन्नता से मुखरित थे।

प्रविशन्तौ पुरीं वीक्ष्य नागरो हि महाजनः ।
हर्षेण महता युक्तः सम्मुखोऽभूज्जनाधिप ॥ ८ ॥

नगर में प्रवेश करते हुए, उस नव दंपत्ति को देखकर, नागरिकों का विपुल जन समूह, अत्यंत हर्ष से उल्लासित होकर, उनका स्वागत करने के लिये उनके समक्ष आ उपस्थित हुआ।

प्रत्याययुश्च तौ प्राप्तौ सर्वे सौम्यपुरोगमाः ।
आवृतौ ददृशुर्हृष्टा लोकैर्बहुविधैर्धनैः ॥ ९ ॥

जब महाराजा श्री अग्रसेन, विवाह करके नगर के निकट पहुंचे, तब माता वैदर्भी तथा अनुज शौर्यसेन के साथ ही उनके संरक्षक व प्रतापुर के पूर्व पुरोहित –सौम्य ऋृषि, पुरजनों के साथ, उनकी अगवानी करने के लिये आगे बढ़े। उन्होंने प्रसन्नता पूर्वक महाराजा अग्रसेन, नागसुता माधवी देवी और उनके बारातीदल को अनेक प्रकार के धनों (घोड़े, हाथी, स्वर्ण रत्नादि) के साथ आते देखा।

गृहीत्वा माधवीं देवीमागच्छन्तं जनाः प्रभुम् ।
ददृशुः कामसङ्काशं कान्तया सह सङ्गतम् ॥ १० ॥

नागकन्या माधवी देवी को साथ लेकर महाराजा अग्रसेन अपने मनोहारी नगर में आए, उस समय वे अपनी प्रिय भार्या के साथ इस प्रकार शोभायमान हो रहे थे – मानो रति और कामदेव हों।

पश्यन्तो हृष्टवदनाः पिबन्तो नयनैश्च ते ।
तं विनीतमुखं दृष्ट्वा प्रशशंसुः पदे पदे ॥ ११ ॥

दर्शक, पुलकित हो, नयनों से, उनकी रूप माधुरी का रसपान कर रहे थे। श्री अग्रसेन उनके नयनों के लिये उत्सव स्वरूप हो गए थे। वे लजाते हुए पगपग आगे बढ रहे थे और महारानी के विनीत मुखारविंद के दर्शन कर रहे थे।

सोऽभ्यानमत् प्रसूपादौ वैदर्भ्यानन्दवर्धनः ।
पुत्रमाश्लिष्य माताऽपि हर्षादश्रूण्यवर्तयत् ॥ १२ ॥

राजमाता वैदर्भी का आनंद बढ़ाने वाले, श्री अग्रसेन ने, निकट आकर माता भगवती के चरणों में प्रणाम किया। अपने पुत्र (अग्रसेन) का आलिंगन कर माता वैदर्भी के नयनों से हर्ष के अश्रु बह पड़े।

शौर्यसेनोऽग्रसेनस्य ववन्दे चरणौ रुदन्।
वाष्पैः पिहितकण्ठश्च व्याहर्तुं नाशकत् तदा ॥ १३ ॥

प्रसन्नता के अश्रु छलकाते हुए, रूदन करते हुए शौर्यसेन ने श्री अग्रसेन के चरणों में वन्दन किया। आंसुओं से उनका गला रुंध सा गया था, और तब उनसे कुछ बोला न जा सका।

श्वश्रूरवोचद् विनतां स्नुषां चोत्थाप्य सादरम्।
परिष्वज्योपसङ्गृह्य स्नेहाद् गद्गदभाषिणी ॥ १४ ॥

तदनंतर, नागकन्या माधवी जी ने भी, अपनी श्वासुमाता वैदर्भी के श्रीचरणों में अभिवादन किया, तब माता भगवती ने उन्हे उठाकर स्नेह से गले लगा लिया, तथा सर्वतोभावेन अपना कर स्नेह युक्त वाणी से उनका स्वागत किया।

प्रहर्षमतुलं लब्ध्वा भगवत्यब्रवीत् तदा।

जैमिनी जी कहते हैं – जनमेजय ! तदनंतर, अत्यंत हर्ष विभोर होकर माता भगवती ने कहा –

वैदर्भी उवाच

प्रवेशयैनां भवनं पूज्यां ज्येष्ठां स्नुषां मम ॥ १५ ॥

माता वैदर्भी ने कहा – यह मेरी आदर के योग्य ज्येष्ठ बहु हैं, इन्हें भवन के भीतर ले चलें।

अहो धन्यतरास्मीति वीरपुत्रसमागमात्।
अद्य मे सफलः कामः पूर्णो मेऽद्य मनोरथः ॥ १६ ॥

अहो! आज वधु के साथ पुत्र के मिल जाने से, इस दूनी प्रसन्नता को प्राप्त कर, मैं तो परम धन्य हो गई। अब मेरी समस्त कामनाएं सफल हो गईं। मेरा सम्पूर्ण मनोरथ पूर्ण हो गया।

चिरप्रणष्ट पुत्रस्य दर्शनं प्रियाया सह ।
आगच्छ पुत्र भवनं सभाया: प्रविशेह च ॥ १७ ॥

यह मेरा परम सौभाग्य ही तो है, कि चिरकाल से बिछुड़े हुए पुत्र का, आज सहसा मुझे उसकी प्रिय पत्नी के साथ दर्शन हुआ। आओ पुत्र! अपनी पत्नी के साथ ही तुम भी भवन में प्रवेश करो।

जैमिनिरुवाच

स पञ्चमे ततो वर्षे मात्रा सङ्गम्य सानुजः ।
सर्वकामैः सुसिद्धार्थो लब्धवान् परमां मुदम् ॥ १८ ॥

जैमिनी जी कहते हैं – इस प्रकार श्री अग्रसेन, पांच ही वर्षों में अपने प्रिय अनुज एवं माता से मिलकर, सम्पूर्ण कामनाओं (स्व निर्मित राज्य, नागकन्या परमसुंदरी सुशीला भार्या, परम ऐश्वर्य, जगदम्बा महालक्ष्मी की कृपा, महर्षि गार्ग्य का दिशादर्शन एवं श्रेष्ठ प्रजा) को प्राप्त कर, सफल मनोरथ हो, अत्यंत आनंद मग्न हो गए।

ततः प्रतिगृहीता सा स्त्रीभिराचारमङ्गलैः ।
क्रीडन्ति स्म प्रगायन्ति नार्यो मदवशं गताः ॥ १९ ॥

तदनंतर, वहां उपस्थित महिलाओं ने मंगलाचार पूर्वक, वधु माधवी जी को ग्रहण किया। वहां नारियां आनन्द में मत्त होकर, नाचने लगीं, गाने लगीं, तथा भांति भांति की मोहक क्रीड़ाएं करने लगीं।

माधवी क्षौमसंवीता कृतकौतुकमङ्गला ।
कृताभिवादना श्वश्रूवास्तस्थौ प्रह्वा कृताञ्जलिः ॥ २० ॥

रेशमी वस्त्र धारण किए हुए, महारानी माधवी देवी सभी मांगलिक कार्य सम्पन्न करने के पश्चात, श्वासुमाता (सास) के श्रीचरणों में अभिवादन कर, उनके पास विनीत भाव से खड़ी हो गईं।

रूपलक्षणसम्पन्ना शीलाचारसमन्विता ।
माधवीमवदत् प्रेम्णा श्वश्रूराशीर्वचः स्नुषाम् ॥ २१ ॥

सुन्दर रूप तथा उत्तम लक्षणों से सम्पन्न शील और सदाचार से सुशोभित, अपनी पुत्रवधु माधवी जी को माता भगवती प्रेमपूर्वक आशीर्वाद देती हुई कहने लगीं –

वैदर्भी उवाच

पतिव्रता च सुभगा बहुसौख्यसमन्विता ।
यथा नारायणे लक्ष्मीस्तथा त्वं स्या ममात्मजे ॥ २२ ॥

माता वैदर्भी ने कहा – हे पुत्रवधु ! तुम अनन्त सौख्य से सम्पन्न होकर सौभाग्यशालिनी अर्धांगिनी एवं पतिव्रत का पालन करने वाली रहो। जिस प्रकार महालक्ष्मी, भगवान नारायण में भक्तिभाव एवं प्रेम रखती हैं, उसीप्रकार तुम अपने पति अग्रसेन में सदैव अनुरक्त रहो।

कल्याणि त्वं गुणवती सुखिनी शरदां शतम् ।
पत्या त्वमभिषिच्यस्व राज्ञा त्वं धर्मवत्सला ॥ २३ ॥

हे कल्याणमयी, गुणवन्ती वधु ! तुम सुख पूर्वक सौ शरद आनन्द से बिताओ। पति के अनुकूल ही तुम्हारा राजरानी के पद पर अभिषेक हो। धर्म के प्रति तुम्हारे हृदय में स्वभाविक स्नेह हो।

अखण्डसौभाग्यवती शुभा वंशविवर्धनी ।
जीवसूर्वीरसूर्भद्रे भूया इत्यभिनन्दनम् ॥ २४ ॥

हे भद्रे ! तुम अखण्ड सौभाग्यवती हो ! तुम शुभ वंश का वर्धन करने वाली बनो। जब तुम दीर्घ जीवी वीर पुत्रों को जननी बनोगी, उस समय भी, मैं तुम्हारा पुनः अभिनन्दन करूंगी।

जैमिनिरुवाच

महाभागा माधवी च सखीभिः परिवारिता ।
रमते परया प्रीत्या चाग्रसेनेन सङ्गता ॥ २५ ॥

जैमिनी जी कहते हैं – वहां महाभागा, सौभाग्यवती माधवी जी सखियों से सेवित हो, उनसे घिरी रहती थीं, और महाराजा अग्रसेन के साथ बड़ी प्रसन्नता से, आनन्द पूर्वक समय व्यतीत करती थीं।

मदनः किं शिवाद् भीतः प्रविष्टस्तां विभाति मे ।
नराणामपि नारीणां वेषैर्दिव्यैर्मनोरमाम् ॥ २६ ॥

नर नारियों की दिव्य विविध वेशभूषाओं के कारण यह नगरी, अत्यंत मनोरम लगने लगी, ऐसा प्रतीत होता था मानो शिव जी से भयभीत होकर कामदेव साक्षात आग्रेय नगरी में प्रविष्ट होकर उसकी शोभा बढ़ा रहे हों।

अथाग्रसेनः कल्याण्या रममाणस्तु कानने ।
अम्लानपङ्कजा किञ्चिद् अपश्यत् सुमहत् सरः ॥ २७ ॥

एक दिन, महाराजा अग्रसेन, नागकन्या (माधवी जी) के साथ वन में विहार कर रहे थे। वहां उन्होंने अम्लान (बिना मुरझाई) कमलिनियों, से सुशोभित सुंदर सरोवर को देखा।

अग्रसेन उवाच

इमां माधवि पश्य त्वं रविभार्यामनिन्दिताम् ।
निजकान्तं वञ्चयित्वा भ्रमरान् रमयत्यहो ॥ २८ ॥

तब..श्री अग्रसेन ने (हास्य करते हुए) कहा – माधवीदेवी ! तुम सूर्य की इस अनन्त सुन्दरी भार्या कमलिनी को देखो। यह निर्लज्ज ! अपने पति को धोखा देकर रसलोलुप भ्रमरों के साथ रमण कर रही है।

जैमिनिरुवाच

अग्रसेन वचः श्रुत्वा माधवी वाक्यमब्रवीत्।
स्मितं कृत्वा विशालाक्षी वक्रोत्त्या तं नृपं प्रति ॥ २९ ॥

(इस परिहास में नारी के चरित्र पर कमलिनी के माध्यम से श्री अग्रसेन ने व्यंग किया है)

जैमिनी जी कहते हैं – हे महाप्राज्ञ जनमेजय ! इस प्रकार, श्री अग्रसेन के, नारी चरित्र पर संदेहात्मक व्यंग वचनों को सुनकर, विशाल नेत्रों वाली माधवी जी, मुस्कुरा कर, उन राजेन्द्र श्री अग्रसेन से वक्रोक्ति पूर्वक कहने लगीं।

माधव्युवाच

स्वसुतानागतान् मत्वा पुष्णात्येषा गृहागतान्।
पुत्रपौत्रादिकान् नाथ षट्पदादीन् नृपुङ्गव ॥ ३० ॥

माधवी देवी ने कहा – हे नर श्रेष्ठ ! यह कमलिनी (नायिका) इन भ्रमरों को घर वापिस आए, पुत्र जानकर वात्सल्य भाव से ही, इनका पोषण करती है। (पति तो सूर्य हैं) ये भ्रमरादि तो इसके पुत्र–पौत्र आदि हैं, जिनका यह पद्मिनी पालन पोषण करती है।

स्तनौ रुदन्तौ पद्मिन्याः पिबतो भ्रमराविमौ।
प्राणनाथ समीपे तु षट्पदौ बालकाविव ॥ ३१ ॥

हे प्राणनाथ! देखिये न! उस (पद्मा) कमलिनी के समीप, वे दोनों भ्रमर बालकों की तरह रो रहे हैं और वह पद्मा माता की भांति उन्हे स्तनपान करा रही है।

प्राणनाथोदिते भानौ पद्मिनी विकचा यदि ।
विलोक्य नलिनीं नाथ विस्मितोऽसि कुतोऽधुना ॥ ३२ ॥

हे प्राणनाथ! अपने प्रियतम सूर्य के आगमन (उदित होने) पर उसके सम्पर्क से यह पद्मिनी, विकसित होती है (और उससे ही कमल की उत्पत्ति होती है) हे नाथ ! अब आप ही बताइयेगा ? पद्मिनी को देखकर आप इसतरह विस्मित क्यों हो गए ? (क्या यह पुरुषों में विद्यमान रहने वाली दुर्भावना नहीं ?)

दोषः कश्चात्र राजेन्द्र रुचिरं क्रियतेऽनया ।
न तु नाथं वञ्चयति पद्मिन्याश्चरितं महत् ॥ ३३ ॥

हे नरेन्द्र ! इसमे दोष की क्या बात है ? वह तो बहुत अच्छा कर रही है (पुत्र स्नेहयुक्त वात्सल्यमूर्ति, ममतामयी कमलिनी के इस उपक्रम में दोष कहां ?) वह अपने पति सूर्य को धोरवा नहीं दे रही। (वह तो उसके दर्शन मात्र से प्रफुल्लित हो खिल उठती है और उसके परदेश चले जाने पर दुःख से मुरझा जाती है) हे नाथ ! कमलिनी का तो यह महान चरित्र है।

रात्रौ विरहिणी बालं गृहीत्वा पश्य षट्पदम् ।
नित्यं निद्रां न कुरुते ह्येष धर्मः सनातनः ॥ ३४ ॥

देखिये न नाथ ! यह विरहिणी पद्मिनी नित्य ही (अपने पति के लिये चिन्तामग्न हो अन्तोगत्वा बेचारी) अपने भ्रमर रुपी बालकों को गोद में लेकर अपने जीवन की कष्टमय रात गुजारती है। यही तो नारी का सनातन धर्म है।

जैमिनिरुवाच

इति तस्या वचः श्रुत्वा त्वग्रस्तोषसमन्वितः ।
तया सुसङ्गतो जातः पुत्रदर्शनलालसः ॥३५॥

जैमिनी जी कहते हैं – राजन ! महारानी माधवी देवी के इस प्रकार सार गर्भित वचनों से महाराजा श्री अग्रसेन, परम संतुष्ट तथा आनंदित हुए, और.....उनके हृदय में भी, पुत्र पौत्रादिक दर्शन की लालसा उत्पन्न हो गई।

प्रजाः स्वस्था ह्यवर्तन्त विप्रा वेदपरायणाः ।
फलन्ति सततं वृक्षा लताः पुष्पफलन्विताः ॥ ३६ ॥

राजन् ! उस समय आग्रेय राष्ट्र की, समस्त प्रजा स्वस्थ (शरीर और मन दोनों से) थी। ब्राह्मण वेदाध्यन में रत रहते थे, वृक्ष सदा फलित होते थे लताएं, सदा पुष्पित रहती थीं।

नराः सत्यव्रतास्तत्र नार्यश्च पतिसेविकाः ।
चिन्तनं श्रीमहालक्ष्म्याः नान्यां चिन्तां प्रकुर्वते ॥ ३७ ॥

वहां के निवासी, पुरुष सत्यव्रती और नारियां पति पारायणा तथा सेवाभावी थीं। वहां के नर नारी जगन्माता महालक्ष्मी के चिन्तन के अतिरिक्त किसी प्रकार की चिन्ता नहीं करते।

यथातृप्ति पयः पीत्वा वत्सा यत्रोपरेमिरे ।
गोपाला दुदुहस्तत्र घटोध्नीर्गाः शुभास्तदा ॥ ३८ ॥

वहां बछड़े, (गोवास) तृप्ति पर्यन्त दूध पीकर ही, गायों के थनों से विलग होते थे। उस समय गोपालक (ग्वाले) घड़ों के समान थनों वाली सुन्दर गायों को ही दुहते थे।

पुण्यं धनं सुखं धर्मो देवोद्यानञ्च कौतुकम् ।
सम्पत्तिर्बहुला यत्र हासश्रीस्तत्र जायते ॥ ३९ ॥

वह आग्रेय राज्य, पुण्य, धन, सुख और धर्म से परिपूरित है, वहां की वाटिकाएं, देवोद्यान सी प्रतीत होती हैं। वहां की विपुल सम्पदाएं, मानो तीनों लोकों का उपहास कर रही हों।

यत्राग्रेयजनाः पुण्यप्रिया धनविभूषिता ।
रमारूपास्तु कामिन्यो नरा माधवरूपिणः ॥ ४० ॥

आग्रेय निवासी, पुण्य से प्रेम करने वाले, तथा धर्म के आभूषणों से युक्त हैं। राजन ! वहां नारियां साक्षात लक्ष्मी का स्वरूप और नर, नारायण के समान हैं।

आग्रेये मध्यदेशे च महालक्ष्मालयः शुभः ।
तन्मध्ये च श्रियं नित्यं पूजयेन्निशि वा दिवा ॥ ४१ ॥

जैमिनी जी कहते हैं – हे महाप्राज्ञ जनमेजय ! आग्रेय के मध्य स्थल पर, श्री महालक्ष्मी जी का शुभ मंदिर है, जिसमें अहोरात्र (रात दिन) देवी महालक्ष्मी का पूजन अर्चन होता रहता है।

किमत्र वर्ण्यतेऽग्रस्य पुरे श्रीर्जनमेजय ।
सर्वा व्याप्य दिशो याऽत्र स्वभाभिर्भासतेऽभितः ॥ ४२ ॥

हे राजेन्द्र जनमेजय ! आग्रेय की किस किस वस्तु के सौंदर्य का वैभव का वर्णन किया जाए। महाराजा अग्रसेन की इस पुरी में, साक्षात महालक्ष्मी सभी वस्तुओं में अपनी अनंत कलाओं सहित व्याप्त होकर, समस्त दिशाओं को प्रकाशित करते हुए, विराजमान हैं।

सुचित्रं सुखसम्पूर्णं नित्योत्सवविभूषितम् ।
द्वितीयमिव वैकुण्ठं स्थापितं विष्णुना हि तत् ॥ ४३ ॥

सुख से परिपूर्ण वह (आग्रेय) सुन्दर सुसज्जित और प्रतिदिन उत्सवों से, विभूषित रहता है, वहां तो ऐसा प्रतीत होता है, मानो भगवान विष्णु ने भूतल पर दूसरा 'वैकुण्ठ' ही स्थापित कर दिया हो।

य एतद् अग्रसेनस्य माधव्याश्चरितञ्च यद् ।
शृणुयात् सर्वपापेभ्यो मुच्यते नात्र संशयः ॥ ४४ ॥

जैमिनी जी कहते हैं – हे परम जिज्ञासु महाप्राज्ञ जनमेजय ! जो प्राणी नागसुता सहित श्री अग्रसेन के इस पावन चरित्र को सुनता–सुनाता है, उसके सम्पूर्ण पाप विनिष्ट हो जाते हैं, इसमें कोई संदेह नहीं।

जैमिनिरुवाच

इदमाख्यानमायुष्यं यः शृणोति मुनीश्वर ।
परमं जायते सौख्यं पुण्यं तस्य नरस्य हि ॥ ४५ ॥

हे महाप्राज्ञ जनमेजय ! श्री अग्रसेन के इस पुण्य प्रदान करने वाले आख्यान को सुनने वालों को (श्री अग्रसेन की तरह ही) सभी सुख, सौख्य, सहज ही उपलब्ध हो जाते हैं, और उस मनुष्य को सर्वत्र परम आनन्द की प्राप्ति होती है।

॥ इति जैमिनीये जयभारते भविष्यपर्वणि अग्रोपाख्यानस्य
यद्विरचितम् श्रीमदग्रभागवते अष्टादशोऽध्यायः ॥
॥ शुभं भवतु कल्याणम् ॥

महर्षि जैमिनी विरचित जयभारत के भविष्यपर्व के अग्रोपाख्यानम् के श्रीमद् अग्रभागवतम् स्वरूप का अठ्ठारहवां अध्याय पूर्ण हुआ ।
यह शुभकारी आख्यान सबके लिये कल्याणकारी हो ।

॥ श्री अग्र भागवत ॥

उन्नीसवां अध्याय

संधि

जैमिनिरुवाच

धर्मतो धर्मविद् राजा नृधर्मो विग्रही यथा ।
चातुर्वर्ण्यं स्वकर्मस्थं स कृत्वा पर्यपालयत् ॥ १ ॥

जैमिनी जी कहते हैं – हे जनमेजय ! महाराजा अग्रसेन चारों वर्णों को अपने अपने कर्म में स्थापित करके, उनकी सदैव धर्मपूर्वक पालन करते थे। वे न केवल मानवोचित धर्म के ज्ञाता थे, अपितु साक्षात धर्म के स्वरूप थे।

ररक्ष वसुधादेवीं श्रीमानतुलविक्रमः ।
द्वेष्टि कञ्चन न द्विष्टो द्वेष्टारस्तस्य नाभवन् ॥ २ ॥

हे जनमेजय ! उनके पराक्रम की तो, कोई तुलना ही नहीं की जा सकती थी। वे श्री सम्पन्न होकर वसुधा देवी का संरक्षण (पालन पोषण) करते थे। उनका किसी के प्रति द्वेष भाव नहीं था, और न ही कोई उनसे द्वेष रखने वाला।

समः सर्वेषु भूतेषु प्रजापतिरिवाभवत् ।
सुदर्शः सर्वभूतानामासीत् सोम इवापरः ॥ ३ ॥

हे धर्मज्ञ जनमेजय ! वे, महाराजा अग्रसेन दूसरे चंद्रमा के समान सब प्राणियों के लिये सुलभ, एवं उनका दर्शन सबके के लिये सुखद था। वे प्रजापति ब्रह्म के समान ही, समस्त प्राणियों के प्रति समभाव रखते थे।

लोकस्य चैव सर्वस्य प्रियः आसीत्स चाग्रराट्।
राजधर्मार्थकुशलो युक्तः सर्वगुणैर्वृतः ॥ ४ ॥

हे जनमेजय ! महाराजा श्री अग्रसेन, सम्पूर्ण जगत के सभी लोगों के प्रेम पात्र थे। राजधर्म तथा अर्थनीति में पारंगत वे समस्त सदगुणों से संयुक्त थे। अर्थात उनमें सभी सद्गुण विद्यमान थे।

अकृष्टपच्च्या पृथिवी प्रजा आनन्दनिर्भराः।
गावश्च घटदोहिन्यो यदा नागसुतापतिः ॥ ५ ॥

जब से आग्रेय राज में, नागसुता माधवी देवी, राजरानी के आसन पर अधिष्ठित हुई हैं, तब से यहां की भूमि जोते बिना ही अन्न उत्पन्न करने लगी। प्रजा आनन्द में मग्न रहने लगी। गायें घड़े भर भर के दूध देने लगीं।

ऊर्ध्वसस्याभवद् भूमिः सस्यानि रसवन्ति च ।
यथर्तुवर्षी पर्जन्यो बहुपुष्पफला द्रुमाः ॥ ६ ॥

हे राजन ! पृथ्वी पर खेती की उपज बहुत बढ़ गई। सभी अन्न सरस होने लगे, बादल उचित समय पर वर्षा करते, वृक्ष अत्यधिक फूलों और फलों से युक्त हो गए।

मानक्रोधविहीनाश्च नरा धर्मोत्तरक्रियाः।
अन्योन्यप्रीतिसंयुक्ता व्यवर्धन्त प्रजास्तदा ॥ ७ ॥

तथापि, वहां के लोग, अहंकार और क्रोध से रहित तथा उनके आचार व्यवहार में, धर्म की ही प्रधानता थी। एक दूसरे को प्रसन्न रखते हुए वे सतत उन्नति के पथ पर बढ़ रहे थे।

न ववर्षाथ सहसा सहस्राक्षः कदाचन ।
कमुपायमुपादाय वार्योऽश्रीरित्यचिन्तयत् ॥ ८ ॥

हे जनमेजय ! तब अचानक उस वर्षा सत्र में, देवराज इन्द्र ने आग्रेय राज्य में वर्षा बन्द कर दी। सभी लोग ये सोचने लगे कि किस उपाय से इस त्रासदी से, मुक्ति कैसे पाई जा सकती है ?

यथाशक्ति ददात्यन्नमग्रो राजा विमत्सरः ।
न च वर्षति पर्जन्यः कथमन्नं भविष्यति ॥ ९ ॥

तब प्रजाजनों में चर्चा होने लगी कि – यद्यपि महाराजा अग्रसेन यथा शक्ति (जितना अन्न संचित है) ईर्ष्यारहित श्रृद्धा पूर्वक अन्न तो दे ही रहे हैं, किन्तु यदि मेघ इस प्रकार जल वर्षा नहीं करेंगे तो, भविष्य में अन्न कैसे उत्पन्न होगा ? अर्थात अकाल की काली छाया पड़ सकती है।

इत्येवमुक्ते वचने सोऽग्रसेनः प्रतापवान् ।
प्रसाद्य परमोद्विग्नान् तान् नृन् प्रोवाच सादरम् ॥ १० ॥

प्रजाजनों द्वारा इस प्रकार अपना मनोगत अभिव्यक्त करने पर, प्रतापी राजा अग्रसेन ने उन अत्यंत उद्विग्न लोगों को आश्वस्त करते हुए कहा –

अग्रसेन उवाच

अन्यथाऽभ्यर्थनामिन्द्रो न करिष्यति कामतः ।
पुरुषार्थं साधयिष्ये जीवयिष्यामि च प्रजाः ॥ ११ ॥

महाराजा अग्रसेन ने कहा – प्रजाजनों ! यदि देवराज इन्द्र हमारी जल बरसाने के लिये की गई, प्रार्थना को अन्यथा लेंगे। और वे हमारी प्रार्थना स्वीकार नहीं करेंगे तो मैं स्वयं इस हेतु उत्तम पुरुषार्थ (उपाय) करूंगा तथा समस्त प्रजा की रक्षा करूंगा।

वर्षिष्यतीह वा देवो न वा वर्षं भविष्यति ।
यो यदाहारजातश्च स तथैव भविष्यति ॥ १२ ॥

प्रजाजनों ! इन्द्रदेव यहां वर्षा करें अथवा वर्षा न हो, मैं आप लोगों को विश्वास दिलाता हूं, जो (मनुष्य, पशु और पक्षी) जिस आहार से उत्पन्न हुआ है, उसे वही आहार प्राप्त होगा। आप लोग चिन्ता न करें।

माधव्युवाच

नावमन्ये न गर्हे च देवं नाथ कथंचन ।
आर्ताऽहं प्रलपामीदं सुमनास्त्वं निबोध मे ॥ १३ ॥

तब, महारानी माधवी देवी ने विनीत निवेदन करते हुए कहा – हे नाथ! मैं ना तो देवों की अवहेलना कर रही हूँ, ना ही उनकी निन्दा ही। प्रजा की पीड़ा से शोकार्त होकर आपके समक्ष मैं प्रलाप कर रही हूं – कृपया आप प्रसन्न चित्त होकर, मेरे भी विचार सुनें।

तदेवाभिप्रपद्येत न विहन्यात् कदाचन ।
यत् स्वकर्मवशात् किञ्चित् तत् पौरुषमिति श्रुतम् ॥ १४ ॥

हे महाराज ! दैवकृपा की कामना पर आश्रित होकर के ही मनुष्य को, कर्म का कदापि परित्याग नहीं करना चाहिये। मनुष्य स्वयं प्रयत्न करके जो अर्जित करता है, उसे ही तो पुरुषार्थ कहा जाता है।

पर्जन्ये जलमस्त्येव नद्यामपि च सिद्धये ।
बुद्ध्या जलार्थान् जानीयादुपायं कर्मणाऽऽप्नुते ॥ १५ ॥

हे नरेन्द्र ! जैसे वर्षा के बादलों में जल है, वैसे ही नदियों में भी तो जल है, बादलों का जल दैव कृपा पर ही संभव है, जबकि नदियों का जल, स्वयं के प्रयत्न से सिद्ध किया जा सकता है। अभीष्ट जल प्राप्ति के लिये, बुद्धि पूर्वक योग्य विचार विमर्श करके, जो उचित उपाय हो, उसके लिए यथोचित प्रयत्न किया जाना चाहिये। मेरा तो यही विचार है।

जैमिनिरुवाच

ततः कालोऽत्यगात् क्लिष्टः कृतं प्रावर्तत क्षणात् ।
आरेभिरे जलार्थे च युक्तं कर्म जनास्तदा ॥ १६ ॥

जैमिनी जी कहते हैं – राजरानी माधवी देवी की इस योग्य सलाह के अनुकूल, योग्य उपाय का निर्णय कर, समय को व्यर्थ न गंवाते हुए, उन आग्रेय जनों ने, कर्म प्रवृत्त हो, जल प्राप्त करने के लिये, प्रयत्न पूर्वक योग्य कर्म आरम्भ किया।

कुल्या जलावहास्तत्र जलेनापूर्यतावनी ।
मङ्गलस्वस्तिवृध्द्या च प्रजानां हर्ष आभवत् ॥ १७ ॥

और.. तब, वहां जल की नहरों से जलधारा बहने लगी। इसप्रकार जल की आपूर्ति से, वह प्यासी धरा, पुनः फलित हो गई। मंगलमयी कल्याण की वृद्धि से प्रजाओं में उत्तम, आग्रेय राज्य की प्रजा अत्यंत हर्षित होने लगी।

एतस्मिन्नन्तरे देवदूतः कश्चित्समागतः ।
उवाच शक्रमासीनं सभामध्येऽतिदुःखितः ॥ १८ ॥

इसी बीच, किसी देवदूत ने शीघ्रता से ही देवलोक की सभा में पहुंचकर देवसभा के मध्य इन्द्रासन पर विराजमान देवेन्द्र से दुःख पूर्वक निवेदन किया।

देवदूत उवाच

भोः स्वामिन् हे महाबाहो लोकानां रक्षको ह्यसि ।
देवानां सुखकामः किं न जानीषे शुभाशुभम् ॥ १९ ॥

देवदूत ने कहा – हे स्वामिन! हे महाबाहो! आप तीनों लोकों के रक्षक हैं। किन्तु अब भी आप, देवताओं के सुख की कामना तो रखते हैं न ? यदि हां! तो फिर क्या आपको शुभ अशुभ की जानकारी नहीं है ?

जैमिनिरुवाच

आगत्य कथयामास देवो वृत्तान्तमादितः ।
सस्यान्यभूवन् भूयांसि मानवाः पौरुषाश्रयाः ॥ २० ॥

जैमिनी जी कहते हैं – हे धर्मज्ञ जनमेजय ! देवलोक में आकर देवदूत ने, देवराज इन्द्र से "आग्रेय" जनों द्वारा, इन्द्र देव के रूष्ट हो वर्षा न किये जाने पर भी,जिस प्रकार नदियों से जल प्राप्त कर, अपने पौरुष्य से, धरा को तृप्त कर सुनहली फसलें खड़ी कर ली, वह सारा वृतांत प्रारंभ से ज्यों का त्यों कह सुनाया।

मानुषं तु कृतं कर्म श्रुत्वा क्रोधसमन्वितः ।
उवाच केन नीतं तद् यशो ह्यल्पायुषा मम ॥ २१ ॥

मनुष्यों द्वारा इस प्रकार, स्व पराक्रम से किए गए प्रयत्न, देवदूत से सुनकर, देवराज इन्द्र अमर्ष में भर गए, और कहने लगे " किसकी आयु समाप्त हो चुकी है जो इस प्रकार मेरे यश का अपहरण करने का प्रयत्न करे " अर्थात दैव इच्छा से पुरुषार्थ का प्रबल होना, देवेन्द्र को अपना अपमान प्रतीत हुआ।

इन्द्र उवाच

प्रहितो गच्छ चाग्नेऽग्रं सस्यानि प्रविनाशय ।
चक्षुषा दारुणेन त्वं हव्यवाह क्रुधा दह ॥ २२ ॥

(अग्निदेव को संबोधित करते हुए) देवराज इन्द्र ने कहा – हे हव्यवाहन! आप शीघ्र ही 'आग्रेय' जाएं, और वहां की सारी लहलहाती फसलों को, क्रोध में भरकर, अपनी दारुण दृष्टि से भस्म कर डालें।

बृहस्पतिरुवाच

यद् इच्छसि जगद् हन्तुं साम्प्रतं न नृशंसवत्।
अभयं सर्वभूतेभ्यो दाता त्वमिति मे मतिः ॥ २३ ॥

तब, देवगुरु वृहस्पति ने कहा – देवराज! मेरा तो यह विश्वास था, कि आपने प्राणिमात्र को अभय दान दे दिया है, परंतु आपके द्वारा दिये गए आदेशानुसार, इस समय एक साधारण मनुष्य की भांति, दूसरों के श्रेष्ठ कर्मों की प्रशस्ति करने के स्थान पर ईर्ष्यावश इस प्रकार का उपक्रम कर, क्या आप सारे जगत का विनाश देखना चाहते हैं ?

त्यक्त्वा छद्म महेन्द्र त्वं देवधर्मं समाश्रितः।
कुरु कार्याणि सर्वाणि धर्मिष्ठोऽसि सुरर्षभ ॥ २४ ॥

हे देवश्रेष्ठ ! महेन्द्र ! आप तो धर्मनिष्ठ हैं। अतः आप इस प्रकार छल छंदों को छोडकर, देवों के महान धर्म (जगत कल्याण) का आश्रय लेकर, उसी के अनुरूप देवोचित कर्म करें। मेरा तो आपको यही सुझाव है।

जैमिनिरुवाच

प्रदह त्वं गच्छ शीघ्रं ततो मोक्ष्यामि किल्बिषात्।
एतच्छ्रुत्वा तु वचनं पाकवैरिमुखाच्च्युतम् ॥ २५ ॥
अग्रराज्यं प्रदुद्राव जवमस्थाय पावकः।
सहसा प्राज्वलच्चाग्निर्वीरो वायुसमीरितः ॥ २६ ॥

जैमिनी जी कहते हैं – हे धर्मज्ञ जनमेजय ! (देवगुरु वृहस्पति जी के द्वारा अपना योग्य अभिमत दिये जाने के बाद भी) पाकशासन इन्द्र के मुख से निकला कि अग्निदेव आप उस आग्रेय को जलाने के लिये शीघ्र जाएं, तभी मुझे इस ग्लानि से छुटकारा मिलेगा। जिसे सुनते ही अग्निदेव दौड़ते हुए, देव लोक से आग्रेय में आकर, अपने बल का आश्रय ले, तथा वायु का सहारा पाकर, वे सहसा प्रज्वलित हो उठे।

प्रदीप्तमग्निमग्रश्च दृष्ट्वा तत्र निवासिनः।
परमं यत्नमातिष्ठत् पावकस्य प्रशान्तये ॥ २७ ॥

आग्रेय गणराज्य में तब अचानक इस तरह लहलहाती फसलों को, जलते हुए देखकर वहां के निवासियों ने, उस प्रज्वलित अग्नि को, विभिन्न उपायों से, बुझाने के (शांत करने के) अनेकों प्रयत्न किए।

विलयं पावकं शीघ्रमगमत् प्रहरोद्यमैः।
पञ्चकृत्वः प्रशमितः तेनाग्रेण हुताशनः ॥ २८ ॥

इस प्रकार अनेक उद्यमों (पानी छिड़ककर, बालु झौंककर इत्यादि) से वहां के नागरिकों ने, अन्तोगत्वा उस आग को बुझा ही दिया।

महायोगी महासिद्धः सर्वप्रत्यक्षगोचरः।
दृष्ट्वाऽथ गार्ग्यःस्वतपोवीर्येणैवमुवाच ह ॥ २९ ॥

हे महाप्राज्ञ जनमेजय ! तब, पूर्वकल्प के महायोगी, महान सिद्धियों से सम्पन्न, तथा सब (त्रिकाल,त्रिलोकादि) कुछ प्रत्यक्ष देखने की शक्ति से युक्त, महर्षि गर्ग ने अपने तपोबल सम्पन्न दिव्य दृष्टि द्वारा देखकर, महाराजा अग्रसेन को वास्तविकता बताई।

गार्ग्य उवाच

न ह्येतत् कारणं राजन्नल्पं सम्प्रति भाति मे।
यद् आग्र्यराज्यं सन्दग्धुमिच्छतीन्द्रेरितोऽनलः ॥ ३० ॥

महर्षि गर्ग ने कहा – हे राजन! मुझे इसका कोई साधारण कारण नहीं जान पड़ता, जिसके लिये इन्द्र से संरक्षित हो, अग्निदेव आग्रेय वैभव को भस्म करना चाहते हों (निश्चय ही कोई विशेष कारण है)।

पन्नगेन्द्रः शक्रसखस्तुभ्यं कन्यां यतो ददौ ।
लक्षयित्वा तं विरोधं ग्लानिश्चैनं समाविशत् ॥ ३१ ॥

महर्षि गर्ग ने कहा – हे राजन अग्र ! देवराज इन्द्र के मित्र नागराज महीधर द्वारा जिस प्रकार अपनी कन्या का विवाह आपके साथ कर दिया गया, ऐसा लगता है, यह देखकर इन्द्र तेजहीन (हीन भावना से ग्रसित) हो, ग्लानिभाव से समन्वित हो गए। (यही कारण है कि वे कभी अवृष्टि और कभी अग्नि का सहारा लेकर इस प्रकार कर रहे हैं।)

अग्रसेन उवाच

तत्परस्तन्मनाश्चास्मि तद्भक्तस्तत्प्रिये रतः ।
करिष्यति कुतः पापं इति ज्ञात्वा प्रशाधि माम् ॥ ३२ ॥

तब महाराजा अग्रसेन ने कहा – महर्षे ! मैं तो शरीर से उन देवताओं के हितकर्मों में ही तत्पर रहता हूं, मन से उन्ही का चिन्तन करता हूं, उनमें भक्तिभाव रखता हूं। मैं सदैव ही उनका प्रिय (प्रसन्न करने वाले सतकार्य) करने में लगा रहता हूं। यह सब जानकर भी, वे ऐसा अनर्थ क्यों कर रहे हैं ?

अक्षुद्राः सत्यवन्तश्च देवा भक्तानुकम्पिनः ।
विद्यते भीः कुतस्तेभ्यो मम ? तत् किं विधीयताम् ॥ ३३ ॥

महर्षे ! देवता तो क्षुद्रताओं से रहित, सत्यवादी तथा भक्तजनों पर सदा ही अनुकम्पा करने वाले होते हैं न ! उनके द्वारा इसप्रकार का पापकर्म कैसे किया जा रहा है ? वे ऐसा (अन्यायपूर्वक) कर्म कैसे कर सकते हैं ?

जैमिनिरुवाच

देवतार्थं वयं चापि मानुषत्वमुपागताः ।
संरक्ष्याश्च वयं देवैरेवम् अग्रोऽभ्यभाषत ॥ ३४ ॥

हे महर्षे ! हम लोग देवताओं की मंगलकामनाओं को पूर्ण करने के लिये ही तो मानव रूप में आए हैं। अतः देवताओं को तो, हमारी रक्षा करनी चाहिये अग्रसेनका तो यही कहना है।

अग्रसेन उवाच

अथ चेत् कामसंयोगाद् द्वेषो लोभश्च लक्ष्यते ।
देवेषु देवप्रामाण्यान्नैषां तद् विक्रमिष्यति ॥ ३५ ॥

तथापि, यदि देवताओं में कामनावश द्वेष और लोभ लक्षित होता है, तो फिर तो उनमें देवत्व का अभाव निश्चित ही है, जिसके कारण उनकी वह शक्ति, हम मानवों पर कोई बुरा प्रभाव भला कैसे दिखा पाएगी ? क्योंकि देवों में तो दैवभाव की ही प्रमाणिकता है।
(ज्ञातव्य– दैवभाव से हीन हो जाने पर, नहुष का पतन हो गया था।)

ममाप्यनुपमं तेजो येन युक्ता दिवोकसः ।
अहम् आत्मबलैः शक्तो योद्धुं वज्रधरान् बहून् ॥ ३६ ॥

महर्षे ! जिस अनुपम तेज से देवगण संयुक्त हैं, वही अनुपम तेज उन्ही की कृपा से हम सब में विद्यमान है, महर्षे ! आपकी कृपा और आत्मबल के सहारे मैं एक क्या अनेकों वज्रधारियों से युद्ध कर सकता हूं।

जैमिनिरुवाच

एकोपायं कर्मसिद्धम् अग्रसेनोऽभ्यचिन्तयत् ।
सर्वलोकेश्वरीं लक्ष्मीं प्रपद्ये शरणं श्रियम् ॥ ३७ ॥

जैमिनी जी कहते हैं – तदनंतर, महाराजा अग्रसेन ने विचार किया – कि इस (दैव प्रतिकार से विमुक्ति हेतु) कर्म की सिद्धि का, अब केवल एकही उपाय दृष्टिगोचर होता है, कि मैं सर्वलोक की अधीश्वरी महामाता महालक्ष्मी की शरण में जाऊं।

प्रणम्य प्राञ्जलिश्चक्रे स राजा शरणं श्रियम् ।
अग्रसेनस्तदा लेभे धीरत्वमभयं धियम् ॥ ३८ ॥

(इसप्रकार निश्चय कर) श्री–पीठ पर विराजित महालक्ष्मी की शरण में जाकर महाराजा अग्रसेन ने, महालक्ष्मी को हाथ जोड़कर प्रणाम किया और एकाग्रचित्त होकर उनसे अभय प्राप्त कर लिया।

महालक्ष्मीरुवाच

भयं शक्राद् व्यपेयात्ते प्रणोत्स्येऽहं भयं तव ।
वैरिणः स्तम्भयिष्यामि प्रक्षेप्स्याम्यायुधानि च ॥ ३९ ॥

जगजननी महालक्ष्मी ने वरदान दिया – हे वत्स! मैं तुम्हे इन्द्र के भय से मुक्त करती हूं। मैं उन्हे स्तम्भित कर, उनके अस्त्रों की शक्ति को क्षीण कर दूंगी, इस तरह तुम्हे, आसन्न संकट से, विमुक्त करती हूं।

वज्रादुग्राद् व्यपेयात्ते भयं नृपतिपुङ्गव ।
भयं त्यज किमन्यत् ते कामं संसाधयाम्यहम् ॥ ४० ॥

हे नृपसिंह! तुम्हे आज इन्द्र के भयंकर वज्र से भी, भयभीत नहीं होना चाहिये। मैं तुम्हे उस भय से भी मुक्त करती हूं। तुम इस भय को छोड़ो। और मुझसे कोई अन्य वर मांगो। बोलो। मैं तुम्हारी कौन सी मनोकामना है जिसे पूर्ण करुं ?

अग्रसेन उवाच

सर्वकामप्रदा माता तां त्वां याचे न कामनाः ।
गृहाणार्चां सदाऽम्ब त्वं प्रसीद परमेश्वरि ॥ ४१ ॥

श्री अग्रसेन ने कहा – हे जगन्माते ! आप तो स्वयमेव सभी प्रकार के मनोवांछित फलों को, स्वयं प्रदान कर देती हैं। मैं अन्य और क्या मांगू ? हे अम्बे ! आप मेरी अर्चना को सदा स्वीकार करें और हे परमेश्वरी ! आप सदैव प्रसन्न रहें मेरी यही कामना है।

जैमिनिरुवाच

नमस्कृत्य महादेवीं समारुह्य रथं वरम् ।
महेन्द्रमाह्वयामास सत्कृतं दैवतैः सह ॥ ४२ ॥

जैमिनी जी कहते हैं – तदनंतर, श्री अग्रसेन ने महादेवी महालक्ष्मी को नमस्कार करके, अपने श्रेष्ठ रथ पर आरूढ़ होकर, दैव गणों का सत्कार करते हुए, देवराज इन्द्र को युद्ध का आव्हान किया।

महेन्द्रो देवराजोऽथ सिंहवद् निनदन् मुहुः ।
अग्रसेनरथं शीघ्रं शरवर्षैरवाकिरत् ॥ ४३ ॥

जैमिनी जी कहते हैं – हे धर्मज्ञ जनमेजय !तदनंतर, देवराज महेन्द्र सिंह के समान बार बार गर्जना करते हुए श्री अग्रसेन के रथ पर तीव्र बाणों की वर्षा करने लगे।

यान् यान् मुमोच देवेन्द्रस्तांस्तानग्रोऽच्छिनच्छरान् ।
धनुश्चिच्छेद सहसा वज्र्यग्रस्य शितैः शरैः ॥ ४४ ॥

हे महाप्राज्ञ ! देवराज इन्द्र ने जो जो बाण चलाए, महाराजा अग्रसेन ने उन्हे काट दिया। तब वज्रधारी इन्द्र ने सहसा श्री अग्रसेन के धनुष को काट डाला।

अग्रसेनं तथा तीक्ष्णैः कम्पयामास रोषितः ।
मुहुरभ्यर्दयन्निन्द्रः प्राहसत् स्वनवद् भृशम् ॥ ४५ ॥

इतना ही नहीं, रोष में भरे हुए देवराज वासव ने, अपने तीखे बाणों से पीड़ित करते हुए, उन्हे विकम्पित सा कर दिया और फिर वे जोरों से हंसने लगे।

चकम्पे वसुधा तत्र चेलुर्गिरिवरास्तथा ।
विष्वग्वाता ववुश्चैव पेतुरुल्काश्च निष्प्रभाः ॥ ४६ ॥

उससमय, पृथ्वी कांपने लगी। बड़े बड़े पर्वत हिल गए। चारों ओर आंधी चलने लगी तथा प्रभाशून्य उल्काएं गिरने लगीं।

जेपुर्मुनिर्गणा मन्त्रान् जगतो हितकाम्यया ।
तयोः प्रवृत्ते सङ्ग्रामे ददृशुर्विस्मयान्विताः ॥ ४७ ॥

देवराज इन्द्र और महाराजा अग्रसेन दोनों के इस संग्राम को देखकर सभी आश्चर्य चकित और भयाकुल थे। मुनिगण जगत की हितकामना से मंत्रो का जप करने लगे।

स्थितं तु दृष्ट्वा देवर्षिः बृहस्पतिरिहान्तरे ।
उभयो रथयोर्मध्यम् अवतीर्णौ महोग्रयोः ॥ ४८ ॥

तदनंतर, युद्ध के मध्य, दैवर्षि वृहस्पति को खड़ा हुआ देख, वे दोनों ही महाबली, (इन्द्र – अग्र) वीर रथों से, पृथ्वी पर उतर आए।

न्यस्तशस्त्रौ च तौ वीरौ ववन्दतुररिन्दमौ ।
देवर्षिं धर्मतत्वज्ञं सर्वभूतहिते रतम् ॥ ४९ ॥

और तब, शत्रुओं का दमन करने वाले उन दोनों ही वीरों ने हथियार नीचे डालकर, समस्त भूतों के हित में तत्पर रहने वाले धर्मतत्व के परमज्ञाता देवगुरु वृहस्पति जी को प्रणाम किया।

पाणी गृहीत्वा हस्ताभ्यां बृहस्पतिरथाब्रवीद् ।

बृहस्पतिरुवाच

कमर्थञ्च पुरस्कृत्य प्रवृत्तमतिदारुणम् ॥ ५० ॥

उस समय वृहस्पति जी ने उन दोनों का हाथ थाम कर उनसे पूछा – "आप लोग ! किसलिये इस दारुण कर्म में प्रवृत्त हो गए।"

विनाशकारणं युद्धं निवर्तस्व त्वमग्रतः।
न हि युद्धं प्रशंसन्ति सर्वावस्थमरिन्दम ॥ ५१ ॥

देवगुरु वृहस्पति जी ने कहा – महामना ! युद्ध सदैव ही विनाश का कारण होता है। अतः आपको तो युद्ध से निवृत्त होना चाहिये। श्रेष्ठ पुरुष किसी भी दशा में युद्ध की प्रशंसा नहीं करते।

कलहस्यास्य चान्ताय शमादन्यत् न साधनम्।
अपेक्षन्ते हि पुरुषा शमं शश्वत् न विग्रहम् ॥ ५२ ॥

इस कलह (विग्रह) का अन्त करने के लिये, संधि के अतिरिक्त अन्य और कोई उपाय नहीं है, देवता तथा देवपुरुष (महापुरुष) सदा दिव्य भाव 'शम' आदि की अपेक्षा रखते हैं, विग्रह की नहीं।

यत् तु लोकहितं कार्यं तत्कार्यमवलम्ब्यताम्।
तदलङ्करणायैव कर्तुर्भवति सत्वरम् ॥ ५३ ॥

जिन कार्यों से लोक कल्याण हो, केवल उन्ही कार्यों का अवलम्बन लेना चाहिये, क्यों कि वह कर्ता को शीघ्र ही (यश से) अलंकृत कर देता है, और अभीष्टफल सिद्ध करा देता है।

इन्द्र उवाच

भूय एवैतस्य शीलं जिज्ञासुः व्यसृजं पविम्।
सख्यं चानन्तमिच्छामि त्वग्रसेनेन धीमता ॥ ५४ ॥

तब, देवराज इन्द्र ने कहा – हे दैवर्षि ! मैंने यह सब श्री अग्रसेन के शील (शील = जनहित के भावों एवं राजा के कर्तव्य) की परीक्षा लेने के लिये किया था (जिसमें ये सफल हुए) अब मैं इन नरश्रेष्ठ के साथ, ऐसी मैत्री करना चाहता हूँ – जिसका कभी अंत न हो।

(<u>वक्तव्य</u> – जीवन के अनेक प्रसंगो में ऐसा प्रतीत होता है, कि जैसे दैव शत्रुवत व्यवहार कर रहे हों, तथापि मानव मात्र को यह विश्वास रखना चाहिये, कि देव कभी अहित नहीं करते। हां ! श्रेष्ठ पुरुषों की परीक्षा अवश्य लेते हैं, और उन परीक्षाओं में, धैर्य धारण कर, धर्म पूर्ण किया गया सत्य आचरण, निश्चित ही दैव प्रसन्नता व यश का कारण होता है।)

अग्रसेन उवाच

धन्योऽहं देवराज त्वां मूर्ध्ना समभिवादये।
स्वागतं ते महेन्द्रात्र दिष्ट्या देवर्षिणा सह ॥ ५५ ॥

श्री अग्रसेन ने कहा – हे देवराज ! मैं आपकी मैत्री पाकर, धन्य हो गया। मैं आपको मस्तक नवाकर प्रणाम करता हूँ। हे महेन्द्र ! दैवगुरु वृहस्पति जी सहित आपका स्वागत है। आप पधारें ! अहो ! यह तो मेरा परम सौभाग्य है।

स्वागतं ते सुरश्रेष्ठ महर्षे हे महाद्युते।
आग्रेयमिदमातिथ्यं मन्त्रतः प्रतिगृह्यताम् ॥ ५६ ॥

हे सुर श्रेष्ठ ! आपका स्वागत है। हे महातेजस्वी देव महर्षि वृहस्पते! आप 'आग्रेय' पुरी में वेद मंत्रमयी आतिथ्य स्वीकार करें। हम विधिवत आपका पूजन करेंगे ।

जैमिनिरुवाच

एवमेतांस्तु तान् देवान् अग्रसेनो ह्यपूजयत्।
मुमुदे च महातेजाः स्तूयमानो महर्षिभिः ॥ ५७ ॥

जैमिनी जी कहते हैं – हे धर्मज्ञ जनमेजय ! तब, इसप्रकार, श्री अग्रसेन ने उन देवों का परम सत्कार – पूजनादि किया। महाराजा अग्रसेन के साथ ही महर्षियों द्वारा अपनी स्तुति सुनते हुए, वे महा तेजस्वी देव अत्यंत प्रसन्न हुए।

इन्द्र उवाच

त्वयि मानुष्यमापन्ने युक्ते चैव स्वतेजसा ।
अतिदिव्यं कृतं कर्मं त्वया प्रीतिमता नृणाम् ॥ ५८ ॥

सुरश्रेष्ठ इन्द्र ने कहा – हे अग्र ! आप (साधारण) मानव होकर भी, अपने विशिष्ट (देवोपम) तेज से सम्पन्न हैं। मानवों के प्रति प्रीति रखकर जनहित में, आपने जो पुरुषार्थ पूर्णकर्म किया है, वह अति दिव्य है।

मयोत्सृष्टेषु शस्त्रेषु युगान्तावर्तकारिषु ।
यत्त्वया रक्षिता लोकास्तेनास्मि परितोषितः ॥ ५९ ॥

हे अग्र ! मेरे द्वारा अनावृष्टि तथा प्रलय की पुनरावृत्ति कर सकने वाली अग्नि का प्रयोग करने पर भी, आपने मानवों की रक्षा हेतु, जो उपक्रम किया है, उससे मैं अत्यंत प्रसन्न हूँ।

अग्रसेन इति ख्यातः नृणां पूज्यो भविष्यसि ।
कीर्तिश्च तेऽतुला मित्र त्रिषु लोकेषु व्याप्नुताम् ॥ ६० ॥

मित्र ! तुम मानव मात्र में, विशेष लोकप्रिय होगे। तुम अग्रसेन के नाम से ही विख्यात रहोगे और .. (देव, नाग, नर) तीनों लोकों में तुम्हारी अनुपम कीर्ति का विस्तार होगा।

जैमिनिरुवाच

एवं तस्मै वरं दत्त्वा देवश्चान्तरधीयत ।
नीलजीमूतसङ्घातैः सर्वमम्बरमावृतम् ॥ ६१ ॥

जैमिनी जी कहते हैं – हे महाप्राज्ञ जनमेजय ! इसप्रकार वरदान देकर वे देव (इन्द्र एवं वृहस्पति) गण अन्तर ध्यान हो गए। तब, मेघों की काली घटाओं से सम्पूर्ण आकाश आच्छादित हो गया।

जैमिनिरुवाच

ऐन्द्रेण पयसा सिक्तं संवृष्टममृतं शुभम्।
पार्थिवं गन्धमाघ्राय लोकः संहृष्टमानसः ॥ ६२ ॥

मानो इन्द्रदेव द्वारा, अमृत जल की, मंगलकारी वर्षा की जलधारा से धरा का अभिषेक किया जा रहा हो, जिससे पृथ्वी से उठ रही सोंधी सुगंध सूंघकर लोगों का हृदय हर्ष विभोर हो गया।

सत्यं मन्त्रैः सुविहितैरौषधैश्च सुयोजितैः।
यत्नेन चानुकूलेन दैवमप्युपलभ्यते ॥ ६३ ॥

जैमिनी जी कहते हैं – हे धर्मज्ञ ! महाप्राज्ञ जनमेजय ! यह चिरंतन सत्य ही है – कि भलीभांति (विधिपूर्वक) किए गए मंत्रजप, पथ्यानुकूल सेवन की गई औषधि तथा योग्य व अनुकूल पुरुषार्थ से, दैव को भी अपने अनुकूल बनाया जा सकता है।

॥ इति जैमिनीये जयभारते भविष्यपर्वणि अग्रोपाख्यानस्य
यद्विरचितम् श्रीमदग्रभागवते एकोनविंशोऽध्यायः ॥
॥ शुभं भवतु कल्याणम् ॥

महर्षि जैमिनी विरचित जयभारत के भविष्यपर्व के अग्रोपाख्यानम् के
श्रीमद् अग्रभागवतम् स्वरूप का उन्नीसवां अध्याय पूर्ण हुआ ।
यह शुभकारी आख्यान सबके लिये कल्याणकारी हो ।

॥ श्री अग्र भागवत ॥

बीसवां अध्याय

विकास

जैमिनिरुवाच

अग्रसेनोऽपि तां भार्यां लब्ध्वा सर्वगुणान्विताम्।
मुमुदे माधवी सा च तं लब्ध्वा मनसेप्सितम्॥ १॥

जैमिनी जी कहते हैं – हे महात्मा जनमेजय ! सर्व सद्गुण सम्पन्ना नागसुता को भार्या के रूप में पाकर, जिसप्रकार 'श्री अग्रसेन' अत्यंत प्रसन्न थे, उसीप्रकार 'माधवी देवी' भी, अपने अनुकूल मनोवांछित पति के रूप में, नरश्रेष्ठ अग्रसेन को पाकर अत्यंत आनंदित थीं।

ततः सह तया रेमे प्रियया प्रीयमाणया।
सीतयेव पुरा रामः पौलोम्येव पुरन्दरः॥ २॥

राजन! जिस प्रकार पूर्व काल में श्रीरामचंद्रजी – सीताजी के साथ तथा देवराज इन्द्र – पुलोमकुमारी शचि के साथ सानन्द रमण करते थे, उसीप्रकार महाराजा अग्रसेन अपनी प्रियतमा पत्नी माधवी जी के साथ प्रसन्नता पूर्वक रमण करने लगे।

सा हि तस्याभवत् पत्नी चाग्रसेनस्य भामिनी।
पतिव्रता रूपशीलगुणोपेता कुलेन्दिरा॥ ३॥

वे राजरानी माधवी देवी, महाराजा अग्रसेन की एकमेव पत्नी थीं। उनकी वह भामिनी पतिव्रता, रूपवती, सुशीला तथा परम कुलीन नारी थीं।

परिचारैर्गुणैश्चैव प्रश्रयेण दमेन च ।
सर्वकामक्रियाभिश्च सर्वेषां तुष्टिमाददे ॥ ४ ॥

राजरानी माधवीजी ने अपनी सेवा से, गुणों से, विनम्रता से, संयम से, तथा सभी कार्यों के उपयुक्त निष्पादन द्वारा दैव, पितृ, ॠषि, पति, संबंधी, परिजन, पुरजन आदि सभी को संतुष्ट किया।

श्वश्रूं परं सुसत्कारैः धर्मयुक्ता ह्यतोषयत् ।
तस्याः कामे व्रते सक्ता शुश्रूषाभिरता सती ॥ ५ ॥

उसी प्रकार (नागसुता) अपने मधुर संभाषण, कार्यकुशलता, शांति तथा एकान्त सेवा द्वारा, वे पतिदेव (श्री अग्रसेन) को भी सदा प्रसन्न रखती थीं।

तथैव प्रियवादेन नैपुण्येन शमेन च ।
रहश्चैवोपचारेण भर्तारं पर्यतोषयत् ॥ ६ ॥

वे, अपनी श्वासुमाता वैदर्भी को, उनकी धर्म युक्त परम सेवा से संतुष्ट करतीं, उनका यह व्रत (नियम) था कि वह सती नारी प्रतिदिन अपनी 'सास' की सेवा में तत्पर रहती।

स तस्यां नागकन्यायां कालेन महता नृपः ।
जनयामास सत्पुत्रानष्टादश कुलोद्वहान् ॥ ७ ॥

हे महात्मन ! महाराजा श्री अग्रसेन ने, दीर्घकाल में (लम्बे समय में) नागकन्या माधवीदेवी के गर्भ से, कुल का भार वहन करने में समर्थ, क्रमशः अट्ठारह पुत्रों को जन्म दिया।

विजयो विक्रमोऽजेयो ह्यनलो नीरजोऽमरः ।
श्रीमान् सुरेशो नागेन्द्रः सोमश्च धरणीधरः ॥ ८ ॥

गणेश्वरश्च सिद्धार्थोऽतुलोऽशोकः सुदर्शनः ।
अष्टादशैते लोकेशस्तेषां ज्येष्ठोऽभवद् विभुः ॥ ९ ॥

(वे पुत्र क्रमशः) विभु, विक्रम, अजेय, विजय, अनल, नीरज, अमर,. नगेन्द्र, सुरेश, श्रीमन्त, सोम, धरणीधर, अतुल, अशोक, सुदर्शन, सिद्धार्थ, गणेश्वर तथा लोकपति थे। इन सभी अट्ठारहपुत्रों में विभुसेन ज्येष्ठ पुत्र थे।

एकवर्षान्तरास्त्वेते परस्परहितैषिणः ।
तांस्तु संस्कृत्य विधिवत् चकाराध्यापनं गुरुः ॥ १० ॥

ये परस्पर हितैषी राजकुमार एक एक वर्ष के अन्तर से उत्पन्न हुए थे। महर्षि गार्ग्य ने, उनके विधिवत (जातकर्म, उपनयन, यज्ञोपवीत आदि) समस्त संस्कार सम्पन्न कराए।

मनसाऽचिन्तयद् देवी सन्ति मेऽष्टादशात्मजाः ।
ममेयं परमा तुष्टिर्दुहिता मे भवेद् यदि ॥ ११ ॥

अठारह पुत्रों को प्राप्त कर लेने के उपरांत, माधवी देवी मन ही मन विचार करने लगीं कि ये मेरे अठारह पुत्र तो हैं, तथापि यदि एक पुत्री और हो जाए तो ही मुझे परम संतोष होगा।

कृतकृत्या भवेयं वै पुत्रदौहित्रसंवृता ।
अधिका सा हि नारीणां प्रीतिर्जामातृजा यदि ॥ १२ ॥

तब पुत्र–पौत्र और दौहित्रादि दोनों ही से घिरी रहकर, मैं कृत कृतार्थ हो जाऊंगी। जैमिनी जी कहते हैं – हे महाराज जनमेजय ! नारियों का पुत्र से अधिक दामाद के प्रति स्नेह होता है।

ज्ञात्वाऽग्रसेनस्तत्कामं परं हर्षमुपागतः ।
पुत्रीं च जनयामास विख्याताम् ईश्वरीमिति ॥ १३ ॥

महाराजा अग्रसेन, महारानी माधवी जी की इस परम इच्छा को जान कर, अत्यंत प्रसन्न हुए, तदनंतर उनने एक शुभलक्षणा कन्या को जन्म दिया। जो 'ईश्वरी' के नाम से विख्यात हुई।

सर्वे शास्त्रार्थकुशलाः गुणवन्तो यशोधनाः ।
शीलवन्तः पुण्यकृत्या महाभागा महाबलाः ॥ १४ ॥

वे सभी पुत्र एवं पुत्री शास्त्रार्थ कुशल, गुणवान, महायश के कारणों से सम्पन्न, सुशील, आचार–व्यवहार कुशल, पुण्यकर्म करने वाले, भाग्यशाली तथा महाबलशाली थे।

शौर्यसेनः पञ्चपुत्रान् दक्षिणायाम् अजीजनत् ।
अनन्तनागकन्यायां ते वीराश्च महारथाः ॥ १५ ॥

जैमिनी जी कहते हैं – हे जनमेजय ! इसीप्रकार, महाराजा अग्रसेन के अनुज शौर्यसेन ने अपनी पत्नी अनन्तनागसुता 'दक्षिणी' के गर्भ से पांच पुत्र उत्पन्न किये, जो सबके सब वीर और महारथी थे।

वेदस्याध्ययनं कृत्वा ततः सुचरितव्रताः ।
जगृहुः सर्वमिष्वस्त्रमग्रसेनाज्जगद्धितम् ॥ १६ ॥

अनुपम ब्रह्मचर्य का पूर्णरूपेण पालन करते हुए, उन बालकों ने महर्षि गर्ग से वेदाध्ययन करने के साथ साथ, महाराजा अग्रसेन से सभी अस्त्र शस्त्र तथा लोकशास्त्र का ज्ञान अर्जित किया।

अग्रसेन उवाच

उद्भावनार्थं वंशस्य प्रिये कार्यं हि किं त्वया।
त्वत्तोऽहं श्रोतुमिच्छामि तत् प्रभाषितुमर्हसि ॥ १७ ॥

(इस प्रकार जब महाराजा अग्रसेन की संतति परिपक्वता को प्राप्त हो गई और उनके विवाहादि की आवश्यकता महसूस की तब एक दिन)

महाराजा श्री अग्रसेन ने (माधवी जी से) कहा – प्रिये ! महारानी माधवी !वंश की उन्नति के लिये तुम्हे अब क्या रुचिकर प्रतीत होता है ? इस विषय में तुम्हारीजो भावना हो वह मैं जानना चाहता हूं।

माधवी उवाच

कुले स्त्रोतसि सञ्छन्ने स्याद् जन्माऽपि सुदुर्ग्रहम्।
स्ववर्णं वान्यवर्णं वा तच्छीलं शास्ति निश्चितम् ॥ १८ ॥

तब, महारानी माधवी जी ने कहा – हे नाथ ! जैसे किसी भी व्यक्ति को देखकर यह नहीं जाना जा सकता, कि उसका कुल श्रोत क्या है ? उसी तरह उसके जन्म के रहस्य को भी जानना अत्यंत दुष्कर है। व्यक्ति का वर्ण तो, उसका आचार–व्यवहार और स्वभाव ही निश्चित करता है।

व्याघ्रश्चित्रो यथायोनि पुरुषः संनियच्छति।
तथैव सदृशो रूपे मातापित्रोर्हि जायते ॥ १९ ॥

स्वामी! जिसप्रकार बाघ की अपनी चित्रांकित विचित्र खाल और उसका अपना स्वभाव, उसके अपने माता पिता के समान ही होता है, उसी प्रकार मनुष्य भी अपने माता पिता के गुणों का अनुसरण करते हैं।

आख्यायते नाम जनो हि कर्मभिः
शुभाशुभैः शीलकुलैर्गुणैश्च ।
प्रणष्टमप्याशु गुणं कुलीनं
स्वकर्मतः स्वां प्रकृतिं लभन्ते ॥ २० ॥

महाराजश्री ! मनुष्य अपने शुभ अशुभ कर्म, शील, गुणों, तथा कुल के द्वारा ही पहचाना जाता है। कुलीन पुरुष यदि भाग्यवशात् नष्टप्राय भी हो जाए, तो भी अपने कुल गौरव के कारण, शीघ्र ही पुनः अपने स्वरूप को अपने कुलोचित गुणकर्मों से प्रकाशित कर देता है।

कुलीना स्यात् सवर्णैव भार्या नान्या कथंचन ।
जातिर्मातुर्विशेषेण पूर्वमुक्ता स्वयम्भुवा ॥ २१ ॥

नरेन्द्र ! 'कुलीन व्यक्ति वही है, जिसकी अपने ही समान वर्ण की एक ही पत्नी होती है, अन्य कोई किसी प्रकार भी नहीं। क्योंकि उत्पन्न होने वाली संतान पिता के साथ साथ माता के गुणों से भी समन्वित होती है' यह बात पूर्व में ब्रह्मा जी ने कही है।

स्ववर्णजाता भजतात्सवर्णम्
तथा सवर्णोऽपि भजेत्सवर्णाम् ।
जातौ विशेषोऽस्त्यपरो नरेन्द्र
विवाहवैशिष्ट्यकृतो विशिष्यते ॥ २२ ॥

हे नरेन्द्र ! उत्तम पुरूषों से उत्तम स्त्रियों द्वारा जो संतान उत्पन्न होती है, उनकी यह विशिष्टता होती है, कि उनके परस्पर विशिष्ट गुण उनकी संतति में आ जाते हैं। यही उत्तम विवाह का वैशिष्ट्य कृत (श्रेष्ठ परिणाम) होता है।

कुलोत्तमस्य सच्छीलं वर्धते श्रीः सुतेष्वपि ।
एवं ज्ञातिषु सर्वासु सवर्णः श्रेष्ठतां गतः ॥ २३ ॥

हे राजन! उत्तमकुल की वंशवृद्धि, वंश का उचित विकास, अपने तुल्य वर्ण वाली स्त्री से पुत्र उत्पन्न करने से ही होता है। इस प्रकार समान अपने अनुकूल तथा अनुरूप जातियों तथा वर्णों की स्त्रियों से उत्पन्न संतति ही श्रेष्ठ कही गई है।

धर्मस्य निश्चयस्त्वेष कुलवंशविवर्धनः ।
पितरोऽस्य हि तुष्यन्ति प्रहृष्टमनसः सदा ॥ २४ ॥

हे प्राणनाथ ! यही निश्चित धर्म है, और यही कुल एवं वंश वृद्धि का निश्चित नियम भी। जो इसप्रकार (वेद एवं शास्त्र सम्मत) नियम का पालन करता है, उनके पितर सदा प्रसन्नचित्त व संतुष्ट रहते हैं।

अनुकूला मनोर्वंश्या नागपुत्रीसमुद्भवाः ।
अतः पुत्रवधूनां त्वं सम्मतं ग्रहणं कुरु ॥ २५ ॥

हे धर्मज्ञ ! मेरा तो यही अभिमत है, कि जो अपने अनुकूल हो तथा अपने वंश के अनुरूप हो, ऐसी नाग कन्याओं को पुत्रवधुओं के रूप में ग्रहण करें। हे महाराज ! आप तो ज्ञानी पुरुषों द्वारा भी सम्मानित होने वाले धर्म के विज्ञाता हैं। हे नाथ ! आपको यह सब कहने की मुझे कोई आवश्यकता ही नहीं है तथापि आपके द्वारा मुझे मान देने पूछे जाने के कारण, मैंने अपना अभिमत, आपके समक्ष अभिव्यक्त किया है।

जैमिनिरुवाच

अग्रकन्याम् ईश्वरीं तां लेभे काशीकुमारकः ।
महेशो मोक्षमास्थाय ब्रह्मभूतोऽभवन्मुनिः ॥ २६ ॥

जैमिनी जी कहते हैं – महाराज जनमेजय ! महाराजा अग्रसेन की कन्या "ईश्वरी" को परम धार्मिक काशिराज के पुत्र, राजा 'महेश' के साथ विवाह हुआ था, जो कि बाद में मोक्षधर्म में स्थापित होकर, ब्रह्म स्वरूप महामुनि 'महेश' के रूप में विख्यात हुए हैं।

वासुकिर्यः ख्यातवीर्यो विधिज्ञः पन्नगाधिपः ।
प्रादात् नागकुमारीः स्वाः सुतेभ्योऽग्रस्य सद्विधीः ॥ २७ ॥

राजन! इसीप्रकार, वासुकी (नागों में एक वर्ण विशेष) नाम से विख्यात महाशक्तिशाली नागराज ने अपनी कन्याएं विधिपूर्वक श्री अग्रसेन जी के पुत्रों को प्रदान की।

विभुर्हि चित्रया युक्तः शुभया सोऽथ विक्रमः ।
अजेयः शीलया साकं कान्त्या च विजयस्तथा ॥ २८ ॥

स्वात्याऽनलो रेणुकया समायुक्तश्च नीरजः ।
नागेन्द्रः शिरया चैव शुशुभे क्षमयाऽमरः ॥ २९ ॥

सख्या सुरेशः श्रीमांश्च श्रीमालाख्यातया युतः ।
प्रियया धरणीध्रः सोमः शान्त्या कन्ययाऽतुलः ॥ ३० ॥

सावित्र्या च तथाशोको हेमवत्या सुदर्शनः ।
सिद्धार्थस्तारया युक्तो नागमण्या गणेश्वरः ॥ ३१ ॥

प्रभावत्या लोकपतिः सर्वऊढास्तथा विधाः ।
प्रकृतिप्रत्यया यद्वत् सभार्या अग्रनन्दनाः ॥ ३२ ॥

अग्रकुमार –श्री विमुसेन ने नागकन्या चित्रा का वरण किया। उसी प्रकार विक्रमसेन ने नागकन्या शुभा का, श्री अजेयसेन ने नागकन्या शीला का, विजयसेन ने नागकन्या कांति का, श्री अनलसेन ने नागकन्या स्वाति का, नीरजसेन ने नागकन्या रेणुका का, श्री अमरसेन ने नागकन्या क्षमा का, नगेन्द्रसेन ने नागकन्या शिरा का, श्री सुरेशसेन ने नागकन्या सखी का, श्रीमंतसेन ने नागकन्या श्रीमाला का, श्री धरणीधर ने नागकन्या प्रिया का, सोमसेन ने नागकन्या शांति का, श्री अतुलसेन ने नागकन्या सुकन्या का, अशोकसेन ने नागकन्या सावित्री का, श्री सुदर्शनसेन ने नागकन्या हेमवती का, सिद्धार्थसेन ने नागकन्या तारा का, श्री गणेश्वर ने नागकन्या नागमणि का, तथा श्री लोकपति ने नागकन्या प्रभावती का, विधिपूर्वक पाणिग्रहण किया।

सभी राजकुमारों के विवाह नागकन्याओं से, विधि पूर्वक सम्पन्न हुए। वे सभी अग्रपुत्र अपनी अपनी पत्नी के साथ ऐसे प्रतीत हो रहे थे, जैसे प्रत्यय शब्दों के मूल में जुड़ गए हों।

वासुकिरुवाच

सत्यमेतद् ब्रवीम्यद्य कांङ्क्षितं पुरुषर्षभ।
एतद् वसु धनं सर्वं विधिशः प्रतिगृह्यताम्॥ ३३॥

नागश्रेष्ठ वासुकी ने श्री अग्रसेन जी से विनवत निवेदन करते हुए कहा – हे पुरुष शिरोमणि ! आपके समस्त मनोरथ इन पुत्रों और पुत्रवधुओं के माध्यम से सफल हों। आप इन सुकन्याओं के साथ साथ हमारा समस्त धन, सम्पति और यह विदिशा (विपरीत दिशा का) राज्य भी ग्रहण करें।

अग्रसेन उवाच

नाहं प्रतिग्रहधनो ब्राह्मणः क्षत्रियोऽस्म्यहम् ।
न च मे प्रवणा बुद्धिः परवित्तविनाशने ॥ ३४ ॥

तब, महाराजा श्री अग्रसेन ने कहा – हे नागपति ! आपकी यह भावना अत्यंत उत्तम है, तथापि प्रतिग्रह ही जिनका जीवनधन होता है, मैं वह ब्राह्मण नहीं हूं। मैं तो राजा हूं। राजा का धर्म पोषण है शोषण नहीं। मेरी बुद्धि पराए धन का ग्रहण करके, उनके वैभव का क्षय करने के लिये कदापि उद्यत नहीं है।

जैमिनिरुवाच

तस्य तद् भाषितं श्रुत्वा पन्नगश्च परं मुदा ।
आनर्च चोत्तमार्घ्येण नागैरप्यभिनन्दितः ॥ ३५ ॥

जैमिनी जी कहते हैं – महाराज अग्रसेन, के इसप्रकार वचनों को सुनकर, नागराज वासुकी परम आनंदित हुए। नागों ने उन्हे उत्तम अर्घ्य निवेदन कर, महाराजा श्री अग्रसेन जी का पूजन और अभिनंदन किया।

वासुकिरुवाच

स्थानं च प्रतिपन्नोऽसि कर्मणा स्वेन निर्जितः ।
अचलं शाश्वतं पुण्यमुत्तमं ध्रुवमव्ययम् ॥ ३६ ॥

नागराज वासुकी ने कहा – हे नरश्रेष्ठ ! महाराजा श्री अग्रसेन जी ! आपने अपने कर्म से वह श्रेष्ठ स्थान विजित किया है, जो अविचल शाश्वत पुण्यमय, उत्तम, ध्रुव तथा अविनाशी है।

त्वया धर्मः श्रितो लोके कीर्तिश्चैवाक्षया तव ।
लोके स्वकर्मणा हि त्वम् आदर्शो मार्गदर्शकः ॥ ३७ ॥

नागराज वासुकी ने कहा – हे परम आदरणीय ! महाराजा अग्रसेन ! आपने धर्म संग्रह किया है, लोकधर्म का निर्वाह किया है, जिससे आपकी सारे जगत में अक्षय कीर्ति फैल गई है। आपके लोकहितकारी सत्कर्म सारे जगत के लिये सदैव आदर्श (दर्पण के समान) तथा मार्गदर्शक रहेंगे।

जैमिनिरुवाच

समीक्ष्य लोके बहुधा धारितं हितमाश्रुतम् ।
बहुश्रुतानां त्रैवर्गम् आख्यानं पावनं त्विदम् ॥ ३८ ॥

जैमिनी जी कहते हैं – हे धर्मज्ञ जनमेजय ! महाराजा श्री अग्रसेन का दिव्य चरित्र, जगत के नाना प्रकार के विचारों का मंथन करके निश्चित किए गए, सिद्धांतो को अपनाने वाले, अनेक शास्त्रों के ज्ञाता, तथा तीनों वर्ग (धर्म, अर्थ, काम) पर सम्यक दृष्टि रखने वाले, महापुरुष श्री अग्रसेन की लोक उपासना पद्धति है। उनका यह (चरित्र गाथा) आख्यान सभी के लिये परम हितकर व लोककल्याणकारी है।

॥ इति जैमिनीये जयभारते भविष्यपर्वणि अग्रोपाख्यानस्य
यद्विरचितम् श्रीमदग्रभागवते विंशोऽध्यायः ॥
॥ शुभं भवतु कल्याणम् ॥

महर्षि जैमिनी विरचित जयभारत के भविष्यपर्व के अग्रोपाख्यानम् के
श्रीमद् अग्रभागवतम् स्वरूप का बीसवां अध्याय पूर्ण हुआ ।
यह शुभकारी आख्यान सबके लिये कल्याणकारी हो ।

॥ श्री अग्र भागवत ॥

इक्कीसवां अध्याय

आहूति

जनमेजय उवाच

संशयो मे महाप्राज्ञ सुमहान् सागरोपमः ।
कथं क्षत्त्रियवंशोऽयं वैश्यधर्मा व्यजायत ॥ १ ॥

महाराजा जनमेजय ने कहा – हे महर्षे ! महाप्राज्ञ जैमिनी जी ! मेरे मन में, महासागर के समान एक गहन संदेह उत्पन्न हो गया है, कि क्षत्रियों का यह वंश, वैश्य धर्मा क्यों कहा गया ? (क्या इस वंश का पतन हुआ ?)

आग्रसेनात् कथं वंशात् क्षत्राद् वैश्योऽभ्यजायत ।
कौतुहलं मे महर्षे तन्ममाख्यातुमर्हसि ॥ २ ॥

हे महर्षे ! महाराजा अग्रसेन का तो क्षत्रिय वंश था, फिर उनका वंश वैश्य कैसे हुआ ? इस विषय में मेरे कौतूहल को शांत करने हेतु, हे महामुने ! कृपया इसका स्पष्ट विवेचन कीजिये ।

जैमिनिरुवाच

सुमहानेष वै प्रश्नो यस्त्वया समुदीरितः ।
रहस्यमद्भुतं चापि पृष्टाः स्म कुरुकेसरिन् ॥ ३ ॥

जैमिनी जी ने कहा – हे कुरुकेसरी जनमेजय ! आपने यह बहुत ही उत्तम प्रश्न उपस्थित किया है, और हमसे इस अद्‍भूत रहस्य के विषय में पूछा है।

श्रूयतां परमं कर्म मानुषाणां सुखावहम् ।
एतदेव प्रशंसन्ति देवाश्च मुनयस्तथा ॥ ४ ॥

हे महाराज जनमेजय ! मैं तुम्हे मानव मात्र को सुख प्रदान करने वाला श्री अग्रसेन का परम धन्य वह कर्म बता रहा हूं जिसकी देवता और ऋृषि मुनिगण भी प्रशंसा करते हैं, उसे सुनो।

यदाऽन्वयस्तु सुमहान् स्वजातैः समवर्धत ।
तदा वंशधरो ह्यग्रः सुकीर्त्यै समचिन्तयत् ॥ ५ ॥

हे धर्मज्ञ जनमेजय ! जब वंशकर श्री अग्रसेन ने देखा उनका वंश पुत्र पौत्रादिकों के रूप में बहुत विकसित हो गया है, तब उन्होंने विचार किया कि इस वंश को व्यवस्थापित कर वंश कीर्ति की वृद्धि की जाए।

गार्ग्य उवाच

तवाद्य हि समुत्पन्नो वंशो राजसुतादिकः ।
तं गोत्रय यथेच्छा वाक् रघुश्च सुमहामनाः ॥ ६ ॥

महर्षि गर्ग ने कहा – हे अग्रसेन ! तुम्हारे ही समान तेज से सम्पन्न पुत्र पौत्राादि शताधिक हो चुके हैं। अतः जिस प्रकार पूर्व काल में महामना इच्छ्वाकु, महाराज रघु आदि वंशकर हुए हैं, वैसे ही तुम्हे भी, अपनी संतति को गोत्रकृत करके अपने सद्‍गुणों से युक्त, वंश का विकास करना चाहिये।

एष ते वंशकृन्नाम यज्ञः सत्पुरुषोचितः।
श्रेयोऽर्थं यज तेन त्वं धन्या वंशस्पृहा तव ॥ ७ ॥

हे अग्रसेन ! मैंने जो यह वंशकर नामक यज्ञ तुम्हे बतलाया है, इसका अनुष्ठान सत्पुरुषों के लिये सर्वथा उचित है। आप उसका यजन कीजिये। यह वंशकर यज्ञ आपके लिये कल्याणकारी होगा तथा आपके वंशकर होने से आपकी अक्षय कीर्ति की अभिलाषा सफल होगी।

जैमिनिरुवाच

ततस्तु शिल्पिनः सर्वे अमात्यप्रवराश्च ये।
शौर्यसेनश्च स विभुः प्राज्ञो ह्यग्रं न्यवेदयन् ॥ ८ ॥

जैमिनी जी कहते हैं– तदनंतर (महर्षि गर्ग के निर्देशानुसार यज्ञ की संरचना हेतु सौंपी गई, व्यवस्थाओं के दायित्व के संदर्भ में) शिल्पियों, सभी श्रेष्ठ मंत्रियों, वीर शौर्यसेन, तथा ज्येष्ठ पुत्र विभुसेन ने आकर महाप्राज्ञ श्री अग्रसेन से निवेदित किया।

सज्जः क्रतुवरो राजन् प्राप्तकालं समाचर।
भूमिः कृष्टा लाङ्गलेन तत आज्ञापय प्रभो ॥ ९ ॥

कि – हे महाराज ! यज्ञ की सारी सामग्री एकत्रित हो चुकी है, और यज्ञ का नियत समय निकट आ पहुंचा है, हल बन चुका है, तब महाराजा अग्रसेन ने यज्ञ क्रिया प्रारंभ करने की अनुमति दी।

समागतायां राकायां चैत्र्याम् अग्रो व्यदीक्ष्यत।
संस्थाप्य मण्डपं यज्ञे पूजयित्वा यथाविधि ॥ १० ॥

जैमिनी जी कहते हैं – चैत्रमास की पूर्णिमा तिथि के आगमन पर, श्रीअग्रसेन ने यज्ञ की, दीक्षा ग्रहण की। यज्ञमंडप की स्थापना कर शास्त्रविधि के अनुसार उसका पूजन प्रारंभ किया।

परस्परं भावयन्ति राजनस्ते समागताः ।
भोज्यैश्च विविधैः पेयैश्चन्दनागुरुधूपितैः ॥ ११ ॥

राङ्कवैर्भावसंयुक्तैः वासोभिर्मृगनाभिभिः ।
वराश्वगजदानैश्च यज्ञारम्भोऽप्यजायत ॥ १२ ॥

यज्ञारम्भ के सुअवसर पर, वहां पधारे हुए सभी राजा गण, नानाप्रकार के स्वादिष्ट भोजन, चन्दन और अगरू से सुवासित पेय पदार्थो, रंकु मृग के रोम से निर्मित कोमल वस्त्रों तथा श्रेष्ठ घोड़े, हाथियों के आदान प्रदान द्वारा परस्पर सदभाव पूर्वक, एक दूसरे का सम्मान करने लगे।

ततः सर्वे नृपास्तेन शौर्यसेनेन पूजिताः ।
समागत्य महात्मानम् अग्रसेनं ववन्दिरे ॥ १३ ॥

अनुज शौर्यसेन ने, आगत उन सभी राजाओं का यथा योग्य आदर व सत्कार किया, तथा उन आगत राजाओं ने, महात्मा श्री अग्रसेन के पास जाकर, उनका अभिवादन किया।

हलैश्च कृष्ट्वा तत् क्षेत्रमिष्टिकाचयनादिकम् ।
चकार त्वरितो मन्त्रैरिष्टिकानां चतुश्शतैः ॥ १४ ॥

मुहूर्तानुसार, श्री अग्रसेन ने उस क्षेत्र को हल से जोतकर, फिर तुरंत ही मंत्रोचार के साथ साथ, चार सौ इष्टिकाओं (ईटों) का चयन किया।

दक्षिणस्तस्य पक्षस्तु विहितो यज्ञवेदिभिः ।
चतुश्चत्वारिंशता च शतेनैकेन चैव हि ॥ १५ ॥

यज्ञ वेत्ताओं ने उसका दाहिना पक्ष एक सौ चौवालिस ईंटों से बनाया उतनी ही ईंटों से उसका बांया पक्ष भी तैयार किया गया।

अनेनैवान्यपक्षो हि पुच्छं मध्ये शतेन च ।
एकविशंतियुक्तेन तस्य वै रचितं मुखम् ॥ १६ ॥

अन्य पक्ष में, बीच में सौ ईंटों से पुच्छ भाग और इक्कीस ईंटों से उसके मुख का निर्माण किया गया।

द्विगुणाभिश्चेष्टिकाभिः द्वितीया श्येनवत् चितिः ।
इष्टिकाभिस्तृतीया सा कृता तद्द्विगुणा पुनः ॥ १७ ॥

इसीतरह दूसरी श्येना चिति, दुगनी ईंटों से तैयार की गई और तीसरी उससे भी दुगने विस्तार वाली बनाई गई।

चतुर्थी पञ्चमी यावद् अष्टादशसुपर्णका ।
संजाता परिशिष्टैश्च वेष्टिता बहुभिस्तदा ॥ १८ ॥

इसीक्रम से, चौथी, पांचवी का भी निर्माण हुआ, और इसप्रकार अट्ठारह सुपर्ण तैयार हुए। शेष रहे संजात बहुत सी ईंटों से घेर दिये गए।

अष्टादशद्वारयुतं मण्डपं चक्रिरे बुधाः ।
सुपताकं सुकुण्डानामष्टादशकसज्जितम् ॥ १९ ॥

फिर,विद्वानों ने सुन्दर पताकाओं से शोभित, एक रमणीय मण्डप तैयार करवाया, जिसमें अट्ठारह द्वार एक समान बनाए गए थे। याज्ञिकों ने वहां सुन्दर सुन्दर अठारह कुण्ड बनवाये।

चत्वारः खादिरा यूपाः षट् च पालाशजाः कृताः ।
पञ्च बैल्वाश्च रचिताः त्रयः श्लेष्मातकात्मकाः ॥ २० ॥

वहां चार खैर के, छः पलाश के, पांच बेल के, और तीन लहसोड़े के यूप (यज्ञ स्तम्भ) बनवाए गए, जो कि सबके सब चषालों (लकडी की छाल) से विभूषित थे।

चषालैर्भूषितास्तत्र वेदिकात्रितयं कृतम्।
स्रुवाश्च स्थापिता रम्या जुहूनां शतमेव च॥ २१॥

तदनंतर वहां, तीन वेदियां निर्माण की गईं। सुन्दर स्रुवा और सैकड़ों जुहू (आहूति देने के अर्घा) रखे गए।

आचार्यस्तु कृतो गार्ग्यो व्यासदेवः पितामहः।
ऋत्विजश्च कृता दिव्या ऋषयो दीप्ततेजसः॥ २२॥

महाराजा अग्रसेन द्वारा, तब उस वंशकर – यज्ञ में आचार्य पद पर कुल पुरोहित महर्षि गर्ग का वरण किया गया, और महर्षि वेदव्यास ब्रह्मा पद पर अभिषिक्त किए गए। बहुत से उद्दीप्त तेजस्वी ऋृषि उस यज्ञ में ऋृत्विज हुए।

कश्यपोऽथ वशिष्ठश्च गौतमोऽत्रिश्च जैमिनिः।
भारद्वाजश्च शाकल्यो शाण्डिल्यः ऋषिभार्गवः॥ २३॥

कौशिको मुद्गलस्ताण्ड्यः कौण्डिन्योऽऽश्वलकस्तथा।
माण्डव्यगालवाद्याश्च कृतास्ते ऋत्विजः क्रमात्॥ २४॥

उस महायज्ञ में, महर्षि कश्यप, महर्षि वसिष्ठ, महर्षि गौतम, महर्षि अत्रि, महर्षि जैमिनी, महर्षि भारद्वाज, महर्षि साकल, महर्षि भारवी, महर्षि शांडिल्य, महर्षि श्रृंगी, महर्षि ताण्ड्य, महर्षि मुद्गल, महर्षि कौशिक, महर्षि कौण्डिन्य, महर्षि आश्वलायक, महर्षि माण्डव्य, व महर्षि गालव, ये सभी क्रमशः ऋृत्विज बनाए गए।

रक्षां विधाय सन्मन्त्रै रक्षोघ्नैर्द्वारपालकाः।
वृतास्ते चाग्रसेनेन तस्मिन् यज्ञे मनोरमे॥ २५॥

तदनंतर, श्री अग्रसेन ने उस मनोरथ यज्ञ में, उत्तम रक्षोघ्न मंत्रो द्वारा, रक्षा का विधान करके, उत्तम द्वारपालों का वरण किया।

एते चान्ये च बहवो वृतास्ते पूजिताः क्रमात्।
दीक्षितेन तदा राज्ञा माधवीसहचारिणा॥ २६॥

प्रकार, उस समय राजरानी माधवी देवी के साथ ही, यज्ञ की दीक्षा ले चुके, महाराजा अग्रसेन ने इन मुनियों एवं उनके अतिरिक्त बहुत से अन्य ऋृषियों का क्रमशः पूजन, व अर्चना की।

एवं गार्ग्यसमादिष्टास्ते भार्यासहिता मुदा।
आनेतुं यज्ञियं चाग्निं प्रस्थिता बद्धपल्लवाः॥ २७॥

तब, महर्षि गर्ग द्वारा, आदेश दिये जाने पर, उनने अपनी धर्मपत्नी के साथ यज्ञ की अग्नि लाने के लिये, आनन्द पूर्वक प्रस्थान किया। उस समय उनका अंगवस्त्र (दुपट्टा) उनकी पत्नी के आंचल से बंधा हुआ था।

पठन्तस्तत्र मुनयो गायन्तो गीतकोविदाः।
तत्र नृत्यं प्रकुर्वाणास्ते लोकाः प्रस्थिताः पुरः॥ २८॥

मुनिगण मंत्र पाठ कर रहे थे, चतुर गायक मधुर राग अलाप रहे थे, और नर्तक नृत्य कर रहे थे, ये सभी लोग उनके आगे आगे चल रहे थे।

धृतच्छत्रा च सा यात्रा सधूपा चलचामराः।
लभते राजसम्मानं वधूपुत्रसमन्विता॥ २९॥

ऊपर पीछे छत्र लगा हुआ था, चंवर डुलाए जा रहे थे। धूप की सुगंध फैल रही थी। सभी पुत्र एवं पुत्रवधुएं, इसप्रकार राज सम्मान को समान रूप से, प्राप्त कर रहे थे।

गार्ग्येण मन्त्रितं चाग्निं पूजितार्घ्यं सुपुष्पकम् ।
ददौ नागसुतायास्तु करे काले महामना ॥ ३० ॥

महर्षि गर्ग ने, उत्तम मुहूर्त में, यज्ञ अग्नि को अभिमंत्रित किया, तथा पुष्पों से अग्नि पूजा की और फिर वह अग्नि कलश, तत्क्षण राजरानी माधवी जी के हाथों में सौंप दिया।

जैमिनिरुवाच

मस्तके माधवी स्वे च कलशं साऽग्निमादधौ ।
पतिव्रतानां धर्मोऽयं सौख्यमाप्नोति सा यतः ॥ ३१ ॥

जैमिनी जी कहते हैं – तब उस प्रज्वलित अग्नि कलश को, राजरानी माधवी जी ने हर्ष पूर्वक अपने मस्तक पर धारण कर लिया। हे महात्मा जनमेजय ! 'पतिव्रता नारियों का यही धर्म है। वे सदा ही इसप्रकार सौख्य की, आनन्द की, अनुभूति करती हैं।'

धर्मकामार्थकार्याणि शुश्रुषा कुलसन्ततिः ।
दारेष्वधीनः स्वर्गश्च पितॄणामात्मनस्तथा ॥ ३२ ॥

जैमिनी जी कहते हैं – राजन ! धर्म, अर्थ, और काम सम्बंधी कार्य, सेवा, कुलवर्धक संतति अपने तथा पितरों को स्वर्ग की प्राप्ति कराना, ये सभी कर्म पत्नी के ही आधीन रहते हैं।

सहधर्मचरौ धात्रा सृष्टौ भार्यापती नृप ।
धर्ममर्थं च कामं च यशः स्वर्गतिरेव च ॥ ३३ ॥

धर्म, अर्थ, काम, यश तथा स्वर्गलोक की प्राप्ति, ये सभी पतिपत्नि को साथ रहकर, धर्माचरण से उपलब्ध करने हेतु ही (पतिपत्नी का यह धर्म सम्बन्ध ग्राहस्थ कर्म के रूप में) ब्रह्मा जी ने बनाया है।

कर्मणा मनसा वाचा नारी पतिमनुव्रता ।
इहामुत्र महाभागा सा दैवैरपि पूज्यते ॥ ३४ ॥

जो नारी मन, वचन, और कर्म से, पति का धर्मानुकरण करती है, वही इस लोक में महान सौभाग्यशालिनी कहलाती है और वही देवताओं के द्वारा भी पूजित (प्रशंसित) होती है।

ततः प्रवृत्तो यज्ञोऽभूद् अग्रसेननिवेदनात् ।
आश्लेषे मासि वैशाखे सार्पर्क्षे गुरुवासरे ॥ ३५ ॥

गार्ग्यस्ततो जुहावाग्नौ विधिवच्चाहुतिं ददौ ।
महायज्ञे विधानेन राज्ञार्पितमथो हविः ॥ ३६ ॥

जैमिनी जी कहते हैं – तदनंतर, महाराजा श्रीअग्रसेन के निवेदन पर, वैशाख मास के शुक्ल पक्ष में स्थित गुरूवार आश्लेषा नक्षत्र में महर्षि गर्ग ने अग्नि प्रज्वलित करवाई और तब श्री अग्रसेन यज्ञ में प्रवृत्त हुए। मंत्रोचार के साथ विधिपूर्वक यज्ञाहूति प्रदान की, तब उस महायज्ञ का प्रारंभ हुआ। यज्ञ विद्या के विधानानुसार तब महाराजा अग्रसेन ने आहूतियां अर्पित की।

इन्द्रादिदेवताभ्यश्च तत्तन्मन्त्रैर्यथाक्रमम् ।
ततो दिग्देवताभ्यश्च हविर्दत्तं यथाविधि ॥ ३७ ॥

घनसारं जुहावाग्नौ देवतानां पुरस्तदा ।
हवनेन जगत् प्रीतं बभूव सचराचरम् ॥ ३८ ॥

तत्पश्चात, विधिवत इन्द्रादि देवताओं को, तथा दिग्पालों को, पुनः क्रम से सभी देवताओं को, उनके नाम तथा मंत्रो द्वारा उस यज्ञाग्नि में हविष्य प्रदान किया गया। जिससे उस हवन से सारा चराचर जगत संतुष्ट हो गया।

एवं सप्तदशाहन्तु सत्रं पूर्णं समापितम्।
दशाधिकाः सप्त यागाः कृताः पूर्णास्तदाऽभवन्॥ ३९॥

जैमिनी जी ने कहा – हे जनमेजय ! इस प्रकार, सत्रह दिनों में क्रमशः सत्रह यज्ञ पूर्ण हुए। प्रतिदिन एक यज्ञ सत्र पूर्ण होता था।

तद् लक्षयन्तं यज्ञेऽस्मिन् रुधिरं बलिकर्म च।
तेजोविहीनं सदनं ग्लानिश्चैनं समाविशत्॥ ४०॥

हे कुरुकुल श्रेष्ठ ! यज्ञ में नित होने वाले, रुधिर स्नात मांस युक्त बलिकर्म को, देख देखकर श्री अग्रसेन जी के हृदय में, ग्लानि उत्पन्न होने से, वे निश्तेज से हो गए, और विचलितमना वे अपने भवन में लौट आए।

ततो दीनान् पशून् दृष्ट्वा ह्यग्रसेनस्तपोधनः।
ततापं नायं यज्ञस्य विधिर्मङ्गलकारकः॥ ४१॥

उन (बलि के लिये प्रयुक्त) पशुओं की, दयनीय दशा देखकर तपोधन श्री अग्रसेन विचार करने लगे, कि यज्ञ में यह जो पशुबलि का विधान है, वह न तो शुभकारक है, न मंगलकारी ही हो सकता।

अपरिज्ञानमेतत् मे महान्तं धर्ममिच्छतः।
नायं धर्मकृतो यज्ञो न हिंसा धर्म उच्यते॥ ४२॥

श्री अग्रसेन विचार करने लगे, कि यह (पशुबलि का विधान तो) अज्ञान ही है। हम महान धर्म की इच्छा तो करते हैं, फिर भी इस प्रकार यज्ञ के माध्यम से पशुवध के लिये उद्यत हो गए। यह यज्ञ (पशुबलि दिये जाने के कारण) न तो धर्म के अनुकूल है। ना ही हिंसा कर्म को – धर्म कहा जा सकता।

न चैच्छत् पुनरादानं यज्ञस्यान्यस्य कस्यचित् ।
पाण्डुवर्णो विवर्णश्च न यथावद् अजायत ॥ ४३ ॥

महामना श्री अग्रसेन की, तब यज्ञ कर्म करने की इच्छा समाप्त हो चुकी थी, मन में ग्लानि भाव उत्पन्न होने से, उनका शरीर, पीला पड़ गया, मुख की कांति फीकी पड़ गई, तथा निश्तेज वे, पहले की भांति, प्रकाशित नहीं दिखाई दे रहे थे।

व्यवधाने समुत्पन्ने सोऽस्मिन् यज्ञसमागमे ।
उक्तं न प्रतिजग्राह गुरुभिर्दृढनिश्चयः ॥ ४४ ॥

इस प्रकार ग्लानिभाव उत्पन्न हो जाने से, यज्ञ समारोह में व्यवधान उपस्थित हो गया। महात्मा अग्रसेन ने अब यज्ञ कर्म न करने का दृढ निश्चय कर लिया था, अतः पुनः उसमें प्रवृत्त होना उनने स्वीकार नहीं किया।

ततः समेत्याग्रसेनं पर्यपृच्छन्मुनीश्वरः ।
ऋषिरुवाच
कथं हि विमुखो जातो यज्ञात् शोचसि किं सदा ॥ ४५ ॥

तदनंतर वे ऋृषिगण, श्री अग्रसेन के समीप जाकर उनसे पूछने लगे – हे राजन ! तुम इस तरह अचानक यज्ञ कर्म से विमुख क्यों हो गए ? तुम्हारा इस तरह अपूर्ण यज्ञ कर्म सर्वथा शोचनीय है।

अलोलुप्याऽऽगमं कृत्स्नं विविधैर्याज्ञिकैःकृतम् ।
यथाऽऽगमं यथाशास्त्रं यथाकार्यं तथा कृतम् ॥ ४६ ॥

ऋृषियों ने कहा – धर्मज्ञ अग्रसेन ! यह यज्ञ अनेकों याज्ञिकों के द्वारा, निखिल शास्त्रों के आधार पर ही, सम्पन्न हो रहा है, तथा उसे जिस विधि से किया जाना चाहिए, यह उसीप्रकार शास्त्र वर्णित विधि से किया जा रहा है।

पूजार्हा पूजिता ह्यत्र विधिवच्छास्त्रचक्षुषा।
मन्त्रपूर्वं हुतश्चाग्निर्दानं दत्तममत्सरम्॥ ४७॥

हे राजन ! शास्त्र के विधानानुसार ही, पूज्यनीयों का यथाविधि पूजन किया गया है। मंत्रोच्चार पूर्वक अग्नि में हवन किया जा रहा है। मत्सर से रहित होकरदान दिया जा रहा है।

देवा हविर्भिः पुण्यैश्च रक्षणैः शरणार्थिनः।
अनुक्रोशैस्तथा दानैराशीर्भिश्च पृथग् जनाः॥ ४८॥

राजन ! पवित्र हविष्य से, सभी देवताओं को तृप्त किया गया है, शरणागतों की भली भांति रक्षा एवं दया, दान, और आशीर्वचनों से, अलग अलग सभी लोगों को संतुष्ट किया गया है।

ज्ञातिसम्बन्धिनस्तुष्टाः शौचेन च नृपस्य नः।
न्यूनं यदत्र तद् ब्रूहि सभायाम् ऋषिसन्निधौ॥ ४९॥

हे राजन ! आपके पुनीत आचरण से, सभी बन्धु बान्धव एवं सभी संबंधी संतुष्ट हैं। फिर ऐसी कौन सी कमी रह गई, जिसके कारण आप उदासीन हो, यज्ञ कर्म से, इस प्रकार विमुख हो गए हैं। हे राजन ! जो भी कारण हो वह ऋृषियों की इस सभा में आप स्पष्ट कहिये।

सभागतैश्च पृष्टस्त्वं तत्त्वतो वक्तुमर्हसि।
ऋत्विग्भिरिति पृष्टस्तैः दुःखस्याग्रोऽब्रवीत्कथाम्॥ ५०॥

हे राजन ! सभा में पधारे सभी ऋृषिगणों द्वारा किए गए, इन प्रश्नों का तुम्हें यथार्थ उत्तर देना चाहिये। उन ऋृषियों के पूछने पर, श्री अग्रसेन ने अत्यंत दुःख के साथ इस प्रकार कहा –

अग्रसेन उवाच

भवताऽनुगृहीतोऽस्मि नमस्ते मुनिसत्तम।
कर्मणा मनसा वाचा सदाऽहं त्वामनुव्रतः॥ ५१॥

श्री अग्रसेन ने कहा – हे परमपूज्य महर्षे ! मुनि श्रेष्ठ ! आप सबको प्रणाम करता हूं। हे ब्रह्मन श्रेष्ठ ! आप सबने मुझ पर महान अनुग्रह किया है, अतीव उपकार किया है । मैं तो सदैव आप लोगों का ही मन, वचन तथा कर्म से अनुकरण करता हूं।

शृणुध्वं मनसा सम्यक् शंसतो मे ऋषीश्वराः।
चिन्तनं चानुभूतं च यन्मयाद्भुतमुत्तमम्॥ ५२॥

हे ऋृषिवरों ! मैने जिसप्रकार उत्तम और अद्भूत चिन्तन, तथा अनुभव किया है, उसे आपके समक्ष प्रकट कर रहा हूं। कृपया आप सभी सम्यक मन से उसे सुनिये।

अनिष्टं सर्वभूतानां मरणं नु महात्मकाः।
न ह्यात्मनः प्रियतरं किञ्चिदस्तीति निश्चितम्॥ ५३॥

श्री अग्रसेन ने कहा – हे महामते ! संसार में किसी भी प्राणी को मृत्यु अभीष्ट नहीं है, और किसी को भी अपने प्राणों से, बढ़कर अन्य कोई वस्तु प्रियकारी नहीं लगती, यह निश्चित तथ्य है।

प्राणदानात् परं दानं न भूतं न भविष्यति।
तस्मात् प्राणिषु सर्वेषु दयावानात्मवान् भवेत्॥ ५४॥

उसी तरह प्राणदान से बढ़कर न कोई दूसरा दान हुआ है और न ही कभी होगा। इसलिये मैं यह मानता हूं, कि हमें सब प्राणियों पर दया करना ही चाहिये, और सभी प्राणियों को अपने समान ही समझना चाहिये।

ऋषिरुवाच

यज्ञार्थं पशवः सृष्टाः स्वयमेव स्वयम्भुवा ।
यज्ञश्च भूत्यै सर्वस्य तस्माद्यज्ञे वधोऽवधः ॥ ५५ ॥

ऋृषिगणों ने कहा – हे राजन ! आपकी बात उचित है, किन्तु स्वयं ब्रह्माजी ने यज्ञ के निमित्त एवं सिद्धियों की प्राप्ति हेतु पशुओं की सृष्टि की है, अतएव यज्ञ में दी गई पशुबली वध नहीं है अपितु पशुबलि अहिंसा ही है।

ओषध्यः पशवो वृक्षस्तिर्यञ्चः पक्षिणस्तथा ।
यज्ञार्थं हि वधं प्राप्ताः प्राप्नुवन्त्युत्सृतीः पुनः ॥ ५६ ॥

राजन ! यज्ञ की बलि में, जो पशु, वृक्ष जन्य औषधि इत्यादि एवं आकाशचारी जीव, जो मृत्यु को प्राप्त होते हैं, वे स्वर्ग में उत्तम स्थान को प्राप्त करते हैं।

मधुपर्के च यज्ञे च पितृदैवतकर्मणि ।
अत्रैव पशवो हिंस्या नान्यत्रेत्यब्रवीन्मनुः ॥ ५७ ॥

राजन ! मधुपर्क, ज्योतिष्टोमादि यज्ञों, पितृ एवं देव कर्मों में ही पशुओं का वध किया जाना चाहिये, अन्यत्र नहीं। यह महाराज मनु ने (कहा है) व्यवस्था दी है।

या वेदविहिता हिंसा नियताऽस्मिंश्चराचरे ।
अहिंसामेव तां विद्याद्वेदाद्धर्मो हि निर्बभौ ॥ ५८ ॥

पशुबलि शास्त्रों के यज्ञीय विधान में स्वीकृत है, अतएव इसे हिंसा न मानें, अपितु यह अहिंसा ही है। क्योंकि, धर्मशास्त्र ही सारे चर और अचर जगत के नियंता है। शास्त्रों में जो कुछ कर्तव्य बताया गया है, वही धर्म है अन्यथा नहीं।

कथं कृतस्त्वया विघ्नः यज्ञे यज्वा ह्यसि स्वयम्।
आनुकूल्येन वेदस्य वर्तितव्यं सुखार्थिना ॥ ५९॥

हे राजन ! तुमने यज्ञ का यजन किया है, तुम यज्ञकर्ता हो। तुम्हे तो यज्ञ के विघ्नों का निवारण करना चाहिये। इस प्रकार तो तुम स्वंय ही, यज्ञ में विघ्न उपस्थित कर रहे हो, जो कि कदापि उचित नहीं। सुख की कामना करने वालों को सदा ही धर्म विधान की व्यवस्थाओं के अनुकूल ही आचरण करना चाहिये।

निर्मर्यादस्तु पुरुषः पापाचारसमन्वितः।
मानं च लभते सत्सु भिन्नचारित्रदर्शनः ॥६०॥

हे राजन ! मर्यादाओं का परित्याग करने वाला पुरुष, पापकर्म में प्रवृत्त होता है, जिससे आचार और विचार दोनों भ्रष्ट हो जाते हैं, और वह व्यक्ति सत्पुरूषों में कभी सम्मान नहीं पाता।

जैमिनिरुवाच

गार्ग्यस्य नु वचः श्रुत्वा सोऽग्रसेनो महामनाः।
उवाच परया सूक्त्या बुद्ध्यापि प्रतिपन्नया ॥ ६१॥

जैमिनी जी कहते हैं – महर्षि गर्ग के इस प्रकार कहे गए वचनों को सुनकर, महामना अग्रसेन ने, अपनी संशय रहित बुद्धि के अनुकूल, श्रुतिसम्मत सद् युक्ति का आधार लेकर, ऋृषियों से निवेदन किया –

अग्रसेन उवाच

अनार्यस्त्वार्यसंस्थानः शौचाद्धीनस्तथाऽशुचिः ।
लक्षण्यवदलक्षण्यो दुःशीलो यो मया मतः ॥ ६२ ॥

तब, श्री अग्रसेन ने कहा – हे ऋृषिवरों ! मेरे विचार से – इस प्रकार प्रतिपादित शास्त्रोक्त आचार का आचरण कर्ता, धर्म पुरुष भी अनार्य ही होगा। बाहर से पवित्र दिखने पर भी, भीतर से अपवित्र ही होगा। उत्तम लक्षणों से युक्त सा प्रतीत होने पर भी, वास्तव में वह उसके विपरीत ही होगा, तथा शीलवान दिखाई देने वाला वह वास्तव में दुःशील ही होगा।

योऽहिंस्यकानि भूतानि हिनस्त्यात्मसुखेच्छया ।
स जीवंश्च मृतश्चैव न क्वचित्सुखमेधते ॥ ६३ ॥

श्री अग्रसेन ने कहा – हे महर्षे ! जगत में जो कदापि हिंसा के योग्य नहीं हैं (अर्थात जो निरीह तथा सर्वथा संरक्षण के योग्य हैं) ऐसे जीवों का अपने ही सुख की कामना करने वाला (स्वार्थी पुरुष) वध करके, इस लोक या परलोक में भला कैसे किंचित भी सुख प्राप्त कर सकेगा ? (अर्थात कदापि सुख नहीं पा सकेगा क्योंकि इस लोक में जीवन भर ग्लानिभाव हृदय को क्लेश देंगे और मरने पर निश्चय ही उसे इस क्रूर कर्म के पाप का दण्ड भोगना ही पड़ेगा।)

वृक्षांश्छित्वा पशून् हत्वा कृत्वा रुधिरकर्दमम् ।
यद्येवं गम्यते स्वर्गे नरके केन गम्यते ? ॥ ६४ ॥

श्री अग्रसेन ने कहा – हे मुनिवरों ! वनों को काटने वाले, पशुओं की हत्या करने वाले, तथा भ्रूणहत्यादि रक्तिम कर्म करने वाले ही, यदि स्वर्ग जाएंगे, तो फिर नर्क कौन जाएगा ?

किमसत्यो लोकवादः कोविदैः समुदाहृतः ।
त्रीण्येव व्यसनान्यत्र कामजानि भवन्त्युत ॥ ६५ ॥

मिथ्यावाक्यं महान् दोषः परस्त्रीगमनं परम् ।
तस्माद् गुरुतरा चैषा विना वैरं च रौद्रता ॥ ६६ ॥

श्री अग्रसेन ने कहा – हे मुनिवरों ! क्या आप लोगों द्वारा ही समय समय पर कही गई, विद्वानों द्वारा उद्धृत की गई, ये लोकोक्तियां असत्य है ? कि इस जगत में काम से जनित तीन ही व्यसन (दोष) हैं। मिथ्याभाषण (असत्य बोलना) बहुत बड़ा दोष है, परस्त्री गमन उससे बड़ा दोष है, और बिना बैर के ही दूसरों के प्रति क्रूरता पूर्ण व्यवहार, जगत में सबसे बड़ा दोष माना गया है।

निर्वैरं क्रियते मोहात् परप्राणिविहिंसनम् ।
क्षत्रियाणां कार्यमेतदार्तानामभिरक्षणम् ॥ ६७ ॥

श्री अग्रसेन ने कहा – हे महर्षे ! व्यक्तिगत स्वार्थ के मोहवश, बिना अपकार या शत्रुता के ही, दूसरों के प्राणों की बलि देना, मेरी दृष्टि में कदापि योग्य नहीं। मान्यवर ! क्षत्रियों का प्रयोजन होता है – संकट में पड़े प्राणियों की रक्षा करना, न कि अपने स्वार्थ के लिये उनकी हिंसा करना।

ऋषिरुवाच

क्षत्रियाणां न दोषोऽस्ति क्वचिद् यद् न करिष्यसि ।
मिथ्याप्रणीते यज्ञाङ्गे प्रजानां संक्षयो ध्रुवः ॥ ६८ ॥

ऋृषिगणों ने कहा – हे राजन ! क्षत्रियों के लिये कुछ भी दोष पूर्ण नहीं है, तथापि, तुम यदि इस यजित यज्ञकर्म को पूर्ण नहीं करोगे तो, यज्ञांग का सम्यक रूप से सम्पादन नहीं होने के कारण, वैगुण्य आने से, संतति तथा प्रजा जनों का विनाश अटल है। (यज्ञ कर्म अधूरा रह जाने के दोष से प्रजा तथा संतति का विनाश निश्चित ही कुफल के रूप में उत्पन्न होंगे।)

अग्रसेन उवाच

व्याविद्धमिदमस्माभिः क्व च क्षात्रं तपः क्व च ।
कदर्यकलुषा बुद्धिर्जायते शास्त्रसेवनात् ॥ ६९ ॥

श्री अग्रसेन ने कहा – कहां क्षत्रियों का हिंसामयी यह क्रूर कर्म और कहां सब प्रणियों पर दया करने जैसा महान तप, दोनों परस्पर विरुद्ध प्रतीत हो रहे हैं। यह सच है कि, केवल शास्त्रों के सेवन से बुद्धि कृपण पुरुषों की तरह कलुषित हो जाती है, (अर्थात, केवल शास्त्र ही धर्म के निर्धारक नहीं, मानवोचित अहिंसा मय कर्म ही महान तप है पशुबलि भले ही क्षत्रिय कर्म हो, किन्तु अहिंसा लोकधर्म है और दोनों में श्रेष्ठ अहिंसा का पथ ही है।)

स्वशरीरमपि परार्थे यः खलु दद्यादयाचितः कृपया ।
स्वसुखस्य कृते च कथं प्राणिवधक्रौर्यमनुमन्ये ॥ ७० ॥

श्री अग्रसेन ने कहा – हे महामना ऋषिवरों! प्रभो! परोपकार के लिये तो मैं अपना यह शरीर भी बिना मांगे भी दयाभाव वश देने के लिये सहर्ष तत्पर रहता हूं, किन्तु स्वयं के सुख के स्वार्थ वश, प्राणी वध की क्रूरता पूर्ण अनुमति भला कैसे दूं ?

अतीयात् सागरो वेलां हिमवान् वा हिमं त्यजेत् ।
लक्ष्मीश्चन्द्रादपेयाद् वा नापराद्धान्प्रहन्म्यहम् ॥ ७१ ॥

श्री अग्रसेन ने कहा – हे महर्षे ! हे मुनिवरों ! समुद्र भले ही अपनी सीमाओं को लांघ कर आगे बढ जाएं, हिमालय भले ही हिम का परित्याग कर दे, चंद्रमा से भले ही उसकी प्रभा अलग हो जाए किन्तु मैं निरपराधियों का (इस तरह) वध कदापि स्वीकार नहीं कर सकता।

क्षुद्रैर्नृशंसैर्लुब्धैश्च सेवितं पापकर्मणि ।
त्यजाम्यहं क्षात्रधर्ममद्यैवाधर्मसंहितम् ॥ ७२ ॥

यदि क्षत्रियों के लिये कुछ भी दोष नहीं है 'क्षत्रियाणां न दोषोऽस्ति क्वचिद्' तो धर्म युक्त प्रतीत होने वाले, ऐसे क्षुद्र, क्रूर, नृशंस, लोभमयी, पापाचार युक्त, हिंसापूर्ण, अपनी प्रजा के हित रक्षण हेतु, उनका विनाश रोकने हेतु, मैं अपने ऐसे क्षत्रिय धर्म का,परित्याग करता हूं।

सत्यप्रतिश्रवाः सोऽहं वैश्यधर्मं नु पालये ।
प्रजानामानृशंस्यार्थं वैश्यं राज्यं व्रतोत्तमम् ॥ ७३ ॥

तब, श्री अग्रसेन ने कहा – मैं सत्य की शपथ लेकर घोषित करता हूं कि अब मैं वैश्य धर्म का अनुपालन करूंगा। क्योंकि प्रजा का पालन ही वैश्यों का दया प्रधान धर्म है, और यही उत्तम राज्य का भी धर्म है।

(श्रेष्ठ राज्य का और उसके राजा का जो धर्म है वह है – अपनी प्रजा का पालन, पोषण, रक्षण, और प्रजा मात्र पर दया की दृष्टि रखे, वही भावना वैश्य धर्म में अन्तर्निहित है और यही वैश्यों का कर्म (धर्म) है।

वैश्याश्च लोकयात्रायै प्रजाः पालयितुं स्मृताः ।
अन्ये तानुपजीवन्ति प्रत्यक्षफलदा हि ते ॥ ७४ ॥

श्री अग्रसेन ने कहा – हे महर्षे ! वैश्यगण लोगों की जीवन यात्रा के निर्वाह में, सहायक माने गए हैं, अन्य वर्णों के लोग, उन्ही के सहयोग से, जीवन निर्वाह करते हैं।

(वैश्यों का कर्म कृषि, गोपालन, वाणिज्य, उद्योग, व्यापार आदि कहा गया है, ज्ञातव्य है कि कृषि से अन्न, गोपालन से दुग्ध तथा वाणिज्य से ही, समस्त लौकिक आवश्यकताओं की अभिपूर्ति संभव होती है और ये कर्म करके वैश्य सभी वर्णों के जीवन निर्वाह में सहायक होते हैं, तथा प्रजा का पालन करते हैं।)

यदि न स्युस्तथा वैश्याः न भवेयुस्तथा परे ।

वैश्यभूतं कुलं मेऽस्तु धर्मोऽप्यस्य मनोर्भवेत् ॥ ७५ ॥

श्री अग्रसेन ने कहा – यदि वैश्य कर्म करने वाले न हों तो, दूसरे लोग भी नहीं रहेंगे, यह अटल सत्य है। अतः मेरा कुल आज से "वैश्य" हो जाए और उनका मन सदा ही धर्म में लगा रहे।

सुमनोभिर्बलिं वैश्यो देवानामुपहारयेत् ।

दधिदुग्धमयं पुण्यं सुगन्धं प्रियदर्शनम् ॥ ७६ ॥

हे ऋषिवरों ! वैश्यों द्वारा देवताओं को जो बलि प्रदान की जाती है, वह, दूध दही की बनी हुई परम पवित्र, सुगंधित, दर्शनीय एवं पुष्पों से सुशोभित रहे। यही शास्त्रीय विधान है।

ऋषयः उचुः

अग्र ते परितुष्टोऽस्मि सत्यमुक्तं त्वया वचः ।

सदृशं चानुरूपं च कुलकीर्तिविवर्धनम् ॥ ७७ ॥

ऋृषियों ने कहा – राजन अग्रसेन ! हम तुम्हारे इन निर्णयात्मक वचनों से परमसंतुष्ट हैं। तुम्हारे वचन तुम्हारी महत् लोकोपकारी भावनाओं के अनुरूप ही हैं, तथा तुम्हारे कुल की कीर्ति को बढ़ाने वाले हैं।

जैमिनिरुवाच

ऊचुर्दिष्ट्या समाप्तोऽयं क्रतुरष्टादशस्तव।
ऋषयोऽथ जनाश्चापि तुष्टुवू राजसत्तमम्॥ ७८॥

जैमिनी जी कहते हैं – जनमेजय ! यह बडे सौभाग्य की बात है कि – श्री अग्रसेन ने अहिंसा के लिये, दया भावना से युक्त लोकधर्म के निर्वाह के लिये, यज्ञ विध्वंश से प्रजा पर आने वाले विनाश के कारणों को दृष्टि गत रखते हुए, अपने क्षत्रिय वर्ण की 'आहूति' दे दी और मानव सेवा के प्रतीक –"वैश्य वर्ण" को अपना लिया।

इस प्रकार महाराजा श्री अग्रसेन का वह अट्ठारहवां यज्ञ पूर्ण हो गया। ऋृषियों तथा अन्य लोगो ने भी दृढ़व्रती – (अटल निश्चय बुद्धि) राज श्रेष्ठ अग्रसेन के, इस समर्पण पूर्ण कृत्य की भूरि भूरि प्रशंसा की।

विचारणीय तथ्य : इस प्रकरण से यह आइने की भांति स्पष्ट है कि यज्ञ की अपूर्णता (विध्वंश) व्यापक विनाश का कारण होता है। ऋृषियों द्वारा इसकी स्पष्ट चेतावनी को दृष्टिगत रखते हुए ही, अपनी प्राणि मात्र में 'ममता' के व्रत पर अटल, महाराजा श्री अग्रसेन ने, अपने क्षत्रिय वर्ण का परित्याग किया, और वैश्य वर्ण अपनाया। वस्तुतः श्री अग्रसेन ने सत्रह यज्ञ क्षात्रवर्ण की व्यवस्थाओं के अनुकूल तथा अठारहवां यज्ञ वैश्यवर्ण की व्यवस्थाओं के अनुकूल किया। अठारहवां यज्ञ अधूरा नहीं छोड़ा गया।

कुलीनमकुलीनं वा वीर धर्मज्ञधीमतः।
चरित्रमेव व्याख्याति शुचित्वं न हि वर्णताम्॥ ७९॥

जैमिनी जी कहते हैं– हे जनमेजय ! कौन कुलीन है, कौन अकुलीन (अधम) है, कौन वीर है, कौन धर्मज्ञ है, कौन बुद्धिमान है, कौन पवित्र है, यह व्यक्ति का चरित्र बताता है, वर्ण नहीं।

अग्रसेन उवाच

अहिंसा सर्वधर्माणामिति श्रेष्ठानुशासनम् ।
यदहिंसं कर्म भवेत् तत् कार्यमिति विद्महे ॥ ८० ॥

(यज्ञ की सम्पूर्णता के उपरांत अपने पुत्रों व प्रिय जनों को संबोधित करते हुए) श्री अग्रसेन ने कहा – वत्स ! श्रेष्ठ पुरुषों का यही उपदेश है कि – 'अहिंसा ही सभी धर्मो में श्रेष्ठ है।' जो कार्य हिंसा से रहित हो, वही मानव मात्र के लिए करने योग्य कर्म है।

अहिंसेति प्रतिज्ञेयं यदि श्रेयः प्रपश्यसि ।
शक्यं बहुविधं कर्तुं भवताऽकार्यदूषणम् ॥ ८१ ॥

यदि तुम अपना कल्याण देखना चाहते हो, तो 'अहिंसा धर्म' के पालन की, तुम सबको प्रतिज्ञा लेना चाहिये। अन्यथा आपके द्वारा नाना प्रकार के दूषित कार्य सम्पादित हो सकते हैं।

अहिंसा सर्वभूतानां नित्यमस्मासु रोचते ।
प्रत्यक्षतः साधयामो न परोक्षमुपास्महे ॥ ८२ ॥

वत्स ! किसी भी प्राणी की (मनसा–वाचा–कर्मणा) हिंसा न करना ही, मुझे तो सदा प्रिय लगता है, और हम तो प्रत्यक्ष (कर्म रूप में) साधक हैं, परोक्ष (केवल ज्ञानरूप) की उपासना नहीं करते। अर्थात – हमें अपने मन वचन तथा कर्मों में, नित्य ही अहिंसा की साधना करना चाहिये, हमारा आचार व्यवहार तथा सम्पूर्ण जीवन कर्म, अहिंसा की मूल भावना के अनुरूप होना चाहिये, केवल अहिंसा का उद्घोष करना योग्य नहीं।

जैमिनिरुवाच

अग्राः सर्वे ततो जाता आग्रेयकुलजा नराः ।
प्रतिज्ञां धारयन्त्येते ममाहिंसापरं व्रतम् ॥ ८३ ॥

जैमिनी जी कहते हैं– हे जनमेजय ! महात्मा अग्रसेन द्वारा मार्गदर्शन प्राप्त कर, वहां उपस्थित अग्र पुत्रों, आग्रेय निवासियों तथा उपस्थित लोगों ने – 'अहिंसा ही धारण करने योग्य मानव धर्म है, मैं सदैव इसका पालन करूंगा।' इस प्रकार प्रतिज्ञा की ।

(बुद्धिमान होना, धर्मज्ञ होना ही ब्राह्मणत्व है, वीर होना ही क्षत्रियता है और पवित्र होना ही वैश्यत्व है, कोई भी व्यक्ति अपने कर्मानुसार इन योग्यताओं को प्राप्त करता है और वह उस वर्ण के गुणों से अलंकृत हो सम्मान पाता है, ज्ञातव्य है कि महर्षि विश्वामित्र क्षत्रिय होकर भी (ब्राह्मणों में श्रेष्ठ) ब्रह्मऋषि हुए। इस दृष्टि से श्री अग्रसेन का ज्ञान से युक्त, लोकधर्म पर न्यस्त होना, उनके ब्राह्मणत्व का प्रतिपादक है। महान पुरुषार्थ पूर्ण कर्म क्षत्रियत्व का तथा सम्यक प्रजा पालन श्रेष्ठ वैश्य स्वरूप का। इसी प्रकार श्री अग्रसेन जी का समर्पित सेवा भाव उनके चतुर्वर्णी स्वरूप को प्रतिपादित करता है। सभी स्वरूपों में समान रूप में प्रशंसित होने वाले, श्री अग्रसेन ईशतुल्य महामानव हैं।)

॥ अहिंसा मे परं व्रतम् ॥

॥ इति जैमिनीये जयभारते भविष्यपर्वणि अग्रोपाख्यानस्य
यद्विरचितम् श्रीमदग्रभागवते एकविंशोऽध्यायः ॥
॥ शुभं भवतु कल्याणम् ॥

महर्षि जैमिनी विरचित जयभारत के भविष्यपर्व के अग्रोपाख्यानम् के
श्रीमद् अग्रभागवतम् स्वरूप का इक्कीसवां अध्याय पूर्ण हुआ ।
यह शुभकारी आख्यान सबके लिये कल्याणकारी हो ।

॥ श्री अग्र भागवत ॥

बाईसवां अध्याय

दिशा

जैमिनिरुवाच

अविशेषेण सर्वेषाम् अग्रसेनोऽकरोद्धितम् ।
प्रीयतां दीयतां मुक्त्वा कोशं मृदु सुभाषितम् ॥ १ ॥

जैमिनी जी कहते हैं – हे धर्मज्ञ जनमेजय ! महाराजा अग्रसेन समान रूप से सबके हित में लगे रहते थे। उनका मधुर वचन था सबको तृप्त एवं प्रसन्न किया जाए। राजकोष खोल दिये जाएं, और सभी (याचकों) को खुले हाथों सहयोग दिया जाए।

रक्षणाद् अग्रराजस्य सत्यस्य परिपालनात् ।
शत्रूणां क्षपणाच्चैव स्वकर्मनिरताः प्रजाः ॥ २ ॥

महाराजा अग्रसेन अपने राज्य की प्रजा की रक्षा, सत्य का पालन, तथा मानवता के शत्रुओं का संहार करते थे। उनके इन कार्यों से, निश्चिंत होकर प्रजावर्ग के सब लोग, अपने अपने कर्मों, के पालन में संलग्न रहते थे।

सर्वारम्भा सुप्रवृत्ता गोरक्षा कर्षणं कृषिः ।
वाणिज्यं च विशेषेण सञ्जज्ञे राजकर्म तत् ॥ ३ ॥

वहां गौरक्षा, कृषि, तथा वाणिज्य (उद्योग, व्यापार) आदि सभी कार्य सुचारू रूप से होते थे, विशेषतः राज्य के प्रबंधको की सुव्यवस्था से ही यह सब कुछ उत्तम रूप से सम्पन्न होता था।

ज्वलिताम् अग्रसेनस्य श्रियं दृष्ट्वाऽथ दुर्नृपाः ।
व्यथन्ते स्म हि सामर्षाः जीवन्ति स्म सुदुःखिताः ॥ ४ ॥

महाराजा अग्रसेन की, प्रदीप्त लक्ष्मी (यश, वैभव, वंश, ऐश्वर्य आदि) को देखकर, पापपूर्ण ह्वदय वाले अन्य कुछ राजा, व्यथित होकर ईर्ष्या करने लगे, वे अमर्ष से उत्पन्न दुःख पूर्ण जीवन जी रहे थे।

विवर्धयन्ति स्मोद्वेगं हासयन्ति च सुक्रियाः ।
व्यथयन्ति च तत्कीर्तिं राजानः पापचेतसः ॥ ५ ॥

सभी लोकों में श्री अग्रसेन की, बढ़ती हुई कीर्ति मानो उन पापपूर्ण मन वाले, राजाओं के ह्वदय पर चोट पहुचाते हुए विहंस रही थी। जिससे उनकी दशा उपहासपूर्ण होकर, उन्हे दग्ध किए देती थी।

द्विधाचित्ताश्च शोकार्ताः सर्वे ते चैक्यमागताः ।
अग्रसेनवधोपायं मन्त्रयामासुरेकदा ॥ ६ ॥

दुविधा में फंसे चित्त वाले, शोक से आतुर, उन सभी राजाओं ने तब श्री अग्रसेन जी का वध करने की इच्छा से, उपयुक्त उपाय सोचने हेतु एक साथ बैठकर मंत्रणा की।

नृपा ऊचुः

अयं कापुरुषो बालो ह्यग्रसेनो न बोधति ।
सर्वत्र सर्वदा क्षात्त्रं तस्मादेवं प्रभाषते ॥ ७ ॥

उस मंत्रणा सभा में उपस्थित विभिन्न राजाओं में से किसी राजा ने कहा –राजा ने कहा – अग्रसेन मूढ़ पुरुष है, या फिर वृद्ध होकर भी, बाल बुद्धि है वह क्षत्रियोंके महत्व को नहीं जानता, जो कि सर्वव्यापक है और स्थाई है इसीलिये उसने क्षत्रियत्वके सम्बन्ध में इस प्रकार अनुचित कहा है।

वचनात् वर्तनात् क्लीबप्रकृतिः कुलपांसनः ।
यथान्धो ह्यन्धमन्वीयात् तथाभूता ऋषीश्वराः ॥ ८ ॥

अपने इसप्रकार के वचनों और व्यवहार से, यह क्षत्रिय कुल को कलंकितकरने वाला अग्रसेन, नपुंसकता की प्रकृति में स्थित हो गया है। साथ ही जैसे एक अन्धा दूसरे अंधे के पीछे चलता है, वही स्थिती (धर्म के प्रति) अंधे हुए, इन ॠषियों की भी हो गई है।

को हि धर्मिणमात्मानं ज्ञानाज्ञानविदां वरः ।
मन्येताग्रो यथा मूर्खो वितथा धर्मवीक्षिता ॥ ९ ॥

कौन ऐसा पुरुष होगा जो अपने को ज्ञानवानों में श्रेष्ठ और धर्मात्मा मानते हुए भी, ऐसा मिथ्या धर्म, और ऐसा छुद्रकर्म करेगा, जैसा धर्म पर दृष्टि रखते हुए भी अग्रसेन ने किया है।

को हि धर्मोऽस्ति चाग्रस्य का चाऽहिंसा वृथा क्रिया ।
यद् धारयति मोहाद् वा क्लीबत्वाद् वा न संशयः ॥१० ॥

राजाओं ! अग्रसेन का धर्म क्या है ? उसका यह 'अहिंसा धर्म' व्यर्थ का ढकोसला ही है। जिसे उसने मोहवश अपनी नपुंसकता के कारण धारण कर रखा है, इसमें संशय नहीं।

हन्यतां दुर्मतिर्ह्यग्रः पशुवत् साध्वयं नृपाः ।
सर्वैः समेत्य संरब्धैर्दह्यतां वा कटाग्निना ॥ ११ ॥

राजाओं क्रोध में भरकर, हम सब लोग मिलकर, इस दुष्ट बुद्धि वाले अग्रसेन को, पशु की भांति गला दबाकर मार डालें, अथवा घास फूस की आग में इसे जीते जी, ही जला डालें।

जैमिनिरुवाच

ततश्च मालवो राजा यतेन्द्रः प्रोक्तवानिदम्।
युक्तं प्राप्तं रोहिताश्वप्रोक्तमग्रान् प्रभाषितम्॥ १२॥

जैमिनी जी कहते हैं – तत्पश्चात मालव के राजा यतेन्द्र ने उस समय यह बात कही – राजाओं ! रोहता के नरेश द्वारा, अग्रसेन के विषय में जो कुछ कहा गया है, वह युक्ति संगत तो है ही, अवसर के अनुकूल भी है।

आग्रेयं निहनिष्यामो ग्रहीष्यामश्च तद् धनम्।
निश्चयस्त्वेष वै क्षिप्रमाज्ञापयत वाहिनीम्॥ १३॥

हम लोग सब साथ मिलकर, वहां चलकर, शीघ्र ही उस 'आग्रेय' राज्य को तहस – नहस कर देंगे, और वहां के विपुल धन पर अधिकार कर लेंगे। ऐसा उन सबने निश्चय कर सेना को शीघ्र प्रस्थान करने की आज्ञा दी।

परिवार्याग्रेयमस्य निवेशायोपचक्रिरे।
वनानि समवेतानि सैन्यानां युद्धकाङ्क्षिणाम्॥ १४॥

तदनंतर, वे सब दुष्ट बुद्धि राजागण, युद्ध की लालसा से एकत्रित होकर अपनी अपनी सेना के साथ, आग्रेय पुरी को, चारों ओर से घेरकर वन में डेरा डालने की तैयारी करने लगे।

महत् सैन्यं स्थितं घोरं सशब्दं कालरुपधृक्।
घोरैः किलकिलैः शब्दैः सिंहनादैश्च तर्जनैः॥ १५॥

उससमय, वहां एक बड़ी भयंकर सेना गर्जना करती हुई खड़ी हो गई, जिसका रूप काल के समान भयावना था, वे किलकारियां मार मारकर सिंहनाद करने लगे, गर्जन–तर्जन व भयंकर शब्द करने लगे।

तैस्तदा वेष्टिता सापूरग्रसेनमहात्मनः।
नानाशस्त्रप्रहरणैर्मोहलोभैर्यथा जगत् ॥ १६ ॥

जैमिनी जी कहते हैं – हे धर्मज्ञ जनमेजय ! जिस तरह लोभ और मोह संसार को घेर लेते हैं, उसी तरह नानाप्रकार के अस्त्र शस्त्रों को धारण किए हुए, उन वीरों ने महामनस्वी अग्रसेन की उस पुरी को घेर लिया।

जैमिनिरुवाच

शौर्यसेनस्तदोवाच ह्यग्रसेनमिदं वचः।
विभुर्भवान् सुपुत्रोऽहं सबन्धुश्च महामतिः ॥ १७ ॥

पद्मकेतुर्महातेजा सुषेणोऽपि च कीर्तिमान्।
एते चान्ये संस्थिताश्च सर्वाग्रेऽद्य व्रजाम्यहम् ॥ १८ ॥

जैमिनी जी कहते है – हे जनमेजय ! तब शौर्यसेन ने महाराजा अग्रसेन से इस प्रकार कहा – हे भवान ! यहां (अपने वीर) पुत्रों सहित मैं, सभी भाईयों के सहित महाबुद्धिमान युवराज विभुसेन, एवं महातेजस्वी सेनापति पद्मकेतु, युद्ध कुशल महारथी सुषेन वर्मा तथा अन्य बहुत से वीर उपस्थित हैं। युद्ध के लिये आतुर आतातातइयों की सेना के प्रतिकार हेतु आप आदेश दें । (अब मै ही आगे बढता हूं। मै इस हेतु सेना का नेतृत्व करने को तैयार हूं।)

विभुसेन उवाच

शौर्यसेनवचः श्रुत्वा नमस्कृत्याब्रवीद् विभुः।
कियत् सैन्यं ? युवामेव प्रलयोत्पत्तिकारकौ ॥ १९ ॥

चाचा शौर्यसेन के इस प्रकार वचनों को सुनकर, युवराज श्री विभुसेन महाराजा अग्रसेन तथा चाचा शौर्यसेन को प्रणाम करते हुए, कहने लगे –भवान ! आप लोग तो संग्राम भूमि में प्रलय का दृश्य उत्पन्न कर देने वाले परम वीर हैं और फिर आपके योग्य, वहां सेना ही कितनी है ?

गच्छेद् यो मुखवातेन तूलतुल्यबलः पुरः ।
तत्कुतः सुमहत् सैन्यं प्रज्वलन् वडवानलः ॥ २० ॥

विभुसेन ने कहा – हे महाराज ! जिसका बल रुई के समान हो, जो सम्मुख आने पर मुंह की फूंक से उड़ जाने वाला हो, उसे जलाने के लिये, धधकते हुए बड़वानल की क्या आवश्यकता ?

स्वल्पशीकरवर्षेण यद् रजः परिशाम्यति ।
कुतो भूरिवर्षणं तन्नाशाय स्यात्तु कोपतः ॥ २१ ॥

जो धूल, थोडी सी बूंदा बांदी से ही शांत हो जाने वाली हो, उसके लिये वरुण को क्रोध पूर्वक जाने की क्या आवश्यकता ?

बध्द्वाऽऽनयेऽद्य तान्राज्ञः आज्ञया भवतो ह्यहम् ।
एष गच्छामि सङ्ग्रामे नाथ हन्मि तवाहितान् ॥ २२ ॥

आपकी आज्ञा पाकर, मैं ही उन राजाओं को बांधकर आपके समक्ष ला सकता हूं। नाथ ! देखिये आपकी स्वीकृति पाते ही, मैं अभी रणक्षेत्र में आपके शत्रुओं पर प्रहार करने जा रहा हूं।

जैमिनिरुवाच

दध्मौ शङ्खं महातेजा रथेनातीव वेगवान् ।
पद्मव्यूहमदृष्ट्वैकः प्रायाद् रणविशारदः ॥ २३ ॥

जैमिनी जी कहते हैं – हे धर्मज्ञ जनमेजय ! उससमय उस महा तेजस्वी वीर को भयंकर गर्जना करते हुए, रथ से आगे बढ़कर अपना शंख बजाते हुए, पद्मव्यूह को महत्व हीन समझते हुए, उस रणकुशल विभुसेन को सबने आगे बढ़ते हुए देखा।

स तेषां ध्वनिमाकर्ण्य कालकल्पं सुदारुणम्।
भाविना च विनाशेन निगीर्णो वाक्यमब्रवीत्॥ २४॥

विभुसेन को अपने समक्ष देखकर, तथा उसकी गर्जनाओं को सुनकर, वे जो काल के समान अत्यंत भयंकर हो गए थे, तब अपने भावी विनाश से ग्रसित होकर, किंतु उसे फटकारते हुए कहने लगे –

दिग्गजसेन उवाच

त्यजैतद् विपुलं रम्यं राज्यं च कुलपांसन।
क्षात्रधर्मेण ते हीनं जीवितं न सुखप्रदम्॥ २५॥

राजा दिग्गजसेन ने कहा – अरे ओ कुलविनाशक ! तू अब इस रमणीय राज्य को छोड़ दे, क्योंकि क्षत्रिय धर्म से रहित होने के कारण, अब तेरा जीवन सुखप्रद (वीरता पूर्ण) नहीं रह गया है।

विभुरुवाच

मूढाः वैश्यत्वमस्माकं न क्लीबत्वं तु पौरुषम्।
कथं भीतोऽसि मे क्षान्तिं दर्शयामि पराक्रमम्॥ २६॥

विभुसेन ने कहा – मूर्खों! मेरा वैश्य तत्व, कोई नपुंसकता नहीं अपितु पुरुषार्थ पूर्णकर्म है। तुम लोग (युद्ध के प्रारंभ होने के पूर्व ही) इस तरह भयभीत क्यों हो रहे हो। मैं अपनी क्षमा और पराक्रम दोनों ही तुम्हे दिखाऊंगा।

सङ्ग्राम एव चेन्मान्यः दुर्मते ते न शान्तता।
संनद्धं विद्धि मां रौद्रं कस्ते त्राताद्य विद्यते ॥२७॥

अरे दुर्मति ग्रसित नरेशों ! यदि तुम्हे संग्राम ही अभीष्ट है, शांति नहीं तो, मुझ भयंकर वीर को अब, कवच धारण किए हुए युद्ध के लिये तैयार समझो। तुम तुरंत वार कर सकते हो। देखें ! आज मुझसे तुम्हारी, कौन रक्षा करता है ?

जैमिनिरुवाच

एवं वदन्तं समरे चाह्वयन्तं विभुं तदा ।
अवेष्टयत् सैन्यमेतद् रथवारणसङ्कुलम् ॥ २८ ॥

जैमिनी जी कहते हैं – हे महाप्राज्ञ जनमेजय ! युद्ध भूमि में विभुसेन, जब इस तरह उन्हे ललकार रहा था, तभी शत्रुओं के रथ और हाथियों के सैन्य समूहों ने उसे परिवेष्टित (घेर) कर लिया।

तृणैरावेष्टितो वह्निस्तानेव दहति ध्रुवम् ।
तद्वत् साधुर्महावीरस्तत् सैन्यमदहत् क्षणात् ॥ २९ ॥

जैसे घास फूस से घिरी हुई आग, निश्चय ही उसे जलाकर भस्म कर देती है, उसी तरह वह महावीर विभुसेन क्रोध में भरकर उस आततायी सेना को भस्म करने लगे।

सैन्यं प्रहतमप्रीतं भग्नं तत् परिपालितम् ।
चतुर्विधं सैन्यमेष जग्राह स्वनिकेतनम् ॥ ३० ॥

उनने राजा दिग्गजसेन द्वारा संरक्षित उस सम्पूर्ण सेना को, युद्धभूमि में नष्ट भ्रष्ट करके, कष्ट में डाल दिया और फिर, अपनी सेना की तरह ही उनकी सेना को भी अपने अधिकार में ले लिया।

बाणैर्विमोहितान् वीरान् स्वपुरे हर्षितोऽनयत् ।
दिग्गजप्रमुखा वीरा मोहिताः शरवृष्टिभिः ॥ ३१ ॥

विभुसेन की शर वृष्टि से, दिग्गजसेन अन्य प्रमुख वीरों के साथ मूर्छित होकर, गिर पड़ा और तब, अपने बाणों से विमोहित (संज्ञा शून्य) हुए उन वीर नृपतियों को, वीर विभुसेन हर्ष पूर्वक अपने नगर में ले आये।

स आनयामास विभुः तदवस्थं च दिग्गजम् ।
स चाब्रवीत् शौर्यसेनं राजा नः कथ्यतामिति ॥ ३२ ॥

आग्रेयं दासभावेन गतोऽहं पापचेतनः ।

तब, विभुसेन ने उसी अवस्था में, आतातायी दिग्गजसेन को उनके साथियों सहित महाराज अग्रसेन के समक्ष उपस्थित किया। तथा चाचा शौर्यसेन को सम्बोधित करते हुए कहने लगे – भवान ! कृपया महाराज को सूचित कर दीजिये कि, ये पापात्मा आतातायी अब महाराजा श्री अग्रसेन के, दास हो चुके हैं।

जातस्याग्रस्य वंशेऽस्मिन् माधव्याश्च सुतस्य च ॥३३ ॥

जैमिनी जी कहते हैं – जनमेजय ! श्री अग्रसेन के वंशज तथा महाप्राज्ञा माधवी देवी जैसी माता के पुत्र की जैसी बुद्धि और कर्म होना चाहिये विभुसेन ने यहां उसी का परिचय दिया।

(युद्ध भूमि में आततातियों का संहार करने की बजाय, उनको संज्ञाशून्य कर, उनका वध नहीं करना, तथा सेना के व्यर्थ संहार के बदले उसे अपने संरक्षण में ले कर, भय मुक्त करना, अपने माता पिता के गुणों के अनुकूल ही उनका यह योग्य कर्म था।)

या वै युक्ता मतिः कार्या सेयं प्रादर्शि मे विभो ।
तमुवाच ततो राजा रिपुं सप्रणयं वचः ॥ ३४ ॥

जैमिनी जी कहते हैं – हे धर्मज्ञ जनमेजय ! युवराज विभुसेन के इसप्रकार कहने पर उन विजित राजाओं से महाराजा श्री अग्रसेन ने प्रेम पूर्वक कहा –

अग्रसेन उवाच

अदासो गच्छ मुक्तोऽसि मैवं कार्षीः क्वचित् पुनः ।
धिगस्तु त्वामिदं क्षात्रं कर्म धर्मविरोधकम् ॥ ३५ ॥

महाराजा श्री अग्रसेन ने कहा – राजन ! अब तुम दास नहीं रहे। जाओ ! तुम्हे मुक्त किया जाता है। फिर कभी ऐसा घृणित कार्य न करना। तुम्हारे इसप्रकार (अन्याय पूर्ण) क्षत्रित्व को धिक्कार है। क्षत्रियों का धर्म आताताियियों से रक्षा करना है, आतातायी होना, क्षत्रिय धर्म के सदैव विरुद्ध है।

धर्मे ते वर्धतां बुद्धिर्मा चाऽधर्मे मनः कृथाः ।
साश्वः सरथसैन्यस्त्वं स्वस्ति गच्छेरितो भवान् ॥ ३६ ॥

हे राजन ! तुम्हारी बुद्धि उतरोत्तर धर्म में विकसित होती रहे। तुम्हारा मन कभी भी अधर्म में न लगे। आप अपने रथ, घोड़े तथा सेना सब कुशलता पूर्वक साथ ले जाएं।

दिग्गजसेन उवाच

क्षमस्व त्वं महाराज विज्ञातोऽस्यद्य भूभुजाम् ।
भवन्तमुपरुन्धानान् विराट् त्वं क्षन्तुमर्हसि ॥ ३७ ॥

तब दिग्गजसेन ने कहा – राजन ! आप राजा नहीं, महाराजा हैं। अबतक हमसब नृपति अज्ञानता वश, आपके वास्तविक स्वरूप को नहीं जानते थे, इसलिये आपके प्रति अपराध कर बैठे। आप विराट हैं। आप हमें क्षमा प्रदान करें।

अग्रसेन उवाच

न मे वैरं प्रसरति क्षणार्धमपि हे नृपाः ।
यद् गतं तदतिक्रान्तं शोच्यं तत् केन हेतुना ॥ ३८ ॥

महाराजा श्री अग्रसेन ने कहा – नरपतियों ! मेरे हृदय में एक पल भी किसी के भी प्रति, वैर भाव टिकता ही नहीं। जो बीत गया उस पर शोक किस लिये किया जाए ?

जैमिनिरुवाच

एवमुक्त्वा नरेशांस्तानाश्वास्याग्र उदारधीः ।
क्षन्तव्यमेवेत्युवाच वीतवैरा भवन्त्विति ॥ ३९ ॥

जैमिनी जी कहते हैं – हे महामनीषी जनमेजय ! उन नरेशों से ऐसा कहकर उन्हें आश्वस्त करके, महाराजा अग्रसेन ने पुनः कहा – 'सभी वैर भाव का परित्याग कर, निर्वेर हो जाएं।' मुझे तो यही प्रिय लगता है।

एवं वृतेऽथ लोकाश्च तस्मिन् पितृवदास्थिताः ।
न तस्य विद्यते द्वेष्टा ततोऽस्याजातशत्रुता ॥ ४० ॥

जैमिनी जी कहते हैं – हे धर्मज्ञ जनमेजय ! उनके ऐसे व्यवहार के कारण ही, सभी लोग उनके प्रति, वैसा ही अनुराग रखने लगे, जैसे पुत्र अपने पिता के प्रति अनुरुक्त रहते हैं। महाराजा श्रीअग्रसेन से द्वेष रखने वाला कोई था ही नहीं, अतः वे 'अजातशत्रु' कहलाते थे।

॥ इति जैमिनीये जयभारते भविष्यपर्वणि अग्रोपाख्यानस्य
यद्विरचितम् श्रीमदग्रभागवते द्वाविंशोऽध्यायः ॥
॥ शुभं भवतु कल्याणम् ॥

महर्षि जैमिनी विरचित जयभारत के भविष्यपर्व के अग्रोपाख्यानम् के
श्रीमद् अग्रभागवतम् स्वरूप का बाइसवां अध्याय पूर्ण हुआ ।
यह शुभकारी आख्यान सबके लिये कल्याणकारी हो ।

॥ श्री अग्र भागवत ॥

तेईसवां अध्याय

समत्व

जैमिनिरुवाच

श्रुतस्ते ह्यग्रसेनस्य सुकर्म जनमेजय ।
अतः परं यदभवत् शृणु विस्मयकारकम् ॥ १ ॥

जैमिनी जी कहते हैं – धर्मज्ञ जनमेजय ! तुमने श्री अग्रसेन के श्रेष्ठ कर्मों की, संक्षिप्त गाथा सुनी। अब उसके पश्चात मनुष्यों को विस्मय में डालने वाली (आश्चर्यजनक) जो घटना घटी, उसे सुनो।

एकदा बन्धनस्थं तं शकुन्तं द्विजसत्तमम् ।
अग्रसेनोऽब्रवीद् वाक्यं पूर्ववृत्तमनुस्मरन् ॥ २ ॥

एक दिन, महाराजा अग्रसेन ने, कारागार में अपराधी स्वरूप बंधे हुए शाकुन्त नाम के ब्राह्मण को देखकर, मन में पूर्व स्मरण करते हुए, कि वह तो उनका बचपन का मित्र है, उस शाकुन्त से पूछा –

अग्रसेन उवाच

किं त्वया किल्बिषं मित्र कृतं कर्म सुदारुणम् ।
इमामवस्थां गमितो यस्त्वं मे वद साम्प्रतम् ॥ ३ ॥

महाराजा अग्रसेन ने पूछा – मित्र ! तुमने कौन सा भयंकर कर्म करके ऐसा पापकर्म किया है ? तुमने ऐसा क्या अपराध किया है ? कि जिसके कारण तुम इस अवस्था को प्राप्त हुए।

किं कृतं निन्दितं कर्म प्राप्तस्त्वं कां गतिं कुतः ? ।
न शान्तिमधिगच्छामि पश्यंस्त्वां दुःखितं द्विज ॥ ४ ॥

हे मित्र ! किस निन्दित कर्म के कारण, इस दुर्गति को प्राप्त हुए और तुमने यह सब क्यों किया ? हे द्विज ! तुम्हे इस दुखःद दुरावस्था में पड़ा देखकर मेरे मन को कदापि शांति नहीं मिल सकती।

जैमिनिरुवाच

एवमुक्तः प्रत्युवाच शाकुन्तोऽग्रं तदा शनैः ।
ईषदुच्छ्वासयुक्तस्तु कृच्छ्रात् संस्तभ्य च स्वयम् ॥ ५ ॥

उत्ससर्ज गिरं मन्दां विवशं पाशपीडितः ।
यस्मादेवंविधं कर्म चाकरोत् स बुभुक्षितः ॥ ६ ॥

जैमिनी जी कहते हैं – धर्मज्ञ जनमेजय ! महाराजा अग्रसेन के इसप्रकार पूछने पर वहां उस समय बंधन से पीड़ित होकर, धीरे धीरे सांस लेते हुए, उस ब्राह्मण शाकुन्त ने बड़ी कठिनाई से, अपने को सम्हालकर जिस प्रकार दैवयोग से, भूख से पीड़ित रहकर, अकर्म करना पड़ा, उस विवशता को उसने प्रत्युत्तर स्वरूप, मंद स्वरों में अपने मित्र श्री अग्रसेन से कहा।

शाकुन्त उवाच

बाला भृशं क्षुधाक्षामाः यथाऽबाधन्त ते शवाः ।
छिन्नं वस्त्रं तु मत्पत्न्याः मां नाबाधत भो नृप ॥ ७ ॥

शाकुन्त ने कहा – महाराज ! मेरे बच्चे क्षुधा से क्षीण होकर, शव के समान हो गए। बन्धुजन बहुत कम आशय (मतलब) रखने वाले रह गए, पत्नी फटे वस्त्रों में जीती है, यह सब मेरे लिये इतने कष्ट दायी नहीं हैं।

दारिद्र्यानलसन्तापः शान्तः सन्तोषवारिणा।
दारिद्र्यस्यापरा मूर्तिर्याच्ञा शीलकुठारिका ॥ ८ ॥

दरिद्रता (गरीबी) रूपी अग्नि का संताप तो, संतोष रूपी वर्षाजल से शांत हो जाता है। किन्तु दरिद्रता की जो परमूर्ति स्वरूप है – वह है – याचना। जो कि मनुष्य के शील को, कठोर कुल्हाड़ी के प्रहार से काट डालती है। (अर्थात याचक की कामना पूर्ण होने पर भी, उसका गौरव तो नष्ट हो ही जाता है और कामना पूर्ण नहीं होने पर उसके मन में विद्रोह जन्मता है। दोनों ही स्थिति शील की भंजक होती हैं)

अत्यन्तविमुखे देवे व्यर्थे यत्ने च पौरुषे।
मनस्विनो दरिद्रस्य मृत्युरन्यत्कुतः सुखम् ॥ ९ ॥

राजन ! जिसका विधाता, वाम हो गया हो, यत्न और पुरुषार्थ भी नष्ट हो गए हों, ऐसे मनस्वी किन्तु दरिद्र मनुष्य को मृत्यु के अतिरिक्त, अन्यत्र कहां सुख मिल सकता है ?

मनस्वी म्रियते कामं कार्पण्यं न तु गच्छति।
अपि निर्वाणमायाति नानलो याति शीतताम् ॥ १० ॥

हे राजन ! मनस्वी (स्वाभिमानी) मनुष्य मर मिटता है, किन्तु किसी के आगे दीन नहीं बनता। जिसतरह कि आग भले ही बुझ जाए, किन्तु जीवित रहते वह ठंडी नहीं होती, गर्म ही बनी रहती है।

वरं विभवहीनेन प्राणैः सन्तर्पितोऽनलः।
यच्चात्रैव हि याच्ञेयं जीवनं गर्हितं हि तत् ॥ ११ ॥

हे राजन! वैभव हीन हो जाने पर मनुष्य, अपने आपको यदि आग में होम कर दे, तो तो ठीक है, किन्तु मांग कर याचक का जीवन यापन करना अत्यंत ही गर्हित (हेय) कार्य है।

अन्यवृत्तिहरं नित्यं लोके दत्तं सुदारुणम्।
कीर्तिलोभेन वा दद्यात् यो जीवेत् जीवयेच्च सः ॥ १२ ॥

राजन! जो लोग इसलोक में, नित्य ही दूसरों की वृत्ति (आय के श्रोतों) का, निष्ठुरता पूर्वक हरण करके, उसे दुःखी करते हैं। वे ही कीर्ति के लोभ में दाता बनकर, अपना यश फैलाना चाहते हैं। ऐसा 'दाता' प्रयत्न पूर्वक याचक को और स्वयं को जीवित रखता है।

दारिद्र्याद् ह्रियमेति तत्परिगतः सत्त्वात्परिभ्रश्यते।
निःसत्त्वः परिभूयते परिभवान्निर्वेदमापद्यते।
निर्विष्णः शुचमेति शोकनिहतो बुद्ध्या परित्यजते।
निर्बुद्धिः स्वयमेत्यहो कृपणतां सर्वापदामास्पदम् ॥ १३ ॥

महाराज ! दरिद्र होने पर, मनुष्य को लज्जा घेरती है, लज्जित होने पर व्यक्ति का पुरुषार्थ नष्ट हो जाता है, पुरुषार्थ के अभाव में, वह सर्वत्र अपमानित होता है, और अपमानित होने पर, हृदय में ग्लानि होती है, ग्लानि होने से शोक होता है, और शोक होने पर, बुद्धि ही भ्रष्ट हो जाती है। बुद्धि भ्रष्ट हो जाने पर तो मनुष्य स्वयं ही नष्ट हो जाता है। इस प्रकार, हे राजन ! दरिद्रता में ही सभी विपत्तियों का निवास है।

अस्वतन्त्रं हि मां राजन् क्षुधा यावदचोदयत्।
तस्य तत्किल्बिषं लुब्ध विद्यते यदि किल्बिषम् ॥ १४ ॥

राजन ! मैं तो पराधीन था। क्षुधा (भूख) ने ही मुझे विवश कर अकर्म के लिये प्रेरित किया था, अतः इसमें जो कुछ भी दोष है वह मेरा नहीं, वह भूख का है, जिसके मैं आधीन था।

वास्तवं तन्मया प्रोक्तं समक्षं प्रस्तुतं तथा ।
अनुरूपं यदत्रान्यद् तद् भवान् कर्तुमर्हति ॥ १५ ॥

हे भवान ! अब आपको जो भी जैसा भी उचित प्रतीत हो, आप वैसा निर्णय करें। **जो वस्तुस्थिती है, वह मैंने आपके समक्ष प्रस्तुत कर दिया।**

ज्ञातव्य – किसी भी अपराध के लिये उसके कर्ता के समान ही उस अपराध के लिये प्रेरित करने वाला भी दण्ड का भागी होता है, अतः शाकुन्त ने अपनी विद्वता के अनुरूप समस्त परिस्थितियों का सारगर्भित_विचारणीय विश्लेषण कर दिया)

जैमिनिरुवाच

इत्युक्तं तेन विप्रेण परिष्वज्य नरोत्तमम् ॥ १६ ॥

जैमिनी जी कहते हैं – उस ब्राह्मण (शाकुन्त) के, इस प्रकार कहने पर, नरश्रेष्ठ अग्रसेन ने उसे गले से लगा लिया।

अग्रसेन उवाच

नानागसं स्वं पाशेन सन्तापयितुमर्हसि ।
सर्वात्मानं चिन्तय त्वं नाकुलेन्द्रियचेतनः ॥१७ ॥

श्री अग्रसेन जी विचार करने लगे कि – इस प्रकार निरपराध को बंधन में रखकर कष्ट देना उचित नहीं। उनका अंतःकरण चिन्ता विशेष से व्याप्त हो गया और उनकी चेतन इंद्रियां व्याकुल हो उठीं।

अवृत्त्या क्लिश्यमानोऽपि वृत्त्युपायान् विगर्हयन्।
प्रज्ञासम्भावितो वृत्त्या हीयमानेऽसि दुष्कृतः॥ १८॥

(महाराज अग्रसेन मन ही मन विचार कर रहे थे कि) निश्चय ही जीवन निर्वाह का कोई उपाय न होने के कारण, क्लेश पूर्ण जीवन जीते जीते, तथा जीवन यापन के लिये (स्वाभिमानवश) याचक का स्वरूप न अपनाते हुए अपनी उत्तम बुद्धि के द्वारा, सम्मान के योग्य होने पर भी, दुराचारियों द्वारा तिरष्कृत होकर ही, इसने दुष्कर्म किया है।

क्षम्यतां मुच्यतामेष द्विजो मित्रं हि मार्दवात्।
कस्मादहं न क्षमेय विप्रे कुर्यां न किं ? कुतः ?॥ १९॥

श्री अग्रसेन जी, मन में चिन्तन कर रहे थे कि – कोमलता का आश्रय लेकर इस श्रेष्ठ ब्राह्मण, जो कि मित्र भी है, के अपराध को क्षमा कर, इसे छोड़ दिया जाए। क्या कारण है कि मैं इसके अपराध को क्षमा न करूं ? तथा किसलिये इस हेतु प्रयत्न न करूं ?

सकिल्बिषं विप्रमकिल्बिषं वा
कृतागसं धर्मविदस्त्यजन्ति।
जनो यदि ह्येष सकिल्बिषः स्यात्
नृपोऽपि तत्कारणतां प्रकल्प्यते॥ २०॥

किन्तु, अपने किए गए कृत्य के अनुकूल तो वह अपराधी है और धर्मज्ञ पुरुष, अपराधी स्वकीय होने पर भी उसका परित्याग कर देते हैं। (तो क्या मुझे इसकी मित्रता का परित्याग कर देना चाहिये और अपराध का दंड देना चाहिये ?) किन्तु न्याय करते समय अपराध के कारण को भी प्रकल्पित किया जाता है, तो (राजा, प्रजा के सम्यक पालन पोषण का उत्तरदायी होता है।) मैं राजा हूं। प्रजा में दरिद्रता का कारणीभूत होने के कारण, मैं भी तो, इस अपराध के दोष में सहभागी हुआ ?

चिन्तयतो नालभ्यत तमेवार्थं सुखं क्वचित्।
तस्य चिन्तापरीतस्य द्विधा जातं मनस्तदा ॥ २१ ॥

इस प्रकार, इसी विषय पर चिन्तन करते हुए, महात्मा अग्रसेन बेचैन हो गए। सुख से रहित, चिन्ता से घिरे हुए, उनके मन में दुविधा उत्पन्न हो गई।

गार्ग्य उवाच

शिष्टाचारे मनः कृत्वा प्रतिष्ठाप्य च सर्वशः।
यामयं लभते वृत्तिं सा न शक्या ह्यतोऽन्यथा ॥ २२ ॥

महर्षि गार्ग्य ने कहा – वत्स ! मनुष्य, शिष्ट पुरुषों के उपयुक्त आचरण में मन को सब प्रकार से स्थापित करके, जिस उत्तम स्थिति को प्राप्त करता है, उसकी उपलब्धि किसी अन्य प्रकार से नहीं हो सकती।

न यच्छन्ति परां बुद्धिम् आरम्भे न्याययुक्तयः ।
नावं धृतिमयीं कृत्वा नदीं दुर्गाणि संतरेत् ॥ २३ ॥

वत्स ! अपनी श्रेष्ठ बुद्धि को, सदैव संयमित रखो। किसी भी आचरण का आरम्भ ही न्याय युक्त रहे। जिस प्रकार नदी में विभिन्न जीव जन्तु रहते है, उसीप्रकार क्लेशों से युक्त इस जगत सरिता में जन्म–मरण, न्याय–अन्याय, पाप–पुण्य आदि दुर्गम प्रदेशों को धैर्य की नाव पर बैठकर ही, क्लेशों से, पार जाया जा सकता है।

प्रेक्षमाणा लोकयात्रां धर्ममात्महितं तथा।
न्यायोपेतानि पुण्यानि तथा पापानि चिन्तये ॥ २४ ॥

हे नृपश्रेष्ठ ! न्याय पूर्वक लोकयात्रा कैसे हो ? धर्म की रक्षा कैसे हो ? आत्मा का कल्याण किस तरह हो ? तथा भांति भांति के पुण्य कर्मों तथा पाप कर्मों की जो समीक्षा करते हैं, वे ही राजा धन्य हैं।

अग्र त्वमेव जानासि न्यायवादान् सनातनान्।
त्वमेव धर्मशास्त्रेषु सूक्ष्मेषु परिनिष्ठितः ॥ २५ ॥

राजन अग्रसेन ! सनातन न्याय सिद्धांत क्या है ? इसे तुम अच्छी तरह से जानते हो। धर्मशास्त्र के सूक्ष्म विषयों के भी तुम परिनिष्ठित विद्वान हो। (अतः तुम्हे निर्देशों की आवश्यकता नहीं है, तुम स्वयं न्याय करने में सक्षम हो।)

जैमिनिरुवाच

ततः परिषदं सर्वामामन्त्र्य हितमुत्तमम्।
उवाच चोचितमतिः धर्मोपेतं हितं वचः ॥ २६ ॥

जैमिनी जी कहते हैं – उस समय राज्य सभा में बैठे हुए, सभी लोगों को सम्बोधित करते हुए, महाराजा अग्रसेन ने सबके आनन्द को बढ़ाने वाली, कुलोचित मति के अनुकूल, न्यायसंगत, धर्मानुकूल तथा लोकहितकारी बात, विनम्रभाव से कही।

अग्रसेन उवाच

असत्यपि कृते कार्ये नेह कर्म विलिप्यते।
तस्माद्वाऽत्रैकहेतुः स, स्याद् दण्डः किं प्रयोजनः ॥ २७ ॥

श्री अग्रसेन जी ने कहा – यदि दुष्टता पूर्ण कार्य करके भी, कारण के वशीभूत, यदि कर्ता को उस दोष से अलिप्त माना जाएगा, तब तो जो अपराधी अपने अपराधों के कारण, राजाओं द्वारा दण्ड प्राप्त करते हैं, उन्हे दण्ड का कोई प्रयोजन ही नहीं रह जाएगा।

यथाच्छायातपौ नित्यौ सुसम्बन्धौ निरन्तरम् ।
स्वकर्मप्रत्ययाल्लोके तथा सुकृतदुष्कृते ॥ २८ ॥

जैसे धूप और छाया दोनों ही, नित्य, निरंतर तथा एक दुसरे के कारण हैं (कारण तो अच्छे बुरे प्रत्येक कर्म का होता ही है, किन्तु कारण के कारण, कृत्य को सम्पूर्ण रूप से नकारा नहीं जा सकता, अपराध के लिये प्रेरित करने वाले कारणों पर, विवेक द्वारा विजय पाई जा सकती है अतः कुकृत्य से बचा जाना चाहिये) मनुष्य को अपने कृत्य का फल भोगना ही पड़ता है। न्यायनीति के अनुसार शाकुन्त अपराधी है।

अभयं सर्वभूतेभ्यो याच्ञाभिलषितं ददेत् ।
दत्तं दातारमन्वेति यद् दानं श्रेष्ठमुच्यते ॥ २९ ॥

तदनंतर, श्री अग्रसेन ने कहा – समस्त प्राणियों को अभय दान देना, याचक को उसकी अभीष्ट वस्तु देना और देकर भूल जाना ही श्रेष्ठ दान है । (अर्थात दान देकर उसका गुणगान करने से दान का महत्व क्षीण हो जाता है अतः यश के मोह की गंध से रहित दान ही श्रेष्ठ दान है।)

अमित्रमपि चेद् दीनं शरणैषिणमागतम् ।
व्यसने योऽनुगृह्णाति स वै पुरुषसत्तमः ॥ ३० ॥

शत्रु भी यदि, शरण पाने की इच्छा से, दीन होकर घर पर आ जाए, तो उसके संकट के समय पर, उसपर अनुग्रह (दया) करने वाला व्यक्ति ही मनुष्यों में श्रेष्ठ है।

म्रियते याचमानो वा जीयते च ददत् सदा।
आनृशंस्यं परो धर्मः याच्यते यत् प्रदीयते ॥ ३१ ॥

याचक मर जाता है (जीते जी भी तथा मरने पर भी गणना हीन ही रहता है) दाता सर्वदा जीवित रहता है (जीते जी लोगों की सद्भावना में और मृत्यु कि उपरांत यश के रूप में अमर रहता है।) याचक को दिया गया दान ही, मनुष्य का दयां रुपी परम धर्म है।

कृशाय कृतविद्याय वृत्तिक्षीणाय सुव्रत।
क्रिया नियमिताः कार्याः पुत्रैर्दारैश्च सीदते ॥ ३२ ॥

अयाचमानाः सर्वज्ञाः सर्वोपायैः प्रयत्नतः।
ते रक्षणीया विद्वांसः सर्वकामसुखावहैः ॥ ३३ ॥

जो व्यक्ति विद्वान अथवा योग्य होने के बावजूद, भाग्यवशात् अपनी आजीविका के क्षीण हो जाने के कारण दीन (निर्धन) हो जाते हैं, तथा स्त्री पुत्रादिकों के पालन कर सकने मे असमर्थ हो जाने के कारण, अनेकों कष्ट उठाते हैं। तथापि किसी से याचना नहीं करते, ऐसे (स्वाभिमानी) पुरुषों को प्रत्येक उपाय से सहयोग देने के लिये प्रयत्न करना चाहिये। उनकी उपयुक्त आवश्यकताओं की जानकारी लेकर, उनके सुख की स्थापना हेतु, हमें सदैव समुचित कर्म करना चाहिये।

भस्मच्छन्नाग्निवन्निस्स्वान् प्राज्ञान्नोद्वेजयेज्जनः।
तदाऽऽशिषः समेषां स्युः बुध्द्येथास्त्वं प्रयत्नतः॥ ३४ ॥

ऐसे पुरुष, राख में छिपी हुई अग्नि के समान होते हैं, वे सारे जग को उद्विग्न करने में समर्थ होते हैं, ऐसे व्यक्ति दुखातुर होने पर विषधर के समान भयंकर हो सकते हैं, अतः ऐसे व्यक्तियों का प्रयत्न पूर्वक पता लगाना चाहिए।

विभुरुवाच

अयाचतः सीदमानान् किमुपायेन चार्चयेत् ? ।
एतदिच्छामि विज्ञातुं याथातथ्येन कथ्यताम् ॥ ३५ ॥

विमुसेन ने पूछा – हे प्रभो ! (पिताश्री) जो व्यक्ति कष्ट उठाने पर भी किसी से याचना नहीं करते, उनका किस प्रकार तथा किस उपाय से उपकार किया जा सकता है ? मैं इस बात को यर्थात रुप से जानना चाहता हूं।

अग्रसेन उवाच

यदि राष्ट्रे वसेयुस्ते पूजार्हाः स्युर्यथातथम् ।
वृत्तिमर्हन्त्यवक्षेपे त्वदन्यस्मान् ममात्मजात् ॥ ३६ ॥

श्री अग्रसेन ने कहा – हे आत्मज ! यदि राष्ट्र में इस प्रकार के लोग हों, तो वे, निश्चित ही पूजन के योग्य हैं। ऐसे लोगों को तुम्हारे अतिरिक्त दूसरा कौन जीविका दे सकता है ? (अर्थात् उन्हे दान देने की अपेक्षा, उनकी आजीविका का प्रबंध अवश्य करना चाहिये।)

अभिहारं याच्यमाहुरनीशस्यापि मृत्युताम् ।
श्रेयो ह्ययाचमानस्य दानमत्र न संशयः ॥ ३७ ॥

क्योंकि दरिद्र (निर्धन) की याचना उसके लिये तिरस्कार का कारण बनती है। जिसके कारण याचना मृत्यु का दूसरा द्वार प्रतीत होती है, अतः जो कष्टों को अंगीकार करते हैं, किन्तु याचना करना स्वीकार नहीं करते, ऐसे मनस्वी पुरुष निश्चय ही श्रेष्ठ हैं। इसमे कोई संदेह नहीं।

यथा पत्याश्रयो धर्मः स्त्रीणां लोके सनातनः ।
सदैव सा गतिर्नान्या तथाऽस्माकं प्रजाश्रयः ॥ ३८ ॥

वत्स ! जैसे इस संसार में, स्त्रियों का सनातन धर्म – पति की सेवा पर ही अवलम्बित है, उसीप्रकार प्रजानन ही सदैव हमारे आश्रय

हैं। हम लोगों (राजा) के लिये उन (प्रजाजनों) के अतिरिक्त और कोई गति नहीं है।

<u>विशेषः</u> – महाराजा अग्रसेन अपनी संतति को राजधर्म की व्याख्या करते हुए, इस श्लोक में निर्देशित करते हैं – कि जिस तरह स्त्रियों का सनातन धर्म है – पति की सेवा करना और उसका आश्रय स्थल, संरक्षक, पालन पोषण कर्ता, पति ही होता है, वैसे ही राजा का स्वरुप, स्त्री की तरह अपने पति स्वरूप प्रजा जनों की सेवा ही है, क्योंकि – प्रजा को तो दूसरा राजा मिल सकता है, किन्तु राजा के लिये तो वह प्रजामात्र ही, उसकी संरक्षक होती है। **अतः <u>राजा का धर्म है कि – वह प्रजा की सेवा करे।</u>**

येषां भोज्यान्यपेक्षन्ते गृहे दाराश्च बालकाः।
नाश्नन्ति विधिवत् ते च किं नु पापतरं ततः॥ ३९॥

हे वत्स ! जिसकी पत्नी तथा बच्चों की तरसती हुई आंखे, भोजन की ओर ललचाई हुई दृष्टि से देखती हों और वह उन्हे न्यायतः खाने को नहीं मिलता हो, उस पुरुष के लिये, इससे बढ़कर और कोई भी कृत्य (दुष्कृत्य) क्या पाप होगा ? (अर्थात् ऐसी परिस्थिति ही अकर्म को जन्म देती है और ऐसी परिस्थिति भोगने पर, उसके लिए पाप–पुण्य की परिभाषा निरर्थक हो जाती हैं।)

यदि ते तादृशः कोऽपि सीदेच्च क्षुधया जनः।
अवृद्धिमेति तद्राष्ट्रं नरकं चाधिगच्छति ॥ ४०॥

वत्स ! यदि किसी राष्ट्र में, कोई व्यक्ति इस तरह भूख से कष्ट पा रहा हो, तो उस राष्ट्र की उन्नति रुक जाती है। साथ ही वह राष्ट्र, शत्रु राजाओं के हाथ में चला जाता है। (क्योंकि वहां विद्रोह की संभावना सदैव विद्यमान रहती हैं।)

यत् किञ्चित् पुरुषः पापं कुरुते वृत्तिकर्शितः ।
तस्य पापस्य सर्वस्वं राजा विन्दति निश्चयः ॥ ४१ ॥

वत्स ! आजीविका के न रहने पर, मनुष्य क्लेश में पड़कर, जो कुछ भी पापकर्म कर डालता है, उसके द्वारा किए गए पापकर्म का सारा दोष निश्चय ही राजा को प्राप्त होता है।

अजुगुप्संश्च विज्ञाय स भवान् वृत्तिकर्शितान् ।
उपच्छन्नं प्रकाशं वा वृत्त्या तान् परिपालयेत् ॥ ४२ ॥

इसलिये, हे वत्स ! जिनका पूर्व आचरण निन्दित न हो, यदि वे जीविका के बिना कष्ट पा रहें हों, तो ऐसे पुरुषों का पता लगाकर गुप्त या प्रकट रुप में, उनकी आजीविका का प्रबंध करके, सदा उनका पोषण करते रहना चाहिये। यही राजधर्म है।

अपरेषां परेषां च परेभ्यश्चापि ये परे ।
कस्तेषां जीवितेनार्थस्त्वां विना बन्धुराश्रयः ॥ ४३ ॥

छोटे, बड़े तथा जो बड़े से भी बड़े हैं, या उनसे भी आगे हैं, परस्पर बन्धु जनों के आश्रय बिना, उनके जीवन का क्या प्रयोजन है ? अर्थात् – ऐसे लोग जो छोटे–बड़े, अमीर– गरीब, के विभेद से परस्पर सौजन्य से हीन हों उनका जीवन निरर्थक ही है।

<u>ज्ञातव्य</u> :– जो व्यक्ति दुखद परिस्थितियों मे भी, स्वयं कष्ट झेल लेते हैं किन्तु किसी के आगे हाथ नहीं फैलाते, याचना नहीं_करते, ऐसे पुरुषों की गुप्त रुप से सहायता करने के इस उपकार किये जाने की भावना से रहित यह <u>'उपकार हीन उपक्रम'</u> किये_जाने का महाराजा श्री अग्रसेन ने निर्देश दिया है।

सर्वोत्थानाय सश्रद्धं भ्रातृभावेन चावह ।
योगं क्षेमञ्च मन्वानः गृह्णीयुस्तेऽभिमानतः ॥ ४४ ॥

वे मनस्वी (स्वाभिमानी) पुरुष, जो किसी की सहायता पर अवलम्बित नहीं रहते (किसी से दुख में भी याचना नहीं करते) उनको यदि सर्वोत्थान की दृष्टि से, भ्रात (बंधु) भावना से, श्रृद्धायुक्त (ऐहसान जताते हुए नहीं अपितु उपकारहीन उपक्रम के रूप में) और पवित्र मन से (लोकेष्णा के स्वार्थ से रहित) 'योगक्षेम' के (यह मेरा कर्तव्य है इस प्रकार मानकर) कर्तव्य बुद्धि से, सहयोग किया जाए, तो वे स्वाभिमानी पुरुष इसे उत्तम कार्य मानकर स्वीकार कर लेंगे।

अभिमत :

प्रत्येक समाज में अपने अपने भाग्य के अनुकूल, व्यक्ति सम्पति, ज्ञान, बल, आदि से कम ज्यादा होता ही है, कुछ कमजोर हैं, और कुछ उनसे सशक्त, कुछ उन सबसे आगे और कोई विशिष्ट श्रेयता को प्राप्त सबसे आगे। किन्तु परस्पर अपने दीन हीन बन्धुओं के प्रति सम्पन्न व्यक्तियों में बन्धुत्व भाव का अभाव होने पर, सौजन्यता बिना उनका जीवन स्वयं ही निरर्थक हो जाएगा, अतः समाज में कभी भी विभेद की परिस्थिति पैदा न होने दी जाए, अपितु परस्पर सौजन्यता के साथ बन्धुत्व की भावना का विकास होना चाहिये।

अग्रसेन उवाच

देयानि वृत्तिक्षीणाय पौरैरेकैकशः क्रमात् ।
गत्वा निष्केष्टिकां दद्युः जनः कुर्यान्नयाचनाम् ॥ ४५ ॥

श्री अग्रसेन ने कहा – हे वत्स ! इसलिये, आज से इस राष्ट्र (आग्रेय) में, जो भी व्यक्ति यदि भाग्यवशात आजीविका से हीन हों, उन्हे बिना याचना किए ही, राज्य के सभी निवासी (निष्क = रुपया और एक एक ईंट) स्वयं उनके पास जाकर उन्हे भेंट स्वरुप प्रदान करें।

ज्ञातव्यः- द्वापर के उस अन्तिम चरण में विनिमय की दृष्टि से जो निष्क = धातुअंश प्रचलन में रहा होगा उस ('स्वर्णमुद्रा' को हम आज विनिमय के आधार रुपये के रुप मे - 'रुपया' कह सकते है। इस रुपये-ईटं के नियम को लागू किये जाने के मूल में महाराजा श्री अग्रसेन की जो भावना निहित है उस पर यहां चिन्तन अप्रासंगिक नहीं अपितु आवश्यक है । इस नियम के मूल में आवश्यकता है :-

१- ऐसे व्यक्ति की, जो याचना नहीं करता किन्तु उसे सहयोग दिया जाना चाहिये, सामाजिक स्तर पर तलाश करनी चाहिये। समाज को एक दूसरे का ध्यान रखना चाहिये।

२- ऐसे व्यक्ति की आजीविका के प्रबंध हेतु राज्य के सभी बंधुओं को ऐसे व्यक्ति के द्वार स्वयं जाकर, उस पर उपकार करने की दृष्टि से नहीं, अपितु सद्‌भावना की दृष्टि से, कर्ज स्वरुप नहीं, भेंट स्वरुप उसे प्रचलित मुद्रा और ईट देने का विधान किया गया था। भेंट दी गई वस्तु में ना उपकार की भावना होती और न ही भेंट स्वीकार करने वाले के स्वाभिमान को ठेस ही पहुंचती।

निवेदन :-

यह सर्वोत्थान की भावना से लागू किया गया ' उपकारहीन उपक्रम ' समता स्थापित कर, बन्धुत्व की भावना का विकास कर, व्यक्ति के, समाज के, राष्ट्र के तथा मानवता के कल्याण का सूत्र है। 'समाजवाद' या 'साम्यवाद' जैसे सीमित शब्द से इस व्यवस्था का आंकलन करना, इस समता के सर्वलोक कल्याणकारी स्वरुप की गरिमा को क्षीण करना ही है। विदुजन 'महाराजा अग्रसेन' के इस समता के सिद्धांत की अन्तर्भावना का यथार्थ चिंतन कर, उसे प्रकाशित करने का प्रयत्न करें।

एष ते विततं वत्स सर्वभूतकुटुम्बकम् ।
विशिष्टः सर्वयज्ञानां नित्यमत्र प्रवर्तताम् ॥ ४६ ॥

श्री अग्रसेन ने कहा – हे वत्स ! इस प्रकार सभी प्राणियों के प्रति कुटुम्बवत समत्व स्थापना के इस पुनीत कार्य का जो विस्तार होगा, वह सभी यज्ञों से बढ़कर है, अतः तुम लोगों को, इस कर्म यज्ञ को सदैव गतिशील रखना चाहिए, आगे बढ़ाते रहना चाहिए।

वत्सानेन प्रकारेण कुरु लोकहितव्रतम् ।
यत् करिष्यसि कल्याणं तत् ते लोके सुखावहम् ॥ ४७ ॥

हे वत्स! यदि तुम इस प्रकार सर्वोत्थान की भावना से इस लोकहितकारी व्रत को धारण कर कार्य करोगे तो वह निश्चय ही जगत के लिये सुख, शांति, समृद्धि का कारण व तुम्हारे तथा विश्व के लिये कल्याणकारी होगा ।

जैमिनिरुवाच
अग्रस्य वचनं श्रुत्वा विभुः सच्छिन्नसंशयः ।
हर्षेण महता युक्तः सजनः सपुरोहितः ॥ ४८ ॥

जैमिनी जी कहते हैं – हे कुरुकुल भूषण जनमेजय ! श्री अग्रसेन जी के इस प्रकार समता के सिद्धान्त को लागू किये जाने के सामुदायिक दायित्व के इस नियम से उनके 'वसुधैव कुटुम्बकम्' की भावना युक्त चिन्तन एवं निर्देशों को सुनकर, प्रजा सहित उनके सभी पुत्रों तथा राजगुरु महर्षि गर्ग को अत्यन्त प्रसन्नता हुई।

॥ इति जैमिनीये जयभारते भविष्यपर्वणि अग्रोपाख्यानस्य
यद्विरचितम् श्रीमदग्रभागवते त्रयोविंशोऽध्यायः ॥
॥ शुभं भवतु कल्याणम् ॥

महर्षि जैमिनी विरचित जयभारत के भविष्यपर्व के अग्रोपाख्यानम् के
श्रीमद् अग्रभागवतम् स्वरूप का तेइसवां अध्याय पूर्ण हुआ ।
यह शुभकारी आख्यान सबके लिये कल्याणकारी हो ।

॥ श्री अग्र भागवत ॥

चौबीसवां अध्याय

चेतना

जैमिनिरुवाच

श्रद्दधाना जितक्रोधा दानशीलानसूयवः।
यथार्हमानार्थकरा आर्षाः करुणवेदिनः ॥ १ ॥

जैमिनी जी कहते हैं – हे धर्मज्ञ जनमेजय ! महाराजा अग्रसेन श्रृद्धावान थे। क्रोध को जीत चुके थे, दानी थे, सबका समुचित मान करते थे। आर्ष पुरुषों के अनुरुप उनका व्यवहार था, वे साक्षात करुणा की मूर्ति थे।

त्रस्तं विषण्णमुद्विग्नं भयार्तं व्याधितं कृशम्।
हृतस्वं व्यसनार्तं च नित्यमाश्वासयन्ति ते ॥ २ ॥

राजन ! त्रस्त, विषादग्रस्त, उद्विग्न, भयभीत, व्याधिग्रस्त, दुर्बल, पीड़ित व्यक्तियों को तथा जिसका सर्वस्व लुट गया हो उन सभी मनुष्यों को, वे सदा धीरज बंधाया करते।

धर्ममेवान्ववर्तन्त नित्यमेवानुमोदताम्।
सदा हि वदतां धर्मं सदा चाप्रतिगृह्णताम् ॥ ३ ॥

वे सदैव धर्म का ही, आचरण करते थे और सदा उसका ही अनुमोदन करते थे। वे सदा धर्म की ही चर्चा में लगे रहते थे और प्रतिगृह से सदा ही दूर रहते, अर्थात बदले में मान–सम्मान आदि भी कुछ नहीं चाहते थे। उनका सम्पूर्ण कर्म कर्तव्य भावना से होता था।

नित्यं दानं तथा दाक्ष्यमार्जवं चैव नित्यदा।
उत्साहोऽथानहङ्कारः परमं सौहृदं क्षमा ॥ ४ ॥

सत्यं धृतिस्तथा शौचं कारुण्यं वागनिष्ठुरा।
क्वचिदेष्वनभिद्रोहः प्रभवेद् जनमेजय ॥ ५ ॥

जैमिनी जी कहते हैं – हे कुरुकुलश्रेष्ठ जनमेजय ! (उसी कलि के प्रभाव से तुम्हारे पिताश्री धर्मज्ञ सम्राट महाराजा परिक्षित भी छले गए थे। प्रजावत्सल, परमज्ञानी महाराजा ने कलियुग को कुछ स्थानों में प्रवेश की अनुमति दे दी थी, और कलि ने उन्हे अधर्म की ओर प्रेरित कर, उनसे ऋृषि के अपमान का वह अनर्थ पूर्ण कर्म करा, उनके काल को सुनिश्चित करवा दिया था।)

ततः कलिविपर्यासे मानुषाणां गुणक्षयात्।
क्षीणो धर्मो युगान्ते तु कामक्रोधवशात्मनाम् ॥ ६ ॥

हे महाप्राज्ञ जनमेजय ! द्वापर के अन्तकाल में जब धर्म क्षीण होने लगा, लोग काम और क्रोधादि के वशीभूत होने लगे। उसीसमय कलियुग का प्रवेश हुआ था। कलियुग के उलट फेर से मनुष्यों के गुणों में विपरीतता आने लगी थी।

जैमिनी जी कहते हैं – धर्मज्ञ जनमेजय ! नित्यदान, परम ज्ञान किन्तु सरलता, उत्साह, अहंकार शून्यता, परम सौहाद्र, सत्य, धैर्य, तप, शौच, करुणा, मधुर वचन, तथा किसी से भी द्रोह न करने का भाव, ये सभी सद्गुण महाराजा अग्रसेन में विद्यमान थे।

क्वचिच्चौरैः क्वचिच्छस्त्रैः क्वचिद् राजभिरातुरैः।
परस्परभयाच्चैव बहवः शून्यसत्क्रियाः ॥ ७ ॥

धर्मज्ञ जनमेजय ! तब उस कलि के प्रभाव से – कहीं चोरों से, कहीं अस्त्र शस्त्रों से, कहीं राजाओं के आपसी द्वन्दों से, और कहीं क्षुधातुर मनुष्यों द्वारा, तरह तरह के उपद्रव खड़े किये जाने के कारण, तथा पारस्परिक भय से, बहुत से राज्य और नगर उजाड़ होने लगे।

गतदैवतसंस्थानाः हता विप्राः भयातुराः।
तस्मिन् प्रतिभये काले क्षीणो धर्मो युगक्षये ॥ ८ ॥

हे धर्मज्ञ राजन ! तब, ब्राह्मण नष्ट हो रहे थे (अपने आचरण से भ्रष्ट हो रहे थे।) देवालय तथा मठ मंदिर आदि संस्थान उठ रहे थे (श्रृद्धा रहितता के कारण महत्वहीन हो गए थे) सभी ओर प्राणियों में हाहाकार व्याप्त हो रहा था।

अपश्यन् निर्गतं धर्मं न च शौचमवर्तत।
पुत्राः पितॄनत्यचरन् नार्यश्चात्यचरन् पतीन् ॥ ९ ॥

जैमिनी जी कहते हैं – हे जनमेजय ! उस समय मैंने भी देखा, लोगों में धर्म नहीं रह गया था, न ही लोगों में पवित्रता ही शेष रही थी। पुत्रों ने पिताओं पर, तथा स्त्रियों ने पतियों पर अत्याचार करना आरम्भ कर दिया था।

तथा धर्मादपेता ये गर्हितेनैव कर्मणा।
महतः प्राप्नुवन्त्यर्थास्तेषां तत्राभवत् स्पृहा ॥ १० ॥

हे धर्मज्ञ राजन! धर्म के विपरीत, निन्दित कर्मों द्वारा जिन्हें, विपुल धन उपलब्ध हो गया, उनकी उसी प्रकार अधर्म पूर्वक धनोपार्जन करने की अभिलाषा और बढ़ गई।

कृतघ्नाः नास्तिकाः पापा निर्मर्यादा हतत्विषः।
अप्रभुत्वे स्थिता वृद्धा प्रार्थयन्त्यन्नमात्मजान् ॥ ११ ॥

हे जनमेजय ! और तब, कृतघ्न, नास्तिक, तथा पापाचारी मनुष्य, धर्म की मर्यादाओं को तोड़कर मनमाना आचरण करने लगे। वृद्ध माता पिताओं का, अपने ही घरों में प्रभुत्व नष्ट हो गया। उन्हे अपने जीवन यापन के लिये, अपने ही पुत्रों से अन्न की (भीख मांगना) याचना करनी पड़ने लगी।

धर्मो यथाऽभितो रुद्धः सर्वत्र भयदर्शनम्।
निरीक्ष्य निपुणं बुद्ध्या ऋषिः प्रोवाच साम्प्रतम्॥ १२॥

जब, इस प्रकार, सब ओर धर्म का मार्ग अवरुद्ध होने लगा, तब चारों ओर विनाशकारी भय ही भय दिखाई देता था। द्वापर व कलि के, संधि के इस युग संक्रातिकाल से, सभी ऋषिगण, मुनिगण, महात्मा पुरुष स्वाभाविक रुप से चिन्तित हो उठे। तब, महर्षि गर्ग ने इस विषय में, अपनी श्रेष्ठ बुद्धि द्वारा योग्य विचार कर राजर्षि महाराजा श्री अग्रसेन से कहा –

गार्ग्य उवाच

एष सङ्क्रान्तिकालोऽयं अनुतिष्ठस्व शासनम्।
विनश्यन्तं भवान् धर्मं रक्षेत् नित्यम् अनुव्रतः॥ १३॥

महर्षि गर्ग ने कहा – हे राजर्षि ! अग्रसेन ! यह युग का संक्रमणकाल है ! तुम उठो ! और अशांति से ग्रसित पृथ्वी पर, धर्म और शांति की स्थापना हेतु योग्य प्रयत्न करो। राजन ! तुम नित्य ही धर्म का अनुसरण करने वाले हो। इसतरह नष्ट होते हुए, धर्म की रक्षा करना तुम्हारा कर्तव्य है।

जैमिनिरुवाच

ततोऽग्रसेनः उन्निन्ये सुसन्देशं सुखावहम्।
संवर्धितं यशो भूयः कर्मणा धर्ममाचरन्॥ १४॥

जैमिनी जी कहते हैं – धर्मज्ञ जनमेजय ! तब उन महात्मा अग्रसेन ने, युग को सुख शांति प्रदान करने वाला, धर्म का चेतना पूर्ण संदेश, जन मन में फैलाने, आग्रेय से प्रस्थान किया। उनका यह धर्म संस्थापन हेतु किया गया कर्म, उनके यश का, बहुगुणा विस्तार करने वाला हुआ।

तस्मिन् काले तु यद् युक्तं धर्मं संवर्धयन् हितम्।
तद् राजा धर्मतश्चक्रे प्रजापालनमुत्तमम्॥ १५॥

धर्मज्ञ जनमेजय ! उस समय, नष्ट होते हुए धर्म के, विवर्धन की सिद्धि के लिये उचित कर्तव्यों का महाराजा अग्रसेन ने धर्म पूर्वक पालन किया। वे कलि के प्रभाव से ग्रसित, उत्पीड़ित, प्रजा की रक्षा करने के साथ साथ, उन्हे जीवन धर्म का उपदेश भी देते थे ।

देशे देशे पूज्यमानः प्रशान्तभयराजसः।
शृण्वंस्ता मधुरा वाचः प्रहृष्टश्चभ्यभाषत॥ १६॥

देश देश में सम्मानित होते हुए वे, राजर्षि अग्रसेन कलि के प्रभाव से उत्पन्न रजोगुण जनित प्रवृत्तियों का दमन करते हुए, जगत में शांति की स्थापना का उपक्रम कर रहे थे। जगह जगह लोग, उनके मधुर वचनों को सुनने के लिये लालायित रहते, उन्हे वे प्रसन्नता पूर्वक उपदेश देते थे।

यथा ज्योतिः परं ज्योतिः प्रकर्षति तथाऽग्रराट्।
कुरुते विततं कर्म यथाऽऽदित्यः प्रदक्षिणम्॥ १७॥

जैमिनी जी कहते हैं – हे महाप्राज्ञ जनमेजय ! जिसप्रकार, अन्धकार के निवारण कर्ता, आदित्य (सूर्यदेव) सम्पूर्ण ज्योतियों को, अपनी ओर खींचते हुए, प्रकाश रूप में, पृथ्वी की प्रदक्षिणा करते हैं, उसीप्रकार राजर्षि अग्रसेन भी, अज्ञान के अंधकार को विनिष्ट करने के क्रम में जुटे हुए थे, वे लोगों की मनोभावनाओं को अपनी ओर (धर्म की ओर) खींचते हुए, संचेतना का प्रकाश फैलाते हुए, पृथ्वी की प्रदक्षिणा कर रहे थे।

सन्तता गतिरेतस्य नैष तिष्ठति जातुचित्।
अहोरात्रं च भूतानां भावयत्यग्रसेनराट् ॥ १८ ॥

हे जनमेजय ! इस प्रकार राजर्षि अग्रसेन, अपने धर्म प्रसार के कर्म में अन्य ऋषि मुनियों तथा महात्माओं की तरह ही, निरंतर गतिशील थे। वे एक क्षण के लिये भी अपने कर्तव्य से विलग नहीं होते थे। तब, रात दिन सभी प्राणिभूतों की पुष्टि हेतु 'धर्म की संचेतना का प्रसार' ही उनका कर्म था।

दृष्ट्वा व्यवस्थितान् लोकान् मर्यादान्वितचेतसः।
आजगाम महात्माऽग्र आग्रेयञ्च पुरोत्तमम्॥ १९॥

जैमिनी जी कहते हैं – श्री अग्रसेन के चेतना जागरण अभियान से, जब लोक की मर्यादा, सुव्यवस्थित तथा सुरक्षित प्रतीत होने लगी, तब, महात्मा अग्रसेन पुनः अपने, राज्योत्तम राज्य आग्रेय में पधारे।

अर्चयामास तं वीरं पतिं पतिपरायणा।
निरीक्षमाणा भर्तारं माधव्यद्भुततेजसा॥ २०॥

तथाविधेन पात्रेण पुनर्नीराजयत्यसौ।
नीराजयित्वा स्वं कान्तम् अन्तर्निन्ये मनस्विनी ॥ २१॥

और तब सर्वप्रथम, परम पतिपारायणा, नागसुता माधवी देवी ने, अपने धर्मवीर पति की पूजा की। अपने पति के मुख पर उद्भूत अनुपम तेज को निहारती हुईं, वे, उस प्रज्वलित दीप से सजी थाली से, अपने मनस्वी पति की प्रसन्नता पूर्वक आरती उतारने लगीं।

अग्रसेनस्य तत् कर्मं दृष्ट्वा धर्मोत्तमं परम्।
साश्रुकण्ठः पुरोधाश्चाप्यग्रसेनमुवाच ह ॥ २२॥

जैमिनी जी कहते हैं – राजर्षि अग्रसेन के इस परम उत्तम धर्म – कर्म (अशांत युग में शांति की स्थापना हेतु प्रयत्न) को देखकर, आग्रेय गणराज्य के हितसंरक्षक महर्षि गर्ग का गला भर आया। और... वे हर्षातिरेक से आंसू छलकाते हुए श्री अग्रसेन की (प्रशंसा करते हुए) बोले –

गार्ग्य उवाच

प्रत्यक्षं सुखभूयिष्ठमात्मसाक्षिकमच्छलम्।
सर्वलोकहितं धर्मम् अग्र त्वय्येव विद्महे ॥ २३॥

महर्षि गर्ग ने कहा – हे वत्स अग्रसेन ! जो धर्म प्रत्यक्ष है, अधिक सुखमय है, आत्मा के साक्षित्व से युक्त है, छल रहित है तथा सर्वलोक हितकारी है, वह धर्म तुममे प्रतिष्ठित है।

वस्तुतः महामना अग्रसेन जी का सम्पूर्ण जीवन कर्म लोक कल्याण का प्रत्यक्ष स्वरूप है, सर्वलोक हितकारी है, जो सतत् उदघोषित करता है, कि – सारे जगत का कल्याण करना ही मानव का परम धर्म है।

॥ सर्वलोकहितो धर्मः ॥

॥ इति जैमिनीये जयभारते भविष्यपर्वणि अग्रोपाख्यानस्य
यद्विरचितम् श्रीमदग्रभागवते चतुर्विंशोऽध्यायः ॥
॥ शुभं भवतु कल्याणम् ॥

महर्षि जैमिनी विरचित जयभारत के भविष्यपर्व के अग्रोपाख्यानम् के
श्रीमद् अग्रभागवतम् स्वरूप का चौबीसवां अध्याय पूर्ण हुआ ।
यह शुभकारी आख्यान सबके लिये कल्याणकारी हो ।

॥ श्री अग्र भागवत ॥

पच्चीसवां अध्याय

संकल्प

जैमिनिरुवाच

यथाकामं यथोत्साहं यथाकालं यथासुखम् ।
धर्मानुकूलं राजायमग्रसेनोऽर्हति ध्रुवम् ॥ १ ॥

जैमिनी जी कहते हैं – हे महाप्राज्ञ जनमेजय ! जब जैसी अभिलाषा हुई, जैसा उत्साह रहा, जैसा समय हुआ, उसके अनुकूल महाराजा अग्रसेन, सुखपूर्वक जगत के भोगों का, धर्मानुकूल उपयोग करते थे, वास्तव में वे उसके योग्य अधिकारी थे।

देवानतर्पयद् यज्ञैः श्राद्धैस्तद्वत् पितृनपि ।
दीनाननुग्रहैरिष्टैः कामैः सर्वास्तथा प्रजाः ॥ २ ॥

राजन ! उन्होंने, यज्ञों द्वारा देवताओं को परितुष्ट किया, अपने श्रृद्धा युक्त सत्कर्मों से पितरों को, यथा योग्य अनुग्रह करके दीन–दुखियों को, तथा आकांक्षित भोग्य वस्तुओं एवं राज्य सेवाओं से सम्पूर्ण प्रजा को तृप्त किया।

पालयामासाग्रसेनः साक्षादिन्द्र इवापरः ।
नृधर्मं विषयज्ञः सन् चचार सुखमुत्तमम् ॥ ३ ॥

इसप्रकार, इन्द्र के समान ही महाराजा अग्रसेन, अपनी प्रजा का पालन किया करते थे। सम्पूर्ण विषय उनके आधीन थे और मानवोचित धर्म का आचरण करते हुए, वे उत्तम सुखों का उपभोग करते थे।

अग्रसेनो यदातीतं शरदोऽष्टाधिकं शतम्।
स मानयामास सुहृज्जनांस्तांश्च भृशं द्विजान्॥ ४॥

जैमिनी जी कहते हैं – हे महाप्राज्ञ जनमेजय! इसप्रकार जब महाराजा श्री अग्रसेन के जीवन के एक सौ आठ शरद व्यतीत हो चुके, तब उन्होंने अपने सभी स्नेहीजनों को पास बुलवाकर उनसे कहा –

अग्रसेन उवाच

विदितं भवतामेतद् यथा मे परिपालितम्।
इदं शरीरं जरितं मया लोककृते हितम्॥ ५॥

महाराजा अग्रसेन ने कहा – आप लोगों को यह विदित ही है, कि मैने किस तरह राज्य कर्म का पालन किया है। लोकहित की साधना करते हुए, मेरा शरीर अब बूढ़ा (जर्जर) हो गया है।

आत्मनस्तु हितं पुण्यं प्रतिकर्तव्यमद्य वै।
युज्यन्तामाशिषो यामि माधव्या सह काननम्॥ ६॥

अब, राजरानी माधवी देवी सहित, मुझे अपने वानप्रस्थ के कर्तव्य का निर्वाह करते हुए, आत्मा के हितार्थ पुण्य तपश्चर्या करनी है। हम वन में विचरण करते हुए, तुम्हे आशीर्वाद देते रहेंगे।

राजन् राज्यहितं कार्यं सर्वं च प्रविचिन्त्यताम्।
अन्यमध्यस्थचिन्ता च विमर्शाभ्यधिकोदया॥ ७॥

राज्य के हित में आप, किसे युवराज बनाना चाहते है? राज्य के लिये जो हितकर हो, उस पर आप सब विचार करें। क्योंकि एक पक्षीय पुरुष की अपेक्षा मध्यस्थ पुरुषों का विचार (पूर्व और अपर पक्ष को लक्ष्य करके विचार किए जाने के कारण) अधिक अभ्युदयकारी होते हैं।

गार्ग्य उवाच

धर्मज्ञः सत्यसन्धश्च शीलवानप्यहिंसकः ।
जितेन्द्रियः प्रियवादी सर्वभूतानुकम्पनः ॥ ८ ॥

तब, महर्षि गर्ग ने कहा – हे राजन! अग्रसेन! आप धर्मज्ञ, सत्यप्रिय, शीलवान, अहिंसक, प्रिय वाचक तथा जितेन्द्रिय हैं। आपमें समस्त प्राणी मात्र के प्रति दया भाव है।

भव्योऽनुसूचः शरवत् लोकतन्त्रमभीप्सते ।
मृदुश्च स्थिरचित्तश्च सदा सत्याश्रितोऽग्रराट् ॥ ९ ॥

आपकी यह लोकतांत्रिक अभिलाषा सदा कल्याणकारी एवं असूया को समाप्त करने वाली है। आप तो मृदुस्वभावी, तथा स्थिरप्रज्ञ, सदैव सत्य पर आश्रित रहने वाले हैं।

वत्स श्रेयसि जातस्ते दिष्ट्याऽसौ च तवात्मजः ।

वत्स अग्रसेन ! सौभाग्य से आपके पुत्र, आपके ही समान, प्रजा का कल्याण करने में सर्वथा समर्थ हो चुके हैं।

अग्रसेन उवाच

किमिच्छन्ति भवन्तोऽद्य मत्पुत्रं चक्रवर्तिनम् ।
तुष्टोऽस्म्यहमपीच्छामि तं महाराजमञ्चितम् ॥ १० ॥

महाराजा अग्रसेन ने कहा – अहो ! आप मेरे पुत्र को राजा के रुप में देखना चाहते हैं ? यह तो मेरे लिये प्रसन्नता और गौरव की बात है कि देश की प्रजा का हम पर पूर्ण विश्वास है।

जैमिनिरुवाच

इति ब्रुवन्तं मुदिताः प्रत्यनन्दन् प्रजा नृपम् ।
स्निग्धोऽनुनादः सञ्जज्ञे ततो हर्षसमीरितः ॥ ११ ॥

जैमिनी जी कहते हैं – महर्षि गर्ग तथा महाराजा अग्रसेन के इस प्रकार वार्तालाप से वहां उपस्थित प्रजाजनों ने, अपने मनोकूल निर्णय से, अत्यन्त प्रसन्न होकर, महाराजा अग्रसेन का अभिनन्दन किया। तदनंतर, समस्त जन समुदाय की स्नेह पूर्ण हर्ष ध्वनि से वह राजभवन गूंज उठा।

विभुरुवाच

परित्यजसि चेत्तात वनं त्वं वा गमिष्यसि ।
ममैतन्न प्रीतिकरं नयाऽस्मानपि सेवकान् ॥ १२ ॥

विभुसेन ने कहा – पिताश्री ! महाराज ! आप इस प्रकार तो हमें छोड़ कर वन चले जायेंगे, यह तो हमारे लिये कदापि प्रसन्नतादायक नहीं होगा।

यदीच्छसि महाराज सेवां ते करवामहै ।
दिष्ट्या शुश्रूषमाणस्त्वां मोचये मनसो ज्वरम् ॥ १३ ॥

हमें आपकी सेवा का सौभाग्यपूर्ण अवसर मिलते रहने से, हम मानसिक चिन्ताओं से दूर रहते हैं। पिताश्री ! हमे आपकी सेवा का अवसर मिलता रहे, यही हमारी कामना है।

अग्रसेन उवाच

तापस्ये मे मनस्तात, नोचितं नः कुले स्थितिः ।
पुत्रेष्वैश्वर्यमाधाय वयसोऽन्ते वनं व्रजेत् ॥ १४ ॥

महाराजा अग्रसेन ने कहा – हे वत्स ! मेरा मन अब केवल तपस्या करने का है, हमारे कुल के सभी लोगों के लिये यह उचित भी है, कि अंतिम अवस्था में, वे अपने अर्जित ऐश्वर्य को योग्य पुत्रों को सौंपकर, स्वयं वन में तपस्या करें।

प्रकृतयः उचुः

मातापित्रोर्वचनकृद्धितः पथ्यश्च यः सुतः ।
स पुत्रः पुत्रवद् यश्च वर्तते पितृमातृषु ॥ १५ ॥

प्रजाजनों ने कहा – जो व्यक्ति माता पिता की आज्ञा मानता है, उनका हित चाहता है, उनके अनुकूल आचरण करता है, तथा माता – पिता के प्रति पुत्रोचित व्यवहार करता है, वही वास्तव में पुत्र है।

जैमिनिरुवाच

पौरजानपदैस्तुष्टैरित्युक्तोऽग्रस्तदा नृपः ।
अभ्यषिञ्चद् विभुं राज्ये स्वे शुभे सुतमात्मनः ॥ १६ ॥

स्वपुत्राय विनीताय गुणिने सुकृतात्मने ।
तदा राज्यं सम्प्रदाय ह्यग्रसेनोऽब्रवीद् वचः ॥ १७ ॥

जैमिनी जी कहते हैं – हे धर्मज्ञ जनमेजय ! नगर और राज्य के लोगों ने जब संतुष्ट होकर राजा के रुप में विमुसेन का चयन किया। तब महाराज अग्रसेन ने अपने आत्मज को ही राज्य पर अभिषिक्त कर दिया। अपने पुत्र को राज्य प्रदान करने के पश्चात श्री अग्रसेन ने अपने एन विनयशील तथा गुणवान पुत्रों को सम्बोधित करते हुए कहा–

अग्रसेन उवाच

आग्रेयमिदमेवेज्यं प्राज्यं राज्यं मयार्पितम् ।
विषयन्ते भ्रातरश्च पान्त्वन्ये येऽधिपा इमे ॥ १८ ॥

महात्मा अग्रसेन ने कहा – विभो ! यह आग्रेय देश तुम्हारे अधिकार में रहेगा, और तुम्हारे अन्य भ्राता गण सीमान्त देशों के अधिपति रहेंगे।

क्षमते यस्तु शक्तः स्यात् क्रुध्यतेऽशक्त एव हि ।
दुर्जनो द्वेष्टि सुजनं दुर्बलो बलवत्तरम् ॥ १९ ॥

रूपवन्तमरूपश्च धनवन्तं च निर्धनः ।
अकर्मा कर्मठं द्वेष्टि धार्मिकं च नधार्मिकः ॥ २० ॥

निर्गुणो गुणवन्तं च विभो तत् कलिलक्षणम् ।
न कुर्यात् कुत्रचित् क्रोधं नावमन्येत कश्चन ॥ २१ ॥

वत्स ! शक्तिहीन मनुष्य सदा क्रोध करता है, शक्तिशाली पुरुष वह है, जो क्षमा करता है। लोक में – दुष्ट मनुष्य रुपवान से, निर्धन धनवान से, अकर्मण्य कर्मनिष्ठ से, और अधार्मिक व्यक्ति धर्मवान पुरुष से, ईर्ष्या करता है।

हे विभो ! यह कलिकाल का प्रभाव है, अतः बुद्धिमान पुरुष न क्रोध करे, और न ही कभी किसी का, अनादर ही करे।

दया मैत्री च भूतेषु दानं च मधुरा च वाक् ।
न विद्यते त्रिलोकेषु सुसंवननमीदृशम् ॥ २२ ॥

जैमिनी जी कहते हैं – हे महाप्राज्ञ जनमेजय ! महाराजा श्री अग्रसेन ने जीवन की सफलता के सूत्र बतलाते हुए कहा – वत्स ! सभी प्राणियों के प्रति दया, और मैत्री पूर्ण व्यवहार, दान, तथा सबके प्रति मधुर वाणी का प्रयोग, तीनों लोकों में इनके समान और कोई वशीकरण मंत्र नहीं है।

तस्मात् न वाच्यं परुषं क्वचित् सान्त्वं वचो वदेत् ।
सम्पूजयेत् प्राज्ञपूज्यान् दद्याद् याचेत न क्वचित् ॥ २३ ॥

अतएव कभी कठोर वचन न बोलें। सदैव सान्त्वना पूर्ण मधुर वचन ही बोलना चाहिये। पूज्यनीय पुरुषों का यथोचित आदर सत्कार, पूजन करना चाहिये, दूसरों को यथाशक्ति देना चाहिये, दूसरों से कभी मांगना नहीं चाहिये।

महाशया महात्मानः सर्वशस्त्रास्त्रभृद्वराः ।
उत्तमां च मनोबुद्धिं कुर्युस्ते भ्रातरस्त्वयि ॥ २४ ॥

वत्स ! तुम सभी भाई, उत्तम मन और बुद्धि से युक्त, श्रेष्ठ आचरण पालन करने वाले, महात्मा, तथा महान विचारों वाले, सभी शास्त्रों तथा शस्त्र–धारियों में श्रेष्ठ, तथा शूरवीर हो।

ब्रह्मचर्यं परो धर्मः स चापि नियतस्त्वयि ।
विप्रैः पुरस्कृतं किञ्चिन्नराणां श्रेय ईप्सितम् ॥ २५ ॥

विभो ! ब्रह्मचर्य ही सबसे बड़ा धर्म है, और वह तुम में निश्चित रुप से विद्यमान है। तथापि इस जगत में, जो भी कल्याणकारी कार्य करना अभीष्ट हो, वह ब्रह्म (गुरु) को, आगे करके ही करना चाहिये।

पुरोधाः यस्य धर्मज्ञः जयस्ते नियतो विभो ।
तस्माद् जानीह नो शक्यं कर्म ब्रह्म विना कृतम् ॥ २६ ॥

हे वंशवर्धक पुत्रों ! तुम यह अच्छी तरह जान लो, कि कोई भी श्रेष्ठकर्म ब्रह्म को आगे किये बिना फलित नहीं होता। जिसके यहां धर्मज्ञ पुरोहित हों, उस राजा को ही इस लोक में निश्चित विजय मिलती है।

अगर्वितात्मा युक्तश्च सान्त्वयुक्तोऽनसूयकः ।
अवेक्षितार्थो मन्त्र्येत शुद्धात्मा सुद्विजो नरः ॥ २७ ॥

वत्स ! राजा अपने हृदय से अहंकार को निकालकर, चित्त को स्थिर रखे। सबसे मधुर संभाषण करे, दूसरों के दोषों को प्रकाशित न करे। हर विषय पर दृष्टि रखे, और शुद्धचित्त होकर, द्विजों के साथ बैठकर मंत्रणा करे।

कर्मणा येन केनैव मृदुना दारुणेन च ।
उद्धरेद् दीनमात्मानं समर्थो धर्ममाचरेत् ॥ २८ ॥

वत्स ! यदि कभी, राजा संकट में हो तो – कोमल या भयंकर जिस किसी भी कर्म के द्वारा, उस दुरावस्था से पहिले अपना उद्धार करे, और फिर समर्थ होने पर धर्मानुकूल आचरण करे।

नरः पश्यति भद्राणि न संशयमनारुहन् ।
संशयं पुनरारुह्य यदि जीवति पश्यति ॥ २९ ॥

वत्स ! कष्ट सहे बिना मनुष्य, कल्याण के दर्शन नहीं कर पाता, अर्थात संघर्ष ही सिद्धि का श्रोत है। प्राण संकट में पड़ने पर भी यदि वह जीवित रह जाता है, तो प्रयत्नशील होने पर वह पुनः अपना भाग्योदय देखता है।

न स्थिरः सर्वदा देहस्तारुण्यं चंचलं तथा ।
स्थिरा रमा न कस्यापि दृश्यते मन्दिरे विभो ॥ ३० ॥

तस्माद् यशः स्थिरं कार्यं प्राणिभिर्भूतलेऽखिलैः ।

हे वत्स ! यह शरीर सदा स्थिर रहने वाला नहीं है। युवा अवस्था भी चंचल ही होती है। सारे भूमंडल में किसी के भी घर में, लक्ष्मी स्थिर नहीं देखी जाती अतः प्राणियों को अपना यश स्थिर कर लेना चाहिये।

विभुरुवाच

कथमत्र भवेत् कीर्तिः किं कार्यं च कथं सुखम् ॥ ३१ ॥

विभुसेन ने पूछा – हे महात्मन! पिताश्री ! कैसा कर्म करने से इसलोक में कीर्ति तथा उत्तम सुख की प्राप्ति संभव है ? (कृपया यह भी बताइये।)

अग्रसेन उवाच

लोकपर्यायवृतान्तं प्राज्ञो जानाति नेतरः ।
न बुद्धिर्धनलाभाय न लोभाय समृद्धये ॥ ३२ ॥

धृतिः शमो दमः शौचं कारुण्यं वागनिष्ठुरा ।
मित्राणां चानभिद्रोहः सप्तैता समिधः श्रियः ॥३३ ॥

महाराजा अगेसन ने कहा – विभो ! ऐसा नहीं है कि बुद्धि से ही धन व ऐश्वर्य प्राप्त होता है। और न ही दरिद्रता का कारण मूर्खता ही। यह तो भाग्य के आधीन है। परंतु सत्य, धैर्य, मनोनिग्रह, पवित्रता, दया, मधुरवाणी, और मित्र से द्रोह न करना, – ये सात बातें लक्ष्मी को बढ़ाने वाली हैं। संसार चक्र के इस वृतान्त को केवल विद्वान पुरुष ही जानते हैं, अन्य नहीं।

बुद्धया भयं प्रणुदति तपसा विन्दते महः ।
गुरुशुश्रुषया ज्ञानं शान्तिं धर्मेण विन्दति ॥ ३४ ॥

हे विभो ! बुद्धि से मनुष्य, अपने तथा औरों के भय को दूर करता है। तपस्या से महद् पद को प्राप्त होता है। गुरु की सेवा से ज्ञान प्राप्त होता है, उसी तरह सदाचार से शांति।

अकीर्तिं विनयो हन्ति हन्त्यनर्थं पराक्रमः ।
हन्ति नित्यं क्षमा क्रोधमाचारो हन्त्यलक्षणम् ॥ ३५ ॥

वत्स ! विभो ! विनम्रता अपयश का नाश करती है। पराक्रम अनिष्ट को विनिष्ट करता है। क्षमा ही क्रोध का नाश करती है और सदाचार ही बुरे लक्षणों का अन्त करता है।

वृत्तं यत्नेन संरक्षेद् वित्तमेति च याति च।
अक्षीणो वित्ततः क्षीणो वृत्ततस्तु हतो हतः ॥ ३६ ॥

इसलिये, हे वत्स ! सदाचार की यत्नपूर्वक रक्षा करना चाहिये। धन तो आता और जाता रहता है। धन क्षीण हो जाने पर भी, सदाचारी व्यक्ति क्षीण नहीं माना जाता। किन्तु जो सदाचार से भ्रष्ट हो गया, उसे तो पूरी तरह नष्ट हुआ ही समझना चाहिये।

वृत्ततस्त्ववहीनानि कुलान्यल्पधनान्यपि ।
गच्छन्ति च श्रेष्ठकुलं कर्षन्ति च महद् यशः ॥ ३७ ॥

वत्स विभो ! थोड़े धन वाले या वित्तहीन कुल भी, यदि सदाचार से सम्पन्न हों तो वे श्रेष्ठ कुल माने जाते हैं और वे महान यश प्राप्त करते हैं। अर्थात यश का आधार वित्त नहीं सदाचार है।

कुलीनो दुष्कुलीनो वा मर्यादां यो न लङ्घयेत्।
धर्मापेक्षी मृदुर्ह्रीमान् स कुलीनशताद् वरः ॥ ३८ ॥

कोई व्यक्ति, उत्तम कुल में जन्मा हो या अधम कुल में, जो मर्यादाओं का उल्लघंन नहीं करता, धर्म की अपेक्षा रखता है, मृदुल स्वाभाव वाला तथा सलज्ज हो, वह (अधम होने पर भी) सैकड़ों कुलीनों से बढ़कर है।

आयत्यां प्रतिकारज्ञस्तदात्वे दृढनिश्चयः ।
अतीते कर्मशेषज्ञो विभो कीर्त्या न हीयते ॥ ३९ ॥

विभो ! जो व्यक्ति आने वाले दुख के प्रतिकार का उपाय जानता हो, तथा वर्तमान कालिक कर्तव्यों को पूर्ण करने में प्रयत्नशील रहता हो, और अतीत काल के अवशिष्ट कर्तव्यों को पूर्ण करने में प्रयत्नशील हो, उस मनुष्य का कभी भी अपयश नहीं होता।

अत्यार्यमतिदातारमतिशूरमतिव्रतम् ।
अतिप्रज्ञाभिमानं च सेवते श्रीर्न तं भयात् ॥ ४० ॥

हे विभो ! कोई भले ही अत्यन्त श्रेष्ठ, अतिशय दानी, अतीव शूरवीर, बड़ा तपस्वी, श्रेष्ठ बुद्धिमान, क्यों न हो, किन्तु यदि वह अपनी श्रेष्ठता के अहंकार में चूर हो, तो अपमानित हो जाने के भय से, उसके घर लक्ष्मी स्थिर नहीं रहती।

प्रभविष्णोर्यथा विष्णोरमानित्वं परं सदा ।
नातः श्रीमत्तरं किञ्चिदन्यत् पथ्यं हि मे मतम् ॥ ४१ ॥

हे विभो ! अपनी अनन्त श्रेष्ठताओं के बावजूद, भगवान विष्णु के समान ही प्रभायुक्त होने पर भी, उनके ही समान सदा ही सर्वत्र निरभिमानी रहने वाले व्यक्ति के घर ही, महालक्ष्मी वास करती हैं। अतएव निराभिमान के अतिरिक्त श्री सम्पन्न बनाने वाला, मेरे मत में और कोई उपाय नहीं है।

यद्भीक्ष्णं निषेवेत मनसा कर्मणा गिरा ।
तदेवापहरत्येनं तस्मात् कल्याणमाचरेत् ॥ ४२ ॥

वत्स ! मनुष्य मन, वाणी, और कर्म से, जिन कार्यों का निरंतर सेवन करता है, वे कार्य उस पुरुष को, अपनी ओर खींच लेते हैं। अर्थात व्यक्ति जिसप्रकार के कार्यो में मन वाणी और कर्म से लिप्त हो जाता है, उसका वही स्वरुप बन जाता है, अतः सदैव जगत के कल्याणकारी कार्यों में ही न्यस्त रहना चाहिये।

क्षमा धृतिरहिंसा च समता सत्यमार्जवम् ।
कर्मणा स्थैर्यमास्थाय कल्पन्ते शाश्वता भुवि ॥ ४३ ॥

वत्स ! जिसके द्वारा अपने कर्मों में कर्तव्यों को आचरित किया जाता हो, जिसके आचरण में क्षमा, धैर्य, अहिंसा, समता, सत्य, और सरलता हो उन्हे ही इस लोक में सनातन (शाश्वत) स्थान की प्राप्ति होती है।

सर्वेषां ज्ञानमेकं हि सर्वभूतहिताऽभयम्।
समुद्र इव गम्भीरः प्रज्ञातृप्तः प्रशाम्यति॥ ४४॥

विभो ! जो सम्पूर्ण जगत का हिताभिलाषी, भय से रहित, तथा जिससे सभी प्राणियों को अभय प्राप्त हो, जो समुद्र के समान गम्भीर तथा उत्कृष्ट ज्ञानरुपी अमृत से तृप्त हो, वही परम शांति का भागी होता है।

परिभ्रष्टः स्वयं राज्यात् सम्प्राप्तो व्यसनं महत्।
लब्ध्वामृतं हि स्वं रूपं काष्ठां विन्दति कर्मणाम्॥ ४५॥

वत्स ! मैंने स्वयं राज्य से हीन होने पर, अनेकों संकटों तथा अत्यन्त गंभीर दुखों को झेला, किन्तु अपनी लज्जाशीलता तथा पुण्य कर्मों के कारण ही, इस अमृत्व तथा पुरुषों की श्रेष्ठ गति को प्राप्त किया है।

सुमन्त्रितं सुनीतं च न्यायतश्चोपपादितम्।
कृतं मानुष्यकं कर्म दैवेनापि न रुध्यते॥ ४६॥

विभो ! अच्छी तरह विचार – पूर्वक निश्चित किये हुये मानवीय पुरुषार्थ साध्य कर्म भी, कभी कभी दैववशात् बाधित हो जाते हैं। अर्थात उनकी सफलता में विघ्न उपस्थित हो जाते हैं।

दैवेन किल यस्यार्थः सुनीतोऽपि विशां पते।
दैवस्य चागमे यत्नस्तेन कार्यो विजानता॥ ४७॥

विभो ! उत्तम नीति द्वारा सुरक्षित कर्म, एवं पदार्थ भी, दैव के प्रतिकूल होने पर नष्ट प्रायः हो जाते हैं, अतएव दैव को अनुकूल बनाने का प्रयत्न करना ही विद्ववत्ता है।

दैवमप्यकृतं कर्म पौरुषेण विहन्यते ।
यदन्यद् दिष्टभावस्य पुरुषस्य स्वयं कृतम् ॥ ४८ ॥

किन्तु, देवों के द्वारा विघ्न उपस्थित होने पर भी, पुरुषार्थ का कदापि परित्याग नहीं करना चाहिये, क्योंकि पुरुषार्थ से ही, उन बाधाओं का निवारण किया जा सकता है। प्रारब्ध के अतिरिक्त जो पुरुष का स्वयं अपना किया हुआ कर्म है, उससे भी फल सिद्धि होती है।

न जात्वदक्षो राजा च प्रजाः शक्नोति रक्षितुम् ।
भारो हि सुमहान् वत्स राज्यं नाम सुदुष्करम् ॥ ४९ ॥

हे वत्स ! जो राजा दक्ष नहीं है, वह प्रजा की रक्षा कदापि नहीं कर सकता। राज्य के संचालन का कार्य अत्यन्त दुष्कर है, क्योंकि राजा पर प्रजा के हित व उसके संरक्षण का बहुत बड़ा भार होता है।

अरक्षितात्मा स नृपः प्रजाश्चापि न रक्षति ।
तद्दण्डविन्नृपः प्राज्ञः शूरः शक्नोति रक्षितुम् ॥ ५० ॥

हे वत्स ! जो राजा अपनी रक्षा नहीं ही कर सकता, वह प्रजा की रक्षा कैसे कर सकता है ? राज्य की रक्षा केवल वही राजा कर सकता है, जो बुद्धिमान हो और शूरवीर होने के साथ साथ न्यायनीति भी जानता हो।

नयानयौ देशकालौ ज्ञात्वा दण्डं नयेन्नृषु ।
सुनियन्त्रितसर्वाङ्गः पक्षपातविवर्जनात् ॥ ५१ ॥

वत्स ! राजा देश, काल, न्याय और अन्याय को ठीक प्रकार से ज्ञात करके ही, अपराधी को दण्ड दे। राज्य कार्य के लिये स्वयं भी, नियम और विधान से बंधा रहे और पक्षपात से रहित निर्णय करे।

स्वभावः कर्म च शुभं यत्र शूद्रेऽपि तिष्ठति ।
विशिष्टः स द्विजातेर्हि विज्ञेय इति मे मतिः ॥ ५२ ॥

वत्स ! (न्याय शास्त्र में वर्णों के अनुसार, वर्णित दण्ड प्रक्रिया से, मैं सहमत नहीं।) मेरा मत है कि, यदि शूद्र के स्वभाव एवं कर्म दोनों उत्तम हों, तो वह द्विजातियों से भी बढ़कर माननीय है।

न श्रुतं न च संस्कारो न योनिः श्रीकरो नृणाम् ।
आचारः श्रीकरः प्रोक्तो ब्रह्मणा सृजता प्रजाः ॥ ५३ ॥

वत्स ! प्रजा की सृष्टि करते समय वरदाता ब्रह्माजी ने स्वयं यही बात कही है कि, श्रेष्ठता का कारण न योनि, न संस्कार, और न ही शास्त्रों का ज्ञान ही है। 'श्रेष्ठता का आधार तो केवल मनुष्य का आचरण होता है।'

कृषिगोरक्ष्यवाणिज्यं लोकानामिह जीवनम् ।
यथोर्ध्वं च त्रयी विद्या सा भूतान् भावयत्युत ॥५४ ॥

जिस प्रकार तीनों लोक, उर्ध्व लोक की रक्षा करते हैं, वे ही यज्ञों तथा समस्त प्राणियों की उत्पत्ति तथा वृद्धि के हेतु हैं, उसीप्रकार कृषि, गौपालन, और वाणिज्यये तीनों, इस लोक में उत्तम आजीविका के साधन हैं।

नृधर्मे वर्तमानानामर्थसिद्धिः प्रदृश्यते ।
तदेव मङ्गलं लोकः सर्वस्तमनुवर्तते ॥ ५५ ॥

वत्स ! जो मानव, धर्म के पालन में तत्पर रहते हैं, उन्हीं से अभीष्ट मनोरथों की सिद्धि होती देखी जाती है। और फिर यह सारा संसार, उसी मंगलमय धर्म का अनुसरण करता है।

प्रमाणं यद्धि कुरुते सदाचारेषु पार्थिवः ।
प्रजास्तदनुवर्तन्ते प्रमाणाचरितं सदा ॥ ५६ ॥

हे वत्स ! सदाचार के आचरण में, राजा जिस कर्म को प्रमाणित दर्शाता है, प्रजा उस प्राणभूत राजा के आचरण का ही अनुकरण करती है।

अहिंसा परमो धर्मः इत्युक्तं शास्त्रकोटिषु ।
निश्चयेन चिकिर्षामि धर्ममेतं सनातनम् ॥ ५७ ॥

वत्स ! प्रायः सभी महापुरुषों ने, अहिंसा को परमधर्म कहा है, किन्तु मैं निश्चित रुप से इस सनातन धर्म के पालन की कामना करता हूं।

धिक् तस्य जीवितं राज्ञो राष्ट्रे यस्यावसीदति ।
संरुद्धपतिपुत्रैका ह्रियते स्त्री बलाद् द्विषा ॥ ५८ ॥

वत्स! जिस राज्य में मनुष्य क्षुधा से पीड़ित हों, रोती बिलखती स्त्रियों का बलपूर्वक अपहरण हो जाता हो, और उनके असहाय पति पुत्रादि रोते रह जाते हों, उस राजा के जीवन को धिक्कार है।

नृपः स धर्मकुशलः तद्राष्ट्रं भूतिलक्षणम् ।
यस्य राज्ञः शुभे राज्ये कर्मभिर्निर्वृता नराः ॥ ५९ ॥

राजा धर्म में कुशल हो, यही प्रजा के ऐश्वर्य, वैभव, शांति एवं सुख को सूचित करने वाला श्रेष्ठतम लक्षण है। ऐसे राजा के शुभ राज्य तथा शुभ कर्मों से प्रजा संतुष्ट रहती है।

आर्तहस्तप्रदो राजा प्रजा धर्मेण पालयन्।
सत्यं सत्यानि कुरुते स नित्यं यः सुदर्शनः ॥ ६० ॥

वत्स ! जो दुखी एवं पीड़ित मनुष्यों को हाथ का सहारा देता है, उसकी पीड़ाओं का निवारण करता है तथा जिसका दर्शन भी, लोगों के लिये सुख प्रदान करने वाला हो, जो स्वयं सत्य परायण होकर सत्यपूर्ण व्यवहार करता है, वही – वस्तुतः राजा होता है।

अर्थाश्चैवाधिगम्यन्ते सङ्घातबलपौरुषैः।
तस्मान्मानयितव्यास्ते गणमुख्याः प्रधानतः ॥ ६१ ॥

वत्स ! जो सामूहिक बल और पुरुषार्थ से संपन्न है, उन्हें अनायास ही सभी प्रकार के अभीष्टों की प्राप्ति हो जाती है। अतः गणराज्य के जो प्रधान पुरुष हैं, तुम्हें उनका यथोचित सम्मान करना चाहिये।

न चापि वैरं वैरेण विभोऽत्र व्युपशाम्यति।
हविषाऽग्निर्यथाऽकीर्तिर्भूय एवाभिवर्धते ॥ ६२ ॥

हे विभो ! जैसे घी डालने पर अग्नि, बुझने की बजाय और अधिक प्रज्वलित हो उठती है, उसी प्रकार बैर करने से बैर की आग शांत नहीं होती अपितु अधिकाधिक बढ़ती है और अपकीर्ति का कारण बनती है।

उपकारिषु यः साधुः साधुत्वे तस्य को गुणः।
अपकारिषु यः साधुः स साधुः सद्भिरुच्यते ॥ ६३ ॥

हे वत्स ! जो अपने ऊपर उपकार करने वालों के प्रति सद्भाव दिखाता है, उसकी साधुता में क्या विशिष्टता ? ऐसा तो स्वाभाविक ही है। किन्तु जो आपने अपकारी के प्रति भी उपकार करता है, सत्पुरुष उसे ही महान (साधु पुरुष) कहते हैं।

एवं कृतमती राजा प्रजा अनुचरेद् यदि ।
भवतां च कृतः कामस्त्वयाऽऽप्तं श्रेय उत्तमम् ॥ ६४ ॥

हे वत्स ! यदि तुम अपनी बुद्धि में इस प्रकार निश्चय करके, उसका अनुसरण करोगे, तो तुम निश्चय ही अक्षय यश को प्राप्त करोगे। इस प्रकार तुम्हारा मनोरथ भी पूर्ण होगा और परम लोक कल्याण भी।

इदानीं मानुषं धर्मं जानासि सकलं विभो ।
सर्वकामसमृद्धा ते प्रजा राज्ये भविष्यति ॥ ६५ ॥

हे वत्स ! विभो ! इसप्रकार तुम सारे मानवोचित गुणों को जान चुके हो। निश्चय ही तुम्हारे राज्य में, सारी प्रजा समस्त सुखों से समृद्ध होगी।

जैमिनिरुवाच

एवं ब्रुवन्तं पितरं नमस्कृत्य विभुस्तदा ।
ततः प्रदक्षिणीकृत्य स्फुटं वचनमब्रवीत् ॥ ६६ ॥

जैमिनी जी कहते हैं – हे धर्मज्ञ जनमेजय ! तदनंतर, राजा विभुसेन ने ऐसे नीतिपूर्ण मार्गदर्शक अपने पिताश्री महाप्राज्ञ अग्रसेन जी को प्रणाम कर, उनकी प्रदक्षिणा की, और स्पष्ट शब्दों में कहा –

विभुरुवाच

सर्वं तात करिष्यामि त्वयोक्तं परमं हितम्।
महापातकिनस्त्यक्त्वा प्रजाः सम्पूजयाम्यहम्॥ ६७॥

विभुसेन ने कहा – पिताश्री! आपके कहे गए वचन, मेरे लिये परम कल्याणकारी एवं हितकर हैं। मैं इन सभी निर्देशों का पूर्ण रुप से पालन करुंगा, एवं महापातकों का परित्याग एवं योग्य कृत्य का ही, अपने जीवन में सम्मान करुंगा।

जैमिनिरुवाच

एवं सभार्योऽग्रसेनः प्रेयांसं पुत्रमीप्सितम्।
राज्येऽभिषिच्य मुदित आगतानब्रवीद् वचः॥ ६८॥

जैमिनी जी कहते हैं – इस प्रकार राजर्षि श्री अग्रसेन अपनी धर्मपत्नी सहचरी माधवी देवी के साथ, जनप्रिय पुत्र विभुसेन का राज्याभिषेक करन के उपरांत, समारोह में उपस्थित समस्त जनों को लक्ष्य करके, प्रसन्नता पूर्वक वे कहने लगे –

अग्रसेन उवाच

अरण्यगमने बुद्धिर्माधवीसहितस्य मे।
मुनिनाऽनुमता राज्ञा भवद्भिश्चानुमन्यताम्॥ ६९॥

राजर्षि महात्मा श्री अग्रसेन ने कहा – हे प्रिय प्रजा जनों! मेरे द्वारा, महाप्राज्ञा माघवी देवी के साथ वानप्रस्थ आश्रम में, तपस्या हेतु वन जाने का जो निश्चय किया गया है, उसे महर्षि गर्ग तथा आग्रेय के वर्तमान राजा (विभुसेन) की, अनुमति मिल चुकी है। आप लोग भी हमें वन जाने की अनुमति प्रदान करें।

येयं प्रीतिः कृताऽस्मासु भवद्भिः शाश्वती हिता।
न च साऽन्येषु देशेषु राज्ञामिति मतिर्मम॥ ७०॥

आप लोगों का हमारे साथ जो प्रेमपूर्वक सम्बन्ध सदा से चला आ रहा है, ऐसा मधुर स्नेह संबंध दूसरे किसी देश की प्रजा का, अपने राजा के साथ शायद ही हो, ऐसा मेरा विश्वास है।

जैमिनिरुवाच

इत्युक्तास्तेन ते नोचुर्जनाः बाष्पकलाकुलाः।
रुरुदुः शोकसन्तप्ता मुहुर्तं पितृमातृवत्॥ ७१॥

जैमिनी जी कहते हैं – महाराज जनमेजय ! श्री अग्रसेन जी के इस प्रकार कहते ही, उन सभी के नेत्र आसुंओ से परिपूर्ण हो गए। अपनी संतान को विदा करते समय जिस प्रकार, दुख से कातर माता पिता संतप्त हो उठते हैं, उसी प्रकार प्रजाजन उन्हे विदा करते हुए रो पड़े।

दुःखं सन्धारयन्तो हि नष्टसञ्ज्ञा इवाभवन्।
वियोगजं तमायासं विनीय प्रस्थिताविमौ॥ ७२॥

जैमिनी जी कहते हैं – हे महाप्राज्ञ जनमेजय ! वियोग जनित इस दुख को धारण करके उस समय लोग, चेतना शून्य की तरह हो गए। फिर धीरे धीरे दुख को योग्य चिन्तन से, दूर करके, उन सबने राजमाता माधवी देवी सहित श्री अग्रसेन जी के वानप्रस्थ प्रस्थान के अभिमत की पुष्टि की।

मार्गशीर्षे पूर्णिमायामाग्रेयान्निर्ययौ नृपः ।
अभिवाद्य न्यवर्तन्त प्रजास्तं न निवर्त्य ताः ॥ ७३ ॥

जैमिनी जी कहते हैं – हे धर्मज्ञ जनमेजय ! इसप्रकार, महात्मा अग्रसेन महाप्राज्ञा माधवी देवी के साथ, मार्गशीर्ष पौर्णिमा को आग्रेय राज्य से बाहर निकले।

उन्हे वापिस लौटाने में असमर्थ रहे प्रजाजन, अन्ततः उनका अभिवादन कर नगर की ओर लौटे।

उषित्वा च वने वासं धर्मिणौ संशितव्रतौ ।
फलमूलशनौ दान्तौ तपश्चर्यारतौ ततः ॥ ७४ ॥

हे कुरुकुलभूषण जनमेजय ! इस प्रकार मनस्वी श्री अग्रसेन सहधर्मिणी नागसुता माधवी देवी के साथ, कठोर व्रत का पालन करते हुए, फल–मूल का आहार तथा मन और इन्द्रियों का संयमित करते हुए तपश्चर्या में लीन हो गए।

॥ इति जैमिनीये जयभारते भविष्यपर्वणि अग्रोपाख्यानस्य
यद्विरचितम् श्रीमदग्रभागवते पञ्चविंशोऽध्यायः ॥
॥ शुभं भवतु कल्याणम् ॥

महर्षि जैमिनी विरचित जयभारत के भविष्यपर्व के अग्रोपाख्यानम् के
श्रीमद् अग्रभागवतम् स्वरूप का पच्चीसवां अध्याय पूर्ण हुआ ।
यह शुभकारी आख्यान सबके लिये कल्याणकारी हो ।

॥ श्री अग्र भागवत ॥

छब्बीसवां अध्याय

आनन्द

जैमिनिरुवाच

अर्थं कामं सुखं चैव सर्वं त्यक्त्वाऽव्रजद् वनम्।
तापसः समतप्यच्च सभार्यः सोऽग्रसेनराट्॥ १॥

जैमिनी जी कहते हैं – हे परमजिज्ञासु जनमेजय ! तपोधन श्री अग्रसेन अपनी धर्मपत्नी सहित, तपस्वी जीवन बिताते हुए – अर्थ, काम तथा सभी सुखों को त्यागकर, कठोर तप में संलग्न हो गए।

उवास बहुदेशेषु समेषु विषमेषु च ।
ब्रह्मधीर्मितवाग्दीप्तो यमुनायास्तटं ययौ ॥ २॥

ब्रह्मा जी की भांति अमित तेज (दीप्ति) और ओज से प्रकाशित वे, ऊंची नीची जमीन पर सो लेते थे। वे, चलते चलते यमुना नदी के तट पर पंहुचे।

तावाप्लुत्य यतात्मानौ आसाद्य यमुनां नदीम्।
कृतजप्यौ समासातां सूक्ष्मकाञ्चनवालुकाम्॥ ३॥
चक्रतुस्तौ तथाऽऽसीनौ पुण्यकर्माणि भूरिशः।
श्रुतवन्तौ च सश्रद्धौ देवर्षिकथिताः कथाः॥ ४॥

फिर उन दोनों ने, यमुना जी में गोते लगाकर, मन को एकाग्र करके संक्षिप्त जपों का कर्म पूर्ण किया, तदुपरांत सूक्ष्म स्वर्णिम बालुका से युक्त, यमुना जी के महर्षियों द्वारा कही गई, कथाओं–गाथाओं को आपस में कहने सुनने लगे।

एवं स हि विशुद्धात्मा तप आतिष्ठदुत्तमम्।
अस्तौच्च मनसा देवीं लक्ष्मीं त्रिभुवनेश्वरीम् ॥ ५ ॥

राजन ! तद्उपरांत, उन दोनों शुद्धचेताओं ने उत्तम तपस्या का अनुष्ठान प्रारम्भ किया, और मन ही मन त्रिभुवन अधीश्वरी देवी महालक्ष्मी का स्तवन इस प्रकार करने लगे –

अग्रमाधव्यौ ऊचतुः

पद्मासनस्थिते देवि परब्रह्मस्वरूपिणि ।
परमेशि जगन्मातः महालक्ष्मि नमोऽस्तु ते ॥ ६ ॥

श्री अग्रसेन जी व माधवी जी ने सम्मलित स्वर में उच्चारित किया :-

हे कमलासन पर विराजित देवी महालक्ष्मी ! हे परम ब्रह्मस्वरुपिणी देवी ! हे परमेश्वरी ! हे जगदम्बे ! तुम्हे प्रणाम है।

भारावतरणे पुण्ये ये स्मरन्ति सदा शिवाम्।
तारयत्येव सा पापात् पङ्के गामिव दुर्बलाम् ॥ ७ ॥

हे पृथ्वी का भार उतारने वाली पुण्यमयी देवी ! तुम सदा सबका कल्याण करने वाली हो। जो आपका स्मरण करते हैं, उन्हें आप दुख से उसी तरह उबार देती हो जैसे कोई दयालु पुरुष, कीचड़ में फंसी निर्बल गाय का उद्धार कर देता है।

जैमिनिरुवाच

स्तोतुं प्रचक्रमे भूयो विविधैः स्तोत्रतल्लजैः।
आमन्त्र्य दर्शनाकाङ्क्षी राजा देवी स धार्मिकः ॥ ८ ॥

जैमिनी जी कहते हैं – हे कुरुकुलभूषण महाप्राज्ञ जनमेजय ! तत्पश्चात, सहधर्मिणी माधवी देवी के साथ ही महात्मा अग्रसेन ने देवी महालक्ष्मी के दर्शनों की अभिलाषा से नाना प्रकार के स्तुति परक स्त्रोतों द्वारा उनकी स्तुति प्रारम्भ की।

अग्रमाधव्यौ ऊचतुः

नमोऽस्तु वरदे देवि मातः सर्वार्थसाधिके ।
बालार्कसदृशाकारे पूर्णचन्द्रनिभानने ॥ ९ ॥

श्री अग्रसेन जी व माधवी जी ने सम्मलित रुप में मां महालक्ष्मी का स्तवन किया-

हे वरदात्री देवी ! तुम्हे नमस्कार है। श्री स्वरुपा महालक्ष्मी आप सभी अर्थों (अर्थ, धर्म, काम, मोक्ष) को प्रदान करने वाली हैं। आपकी अंग कांति, (बालार्क) प्रभातकालीन सूर्य के सदृश्य, तथा आपकी मुख कांति पूर्ण चन्द्रमा की भांति, आल्हाद प्रदान करने वाली है।

त्वं स्तूयसे देवि पद्मे त्रिदशैः पूज्यसेऽपि च ।
मुकुटेन विचित्रेण केशबन्धेन शोभिते ॥ १० ॥

हे देवी ! पद्मा ! आपके शीश पर विविध चित्रांकित मुकुट शोभायमान है। बंधे हुए केशों की वेणी सर्प की आकृति के समान अलग ही शोभा सम्पन्न है, सभी तीस देवता जिनकी स्तुति पूजा करते हैं, हम ऐसी महालक्ष्मी की वन्दना करते हैं।

भुजङ्गाभोगवसने श्रोणिसूत्रेण राजिते ।
विभ्राजसे च बद्धेन भोगिनेवेह मन्दरः ॥ ११ ॥

हे देवी ! आपकी कमर में बंधी हुई, करधनी से आपकी शोभा (छबि) इस प्रकार प्रतीत हो रही है, मानो नाग से लिपटा हुआ अचल मंदरांचल हो, आपकी इस अचल शोभा को हम नमस्कार करते हैं।

भारावतारे ये च त्वां संस्मरिष्यन्ति मानवाः ।
कृतानुयात्रा तेषां त्वं वरदे कामदा ह्यसि ॥ १२ ॥

हे जगत मातेश्वरी ! जो प्राणी आपका अनुसरण करते हैं, आप उन्हें मनोवांच्छित 'वर' प्रदान करती हैं। समस्त चराचर जगत में, इच्छानुसार विचरण करने वाली देवि महालक्ष्मी, मनुष्य अपने ऊपर आए हुए, संकट का भार उतारने के लिये आपका ही स्मरण करते हैं।

प्रणमन्ति हि ये च त्वां प्रभाते मानवा भुवि ।
न तेषां दुर्लभं किञ्चित् पुत्रतो धनतोऽपि वा ॥ १३ ॥

जो मनुष्य प्रतिदिन प्रातःकाल आपको प्रमाण करते हैं, हे जगन्माते ! उनके लिये इस जगत में, पुत्रादि तथा धन–धान्य, ऐश्वर्य आदि कुछ भी दुर्लभ नहीं रह जाता अर्थात सब कुछ सहज सुलभ हो जाता है।

त्वं कीर्तिः श्रीः धृतिः सिद्धिः ह्रीर्विद्या सुप्रभा क्षमा ।
सर्वरूपा भगवती बुद्धिः शक्तिर्दया स्मृतिः ॥ १४ ॥

हे माते ! आप ही, कीर्ति हैं, आप ही श्री हैं, आप ही धृति, सिद्धि, तथा लज्जा, विद्या, कांति, और आप ही क्षमा रुप में आप ही विद्यमान हैं। हे भगवती बुद्धि, शक्ति, दया, स्मृति आदि सभी स्वरूपों में आप ही विद्यमान हैं।

ये स्मरन्ति महालक्ष्मीं न च सीदन्ति ते नराः ।
पूर्णज्ञानबलोपेता ऐश्वर्येण श्रियाऽन्विताः ॥ १५ ॥

हे महालक्ष्मी माते ! जो आपका सदैव स्मरण करते हैं, वे मनुष्य क्लेश नहीं पाते। उनके क्लेश नष्ट हो जाते हैं। आपकी कृपा से वे ज्ञान, बल, शक्ति, से परिपूर्ण हो ऐश्वर्यशाली, यशस्वी व आनन्दमय हो जाते हैं।

नृणां च बन्धनं मोहं पुत्रनाशं धनक्षयम् ।
व्याधिं मृत्युं भयं चैव पूजिता नाशयिष्यसि ॥ १६ ॥

हे महालक्ष्मी ! आप पूजित होने पर, मनुष्यों के बंधन, मोह, पुत्रविनाश, धननाश आदि संकटों से, उन्हे मुक्त कर देती हैं तथा आधि, व्याधि और मृत्यु आदि के सम्पूर्ण भयों को नष्ट कर देती हैं।

शरणं भव मे देवि शरण्ये भक्तवत्सले ।
प्रसन्ना मे सुरश्रेष्ठे दयां कुरु शिवा भव ॥ १७ ॥

शरणागतों की रक्षा करने वाली, हे भक्त वत्सले महालक्ष्मी देवी ! मुझे आप अपने चरणों में शरण प्रदान कीजिये! हे जगन्माते ! मुझ पर प्रसन्न होकर दया कीजिये। हे देवी, आप मेरे लिये सदा कल्याणकारी रहिये।

जैमिनिरुवाच

इति सूक्तसहस्रैः सा संस्तुता सम्यगाश्रिता ।
मन्त्रैश्च ऋषिभिः दृष्टैः पूजिता जगदम्बिका ॥ १८ ॥

जैमिनी जी कहते हैं – हे महाप्राज्ञ जनमेजय ! इस प्रकार सहस्त्रों सूक्तों से, उन्होंने मां महालक्ष्मी की सम्यक स्तुति की। वरदाता ब्रह्माजी द्वारा रचे गए महालक्ष्मी के सैकड़ों मन्त्रों से नित्य ही, वे श्रद्धापूर्वक श्रीमहालक्ष्मी का पूजन करते।

अतिष्ठतामेकपदा वर्षाणामयुतौ यतौ ।
सुदुर्वहं वहन्तौ च योगं तेन कृशावुभौ ॥ १९ ॥

अपने धैर्य से च्युत न होनेवाले, उन (अग्र–माधवी) ने वर्षों एक पैर पर खड़े रहकर, दुर्धर योग का अनुष्ठान किया। उन दोनों का शरीर अत्यन्त दुर्बल हो गया। ऐसे कठोर व्रत का पालन करते हुए उनका शरीर, चमड़े से ढंकी हड्डियों का ढांचा मात्र रह गया।

अथाऽभितस्तयोर्देव्या अर्कज्योतिरिवापरम् ।
आकाशे ददृशे ज्योतिरुद्यतार्चिस्समप्रभम् ॥ २० ॥

सहसा, (एक दिन) उदित होते हुए सूर्य के निकट ही, उन्हें आकाश में द्वितीय सूर्य के समान एक दिव्य ज्योति दिखाई दी। जो अग्निशिखा के समान प्रकाशित हो रही थी।

तयोः समीपम् आकाशे प्राप्तं तत् प्रत्यदृश्यत ।
तत्राभिरूपशोभाभिरप्सरोभिः समन्वितम् ॥ २१ ॥

तब, आकाश से, वह ज्योति क्रमशः उन (दोनों) के समीप आती हुई, दिखाई दी। उन दोनों (श्री अग्रसेन जी तथा माधवी जी) कमल दल पर विराजमान, अनन्त रुप राशि से सम्पन्न शोभायमान, महालक्ष्मी जी को, जो अंशुमाली (सूर्य) के समान तेजस्विनी थी, उन्हे साक्षात अपने समक्ष देखा।

श्रियं ददृशतुस्तौ तु साक्षात् पद्मस्थितां रमाम् ।
मौक्तिकस्त्रजमाकल्पां नक्षत्राभरणोज्ज्वलाम् ॥ २२ ॥

उनके आभूषण, नक्षत्रों के समान आलोकित हो रहे थे, मोती के समान कंठहार गले में विराजित था। ऐसी ऐश्वर्यशालिनी महालक्ष्मी जी, जो पद्म पर विराजित थीं, उन्होंने उन्हें अपने निकट देखा।

सावरुह्य विमानाग्राादङ्गनानामनुत्तमा ।
अभ्यागच्छच्च लोकेशं नागजां चापि माधवीम् ॥ २३ ॥

अंगनाओं (नारियों) में परम उत्तम, महालक्ष्मी देवी उस परम् विमान के अग्रभाग से उतरकर, तपरत भुवनपति श्री अग्रसेन और नागात्मजा माधवी देवी के निकट आयीं।

अग्रसेनो ह्यनुगतः माधवी समुपागमत् ।
कृताञ्जलिपुटौ देवीं संन्यवेदयतां स्वकम् ॥ २४ ॥

तब, आगे आकर, करबद्ध अग्रसेन जी और उनके अनुगत माधवी जी ने, देवी महालक्ष्मी की ओर बढ़कर, स्वयं को जगन्माता महालक्ष्मी के श्रीचरणों में आत्मसमर्पित कर दिया।

श्रीरुवाच

धर्मनित्यौ दानशीलौ प्रश्रितौ सत्यवादिनौ ।
महाबुद्धी वामभीष्टं प्रीताहं प्रददे वरम् ॥ २५ ॥

और तब ....

श्री महालक्ष्मी जी ने कहा – 'नित्य धर्माचरण करने वाले, दानशील, विनम्र, तथा सत्यवादी! तुम दोनों ही महाप्राज्ञ हो। तुमने अपनी तपस्या से, मुझे परम संतुष्ट किया है। मैं अतिप्रसन्न हूं। तुम मुझसे मन अभिलाषित वर मांगो' ।

जैमिनिरुवाच

चक्रे चानुपमां पूजां तस्याश्चापि स सर्ववित् ।
अग्रसेनो महालक्ष्मीं वाक्यं चेदमुवाच ह ॥ २६ ॥

जैमिनी जी कहते हैं – तब देवी के इस प्रकार कहने पर, उन दोनों ने, महालक्ष्मी की अनुपम पूजा की। तदनंतर सर्वज्ञ श्री अग्रसेन ने जगदम्बा महालक्ष्मी से इस प्रकार निवेदित किया।

अग्रसेन उवाच

पर्याप्तं वरमेवैतद् यद् अहं दृष्टवान् श्रियम् ।
महालक्ष्मीं जगत्स्त्रष्ट्रीं सर्वां दिव्याञ्च शाश्वतीम् ॥ २७ ॥

महात्मा अग्रसेन ने कहा – हे मातेश्वरी ! समस्त संसार की सृष्टि करने वालीं आप तो सर्वशक्ति सम्पन्न हैं। आपके दिव्य तथा सनातन श्री स्वरुप का, हमें जो दर्शन मिला, यही हमारे लिये सबसे पर्याप्त 'वर' है ।

श्रीरुवाच

प्रीताऽहं ते ह्यलौल्येन भक्त्या च नृपसत्तम।
अवश्यं हि त्वया वत्स मत्तो ग्राह्यो वरोऽधुना ॥ २८ ॥

देवी महालक्ष्मी ने कहा – हे राजन! वत्स ! मैं तुम दोनों की सज्जनता एवं लोभशून्यता युक्त (निष्काम) भक्ति से, तुम पर अत्यन्त प्रसन्न हूं। हे पुत्र! तुम्हे मुझसे कोई वरदान अवश्य लेना चाहिये।

जैमिनिरुवाच

एवं स च्छन्दमानस्तु श्रीवरेण श्रिया तया।
स माधवीकोऽग्रसेनः ह्यपृच्छत् प्राञ्जलिर्वरम् ॥ २९ ॥

जैमिनी जी कहते हैं – हे कुरुकुलभूषण महाप्राज्ञ जनमेजय ! इस प्रकार महालक्ष्मी द्वारा वर मांगने का निर्देश दिये जाने के कारण, माधवीजी सहित श्री अग्रसेन ने हाथ जोड़कर इस प्रकार वर मांगा ।

(ज्ञातव्य : श्री अग्रसेन जी और माधवीजी की भक्ति निष्काम भक्ति है, प्रारम्भ में भी श्री अग्रसेन जी ने सकाम भक्ति करने पर भी, मां महालक्ष्मी की प्रसन्नता पर लोककल्याणकारी वर ही मांगा। इन्द्र देव के कुपित होने पर की गई आराधना पर श्रीमहालक्ष्मी जी द्वारा वर देने की अभिलाषा अभिव्यक्त किये जाने पर भी महाराजा श्री_अग्रसेन ने केवल उनकी कृपा का ही वर मांगा । जीवन के अंतिम पड़ाव पर सपत्नीक कठोर साधना के उपरांत पुनः महालक्ष्मी जी के आगमन पर, उनके दर्शन को ही अपना सौभाग्य माना। तथापि, देवी के वर मांगने के निर्देश दिये जाने पर, वर न मांगना एक प्रकार से देवी का अपमान ही होता अतः उन दोनों ने अपनी कामना संकोच पूर्ण सादर अभिव्यक्त की।)

अग्रमाधव्यौ ऊचतुः

अभ्यासश्च भवेद् भक्त्या त्वयि नित्यं महेश्वरि ।
धर्मे सत्ये दमे चैव बुद्धिर्भवतु नः सदा ॥ ३० ॥

श्री अग्रसेन जी और माधवी देवी ने कहा – हे माते महालक्ष्मी ! आप ही परम ईश्वरी हैं! स्वामिनी हैं ! आपकी भक्ति का मेरा यह अभ्यास, निरंतर बना रहे तथा मेरी बुद्धि सदा धर्म, सत्य और संयम से युक्त रहे।

अग्रसेन उवाच

जगन्मातः चक्रवच्च प्रवर्तन्त इति श्रुतम् ।
ह्यर्थाश्च व्यसनान्येव याचन्ते ददतो नराः ॥ ३१ ॥

श्री अग्रसेन जी ने कहा – हे जगन्माता ! जगदम्बिके ! मैंने सुना है कि धन और व्यसन (सम्पति–विपत्ति) सदा रथ के पहिये की भांति घूमा करते हैं। ऐसा देखा गया है कि, यहां जो मनुष्य सदा दानशील हैं, वे भी कभी कभी याचना के लिये विवश हो जाते हैं।

अनित्या किल मर्त्यानामर्थसिद्धिर्जयाजयौ ।
निवेदयामीति कृत्वा वंशानामुदयं कुरु ॥ ३२ ॥

हे मातेश्वरी ! मनुष्यों की अर्थ–सिद्धि या जय–पराजय अनित्य है, वह सदा स्थिर नहीं रहती, यही विचार कर मैं अपने वंश के सर्वदा अभ्युदय हेतु आपसे निवेदन करता हूं।

पुण्येषु त्रिषु लोकेषु सर्वे स्थावरजङ्गमाः ।
त्वामात्मभुवमिच्छन्तो यतन्ते परमेश्वरि ॥ ३३ ॥

हे परमेश्वरी महालक्ष्मी ! तीनों पुण्यमय लोकों में, समस्त चर अचर प्राणी, आपकी कृपा प्राप्त करने की इच्छा से उत्तम तथा उत्साह पूर्ण प्रयत्न सदैव करते रहते हैं।

अर्थिनां कल्पवृक्षोऽसि वरदा सर्वदा सदा ।
त्वय्येव भक्तिरचला याचेऽहं त्वां पुनः पुनः ॥ ३४ ॥

हे मां महालक्ष्मी ! अभिलाषा रखनेवालों के लिये तो आप, कल्पवृक्ष के समान तत्काल सभी मनोकामनाओं को पूर्ण करनेवाली हैं। हे वरदायिनी ! आप जगत के सभी पुरुषार्थों की सदैव प्रदाता हैं। आप में हमारी अचल भक्ति सदा बनी रहे, आपसे बारबार यही याचना करता हूं।

श्रीरुवाच

भविष्यति प्रसादान्मे वंशस्ते तेजसान्वितः ।
पारित्राणाय लोकानां सत्यमेतद् ब्रवीमि ते ॥ ३५ ॥

प्रसन्न महालक्ष्मी ने वरदान दिया – हे अग्र ! मेरी कृपा से तुम्हारा वंश, स्वयं तुम्हारे तेज से परिपूर्ण होगा, जो कि तीनों लोकों के संकटों एवं दुखों से जगत को मुक्ति दिलायेगा, मैं तुमसे यह सत्य वचन कहती हूं।

श्रीरुवाच

तव वंशस्तु संभूत्या लोके ख्यातिं गमिष्यति ।
तेनैव भविता तत्र महाद्भुतमनापदम् ॥ ३६ ॥

हे अग्र ! तुम्हारा वंश जगत में विख्यात होगा और उसी से सारे जगत में सभी जगह महान अदभुत तेजमयी आलोक फैलेगा।

शुश्रूषणेन दानेन प्रवृत्तः श्रियमाप्स्यते ।
त्वदाचारं प्रपत्स्यन्ते वदिष्यन्ति जना इदम् ॥ ३७ ॥

हे अग्र ! शुश्रुषा, दान तथा सत्य पूर्ण तुम्हारे आचरण का अनुकरण करने वाले तथा उस पर प्रवृत्त होने वाले, जगत में श्रेयता प्राप्त कर सकेंगे और तब जगत के लोग तुम्हें ही अपना आदर्श मानेंगे, कथाएं तुम्हारा गान करेंगी।

तव तुष्टा प्रदास्यामि राज्यमायुर्वपुः सुतान्।
न तेषां दुर्लभं किञ्चिदस्मिंल्लोके भविष्यति ॥ ३८ ॥

हे अग्र ! तुम्हारे वंशजों द्वारा संतुष्ट होने पर, मैं उन्हें राज्य, दीर्घायु निरोग शरीर व श्रेष्ठ पुत्र प्रदान करूंगी और तब उनके लिये इस संसार में कुछ भी दुर्लभ नहीं होगा।

भुङ्क्ष्व प्रसादं पात्रस्थं नान्यस्मै प्रतिपादय।
त्वद्वंश्याः सुखिनः सर्वे भविष्यन्ति युगे युगे ॥ ३९ ॥

हे अग्र ! तुम्हारी भुजाओं (हाथ) में, कृपा (दया) का पात्र रहेगा। जो लोगों के लिये कल्याणकारी आश्रय होगा। जिसमें जगजन को हर युग में, हर समय सफलता और सुख का मार्ग मिलेगा।

पूजयस्व कुले नित्यं सोऽग्रवंशो भविष्यति।
कुलं ते न वियोक्ष्यामि यावच्चन्द्रदिवाकरम्॥ ४० ॥

हे अग्र ! जिस कुल में मेरी, नित्य पूजा होती होगी, वहीा अग्रवंश होगा, मैं तुम्हे वचन देती हूं कि – जब तक सूर्य और चंद्रमा विद्यमान हैं, पूजित होने पर मैं तुम्हारे कुल का परित्याग नहीं करूंगी।

जैमिनिरुवाच

इत्युक्त्वा वरदा देवी ह्यग्रसेनमरिन्दमम्।
कृत्वाऽग्रं गणरक्षायै तत्रैवान्तरधीयत ॥ ४१ ॥

जैमिनी जी कहते हैं – हे कुरुकुलभूषण जनमेजय ! दुष्ट प्रवृत्तियों का दमन करने वाले तपोधन अग्रसेन से, इस प्रकार कहकर वरदायिनी देवी महालक्ष्मी अग्र गणों की रक्षा का भार स्वयं लेकर वहीं अर्न्यधान हो गईं।

देवदूतो विमानेन तदाऽग्रं प्रत्युपस्थितः ।
कर्मभिर्जितलोकानामुपारोहं न्यवेदयत् ॥ ४२ ॥

हे महाप्राज्ञ जनमेजय ! तदनंतर वहां स्वर्गलोक से एक देवदूत विमान के साथ अग्रसेन जी के पास आ पहुंचा, तथा उसमें बैठकर चलने के लिये उन शुभकर्मों के कर्ताओं (श्री अग्रसेन एवं माधवी जी) द्वारा अर्जित शुभ लोक (स्वर्ग) में चलने हेतु निवेदन करने लगा।

एतच्छ्रुत्वा त्वग्रसेनो वाक्यं विममृशे तदा ।
विमृश्य मनुजश्रेष्ठो देवदूतमुवाच ह ॥ ४३ ॥

देवदूत का यह निवेदन सुनकर, मनुजश्रेष्ठ श्री अग्रसेन ने, उस पर बुद्धिपूर्वक विचार किया तथा विचार करके उन्होंने देवदूत से कहा –

अग्रसेन उवाच

देवदूत नमस्तेऽस्तु भवान् यातु यथासुखम् ।
महादोषेण मे कार्यं न स्वर्गेण सुखेन वा ॥ ४४ ॥

श्री अग्रसेन ने कहा – हे देवदूत ! आपको नमस्कार है! तात ! आप सुखपूर्वक प्रस्थान करें (वापिस चले जाएं) स्वर्ग अथवा वहां का सुख महान दोषों से युक्त है। पुण्यों का भोग होने से, उसका क्षय होता है और पुण्यों के क्षय हो जाने पर (भोग पूर्ण हो जाने पर) वहां से पतन होता है। अतएव स्वर्ग का भोग स्थाई नहीं है। अतएव मुझे स्वर्ग की कदापि कामना नहीं।

अन्ते पाते महद् दुःखं परितापः सुदारुणः ।
तदहं स्थानमत्यन्तं मार्गयिष्यामि केवलम् ॥ ४५ ॥

हे देवदूत ! कर्मफल का भोग पूर्ण होने पर, स्वर्ग से पतन के पश्चात स्वर्ग में निवास कर चुके, मनुष्यों को पूर्वमें विभुक्त स्वर्ग सुखों को स्मृत कर महादुख और भयंकर अनुताप होता है। अतः मैं स्वर्ग की अपेक्षा केवल उसी '<u>अक्षयधाम</u>' का अनुसंधान करूंगा, जो अविचल हो।

जैमिनिरुवाच

इत्युक्त्वा तौ महात्मानौ देवदूतं विसृज्य च ।
ज्ञानयोगेन शुद्धेन ध्याननित्यौ बभूवतुः ॥ ४६ ॥

जैमिनी जी कहते हैं – हे धर्मज्ञ जनमेजय ! ऐसा कहकर उन महामानव श्री अग्रसेन ने, उस देवदूत को विदा (विमान सहित वापिस) कर दिया और विशुद्ध ज्ञानयोग के द्वारा नित्य ध्यान में तत्पर रहने लगे।

ध्यानयोगाद् बलं लब्ध्वा प्राप्य बुद्धिमनुत्तमाम् ।
जगाम शाश्वतीं सिद्धिं परां निर्वाणलक्षणाम् ॥ ४७ ॥

हे राजन ! तदनंतर ध्यान और परम वैराग्य का बल प्राप्त कर ,उन्हें उत्तम बोध प्राप्त हुआ और उसके द्वारा उन्होंने (शाश्वत) सनातन मोक्ष रुपी परम सिद्धि प्राप्त कर ली।

इदं स्तोत्रं कथां भक्त्या शृणुयादाचरेत् तथा ।
तस्य कार्याणि सर्वाणि सिद्धयन्त्यग्रक्रिया यथा ॥ ४८ ॥

जैमिनी जी कहते हैं – हे कुरुकुलभूषण महाप्राज्ञ जनमेजय ! जो मनुष्य इस स्तोत्र का भक्ति पूर्ण श्रवण करता है, महालक्ष्मी की महत् कृपा से, श्री अग्रसेन जी की भांति ही, उसकी समस्त मनोकामनाएं पूर्ण हो जाती हैं।

॥ इति जैमिनीये जयभारते भविष्यपर्वणि अग्रोपाख्यानस्य
यद्विरचितम् श्रीमदग्रभागवते षड्विंशोऽध्यायः ॥
॥ शुभं भवतु कल्याणम् ॥

महर्षि जैमिनी विरचित जयभारत के भविष्यपर्व के अग्रोपाख्यानम् के
श्रीमद् अग्रभागवतम् स्वरूप का छब्बीसवां अध्याय पूर्ण हुआ ।
यह शुभकारी आख्यान सबके लिये कल्याणकारी हो ।

॥ श्री अग्र भागवत ॥

सत्ताइसवां अध्याय

आलोक

जैमिनिरुवाच

स्वस्य प्रियंकराः अज्ञाः राजानो हि पुरे पुरे ।
कश्चित् कदाचिदेतेषां प्रशस्यो यः स पूज्यते ॥ १ ॥

जैमिनी जी कहते हैं – हे कुरुकुलभूषण महाप्राज्ञ जनमेजय ! आजकल तो गांव गांव में राजा हैं और सभी अपना अपना प्रिय करने में ही सलंग्न हैं। इनमें कभी ही कोई ऐसा होता है जो प्रशंसनीय होता और सर्वत्र पूजा जाता है।

अग्रसेनो महाराज्यपदं योगाद्यदाऽप्तवान् ।
तदा नान्यः प्रभू राजा वश्यवन्यां न चाभवत् ॥ २ ॥

हे महाप्राज्ञ जनमेजय ! उनमें एक अग्रसेन ही ऐसे हैं, जो अपनी लोक हितकारी नीतियों से, महाराजा के पद को प्राप्त थे। उस समय वे ही सबसे प्रबल एवं उत्कृष्ट राजा थे, सारी पृथ्वी (उनके आचरण के कारण) एकमात्र उन्हीं के प्रभाव में थी। अर्थात वे सर्वत्र पूज्यनीय थे।

बलाद् एवं यो व्यजयत् सोऽपि भक्तोऽस्य चाभवत् ।
दीप्यमानं यशः पश्यन् अग्रसेनमुपस्थितः ॥ ३ ॥

राजन ! जिन्होंने अपने बल से विजय पाई, ऐसे अनेकों राजा भी, श्री अग्रसेन के भक्त हो गए, वे अग्रसेनजी के केवल उज्वल यश की ओर देखकर ही, उनके आश्रित बन गए। अर्थात महाराज श्री अग्रसेन उन राजाओं के हृदयासन पर विराजमान हो गए।

वीर्यं यशो बलं धैर्यं धर्मार्थनयलक्षणैः ।
प्राप्तमेतच्चाग्रसेनं दुष्प्रापं यदभीप्सितम् ॥ ४ ॥

जैमिनी जी कहते हैं – हे कुरुकुलभूषण महाप्राज्ञ जनमेजय ! साम्राज्य प्राप्ति के गुण हैं – धर्म (तपशक्ति) अर्थ (समृद्धि) नय (उत्तम नीति) और लक्षण हैं – सम्यक प्रजा पालन, पराक्रम, यश और बल, जिनकी प्राप्ति बड़ी कठिनाई से ही होती है, किन्तु ये सभी दुर्लभ गुण श्री अग्रसेन जी को इच्छा के अनुकूल प्राप्त थे।

अथायं पालयामास राष्ट्रमग्रकुलस्य तत् ।
पुत्रान् विनयसम्पन्नानात्मना सदृशान् गुणैः ॥ ५ ॥

हे महाप्राज्ञ जनमेजय ! श्री अग्रसेन जी के पश्चात, उनके ही समान गुणवान और विनम्र पुत्र श्री अग्रसेन की कुल परंपरा के अनुकूल आग्रेय गणराज्य का पालन करने लगे।

ईदृशं हि कुलं लोके न वयं शृणुमस्तथा ।
यत्रापापा निरीहाश्च राजानः शं चिकीर्षवः ॥ ६ ॥

दूसरे देशों के लोग आपस में कहते कि – अहो ! हमारा यह समस्त कुल, हम तथा हमारा घरद्वार कलियुग के तीक्ष्ण प्रभाववश आए, प्रमाद के कारण यहां सुरक्षित नहीं हैं, क्योंकि यहां के पापात्मा राजा गण स्वार्थ सिद्धि में प्रयत्न शील हैं, ये निरीह प्रजा का पालन नहीं, केवल उन पर शासन करना जानते हैं।

न तत् कुलं न चाचारो न धर्मोऽर्थः कुतः सुखम् ।
यत्र पापसहायेन पापो राज्यं चिकीर्षति ॥ ७ ॥

राजन ! जहां पापियों तथा दुष्ट बुद्धि वालों की सहायता से ही, राजा राज्य का पाप पूर्ण संचालन करते हों, वहां कुल, आचार, धर्म और अर्थ कैसे स्थिर रहें ? फिर सुख तो वहां रह ही कैसे सकता है ?

सानुक्रोशा महात्मानो विजितेन्द्रियमानसाः ।
कीर्तिमन्तोऽग्रपुत्राश्च धर्माचारपरायणाः ॥ ८ ॥

हे जनमेजय ! दूसरी ओर, महाराजा अग्रसेन के पुत्र भी अपने पिता के समान ही दयालु हैं, महात्मा हैं, जितेन्द्रिय हैं, यशस्वी हैं, अजातशत्रु हैं, धर्म तथा सदाचार पारायण हैं।

जैमिनिरुवाच

एवं विचिन्त्यानुजग्मुः आग्रेयास्तान् समेत्य च ।
ऊचुः प्राञ्जलयः सर्वे माधवेयाग्रनन्दनान् ॥ ९ ॥

जैमिनी जी कहते हैं – हे कुरुकुलभूषण महाप्राज्ञ जनमेजय ! इस प्रकार विभिन्न देशों के निवासी विचार करते हुए, अपने राजाओं से त्रस्त हो, शरण पाने की कामना से, 'आग्रेय' पहुंचकर वहां नागसुता माधवी कुमारों अग्रपुत्रों से मिलकर वे सबके सब हाथ जोड़कर इस प्रकार कहने लगे –

जनाः ऊचुः

येषां त्रीण्यवदातानि विद्या योनिश्च कर्म च ।
ते सेव्यास्तैः समास्या हि शास्त्रेभ्योऽपि गरीयसी ॥ १० ॥

तब, लोग कहते – हे राजन ! जिन पुरुषों के विद्या, गुण तथा कर्म ये तीनों ही प्रदीप्त हों, उनका सेवन करना चाहिये क्योंकि ऐसे महापुरुषों के साथ रहना, शास्त्रों के स्वाध्याय से भी अधिक श्रेयस्कर है।

ये युष्मासु समस्ताश्च व्यस्ताश्चैवेह सद्गुणाः ।
इच्छामो गुणवन्मध्ये वस्तुं श्रेयोऽभिकाङ्क्षिणः ॥ ११ ॥

हे राजन ! ये सभी सद्गुण प्रथक प्रथक और एकसाथ आप लोगों में विद्यमान हैं, अतः हम लोग कल्याण की इच्छा से , आप जैसे गुणवान पुरुषों के साथ रहना चाहते है। (अर्थात हमें यहां रहने की स्वीकृति प्रदान करें)

विभुसेन उवाच

धन्या वयं यदस्माकं स्नेहकारुण्ययन्त्रितान् ।
असतोऽपि गुणानाहुः द्विजाश्च प्रमुखाः प्रजाः ॥ १२ ॥

राजा विभुसेन ने कहा – हम धन्य हुए ! आप प्रजाजनों, प्रमुख जनों, तथा द्विजों द्वारा हमारे प्रति स्नेह और करुणा के पाश में बंधकर, जो गुण हममें नहीं भी हैं, आप उन गुणों को हममें बताकर हमारा मान बढ़ा रहे हैं। (वस्तुतः श्री विभुसेन का यह कथन उनकी विनम्रता का प्रदर्शक है।)

एकपत्नीव्रतं तद् यद् यदि वः कार्यमिष्यते ।
ततो वो धारयिष्यामि सत्यमेतद् ब्रवीमि वः ॥ १३ ॥

न शौर्यं न कुलीनत्वं न च क्वापि पराक्रमः ।
स्वदाररसिको वीरः श्रियो भक्त्या प्रपत्स्यते ॥ १४ ॥

राजा विभुसेन ने कहा – समागतों ! यदि आप एक पत्नि व्रत पालन करने वाले हों, तो ही मैं आपको यहां रख सकता हूं। यह मैं तुमसे सत्य कहता हूं कि मुझे न तो शूरता, न ही कुलीनता, और न ही पराक्रम ही अभीष्ट है। मैं तो उसी धर्मवीर को इस आग्रेय गणराज्य में स्थान दे सकता हूं, जो केवल अपनी ही एकमात्र पत्नि में प्रेम करने वाला तथा इस देश की संरक्षिका – मां महालक्ष्मी की भक्ति से सम्पन्न होगा।

जैमिनिरुवाच

प्रददाति धनं भूरि स्वागतेभ्यो यथोचितम् ।
आग्रेयमग्रश्रेष्ठं हि पालितां प्रमदामिव ॥ १५ ॥

जैमिनी जी कहते हैं – हे जनमेजय ! आग्रेय गणराज्य में नव आगंतुकों को, यथोचित रुप से विपुल धन देकर, उन्हें बसाया जाता था, इसप्रकार अग्रकुल रत्नों द्वारा, आग्रेय गणराज्य का पालन उसी भांति किया जाता था, जिस तरह पुरुषों द्वारा स्त्रियों का किया जाता है।

बहुन्याश्चर्यभूतानि ह्यग्रस्य चरितानि हि ।
कथितानि यथाशक्ति नान्तं गच्छन्ति सुव्रत ॥ १६ ॥

हे जनमेजय ! इस जगत में महाराजा अग्रेसन के अनेकों आश्चर्यजनक कृत्य विभिन्न विद्वानों द्वारा बताए गए हैं। उनके ऐसे असंख्य लोक हितकारी अद्‌भुत कृत्यों को पूरा बता सकना संभव नहीं है।

प्रकृतान्यपि लोकेऽत्र श्रूयन्ते विविधानि च ।
कथितानि ह्यवश्यानि लेशमात्रेण तेऽधुना ॥ १७ ॥

हे बुद्धिमान जनमेजय ! महामानव अग्रसेन के सुकृत्य अनेकों प्रकार से सुने गए हैं, जिनमे से उनके सर्वथा उत्कृष्ट कृत्यों के विषय में मैने, आपसे संक्षिप्त वर्णन ही किया है।

जनमेजय उवाच

एष धन्यो हि धन्यानां धन्यकृद् धन्यपुङ्गवः ।
नरेषु तु सनागेषु नास्ति धन्यतरोऽग्रतः ॥ १८ ॥

महाप्राज्ञ जनमेजय ने कहा – महामहर्षे ! ऐसे श्री अग्रसेन धन्य हैं ! धन्य पुरुषों द्वारा भी जिन्हें धन्य ही कहा गया है। ये मानवश्रेष्ठ निश्चय ही धन्य हैं।

महर्षे ! आपके द्वारा, उन महाराजा अग्रसेन जी का उज्जवल, निर्मल, पावन तथा लोक हितकारी चरित्र सुनकर, मेरा यह स्पष्ट मत है कि– मानवों तथा नागों में श्री अग्रसेन जी से बढ़कर और कोई दूसरा धन्य (श्रेष्ठ) पुरुष नहीं है।

हृदि मे जायते सौख्यं परमं च तवाननात् ।
शृण्वानस्याग्रसेनस्य पिबतश्च कथामृतम् ॥ १९ ॥

महर्षे ! आपके श्रीमुख से, श्री अग्रसेन जी के श्रेष्ठ चरित्र को सुनकर इस सुन्दर कथा रुपी अमृत का कर्णपुटों द्वारा पान करके, मेरे हृदय में परम आनन्द उत्पन्न हो रहा है।

एक एव क्षीरनिधिरिह सन्तापहोच्यते ।
किं पुनश्चन्द्रकिरणैर्मलयानिलसंयुतैः ॥ २० ॥

सुशीलत्वं स गमितः सुमनोभिरलंकृतः ।
चरितं ह्यग्रसेनस्य श्रुत्वाऽहं ते मुने कृती ॥ २१ ॥

महाप्राज्ञ जनमेजय कहते हैं – हे महर्षे ! अकेला क्षीरसागर ही सदा संतापनाशक कहा जाता है, यदि वह मलयाचल की सुगंधित वायु से संयुक्त हो जाए और उसके अमृत जल को चंद्रमा की किरणें अत्यन्त शीतल कर दें, साथ ही वह पुष्पों से अलंकृत हो जाए तो फिर उस क्षीरसागर के स्वरुप का क्या कहना ?

हे महामते ! महर्षे ! उसी तरह महाराजा श्री अग्रसेन का मनोहारी गहन, रसमय, तथा मार्गदर्शक चरित्र, आपके श्रीमुख से कहे जाने से तो निश्चय ही अद्वितीय (लोककल्याणकारी) शीतलता से युक्त हो गया।

विस्मयोत्फुल्लनयनः प्रहर्षादिव भाषसे ।
त्वत्तः श्रोतुमिहेच्छामि विस्तरेण पुनर्मुने ॥ २२ ॥

महाराज जनमेजय कहते हैं – हे तपोधन ! आप 'श्री अग्रसेनजी की यह पावन कथा' अत्यन्त हर्ष से प्रेरित होकर कह रहे हैं, आपके विस्मित नेत्र प्रसन्नता से खिल उठे हैं। मैं, ऐसे महान चरित्र को, हे महर्षे ! आपसे बार–बार विस्तार पूर्वक सुनना चाहता हूं।

जैमिनिरुवाच

शिष्टैराचरणं कार्यं बुद्धिपर्येषणं चरेत् ।
अलब्धस्य च लाभाय लब्धस्य परिवृद्धये ॥ २३ ॥

जैमिनी जी कहते हैं – हे कुरुकुलभूषण ! महाप्राज्ञ ! धर्मज्ञ जनमेजय ! बुद्धिमान पुरुषों को चाहिए कि – वे अप्राप्त की प्राप्ति और प्राप्त की वृद्धि के लिये, ऐसे शिष्ट पुरुषों द्वारा आचरित धर्म से ज्ञान ग्रहण करें। और.. तदनुरूप उत्तम आचरण धारण कर कार्य करें।

तस्मात् त्वमद्य नो शोकं कुरुष्व जनमेजय।
सुखात् स्फीतात् परिभ्रष्टस्तपसा तदवाप्स्यसि ॥ २४ ॥

इसलिये, हे कुरुकुलभूषण महाप्राज्ञ जनमेजय ! आप सुख से च्युत हो जाने के कारण अब, शोक न करो। उस सुख को तुम तपस्या द्वारा पुनः निश्चित ही प्राप्त कर लोगे।

व्यास उवाच

चर नैश्रेयसं धर्मं प्रजापालनकारितम्।
त्रिवर्गफलयोगेन व्येतु ते मानसो ज्वरः ॥ २५ ॥

महर्षि व्यास जी ने कहा – तीन सौ यज्ञों का अनुष्ठान करने वाले, धर्मनिष्ठ जनमेजय ! अब तुम्हारे लिये श्री अग्रसेन की तरह ही, प्रजा पालन जनित कल्याणकारी धर्म का आचरण करने के अतिरिक्त और कोई दूसरा श्रेयस्कर उपाय नहीं जान पड़ता। अतः अब तुम्हें अपनी समस्त मानसिक चिन्ताओं को त्यागकर, अग्रपथ पर प्रशस्त हो, लोक कल्याण में जुट जाना चाहिये।

जनमेजय उवाच

येषां त्रिवर्गः कृत्येषु वर्तते नोपहीयते।
श्रेष्ठाचारप्रवृतांश्च तान् नमामि मुनीश्वरान् ॥ २६ ॥

महाराज जनमेजय ने कहा – महर्षे ! श्री अग्रसेन सदृश्य जिनके कार्यों में, नित्य ही धर्म, अर्थ और काम का यथोचित निर्वाह होता हो, और जिनके कर्मों से किसी एक की भी हानि नहीं होती, तथा जो सदा श्रेष्ठ आचरण में ही संलग्न रहते हैं, उनको मेरा हमेशा नमस्कार है।

सूत उवाच

आख्यातमेतद् व्यासेन जैमिनेः ऋषिभिः सह ।
स जगाम ततो धीमान् तपसे पुनराश्रमम् ॥ २७ ॥

सूत जी कहते हैं – जनहितचिंतक शौनिक जी ! इस प्रकार का कथा व्याख्यान कर महर्षि जैमिनी भगवान व्यास जी के साथ तपस्या के लिये पुनः अपने आश्रम की ओर चले गए।

सूत उवाच

एवं राजा सम्प्रणीतो मिथ्या व्याशङ्कितात्मना ।
चकार शान्तिं परमां नृधर्मं जनमेजयात् ॥ २८ ॥

अकारण ही ,जिनके मन में संदेह उत्पन्न होने से, जो अनर्थ की ओर अग्रसित हो गए थे, उन महाराजा जनमेजय को महर्षि जैमिनी द्वारा इसप्रकार समझाने पर, उन्होने श्री अग्रसेन जी के समान ही, मानव धर्म के हृष्ट पुष्ट आचरण से परम शांति धारण की।

अग्रसेनस्य चरितं यथोक्ते गुणकर्मणी ।
तथा मया पुरोक्तं ते श्रुतं मे जैमिनेर्यथा ॥ २९ ॥

हे महामुने ! पूर्वकाल में व्यास जी के परम शिष्य महर्षि जैमिनी ने, जैसा वर्णन किया था, उन्हीं के अनुसार मैंने श्री अग्रसेन जी के चरित्र तथा उनके कर्मों की यह कथा कह सुनाई।

श्रवणादेव लप्स्यन्ते प्रतिष्ठाज्ञानसम्पदः ।
अग्रसेनस्य माहात्म्यान्नाधर्मस्तान् भजिष्यति ॥ ३० ॥

हे महामते ! श्री अग्रसेन जी के इस पावन चरित्र को सुनने मात्र से, अनुपम वंश प्रतिष्ठा को प्राप्त किया जा सकता है। जो श्री अग्रसेन के इस महात्म को मन में धारण करेंगे, उनके जीवन में, अधर्म का कभी प्रवेश नहीं हो सकेगा।

एतदाश्चर्यमाख्यानं मया प्रोक्तं सुखावहम् ।
मानवं धर्ममास्थाय कथा पुण्या प्रबोधिता ॥ ३१ ॥

सूत जी कहते हैं – हे शौनिक जी ! मेरे मत से, यह आश्चर्य जनक आख्यान, सुख प्रदान करने वाला है। मानवधर्म की यह पवित्र दिव्य एवं मंगलकारी कथा है।

कामार्थधर्मसंयुक्तं क्षमं पौरुषवर्धनम् ।
रमणीयमथाख्यानं कृत्स्नं परिषदाश्रुतम् ॥ ३२ ॥

सूत जी कहते हैं – हे महाप्राज्ञ शौनिक जी ! काम, अर्थ तथा धर्म से युक्त यह करुणाजनक आख्यान, मन को आल्हाद प्रदान करने वाला (रमणीय है) सभासदों द्वारा सुना जाने वाला है। यह सरस कथा पौरुष्य को बढ़ाने वाली है।

सौतिरुवाच

इत्यग्रचरितं दिव्यमग्ग्रमद्भुतकर्मणाम् ।
कथितं हि समासेन मानुषं धर्ममाश्रितम् ॥ ३३ ॥

हे महाप्राज्ञ शौनिक जी ! महर्षि जैमिनी कृत यह अद्भुत पुरुषार्थ पूर्ण, श्री अग्रसेन जी के कर्मों की गाथा तथा पावन चरित्र को, मैने संक्षेप एवं विस्तार के साथ कह सुनाया, जो कि धारणेय परम मानवधर्म है।

मानवैः विभवायुष्ययशोभूकामतत्परैः ।
जयैषिभिश्च श्रोतव्यम् अग्रसेनस्य वैभवम् ॥ ३४ ॥

सूत जी कहते हैं – हे महाप्राज्ञ शौनिक जी ! यह श्री अग्रसेन जी का 'जय' प्रसंग है। जिन मनुष्यों को वैभव, आयु, यश, भूमि, श्री, तथा विजय प्राप्ति की कामना हो, उन्हे यह आख्यान अवश्य सुनना चाहिये।

ऋषयः ऊचुः

महालक्ष्मीवर इव ग्रन्थो मान्येतिहासकः ।
तं कश्चित् पुण्ययोगेन प्राप्नोति पुरुषोत्तमः ॥ ३५ ॥

ऋृषिगण कहते हैं – महालक्ष्मी के वरदान से समन्वित होने के कारण स्वरूप, श्री अग्रसेन का यह उपाख्यान (पुरुषार्थ गाथा) सभी आख्यानों में अत्यंत सम्मानीय, श्रेयप्रदाता और मंगलकारी है। जिसे कोई पुरुषश्रेष्ठ पुण्यों के योग से ही प्राप्त करता है।

अग्राख्यानं भवेद्यत्र तत्र श्रीः सवसुः स्थिरा ।
कृत्वाभिषेकमेतस्य ततः पापैः प्रमुच्यते ॥ ३६ ॥

ऋृषिगण कहते हैं – श्री अग्रसेन जी की यह पावन पुरुषार्थ गाथा जहां रहती है, वहां श्री महालक्ष्मी सुस्थिर होकर विराजमान रहती हैं। अर्थात स्थाई निवास करती हैं। इसका विधिवत अभिषेक करने वाले, सभी पापों से विमुक्त हो जाते हैं।

ग्रन्थदर्शनयोगोऽयं सर्वलक्ष्मीफलप्रदः ।
दुःखानि चास्य नश्यन्ति सौख्यं सर्वत्र विन्दति ॥ ३७ ॥

ऋृषिगणों ने कहा – श्री अग्रसेन जी की इस पुरुषार्थ गाथा का सौभाग्य से दर्शन प्राप्त होना, महालक्ष्मी के, अर्थ, धर्म, काम तथा मोक्ष सभी फलों का प्रदायक है। इसके दर्शन कर लेने वालों के, सभी दुखों का विनाश हो जाता है, और सर्वत्र सुखादि की प्रतीति होती है।

दर्शनेनालमस्यात्र ह्यभिषेकेण किम्पुनः ।
विलयं यान्ति पापानि हिमवद् भास्करोदये ॥ ३८ ॥

ऋृषिगणों ने कहा – इस पुरुषार्थ गाथा के दर्शन मात्र से, सभी पापों का इसप्रकार अन्त हो जाता है, जैसे सूर्य के उदित होने से बर्फ पिघल जाती है। फिर जलाभिषेक के महत्व की तो बात ही क्या ?

ऋषयः ऊचुः

प्रशस्याङ्गोपाङ्गयुक्तकल्पवृक्षस्वरूपिणे ।
महासिद्धियुत श्रीमदग्रोपाख्यान ते नमः ॥ ३९ ॥

ऋषि गण कहते हैं – श्री अग्रसेन जी के आदर्श जीवन चरित्र के, सभी उत्तमोत्तम अंगों तथा उपांगों से युक्त, कल्पवृक्ष के समान, आठों सिद्धियों से संयुक्त, श्री अग्रसेन के इस आख्यान (पुरुषार्थ गाथा) को, नमन करते हुए, हम इस पावन ग्रंथ को बारम्बार प्रणाम करते हैं।

॥ इति जैमिनीये जयभारते भविष्यपर्वणि अग्रोपाख्यानस्य
यद्विरचितम् श्रीमदग्रभागवते सप्तविंशोऽध्यायः ॥
॥ शुभं भवतु कल्याणम् ॥

महर्षि जैमिनी विरचित जयभारत के भविष्यपर्व के अग्रोपाख्यानम् के
श्रीमद् अग्रभागवतम् स्वरूप का सत्ताइसवां अध्याय पूर्ण हुआ ।
यह शुभकारी आख्यान सबके लिये कल्याणकारी हो ।

आरती

हम करें आरती अग्र भागवत महा पुराण की ।
जिसकी पुण्य प्रभा है, जीव जगत कल्याण की ।।

हम करें आरती ....

जनमेजय जब हुआ अशांत, भूल गया था अपना धर्म ।
अग्र चरित तब सुना रिषी ने, समझाया जीवन का मर्म ।।

करे कामना आज जगत, उसी ज्ञान विज्ञान की ।।
हम करें आरती अग्र भागवत महा पुराण की ।।

मानवता के चिर पोषक, श्री अग्रसेन महाराज ।
परम मोक्ष दायक जिनका, अर्थ धर्म और काज ।।

हिल मिल गायें गाथा, हम अग्रसेन उत्थान की ।।
हम करें आरती अग्र भागवत महा पुराण की ।।

सभी सुखी हों सभी निरोगी, हो सबका उत्थान ।
भेद विभेद मिटे जीवन के, हो सबका कल्याण ।।

गूंजे वाणी दशों दिशा में, अग्रसेन आव्हान की ।।
हम करें आरती अग्र भागवत महा पुराण की ।।

बडे भाग्य उपलब्ध हमें, श्री अग्रसेन आख्यान ।
संकल्प हमारा फैलाएंगे, जग में यह परम वितान ।।

अग्रग्रन्थ की, अग्रपंथ की, अग्रचरित शुभगान की ।।
हम करें आरती अग्र भागवत महा पुराण की ।।

व्यासदेव के परम शिष्य, रिषी जैमिनी की वाणी ।
दी 'बेदिल जी' ने जग को, यह कथा परम कल्याणी ।।

ये 'निर्मल' पावन महिमा, महालक्ष्मी वरदान की ।।
हम करें आरती अग्र भागवत महा पुराण की ।।

हम करें आरती ....

आरती श्री अग्रसेन भगवान की

आरती श्री अग्रसेन भगवान की।
रवि कुल भूषण, परम पितामह के पावन गुणगान की।।

आरती ....

दिया महालक्ष्मी ने तुमको, हो प्रसन्न यह वरदान.
तीनों लोक सदा गाएंगे, तेरी महिमा का जयगान.

हम करें वंदना आज उसी, महालक्ष्मी वरदान की।।

आरती ....

सूर्यवंश के कुलभूषण, सत्य धर्म अनुयायी.
श्रद्धा शक्ति से अपनी, सत्ता स्वयं बसायी.

हम हिल मिल गायें गाथा, उस अग्रसेन उत्थान की।।

आरती ....

जीव जगत में दया भाव लख, मोहित नागकुमारी.
इन्द्र भी था मोहित जिस पे, वो तुम पे बलिहारी.

भोग भेद पर जयकारी, नारी के सम्मान की।।

आरती ....

अन्याय अनीति के आगे, हार नहीं देवों से मानी.
कुपित इन्द्र भी शांत हुआ, देख अजय वरदानी.

ऋषियों ने गाई गाथा, श्रद्धा भक्ति और ज्ञान की।।

आरती ....

परम अहिंसक, यज्ञों में भी, हिंसा का प्रतिकार किया.
छोड़ा क्षत्रिय रूप, दयालु वैश्य धर्म स्वीकार किया.

जग करे वंदना आज उसी, परम त्याग बलिदान की।।

आरती ....

क्षमता ममता समता का, गूंजे फिर नभ तक संदेश.
सुख वैभव आनन्द मिलैं, कटैं जगत के सारे क्लेश.

हम गाएं पावन गाथा, श्री अग्र भागवत पुरान की।।

आरती ....

बने हमारा जीवन दर्शन

जय अग्रसेन, जयति माधवी, माँ महालक्ष्मी लाख नमन ।
अगसेन की पावन गाथा, बने हमारा जीवन दर्शन ।।

नभ पर नव आलोक जगा, अब भ्रम का कोई द्वन्द नहीं हैं.
थे लुप्त पृष्ठ पुराणों के, अब छन्दों का आनन्द वही हैं.
महालक्ष्मी वरदान गुंजाये, अग्रसेन का यह आख्यान.
अग्रसेन की कर्म कथा फिर, करे सकल जग का कल्याण,

अग्रसेन का जीवन पथ,
अग्रसेन के पुण्य मनोरथ,
अग्रसेन का कर्म विधान,
अग्रसेन का हर आव्हान,

बने हमारा जीवन दर्शन । बने हमारा जीवन दर्शन ।।

जय अग्रसेन, जयति माधवी........

पावन जीवन चरित तुम्हारा, जिसने जग उजियार किया. दिया
संदेशा सदा सत्य का, समता का व्यवहार दिया.
सत्य न्याय और कर्म अहिंसा, ये जीवन के पावन मंत्र.
सत्य शपथ देंगे जग को, यह निर्मल पावन अग्र-तंत्र.

अग्रसेन की कर्म कथा का,
अग्रसेन की धर्म कथा का,
अग्रसेन की तप गाथा का,
अग्रसेन की यश गाथा का,

करते हम बार बार वन्दन । करते हम बार बार वन्दन ।।

जय अग्रसेन, जयति माधवी........